Nicole Hoffmann
Dokumentenanalyse in der Bildungs- und Sozialforschung

Grundlagentexte Methoden

Nicole Hoffmann

Dokumentenanalyse in der Bildungs- und Sozialforschung

Überblick und Einführung

BELTZ JUVENTA

Die Autorin

Nicole Hoffmann, Prof. Dr., Professorin für Pädagogik mit dem Schwerpunkt
Weiterbildung und Genderforschung am Institut für Pädagogik an der Universität
Koblenz-Landau, Campus Koblenz.

Dieses Buch ist erhältlich als:
ISBN 978-3-7799-3800-2 Print
ISBN 978-3-7799-4830-8 E-Book (PDF)

1. Auflage 2018

© 2018 Beltz Juventa
in der Verlagsgruppe Beltz · Weinheim Basel
Werderstraße 10, 69469 Weinheim
Alle Rechte vorbehalten

Herstellung und Satz: Ulrike Poppel
Druck und Bindung: Beltz Grafische Betriebe, Bad Langensalza
Printed in Germany

Weitere Informationen zu unseren Autor_innen und Titeln finden Sie unter: www.beltz.de

Inhalt

1 Überraschung, Unmut, Faszination …

Zu Anlass, Absicht und Aufbau dieses Buchs

Vielleicht kennen Sie ja auch solche Situationen aus dem Hochschulalltag … In einer Runde mit Studierenden, in einem bildungs- oder sozialwissenschaftlichen Kolloquium etwa, werden die Abschlussarbeiten diskutiert. Einige Kommiliton_innen sind noch auf der Suche, andere haben einen ersten inhaltlichen Ansatzpunkt, weiteren schwebt schon eine Gliederung vor … Irgendwann steht immer das Problem der passenden Forschungsmethodik auf der Agenda. Die ersten Ideen der Studierenden gehen dann, meiner Erfahrung nach, meist in die Richtung der Befragung relevanter Personen aus dem jeweiligen Feld; der Einsatz von Fragebogen oder Interview steht dabei im Fokus. Manchmal wird auch ein beobachtender Zugang in Erwägung gezogen. Wenn ich dann erwähne, dass u. U. auch bereits vorliegende Materialien – ggf. Bilder oder Filme zum gewünschten Thema, Dokumente aus Einrichtungen, Internet-Postings in Foren bzw. Blogs, autobiografische Texte, Werbemedien oder amtliche Statistiken – als mögliche Quellen einer Analyse in Betracht zu ziehen wären, höre ich immer wieder den mit freudig-irritierter Überraschung geäußerten Satz: „Ach, das darf man auch!?"

Die dabei zum Ausdruck gebrachte Vorstellung über den Möglichkeitsraum zulässiger wissenschaftlicher Verfahren könnte, auf den ersten Blick, auf einem curricular induzierten Missverständnis beruhen, da in den entsprechenden Veranstaltungen bzw. Modulen zum Thema ‚Forschungsmethoden' oftmals Schwerpunkte auf ‚Befragung', ‚Experiment' oder ‚Beobachtung' gelegt werden. Doch zeigt der Blick auf die dazugehörigen Seminarpläne meist, dass durchaus auch andere Vorgehensweisen angesprochen werden. Überdies zeugen die Literaturlisten vieler fachbezogener Vorlesungen, Übungen etc. davon, dass sich die Studierenden im Verlauf der Semester immer wieder mit Forschungen bzw. Studien auseinandersetzen, die nicht nur via Interview oder Fragebogen zustande gekommen sind. Eventuell steht bei der studentischen Lektüre hier jedoch eher das Interesse an den inhaltlichen Ergebnissen und weniger an der Methodik im Vordergrund.

Verstärkend mag hinzukommen, dass – parallel dazu – die Berichterstattung in den öffentlichen Medien, so sie denn bildungs- oder sozialwissenschaftliche Themen aufgreift, meist dominiert wird von den Ergebnissen größerer Surveys, standardisierter Befragungen oder Tests, wie etwa den PISA-Studien.

Unter Umständen trägt zudem die Darstellungspraxis der Forschung selbst zu einer spezifischen Ausprägung des Vorstellungshorizonts zum ‚methodisch Möglichen‘ bei. So finden wir in vielen Studien eine ausführliche Erläuterung des methodischen Vorgehens, wenn es um Fragebogen, Interview, Beobachtung und Co. geht; Daten hingegen, die nicht erst neu erhoben werden müssen, d. h., Dokumente, die bereits vorliegen, scheinen indes oft ohne diese Ausführungen auszukommen. Solche Materialien werden zuweilen unkommentiert illustrierend eingesetzt oder gar, als seien sie gegebene Fakten, unhinterfragt akzeptiert und zitiert.

Freilich ist dies keineswegs immer der Fall – und doch wird in vielen Lehr- und Handbüchern zum Thema Forschungsmethoden das Missverhältnis im Begründungsaufwand zwischen der Erhebung von ‚Daten‘ und der Nutzung vorgefundener ‚Dokumente‘ mit Unmut kommentiert. Anscheinend sind sich manche Forscher_innen des „auffälligen methodischen Defizits“ (Lueger 2010, S. 94) nicht bewusst, wenn sie vorgefundenes Material fast ohne Ansehen der Eigenlogik seiner Entstehungs- und Verwendungsgeschichte verwenden. Sind wir etwa im Fall von Interviews gehalten, das Zustandekommen, die Gesprächssituation, den Verlauf, die Niederschrift etc. sorgfältig zu explizieren und im Hinblick auf die spezifischen Grenzen der Aussagekraft zu reflektieren, so sollte dies doch auch für bereits vorliegende Dokumente gelten, wenn wir sie wissenschaftlich analysieren bzw. interpretieren wollen.

Wolff (2009, S. 506) verdeutlicht dies treffend anhand eines klassischen Beispiels aus der Forschung von Harold Garfinkel: „Im Rahmen einer Studie über Patientenkarrieren war ihm aufgefallen, dass die einschlägigen Unterlagen nur lückenhaft und ungenau ausgefüllt waren. An diesem für ihn als Forscher ärgerlichen Umstand der ‚fehlenden Daten‘ nahm das Klinikpersonal eigenartigerweise kaum Anstoß. Da Garfinkel diesen Befund nicht als Ausdruck von Inkompetenz des Personals abtun wollte, stellte er sich die Frage, ob es nicht auch ‚gute Gründe‘ für solche ‚schlechten‘ klinischen Aufzeichnungen gäbe.“ Bei genauerer Betrachtung des Kontexts ‚Klinik‘ stellte sich dann heraus, dass mit Blick auf die Dokumente die knapp bemessene Zeit für die Aktenbearbeitung selbst ebenso zu berücksichtigen war wie die Tatsache, „dass Akten zur Kontrolle der Tätigkeit bzw. der Effektivität des Personals herangezogen werden können. Dies lässt eine gewisse Vagheit der Darstellung sinnvoll erscheinen, weil sich dadurch im Zweifelsfall die Möglichkeit einer auf die praktischen Umstände bezogenen Erläuterung und Rechtfertigung eröffnet. […] Das ‚Ärgernis‘ des Forschers entpuppt sich so als eine für die Beteiligten durchaus rationale und nachvollziehbare Form der Gestaltung von Dokumenten" (Wolff 2009, S. 506).

Und dass sich die Mühen der geduldigen bzw. vertieften Untersuchung von Dokumenten, auch in der Bildungs- und Sozialforschung, durchaus lohnen, davon zeugt nun wiederum eine Vielzahl von Arbeiten, die sich – etwa im Zuge der sog. ‚visual‘, ‚spatial‘ oder ‚material turns‘ – der vielgestaltigen ‚Objektwelt‘ unseres Alltags zugewandt haben bzw. ihrer Faszination erlegen sind. Denn betrachten wir diese neuen Akzente bzw. ‚emerging approaches‘ oder auch die ebenfalls vorliegenden klassischen Studien innerhalb dieser ‚Dokument‘-bezogenen Forschung genauer, so tut sich ein – im Vergleich zum Mainstream zwar kleineres – in sich jedoch überaus facettenreiches Feld auf.

Das gilt zunächst für den Artenreichtum der ‚Dokumente‘, die dabei in den Blick genommen werden können: Wolff etwa nennt „Aktennotizen, Fallberichte, Verträge, Entwürfe, Totenscheine, Vermerke, Tagebücher, Statistiken, Jahresberichte, Zeugnisse, Urteile, Briefe oder Gutachten" (2009, S. 503). Und Prior führt ergänzend an: „paintings, tapestries, monuments, diaries, shopping lists, stage plays, adverts, rail tickets, film, photographs, videos, engineering drawings, the content of human tissue archives and World Wide Web […] pages can all stand as documents in one frame or another" (2009, S. 2).

Vielfalt finden wir überdies in den methodologischen wie methodischen Konzepten, die dabei in Anschlag gebracht werden. Wir stoßen auf quantitative und qualitative Zugänge, auf Inhalts-, Frequenz- oder Clusteranalysen, auf Text- bzw. Data-Mining, Bibliometrie, Qualitätssicherung und ‚action research‘, auf die Analyse von Korrespondenzen, Programmen, Bild-Text-Relationen oder Argumentationen, auf Gattungs-, Konversations-, Prozess-, Artefakt-, Ordnungsmittel- und Metaphernanalysen, auf geistes- und sozialwissenschaftlich geprägte Hermeneutik, ethnografische Feldforschung, Diskurs- und Dispositivtheorien, sozio-materielle Ansätze – und all dies in historischen, vergleichenden oder systematischen Ausrichtungen.

Und so führen also die von den Studierenden geäußerte *Überraschung* angesichts der Möglichkeiten, der in der Methodenliteratur geäußerte *Unmut* über die zuweilen unreflektierte Verwendung von Dokumenten und schließlich v. a. die *Faszination*, die der nähere Blick auf den Facettenreichtum erschließt, dazu, mit dem vorliegenden Buch einen Überblick über das Feld der Dokumentenanalyse in der Bildungs- und Sozialforschung[1] vorzulegen. Der Überblick

---

1 Der Fokus bzw. die Formulierung „Bildungs- und Sozialforschung" ist der Einbindung der Autorin des Buchs in einen Fachbereich für „Bildungswissenschaften" geschuldet, welcher Pädagogik, Soziologie und Psychologie umfasst. So stammen zwar zahlreiche der in den folgenden Kapiteln genannten Beispiele aus pädagogischen Gegenstandsfeldern, doch wäre eine Einschränkung der Methodendebatten zur Analyse von Dokumenten auf eine Fachdisziplin unangemessen, da sich die methodischen wie methodologischen Diskurse zu weiten

wird dabei kombiniert mit einer Einführung in Wege der potenziellen Umsetzung dokumentenanalytischer Vorhaben in der wissenschaftlichen Praxis.

Der Band zielt in erster Linie darauf ab, die Neugier auf eine Forschung jenseits von Fragebogen, Interview und Co. zu wecken. Es geht darum, (angehende) Forschende zu ermutigen, den Blick auf die Potenziale zu richten, die eine Erschließung der Fülle der in den verschiedensten Bereichen unseres Lebens bereits vorliegenden Materialien in sich birgt. Verbunden ist dies zugleich mit der Absicht, dafür zu sensibilisieren, was im Fall der Wahl von Verfahren der Dokumentenanalyse zu berücksichtigen ist, um Dokumente nicht auf ‚Container‘ oder oberflächlich leicht zu verstehende ‚Gegenstände‘ zu reduzieren, sondern ihnen forschungsmethodisch gerecht zu werden, d. h. auch, sich bewusst für die jeweils notwendigen wissenschaftstheoretischen Prämissen und methodologischen wie methodischen Pfade zu entscheiden[2]. Dieses ‚Rad‘ soll hier nun keineswegs ‚neu erfunden‘ werden; vielmehr wird auf diverse vorliegende Studien und methodische Konzepte aus der Bildungs- und Sozialforschung bzw. auf Überlegungen aus anderen Disziplinen (wie den Geschichts-, Medien- und Sprachwissenschaften, der Philosophie oder der Semiotik) zurückgegriffen.

Diesen Anliegen versucht der folgende *Aufbau* gerecht zu werden:

Kapitel 2 dient zunächst dazu, einen Überblick über den bisherigen Einsatz von Dokumentenanalysen in Feldern der Bildungs- und Sozialforschung zu geben. Dabei sehen wir, dass die jeweils dazu genutzten Ansätze und Verfahren in sich wiederum sehr variantenreich ausfallen bzw. verschiedenste ‚Gesichter‘ zeigen. Um diese Vielfalt – quasi aus einer ‚Vogelperspektive‘ heraus – zu strukturieren und wenigstens in Grundzügen, wenn auch ohne Anspruch auf Vollständigkeit, sichtbar werden zu lassen, werden zentrale bzw. vieldiskutierte Konzepte und Methoden nach jenen primären Zielen und Einsatzfeldern zusammengestellt, welche die jeweilige Forschung fokussiert:

Teilen jenseits der thematischen bzw. disziplinären Zuschnitte bewegen. Auch beanspruchen bestehende Traditionen wie evolvierende Ansätze nur selten ausschließliche Geltung für einen fachlich bestimmbaren Ausschnitt (zu dieser wenig hermetischen Grenzziehung bzw. der fachübergreifenden Rezeption von Methoden der ‚empirischen Sozialforschung‘ vgl. u. a. Baur und Blasius 2014; Heinrich, Kölzer und Streblow 2017).

2 Danken möchte ich an dieser Stelle all den Kolleginnen und Kollegen, die mein Vorhaben mit ihren kritischen und konstruktiven Anregungen begleitet haben; namentlich erwähnt seien hier insbesondere Silke Allmann, Kerstin Bestvater, Denise Dazert, Tamara Diederichs, Joshua Dohmen, Thorsten Fuchs, Winfried Gebhardt, Nicole Hekel, Henning Nuissl, Henning Pätzold und Hannah Rosenberg sowie, von Seiten des Verlags, Frank Engelhardt und Magdalena Herzog.

- Unter Fokus I werden Ansätze vorgestellt, welche die Analyse von Dokumenten zur Erfassung von verschiedenartigen Sachordnungen, Mustern oder Zusammenhängen einsetzen;
- im Kapitel Fokus II werden Dokumente v. a. als Ausdruck von Geschichte und Geschichtlichkeit interpretiert;
- Fokus III legt den Akzent auf die Erschließung ‚tieferer Schichten' oder ‚fremder Welten';
- den Zugängen des Fokus' IV geht es um eine Dekonstruktion von Macht- bzw. eine Revision von Weltverhältnissen und
- im letzten und fünften Fokus werden Dokumente in primär praktischer Mission, etwa zu Zwecken der Optimierung oder der Aufklärung, genutzt.[3]

Da also die Analyse von vorfindlichen Dokumenten mit den verschiedensten wissenschaftlichen oder auch praxisnahen Zielsetzungen verbunden werden kann, fällt auch ihr methodischer Status entsprechend varianten- und facettenreich aus. Je nach Ansatz haben die Dokumente unterschiedlichste Formen bzw. Funktionen: Sie werden als Daten oder als Trägersubstanzen von Inhalten verstanden; sie sind als Quellen kritisch zu lesen; wir begegnen ihnen als Spuren mit indirektem Verweischarakter, als Medien mit Vermittlungsfunktion, als mehrdeutigen Zeichen oder als Widersachern mit eigener Logik. In *Kapitel 3* wird deshalb ein genauerer Blick auf die ‚Dokumente' selbst geworfen, wobei drei Fragen im Vordergrund stehen:

1. Was sind ‚Dokumente' bzw. wie kann ihre Vielfalt systematisiert werden?
2. Wie können ‚Dokumente' bei allem Variantenreichtum verallgemeinernd für den Einsatz in der Forschung bestimmt bzw. definiert werden?
3. Was gilt es bei der Verwendung von Dokumenten in der bildungs- bzw. sozialwissenschaftlichen Forschung aufgrund ihrer ‚Eigenart' speziell zu berücksichtigen, d. h., wo liegen etwa die ‚Tücken der Texte', worin besteht die ‚Brisanz der Bilder' – oder welche ‚Fallen' stellen ‚Feldmaterialien'?

Kapitel 4 setzt sich dann mit Aufbau und Ablauf von Dokumentenanalysen in der Bildungs- und Sozialforschung auseinander. Dabei werden zunächst grundsätzliche Strukturelemente der Forschung in den Blick genommen, die in der Konstituierung der Fragestellung zusammenwirken. Anschließend werden, nun in Prozessperspektive, anhand von Fallbeispielen prototypisch verschiedene Szenarien möglicher Vorgehensweisen – im Sinne potenzieller ‚Reiserouten' –

---

3 In graphisch abgesetzten Boxen finden sich in diesen Teilkapiteln zudem jeweils kurze Portraits von Beispielstudien, die den jeweiligen Umgang mit Dokumenten exemplarisch konkretisieren.

vorgestellt. Hierbei variiert in erster Linie der Ausgangspunkt bei der Planung einer Studie:

- Szenario A: Ausgehend von einem Gegenstand …
- Szenario B: Ausgehend von einem Feld …
- Szenario C: Ausgehend von einer theoretischen Perspektive …
- Szenario D: Ausgehend von einer Methode …
- Szenario E: Ausgehend von einem Interesse …

Im Sinne einer Reflexion des forscherischen Tuns wird dabei jeweils auf mögliche (metaphorisch gefasste) ‚Rollen‘ der Forschenden im Verhältnis zu ihren Dokumenten verwiesen, sei es etwa als Profiler_in, Analyst_in, Spurenleser_in, Detektiv_in, Architekt_in, Designer_in etc.

In *Kapitel 5* wird dann unter der Überschrift „Chancen, Risiken, Nebenwirkungen“ ein resümierender Blick auf Potenziale und Grenzen der Dokumentenanalyse in der Bildungs- und Sozialforschung geworfen. Hierzu werden auch einige Instanzen gehört, die sich allgemein mit der Frage beschäftigen, was denn ‚gute Forschung‘ ausmacht. In diesem Sinne werden spezifische Aspekte aus Forschungsethik und zu den sog. ‚Gütekriterien‘ aufgegriffen.

Im abschließenden *Kapitel 6* stehen ergänzende forschungspraktische Aspekte im Vordergrund. So gibt es Hinweise zu möglichen Zugängen zu verschiedenen Dokumenten, wobei anhand einer Auswahl auf bestehende Datenbanken und Archive aufmerksam gemacht werden soll, die bereits unterschiedliche Arten von Dokumenten vorhalten. Zudem wird zur digitalen Aufbereitung und Auswertung der Dokumente auf exemplarische Software-Angebote hingewiesen, um schließlich mit dem Verzeichnis der verwendeten Literatur die eigenen Quellen zu dokumentieren bzw. weiterführende Lektüren zu ermöglichen.

Letzteres scheint mir dabei von besonderer Bedeutung, denn an vielen Stellen mag der hiermit vorgelegte Überblick eher wie ein ‚kartographisches Länderportrait‘ oder ein ‚archivarisches Findbuch‘ fungieren, um auf – hoffentlich – interessante Ansätze oder Aspekte des Themas aufmerksam zu machen, die andernorts schon vertieft wurden. So würde ich im Hinblick auf die Gesamtanlage des Buchs – in Anlehnung an Breidenstein et al. – bilanzieren: „Es ist kein Methodenbuch im klassischen Sinne“, sondern eine Art Studienbuch darüber, wie Bildungs- und Sozialwissenschaftler_innen bereits vorgegangen sind bzw. vorgehen könnten. Es soll Interessierten vor allem „Anregungen und Orientierungswissen“ für ihre dokumentenanalytischen Vorhaben erschließen. „Dieses Wissen in ihren eigenen Projekten auszuprobieren, bleibt Aufgabe der Leser. Dann können sie mit ihrer Forschungserfahrung“ dieses Studienbuch „ergänzen, korrigieren und neu schreiben“ (Breidenstein et al. 2013, S. 191).

Falls Sie also Anmerkungen, Kommentare oder Vorschläge haben, freue ich mich über Post unter:

Nicole Hoffmann, Institut für Pädagogik
Universität Koblenz-Landau, Universitätsstr. 1, 56070 Koblenz
E-Mail: hoffmann@uni-koblenz.de

2 Varianten, Gesichter, Lesarten …

Ein Überblick über Dokumentenanalysen in der Bildungs- und Sozialforschung anhand verschiedener Zielsetzungen

Es ist, wie gesagt, recht eigenartig: Einerseits stoßen wir in vielen Studien aus den weiten Feldern der Sozial- und Bildungswissenschaften immer wieder auf den Begriff der Dokumentenanalyse oder auf das Phänomen, dass Dokumente analysiert werden. Andererseits findet dies oft nur geringen Widerhall in jenen Kapiteln dieser Arbeiten, welche sich der Beschreibung und Begründung des jeweiligen methodischen Vorgehens widmen – vor allem im Vergleich dazu, wie aufwändig etwa Test-, Befragungs- oder Beobachtungsinstrumente vorgestellt und plausibilisiert werden. Dies mag verschiedene Gründe haben:

a. Ganz allgemein ist unsere Industrie- und Technikwelt, unsere Schrift- und Bildkultur von Vorstellungen beherrscht, nach denen die in der Alltagswelt vorfindlichen Dinge oder Dokumente ihre Botschaften anscheinend leicht preisgeben – und insofern in der Handhabung generell wenig interpretations- oder begründungsbedürftig erscheinen. Max Weber nennt dazu folgende Beispiele: „[S]o wenn wir einen elektrischen Trambahnwagen oder einen hydraulischen Lift oder eine Flinte sachgemäß benutzen, ohne von den naturwissenschaftlichen Regeln, auf denen ihre Konstruktion beruht, irgendetwas zu wissen, in welche selbst der Tramwagenführer und Büchsenmacher nur unvollkommen eingeweiht sein können. Kein normaler Konsument weiß heute auch nur ungefähr um die Herstellungstechnik seiner Alltagsgebrauchsgüter, meist nicht einmal darum, aus welchen Stoffen und von welcher Industrie sie produziert werden. Ihn interessieren eben nur die für ihn praktisch wichtigen Erwartungen des Verhaltens dieser Artefakte" (1913/1985, S. 471). Der „Eigensinn der Dinge" (Hahn 2015) wird im Alltag kaum hinterfragt – und dieses beiläufige Einverständnis macht ihn gerade mit aus.

b. Daneben hat das vergleichsweise geringe Echo, das der Analyse von Dokumenten zuteil wird, mit der Geschichte speziell der empirisch-analytischen Sozialforschung und den darin dominanten Konzepten zu tun. Hier wurde vielfach die Vorstellung favorisiert, dass Forschung eine autonome Praxis darstelle, welche die von ihr zu analysierenden Daten auch selbst hervorbringen müsse, da es sich um spezifische, nur innerhalb der methodischen Verfahren kontrollierbare Konstrukte handle. Den Regeln dieser Produktionsweisen – z. B. in Experiment oder Fragebogen – widmeten sich lange Jahre auch die entsprechenden Darstellungen und Handbücher, die methodische bzw. methodologische Ansätze erläutern. Anders jedoch in den geisteswissenschaftlichen Traditionslinien der Wissenschaft: Wenn auch in verschiedenen Spielarten, stellten dort Hermeneutik, Phänomenologie oder Dialektik – also Ansätze eines sinnverstehenden Auslegens bzw. einer kritischen Auseinandersetzung mit der geschichtlich gewordenen Welt und ihren ‚Dokumenten' – durchaus zentrale Bezugspunkte dar. Doch waren ihre Methoden-Diskurse anderer Natur; insbesondere in der Pädagogik wurden die ausführlichen Verfahrensdebatten der empirisch-analytischen Zugänge zeitweilig eher als „*Mode-Erscheinung*", als „Flucht ins *Formale*", als „*Verdeckung des Gegenstands* durch die Methoden" kritisiert[4] (Danner 1979, S. 15, Hervorh. i. Orig.).

c. Schließlich mag die oftmals geringe methodisch-systematische Berücksichtigung des bereits Vorfindlichen oder Vorgegebenen in den Eigenheiten der Dokumentenanalyse selbst begründet sein. So ist ihre Position etwa in den Überblickswerken, Hand- und Lehrbüchern zu den Methoden der empirischen Bildungs- und Sozialforschung keineswegs eindeutig: Handelt es sich um eine eigenständige Methode oder um den Umgang mit einem bestimmten Daten- bzw. Medientyp? Ist sie ein Erhebungs- und/oder ein Auswertungsverfahren? Ist sie quantitativ oder qualitativ einzustufen? Eignet sich der Terminus als Ober- oder als Unterkategorie? Die Antworten auf die Frage nach dem methodischen Status der Dokumentenanalyse variieren und verändern sich über die Jahre.

---

4 Doch wurde auch die eher geisteswissenschaftlich geprägte Pädagogik, Danner zufolge, ab den 1960er Jahren in Deutschland „dazu gedrängt, verstärkt Methodenreflexion zu treiben" (1979, S. 15).

Um diese Diagnose des wenig eindeutigen Status' konkret nachzuvollziehen, sind hier einige Beispiele aus Hand- und Lehrbüchern zu Methoden der Bildungs- und Sozialforschung zusammengestellt (Hervorh. jeweils d. d. Verf.):

- 1966 verorten etwa Festinger und Katz den Gebrauch von „Documents, Records, Census Materials, and Indices" in der Gliederung ihrer Darstellung von „Research Methods in the Behavioral Sciences" im Bereich der Erhebung innerhalb der „Methods of Data Collection" (neben Beobachtung und Interview).

- In dem Sammelband von Huber und Mandl (1982) ist die „Dokumentenanalyse" im Inhaltsverzeichnis unter der allgemeineren Überschrift „Verfahren der Verbalisation" zu finden (nach den Methoden Lautes Denken, Gedankenexperiment, Interview und Gruppendiskussion). In den Ausführungen innerhalb des dazugehörigen Beitrags wird der Anspruch jedoch gleich zu Beginn relativiert: „Unter Dokumentenanalyse wird weniger ein eigenständiges Verfahren verstanden, als die Anwendung herkömmlicher Methoden auf spezielles Untersuchungsmaterial" (Ballstaedt 1982, S. 165).

- Im „Handbuch Qualitative Forschungsmethoden in der Erziehungswissenschaft" (Friebertshäuser und Prengel 1997) gibt es zwar kein separates Teilkapitel, aber kurze Ausführungen zur Dokumentenanalyse innerhalb anderer Beiträge: zum einen im Kontext der „Formen der Datenerhebung" (Terhart 1997, S. 34) und zum anderen unter der Überschrift „Methodenkombination in der Feldforschung" (Friebertshäuser 1997, S. 515 ff.). In der dritten überarbeiteten Auflage des Handbuchs kommt dann 2010 explizit ein Beitrag unter dem Titel „Dokumentenanalyse und Quellenkritik" (Glaser 2010) innerhalb von „Forschungstraditionen und Forschungsverfahren" hinzu.

- Mayring (2002) positioniert die „Dokumentenanalyse" in seiner Ordnung der „Qualitativen Sozialforschung" ebenfalls eigenständig unter der Rubrik „Untersuchungspläne" (neben den Unterpunkten Einzelfallanalyse, Handlungsforschung, Feldforschung, qualitatives Experiment und Evaluationsforschung).

- Auch im „Handbuch Qualitative Sozialforschung" (Flick et al. 1995) taucht die Dokumentenanalyse zunächst nicht in der Gliederung auf; sie ist aber als Stichwort innerhalb anderer Beiträge zu „Methoden" und zu „Handlungsfeldern" zu finden. Allerdings ist der Thematik von sog. „Nichtreaktiven Verfahren" ein eigenständiger Artikel gewidmet, in dem die „Analyse physischer Spuren", die „Inhaltsanalyse archivalischer Daten", „Nichtreaktive Beobachtungen" und „Feldexperimente" aufgeführt werden (Bungard und Lück 1995, S. 199 f.). Das als Ergänzung konzipierte Handbuch „Qualitative Forschung" (Flick, von Kardorff und Steinke 2009) gibt die Trennung zwischen Erhebung und Auswertung in der Gesamtgliederung auf; dort wird die „Dokumenten- und Aktenanalyse" (Wolff 2009) unter der Rubrik „Qualitative Methoden und Forschungspraxis" neben 21 weiteren Artikeln aufgeführt.

- Oft wird ein direkter Bezug zu Verfahren der Inhaltsanalyse hergestellt; so etwa kurz und knapp bei Kromrey (2002), wo es im Sachregister heißt: „Dokumentenanalyse, siehe Inhaltsanalyse". Auch Lamnek stellt eine Verbindung zur Inhaltsanalyse her, nennt die Dokumentenanalyse allerdings als eine von mehreren „Techniken" unter der Kapitelüberschrift „Inhaltsanalyse im quantitativen Forschungsprozeß" (1995, S. IX). Denz argumentiert hingegen genau umgekehrt: „Dokumentenanalyse ist der allgemeinere Begriff, er deutet an, daß dies ein methodischer Ansatz ist, alle möglichen Formen von Dokumenten zu analysieren [...]. Inhaltsanalyse ist der bekanntere Begriff, er bezeichnet jedoch nur ein Verfahren aus der Klasse von Dokumentenanalysen – die Analyse des geschriebenen Wortes" (1989, S. 28). In einigen Werken zur Inhaltsanalyse gewinnt der Umgang mit Dokumenten zudem eher den Charakter eines Auswertungsverfahrens (so etwa im Kontext von Gläser und Laudel 2010).

- Wiederum einen gesonderten Status scheinen Bild-Dokumente zu haben, die in manchen Überblickswerken keinerlei Berücksichtigung finden (vgl. etwa Przyborski und Wohlrab-Sahr, die in ihrem „Arbeitsbuch" „Qualitative Sozialforschung" zunächst den Akzent auf verbale Daten legen, dann ab der 4. Auflage auch „visuelles Datenmaterial" explizit aufnehmen). In den meisten (neueren) Handbüchern gibt es dazu eigenständige Ausführungen, d. h. separate Kapitel zur Analyse von Fotografien oder von Filmen und Videos (vgl. z. B. Flick, von Kardorff und Steinke 2009 oder die Beiträge von Mollenhauer und Fuhs in Friebertshäuser und Prengel 1997). Letzteres bedeutet, dass ein spezielles Medienformat von Dokumenten ausschlaggebendes Kriterium zur Bestimmung ihrer Analyse ist. Die schwierige Frage des Ausgangspunkts wird insbesondere beim Blick in die Gliederung von Handbüchern zu Methoden der „Medienforschung" deutlich, wo die Ordnung nach Medienformaten, Produktions- und Rezeptionspraktiken sowie disziplin- und methodologiespezifischen Zugängen in Erhebung, Aufzeichnung und Auswertung kaum trennscharf aufzulösen ist (vgl. Mikos und Wegener 2005).
- Das 2014 erschienene „Handbuch Methoden der empirischen Sozialforschung" von Baur und Blasius räumt der Art des Analysematerials – nicht nur in Bezug auf Bilder – sehr breiten Raum ein. In der Gliederung widmet sich dort – nach den Varianten der Generierung von Daten im Rahmen von Befragungen – der Teil 6 unter der Überschrift „Weitere Datentypen" in 17 Beiträgen folgenden Aspekten: explizit „Natürliche Daten: Dokumente" und „Literarische Quellen und persönliche Dokumente"; zudem folgen u. a. Beiträge zu Zeitungsartikeln, Web Server Logs und Logfiles, Bild- und Filmdaten, Gebrauchsgegenständen und technischen Artefakten, Verwaltungsdaten und Daten der amtlichen Statistik, Organisationsdaten und raumbezogenen Daten.

Während Experiment, Fragebogen oder Interview in der Überblicksliteratur zu Forschungsmethoden wie eine Art ‚Baum' mit unterschiedlichen ‚Wurzeln', aber einem gemeinsamen ‚Stamm' und sich in den Varianten verzweigenden ‚Ästen' wirken, erscheinen Dokumentenanalysen eher wie wenig ausdifferenziertes ‚Buschwerk', wie ‚Heckenrosen' an verschiedensten Stellen blühend, wie ‚Efeu' andere Verfahren umrankend, wie ‚Pionierpflanzen' an unwirtlichen Orten auftretend oder wie ‚Bonsai‘ aus anderen Disziplinen importiert – und dabei insgesamt doch so verbreitet und zugleich wenig beachtet wie ‚Löwenzahn‘.

Nach diesem eher uneinheitlichen Bild in der explizit methodenbezogenen Literatur werfen wir nun einen Blick in die sozial- und bildungswissenschaftliche Forschung selbst. Öffnen wir das Suchraster weiter, d. h., fragen wir generell nach einzelnen Forschungsarbeiten, die sich mit Dokumenten beschäftigen (dies jedoch nicht unbedingt ‚Dokumentenanalyse‘ nennen), so wird das Feld zwar noch unübersichtlicher, aber umso reichhaltiger: Wir treffen auf zahlreiche andere Etikettierungen, u. a. in Gestalt von Inhalts- und Argumentationsanalysen, nonreaktiven Verfahren, Fallstudien, Akten- oder Artefaktanalysen, Ordnungsmittel-, Trend- und Valenzanalysen, Organisations-, Medien-, Programm- oder Biografieforschung, Konversations-, Dispositiv- oder Diskursanalysen, ethnographischer Feldarbeit sowie historisch quellenkritischem oder hermeneutischem Prozedere.

In ihrer Vielfalt mit ihren zahlreichen Schnittmengen zu anderen Methoden wie auch Disziplinen nimmt die Analyse von Dokumenten in den Sozial- und Bildungswissenschaften somit gegenwärtig eine Art ‚Schwellenposition‘ ein (vgl. auch Nolda 1998). Sie hat keinen eindeutigen Ort, reklamiert kein eigenes Terrain, sondern erscheint in vielerlei Hinsicht an Schnittstellen: Es variieren wissenschaftstheoretische wie methodologische Einordnung, Status, Funktion, Stellenwert und Verständnis von ‚Dokumenten‘ innerhalb des Forschungsprozesses sowie das konkrete Vorgehen und – wie gesehen – auch die Bezeichnung des Verfahrens selbst.

Um aber nicht nur allgemein ‚Vielfalt‘ zu konstatieren, sondern den Reichtum an Möglichkeiten einschließlich seiner Konsequenzen für den bildungs- und sozialwissenschaftlichen Einsatz von Dokumentenanalysen zu fassen, stellt sich für die Darstellung des folgenden Überblicks die Frage der angemessenen Auswahl und Strukturierung:

Die hier getroffene Auswahl soll das facettenreiche Feld abstecken und zentrale Stellen markieren, an denen ‚Dokumentenanalysen‘ in Erscheinung treten. Dabei kann nicht der gesamte Einsatzbereich abgeschritten werden, vielmehr werden jene methodischen Ansätze, v. a. aus den deutschsprachigen Debatten, in den Vordergrund gerückt, welche als markante Eckpunkte oder orientierende Wegmarken dienen können – insofern sie unterschiedliche Forschungsprogrammatiken vertreten und dabei den ‚vorfindlichen Dokumenten‘ im jeweiligen Kontext verschiedene, möglichst kontrastierende Rollen beimessen.

Angesichts der heterogenen Ausgangssituation in Überblickswerken wie Einzelpublikationen ist die folgende Strukturierung das Ergebnis mehrerer Versuche, dem Anliegen des Überblicks gerecht zu werden. Verworfen wurden u. a. mögliche Ordnungsvarianten[5] nach qualitativen oder quantitativen Anlagen, nach

---

5 Angesichts des heterogenen Bildes ihrer Etablierung in der bestehenden Praxis der Bil-

Erhebung oder Auswertung, nach der Verortung in theoretischen Programmen bzw. Forschungsstilen, nach den verschiedenen Dokumententypen etc. – keine hat sich als besonders überzeugend oder trennscharf erwiesen, was angesichts der o. g. ‚Schwellenposition' der Dokumentenanalyse auch nicht verwundern muss. Schließlich fiel die Wahl auf eine Gliederung der Zusammenstellung nach möglichen Zielsetzungen bzw. auszumachenden Interessen, die mit dem Einsatz dokumentenanalytischer Verfahren verbunden werden. Dabei handelt es sich allerdings jeweils um eine exemplarische Zuordnung. Um es in einem Bild auszudrücken: Die zur Systematisierung gewählten fünf Fokussierungen stellen quasi eine Gruppe von Inseln dar, deren Landfläche hier zwar als aus dem Ozean herausragend beschrieben wird, die unter der Wasseroberfläche jedoch gemeinsam auf dem Kontinentalrücken der Forschungsmethoden sitzen, d.h., sie haben untereinander durchaus Verbindungen und sie unterliegen, in zeitlicher Perspektive, verschiedenen Driftprozessen. Zwischen manchen Eilanden verlaufen Brüche, andere bewegen sich aufeinander zu oder arbeiten sich aneinander ab. Dass diese Systematik dennoch auserkoren wurde, ist v. a. zwei Überlegungen geschuldet: Zum einen stellt das Erkenntnis- oder Handlungsinteresse von Forschung ein wissenschaftstheoretisch relevantes Unterscheidungskriterium dar; zum anderen kann planungspraktisch die Frage nach der Absicht als ein wegweisender Ausgangspunkt für die Konzeption eines eigenen Vorhabens dienen.

Nehmen wir als *Beispiel* einen umfangreichen Satz von Modulhandbüchern eines Studiengangs, der an verschiedenen Hochschulen angeboten wird. Welche Forschungsziele oder -interessen könnten wir damit verbinden? Vielleicht wollen wir erfassen, ob bestimmte Thematiken des Fachs an verschiedenen Standorten unterschiedlich präsent sind. Wir könnten uns dem Wandel dieser Themen über die Jahre hinweg nähern und analysieren, was wohl die ‚Konjunkturen' ausmacht und wie die Gegenstände etwa in den Erläuterungstexten begründet werden. Wir könnten uns wie Fremde dem Medium ‚Modulhandbuch' nähern, um so die ‚Welt der Bologna-Reform' zu rekonstruieren bzw. genauer zu verstehen. Wir könnten herausfinden wollen, welche Vorstellungen vom ‚Studium' oder welche Bilder von ‚Studierenden' über Art und Anlage der Modulbeschreibungen transportiert werden. Eventuell interessiert uns, was hinter den Handbüchern steckt, wer an ihrer Produktion beteiligt war, wem sie dienen, wie sie sich in einen grö-

---

dungs- und Sozialforschung konnten für das Anliegen der ‚Analyse vorfindlicher Dokumente' auch bestehende allgemeine Gruppierungen methodischer Anlagen nicht fruchtbar gemacht werden; so trennt etwa einer der jüngeren Vorschläge zur „Systematik erziehungswissenschaftlicher Forschungsmethoden" von Zierer (2011) zwar auf kategorial höchster Ebene zwischen a. der „Sammlung und Interpretation bestehender Daten" und b. der „Generierung und Interpretation neuer Daten" (2011, S. 642), doch schließt er dann für den ersten Bereich „empirische" Verfahren aus, was dem faktischen Status der ‚Dokumentenanalyse' im vorliegenden Kontext nicht gerecht würde.

ßeren Diskurs einfügen? Oder doch vielmehr ihr praktischer Einsatz? Sei es im Sinne eines: ‚Was machen Studierende, Lehrende oder Verwaltungsakteur_innen tatsächlich mit Modulhandbüchern?‘ – oder umgekehrt: ‚Was machen Modulhandbücher mit den Studierenden etc.?‘ Unter Umständen haben wir auch einen konkreten Auftrag, das eigene Modulhandbuch anhand von Best-Practice-Beispielen anderer Hochschulen zu überarbeiten. Scheinbar geht es dabei immer um dieselben Dokumente, die je nach Fall u. U. methodisch noch um weitere Kontextinformationen oder Vergleichsmaterialien ergänzt werden müssen, doch rücken für die Analyse mit jedem Fokus, d. h. in jeder Zielsetzung, unterschiedliche Aspekte in den Vordergrund, sind jeweils andere Zugänge erforderlich – mit Auswirkungen auf möglicherweise relevante theoretische Bezüge, methodologische Vorannahmen und die konkrete methodisch-technische Umsetzung.

Doch sind auch bei der gewählten Ordnungsvariante zu den folgenden Teilkapiteln einige Vorbehalte anzumelden: Die Zuordnung der einzelnen Verfahren zu bestimmten Fokussierungen ist, wie gesagt, keineswegs zwingend, da es faktisch viele Schnittmengen, Überlagerungen und Verwerfungen zwischen den skizzierten Positionen gab und gibt. Zudem ist zu berücksichtigen, dass zahlreiche Ansätze nicht nur oder sogar nur zweitrangig für die Analyse von vorfindlichen Dokumenten konzipiert sind. So werden die jeweiligen erkenntnistheoretischen bzw. methodologischen Hintergründe im Folgenden nur in knapper Form skizziert. Dies ist mit dem Risiko verbunden, dass der Voraussetzungsreichtum des Einsatzes bestimmter Methoden aus dem Blick geraten könnte. Doch hoffe ich auf Leserinnen und Leser, die dann, wenn eine bestimmte Variante ihr Interesse geweckt hat, einschlägigere Pfade zur Vertiefung verfolgen, sind diese doch in der jeweils genannten Referenzliteratur bereits sehr viel ausführlicher dargestellt (vgl. Kapitel 6.3).

Es wird dennoch versucht, in zusammenfassend abstrahierender Form jeweils grundlegende Prämissen und Schritte zum Umgang mit den Dokumenten innerhalb der Verfahren zu skizzieren und ihre Spezifik anhand von ausgewählten ‚Beispiel-Studien‘ zu veranschaulichen. Dies geschieht im Sinne von ‚Kostproben‘, wobei es nicht darum geht, die inhaltlichen Befunde und Ergebnisse jeweils ausführlich zu würdigen[6]. Die Beispiele, in denen selbst oft mit einem Methoden-Mix gearbeitet wurde, werden in konturierender Absicht nur ausschnittsweise wiedergegeben, um v. a. die generelle Stoßrichtung bzw. das Potenzial der jeweils eingesetzten dokumentenanalytischen Methodik zu verdeutlichen. So wurden dazu primär Studien herangezogen, die den Aspekt des methodischen Vorgehens jeweils relativ ausführlich würdigen.

---

6 Die zitierten Kolleginnen und Kollegen mögen mir bitte die Verkürzungen im Rahmen der Nutzung ihrer Arbeiten zu Demonstrationszwecken nachsehen.

Die Gliederung ist somit in erster Linie einer Logik des Überblicks in Kombination mit exemplarischen Vertiefungen verpflichtet. „Künftige Untersuchungen sollten sich [...] von diesen Zuordnungen inspirieren, nicht aber dirigieren lassen" (2011a, S. 19), wie es Nolda an anderer Stelle so treffend formuliert.

Bevor wir uns den verschiedenen Ansätzen im Detail zuwenden, geben die folgenden Tabellen zunächst einen Überblick über die Gesamtanlage bzw. die Stationen dieser ‚Reise' durch die Welt der Analyse von Dokumenten in der Bildungs- und Sozialforschung (vgl. Abb. 1–5). Sie sollen einen ersten Einblick vermitteln in den Artenreichtum möglicher Ziele bzw. Einsatzgebiete sowie in die dazu jeweils ausgewählten methodischen Zugänge und ihre spezifischen Bezeichnungen. Die 2. Spalte der Tabellen umreißt die Themen der dann jeweils zur Erläuterung der Methoden angeführten Beispiel-Studien, die zur Konkretisierung eines Vorgehens kurz portraitiert werden (vgl. die im Layout graphisch abgesetzten ‚Boxen' in den Teilkapiteln). In der 3. Spalte der Tabellen wird zudem die Art der in den Beispiel-Studien jeweils genutzten ‚Dokumente' aufgeführt; diese Spalte kann auch für sich als Illustration der Vielfalt möglicher Forschungsmaterialien gelesen werden.

Bezeichnungen der jeweils exemplarisch aufgeführten dokumentenanalytischen Vorgehensweisen	Themen bzw. Gegenstandsbereiche der dazu portraitierten Beispiel-Studien	Art der in den Beispiel-Studien jeweils verwendeten Dokumente
Fokus I Erfassung von Sachordnungen, Mustern und Zusammenhängen in Längs- oder Querschnitt		
• Quantitative und qualitative Inhaltsanalyse/‚content analysis'; auch Frequenz- und Clusteranalyse • Quantitative und qualitative Programmanalyse; u. a. Analyse von Bild-Text-Relationen • Problemspezifische Topik und Argumentationsanalyse	☐ Bildungsauftrag im Schweizer Kinderfernsehen	✓ Sendeankündigungen in TV-Zeitschriften
	☐ Jugendamt im Spiegel der Medien	✓ Artikel aus Tages- und Wochenzeitungen
	☐ Profil der kulturellen Bildung in einer Region	✓ Programme von Bildungseinrichtungen
	☐ Erwachsenenbildung in der Zeit des Nationalsozialismus'	✓ Auszug aus einem Programm einer Volksbildungsstätte
	☐ Debattenlage zum Thema kognitive Frühförderung	✓ Artikel aus pädagogischen Fachzeitschriften
	☐ Rechtfertigungen der französischen Protestbewegung gegen die sog. ‚Homo-Ehe'	✓ Homepages von Organisationen und Twitter-Tweets

Abb. 1 Überblick über die in Fokus I vorgestellten Varianten der Analyse von Dokumenten

Bezeichnungen der jeweils exemplarisch aufgeführten dokumentenanalytischen Vorgehensweisen	Themen bzw. Gegenstandsbereiche der dazu portraitierten Beispiel-Studien	Art der in den Beispiel-Studien jeweils verwendeten Dokumente
Fokus II **Auf den Spuren von Geschichte und Geschichtlichkeit**		
• Geisteswissenschaftlich geprägte Hermeneutik; u. a. Analyse von Korrespondenzen und bildungstheoretisch orientierte Ikonologie • Historische Aufarbeitung	☐ Historische Biografie- und Interaktionsforschung zur Spezifik der „pädagogischen Beziehung"	✓ langjährige Briefwechsel aus einem archivierten Nachlass
	☐ Selbstkonstitution in Bildern und Geschichten am Beispiel Chagalls	✓ Autobiografie und Selbstbildnisse eines Künstlers
	☐ Heimerziehung in Rheinland-Pfalz in den Jahren 1945–1975	✓ archivierte Schriftstücke und Bilder aus dem administrativen Alltag der Institutionen

Abb. 2 Überblick über die in Fokus II vorgestellten Varianten der Analyse von Dokumenten

Bezeichnungen der jeweils exemplarisch aufgeführten dokumentenanalytischen Vorgehensweisen	Themen bzw. Gegenstandsbereiche der dazu portraitierten Beispiel-Studien	Art der in den Beispiel-Studien jeweils verwendeten Dokumente
Fokus III **Erschließung tieferer Schichten und fremder Welten**		
• Sozialwissenschaftlich geprägte Hermeneutik; u. a. Gattungs-, Konversations-, Prozess- und Metaphernanalyse • Dokumentarische Methode • Artefaktanalyse • Ethnografische Feldforschung, auch Instrumentenanalyse	☐ Sozio-kultureller Ausdruck von Lifestyle und Individualität	✓ Werbeanzeigen einer Modemarke
	☐ Fallspezifische Analyse zur Organisationsentwicklung	✓ Unternehmensbroschüre
	☐ Kindliche Entwicklungsnormen zwischen Pädagogik und Medizin	✓ Vorsorgehefte und Tests in der Praxis von Kindervorsoge- und Schuleingangsuntersuchungen

Abb. 3 Überblick über die in Fokus III vorgestellten Varianten der Analyse von Dokumenten

Bezeichnungen der jeweils exemplarisch aufgeführten dokumentenanalytischen Vorgehensweisen	Themen bzw. Gegenstandsbereiche der dazu portraitierten Beispiel-Studien	Art der in den Beispiel-Studien jeweils verwendeten Dokumente
Fokus IV **Dekonstruktion von Macht- und Revision von Weltverhältnissen**		
• Diskursanalyse • Dispositivanalyse • ‚documents in action' im Kontext neuerer soziomaterieller Ansätze, insbesondere der Akteur-Netzwerk-Theorie	☐ Kulturelle Fundierung der Familien- und Geschlechterordnung	✓ Spielfilme: „Das doppelte Lottchen"/ „Charlie und Louise"
	☐ Raumbewusste Diskursforschung am Beispiel der Nachhaltigkeitsdebatte	✓ politische und wissenschaftliche Schlüsseldokumente, Leitbilder, Stellungnahmen, Presseartikel
	☐ Gesellschaftlicher Umgang mit Sterben und Tod	✓ u. a. Bau und Ausstattung von Sterbe-Orten, Gesetze und Regelungen, Stellungnahmen
	☐ Vernetzung soziomaterieller Akteure unter Revision des Akteursverständnisses	✓ ‚Der Berliner Schlüssel' (ein Schließ-System in alten Berliner Wohnkomplexen)

Abb. 4 Überblick über die in Fokus IV vorgestellten Varianten der Analyse von Dokumenten

Bezeichnungen der jeweils exemplarisch aufgeführten dokumentenanalytischen Vorgehensweisen	Themen bzw. Gegenstandsbereiche der in den Teilkapiteln portraitierten Beispiel-Studien	Art der in den Beispiel-Studien jeweils verwendeten Dokumente
Fokus V **In praktischer Mission**		
• Text- bzw. Data-Mining und Bibliometrie • Qualitätssicherung, Evaluation, Organisationsentwicklung • Ordnungsmittelanalyse • Sozialdokumentarische Formate und ‚action research'	☐ Software-basierte wissenschaftliche Selbstkontrolle in der Psychologie	✓ Plausibilitätsprüfung von statistischen Auswertungen mit dem Programm ‚statcheck'
	☐ Interne Schulentwicklung	✓ u. a. Schulprogramme, Gremien- und Konferenzprotokolle
	☐ Verwertbarkeit und Anrechenbarkeit von Leistungen in der kaufmännischen Ausbildung	✓ Ausbildungsordnungen und Rahmenlehrpläne
	☐ Westdeutsche Fürsorgeerziehung in den 1970er Jahren	✓ Zehn Fall-Akten aus Sozial-Behörden

Abb. 5 Überblick über die in Fokus V vorgestellten Varianten der Analyse von Dokumenten

2.1 Fokus I: Erfassung von Sachordnungen, Mustern und Zusammenhängen in Längs- oder Querschnitten

Unter diesem ersten Fokus werden im Folgenden nun exemplarisch quantitative und qualitative Ansätze der Inhaltsanalyse und der Programmanalyse sowie argumentationsanalytische Vorgehensweisen näher vorgestellt.

2.1.1 Quantitative und qualitative Inhaltsanalysen

Auf den Spuren einer der vielen Traditionslinien zur wissenschaftlichen Analyse von Dokumenten führt uns dieses erste Anliegen der ‚Erfassung' zunächst in die Welt der Massenmedien: So waren schon Ende des 19. Jahrhunderts in den USA Zeitungen als meinungsbildende Medien Gegenstand von Untersuchungen, die z. B. nach Veränderungen in den Inhalten der Berichterstattung fragten (vgl. Merten 1983). Zur Entwicklung als eigenständiges Erhebungsverfahren, für das sich ab den 40er Jahren des 20. Jahrhunderts dann der Terminus ‚content analysis' etablierte, trug maßgeblich Harold D. Lasswell bei, der verschiedene Instrumente zur Erfassung der politischen Dimension massenmedialer Kommunikation konzipierte. Dabei war dies keineswegs nur von akademischem Interesse: „Die Inhaltsanalyse von allen möglichen offiziellen und inoffiziellen Quellen feindlicher Propaganda wurde zur Staatsnotwendigkeit: In den USA wird nicht nur vom Kongreß jene Abteilung zur Analyse von Propaganda eingesetzt, deren Direktor Lasswell wird, sondern auch im Außen- und Justizministerium werden gezielte, laufende Inhaltsanalysen von Propaganda vor allem des dritten Reichs durchgeführt" (Merten 1983, S. 40).

Das Besondere der Inhaltsanalyse liegt nun darin, dass sie eine Verbindung zwischen den ‚Dokumenten' und der ‚Welt' herstellt; also ‚Dokumente' als Ausdruck von Sachordnungen oder Zusammenhängen in der jeweiligen ‚Welt' betrachtet. Sie geht damit über eine rein auf die interne Beschreibung abzielende sog. „Textanalyse" hinaus, auch wenn sie nicht die gesamte Komplexität des jeweiligen Kommunikationsprozesses erschließen kann (vgl. Merten 1983, S. 55 und 57). Entscheidend für Mertens Definition der Inhaltsanalyse ist „die Forderung nach *Inferenz* von textinternen auf textexterne Merkmale, denn nur dann kann Inhaltsanalyse eine Methode zur Erhebung sozialer Wirklichkeit sein" (Merten 1983, S. 57, Hervorh. i. Orig.).

Doch wie kommen wir von den einzelnen Dokumenten hin zur ‚sozialen Wirklichkeit'? Wie sehen die Brücken aus, die uns möglichst zuverlässig Rückschlüsse von den ‚Dokumenten' auf die ‚Welt' ziehen lassen? Die Antworten auf die Frage, was wissenschaftlich zulässige Verfahren zur Erlangung dieser ‚Inferenz' sein mögen, variieren.

Betrachten wir dazu – im Sinne einer ersten ‚Kostprobe' – eine konkrete

Studie, die ‚Inferenz' über die Arbeit mit Verteilungen bzw. Frequenzen im Längsschnitt sucht.

Beispiel 1

Erinnern Sie sich an die „Sendung mit der Maus"? Was haben Sie als Kind im Fernsehen verfolgt? Was durften Sie sehen? Wozu sind die Sendungen des Kinderfernsehens gedacht bzw. gemacht? Wie steht es dabei um den sog. „Bildungsauftrag", den zumindest ein Teil des öffentlich-rechtlichen Angebots erfüllen soll?

Nach der Umsetzung dieses gesetzlichen Bildungsauftrags im Schweizer Kinderfernsehen fragte beispielsweise das vom Schweizer Bundesamt für Kommunikation finanzierte Projekt „Öffentlicher Rundfunk und Bildung. Angebot, Nutzung und Funktion von Kinderprogrammen" (vgl. Schwarb, Signer und Bonfadelli 2007).

Zur Operationalisierung, also zur wissenschaftlichen ‚Handhabbar-Machung' dieser Frage, wurde dabei – neben anderen Verfahren – das konkrete Programmangebot für Kinder von 1980 bis 2006 im Spiegel der Sendeangaben von Schweizer Fernsehzeitschriften quantitativ ausgewertet. Im Rahmen dieser Längsschnitt-Studie wurde dabei u. a. ermittelt, wie sich die Anzahl an Kindersendungen, ihre Verteilung mit eher unterhaltenden, informierenden oder bildenden Zielsetzungen sowie ihr prozentualer Anteil am Gesamtangebot entwickelte, aber auch, welchem Wandel die Darstellungsformen und Genres unterlagen (Puppenspiel, Zeichentrick und Dokumentation, Abenteuer, Märchen, Comedy, Show etc.).

Die so analysierten Dokumente, der Blick auf mögliche Einflussfaktoren (wie eine senderinterne Reorganisation, Privatisierungsbestrebungen oder Positionen der öffentlichen Meinung) und ein Vergleich mit der TV-Programmentwicklung in anderen Ländern führten schließlich u. a. zu Empfehlungen an Politik und Programmverantwortliche im Sinne von Minimalstandards der strukturellen wie inhaltlichen Qualität von Kinderfernsehen (vgl. Schwarb, Signer und Bonfadelli 2007, S. 20).

Formal wird in diesem Beispiel die Verbindung von ‚Text' und ‚Welt' also u. a. durch eine Auswertung von TV-Programmen im Hinblick auf die Nachzeichnung der Verfolgung des Bildungsauftrags hergestellt, wobei die Entwicklung der Anteile bzw. Verteilungen bestimmter Sendungen als Indikatoren verwendet werden. Dabei ist, so etwa auch Denz in seiner Darstellung der quantitativen Dokumenten- bzw. Inhaltsanalyse, der Kontext für die Interpretation von besonderer Bedeutung: „Was nun als entscheidendes neues Element dazu kommt, ist der Kontext der Kommunikation" (Denz 1989, S. 30). Wenn wir etwa in einem Dokument auf das Wort ‚gut' stoßen: „Ein Wort wie ‚gut' ist zuerst nur einmal eine Aneinanderreihung von Buchstaben, ein Wort, nur im Kontext eines gesellschaftlich vereinbarten Sprachverständnisses erhalten die

Zeichen ihre Bedeutung und ihre Funktion" (ebd., S. 31) – und Letztere können je nach Zusammenhang erheblich variieren. Zur Steuerung der subjektiven Deutungspraxis ist deshalb „ein genau ausformuliertes und definiertes Analyseschema" (ebd.) von Nöten, um die Zuordnung von Textpassagen zu bestimmten Dimensionen oder Ausprägungen systematisch zu vereinheitlichen und intersubjektiv diskutierbar zu gestalten. Im o. g. Beispiel wäre dies etwa der Aspekt, dass die in der Programmzeitschrift genannten Kindersendungen von allen Auswerter_innen nach derselben Logik den Dimensionen ‚Bildung'; ‚Information', ‚Unterhaltung' etc. zugeordnet werden.

So aufbereitet und nach Sicherstellung der Repräsentativität des Materials können dann Analysen zu einzelnen oder gekoppelten Häufigkeiten, zu Verteilung, Trends oder Präsenz bestimmter Bewertungen bzw. Intensitäten erfolgen (vgl. Denz 1989, S. 31). Auch komplexere Verfahren der schließenden Statistik, also der ‚Inferenz' im engeren Sinne, können zum Einsatz gebracht werden und eignen sich u. a. für die Sekundäranalyse von bereits quantifiziert vorliegenden Datensätzen (vgl. ebd.; für einen Überblick zu Verfahren der Inhaltsanalyse siehe auch Ballstaedt 1982, Merten 1983; Wirth und Lauf 2001).

Das folgende Beispiel soll das dokumentenanalytische Potenzial statistischer Schlussverfahren illustrieren, die nun über die Erfassung von Verteilungen hinausgehen und nach Zusammenhängen suchen bzw. Hypothesen prüfen.

Beispiel 2

Wenn wir gefragt werden, was uns zum Thema ‚Jugendamt' einfällt, dann sind das vielleicht zunächst die spektakulären Fälle von Kindesmisshandlung, bei denen ‚das Amt' ‚versagt' zu haben scheint – denn diese kennen wir aus den öffentlichen Medien. Doch ist dies wirklich alles, was Zeitung, Radio oder Fernsehen über die Arbeit der Jugendämter zu sagen haben? Wie ist es um die Außenwahrnehmung des Jugendamts bestellt? Welches Bild wird sichtbar, wenn man die Berichterstattung genauer betrachtet?

Um Licht in dieses Dunkel zu bringen, untersuchte Enders (2013) die Berichterstattung über Jugendämter in deutschen regionalen und überregionalen Zeitungen bzw. Wochenzeitschriften über einen Zeitraum von drei Jahren. Dank der Online-Archive der ausgewählten Printmedien und entsprechender Aufbereitungs- wie Auswertungssoftware konnte die Autorin einen Fundus von über 1.800 Artikeln für ihre Fragestellung fruchtbar machen, die mithilfe einer quantitativen Inhaltsanalyse, einer deskriptiven und bivariaten Auswertung sowie einer Clusteranalyse unterworfen wurden. Letztere ist ein statistisches Schluss-Verfahren, bei dem es um die Strukturierung großer Datensätze durch die Identifikation von Elementgruppen geht, die sich in Bezug auf bestimmte Merkmale besonders unterscheiden bzw. einander besonders ähnlich sind. In der Studie sollten also nicht nur thematische Konjunkturen oder Wertungen in ihrer Verteilung erfasst werden (wie im vorherigen Beispiel), sondern es ging zudem um die

Prüfung von Hypothesen bzw. von Vermutungen zum Zusammenhang verschiedener Faktoren, z. B. Unterschiede zwischen regionalen und überregionalen Medien; Arten der Berichterstattung bei besonderen, insbesondere dramatischen Einzelfällen im Vergleich zur Alltagsarbeit der Jugendämter; Einfluss der unterschiedlichen Leistungen und Hilfeformen auf positive oder negative Konnotationen; Darstellung der Zielgruppen als ‚Randgruppen‘.

Ohne hier im Detail auf Vorgehen und Befunde einzugehen, konnte Enders beispielsweise im Ergebnis der Clusterbildung aufzeigen, dass das „Image des Jugendamts" in den Medien durchaus variiert: Es kann als „freundlicher Dienstleister", als „Jugendamt ‚live‘ für alle Kinder und Jugendliche in allen Lebenslagen", als „ambivalenter ASD" (Allgemeiner Sozialer Dienst, Anm. der Verf.), als „Randkategorie für ‚Randgruppen‘" oder auch als „Amt, das nichts oder nicht das ‚Richtige‘ tut" in Erscheinung treten (Enders 2013, S. 225 ff.). „So kann hier nicht der Schluss gezogen werden, dass sich Öffentlichkeitsarbeit für Jugendämter ohnehin nicht lohne, da ‚bad news‘ generell in der Wahrnehmung überwiegen und alle anderen öffentlichen Bemühungen zunichte machen" (ebd., S. 257).

Die quantitativ ausgerichtete Analyse von Dokumenten eignet sich demnach für große Daten- bzw. Materialkorpora, in denen der gemäß der Forschungsfrage interessierende Aspekt schon an der Medienoberfläche jeweils in relativ vergleichbarer Form, d. h. nach beschreibbaren Regeln, erfasst werden kann. Merten zufolge hat diese Vorgehensweise „ordnende Funktionen, indem sie Vergleichbarkeit erzeugt, Informationen verdichtet und vor allem die Verwendung von *Ziffern* gestattet" (Merten 1983, S. 49, Hervorh. i. Orig.).

Diese quantitativen Spielarten der Dokumenten- bzw. Inhaltsanalyse folgen im Ablauf (in Anlehnung an Denz 1989, S. 29 f.; vgl. auch Früh 2001) verallgemeinert folgenden Schritten:

1. Theoriegeleitete Ausrichtung der Forschungsfrage auf einen geeigneten Fundus an Materialien
2. Entsprechend angemessene, repräsentative Auswahl des Materials, der Stichprobe bzw. des Medienformats
3. Festlegung von Mess-Dimensionen bzw. Kategorien und möglicher Merkmalsausprägungen unter – mehr oder minder starkem – operationalem Bezug auf zu bearbeitende Hypothesen
4. Feinere Bestimmung geeigneter Untersuchungseinheiten innerhalb des Materials (wie Überschriften, Begriffe, Substantive mit dazugehörigen Adjektiven, wertende Aussagen etc.)
5. Zuordnung der Untersuchungseinheiten zu den definierten Mess-Dimensionen zur Verdichtung, Bündelung, Gruppierung

6. Deskriptive und/oder schließende statistische Auswertung mit einem für Fragestellung und Datensatz geeigneten Verfahren
7. Interpretation der Ergebnisse bzw. der Hypothesen im Lichte der Forschungsfrage

Dabei zeigt sich das Design grundsätzlich den klassischen Gütekriterien der Objektivität, Reliabilität und Validität verpflichtet, doch muss die Dokumentenanalyse hier – aufgrund des Aufgreifens von Text-, Bild- oder Daten-Material, das nicht unter Bedingungen der Forschung generiert wurde – spezifische Anpassungen vollziehen (vgl. u. a. Wirth und Lauf 2001). Sie greift dabei z. T. auf interpretative Logiken und auf Nachvollziehbarkeit sichernde Verfahren aus der qualitativen Methodik zurück (vgl. u. a. Ballstaedt 1982, S. 168). „Quantifizierung von Texten setzt eine Auswahl relevanter Merkmale dieser Texte ja voraus, und diese kann nur jeweils im Hinblick auf das *Ziel* einer Analyse gültig erfolgen, d. h., zuvor muß qualitativ theoretisch analysiert werden" (Merten 1983, S. 49, Hervorh. i. Orig.). Grundsätzlicher noch formuliert Früh das Wechselverhältnis von Deduktion und Induktion: „Manche gehen von einer sehr dezidierten, in Hypothesen formulierten theoretischen Position aus, die am Textmaterial überprüft werden soll (,quantitative Inhaltsanalyse'), andere haben zunächst nur Textmaterial und interessieren sich dafür, welche interpretierbaren Merkmale es besitzen könnte (,qualitative Inhaltsanalyse')" (2001, S. 119). Früh selbst hält „eine solche Kontrastierung für wenig sinnvoll, denn in nahezu jeder Inhaltsanalyse muß man beides tun. Je nachdem, welche Position überwiegt, ist lediglich die theoriegeleitete oder aber die empiriegeleitete Kategorienbildung stärker zu gewichten" (ebd.).

So ist es nicht überraschend, dass die Inhaltsanalyse – neben der Lesart als eher quantitativ schließende Methode – inzwischen[7] als „ein klassisches Feld qualitativ-interpretativer Analyse" betrachtet werden kann, so etwa Mayring (2002, S. 46). Für den deutschsprachigen Raum hat Mayring dabei zu Beginn der 1980er Jahre unter dem Titel „Qualitative Inhaltsanalyse" einen Verfahrensvorschlag vorgelegt, der inzwischen weiter ausdifferenziert vorliegt (2015 in der 12. überarbeiteten Auflage). Diese Variante steht insofern der qualitativen Logik etwas näher, als sie die Entwicklung des ordnenden Kategoriensystems in enger Verbindung mit dem zu analysierenden Material konzipiert. Grundsätzlich unterscheidet Mayring dabei die folgenden drei „Techniken" (2015, S. 65 ff.), die er aus einer Zusammenschau „bisheriger Techniken systematischer Interpretation von sprachlichem Material" (2015, S. 66) herleitet:

---

7 (zu verschiedenen Wurzeln qualitativ orientierter Inhaltsanalysen vgl. u. a. Mayring 2015)

a. die Zusammenfassung und die induktive Kategorienbildung,
b. die Explikation, im Sinne einer engen oder einer weiten Kontextanalyse, und
c. die Strukturierung unter deduktiver Kategorienanwendung, welche wiederum formal, inhaltlich, typisierend oder skalierend eingesetzt werden kann.

Mayrings Gliederungslogik folgt dabei drei verschiedenen Zielen, die eine Forschungsarbeit im Umgang mit ihren Dokumenten verfolgen kann (2015, S. 67):

a. Bei der Zusammenfassung geht es darum, „das Material so zu reduzieren, dass die wesentlichen Inhalte erhalten bleiben, durch Abstraktion einen überschaubaren Corpus zu schaffen, der immer noch Abbild des Grundmaterials bleibt".
b. Die Explikation verfolgt die Absicht, „zu einzelnen fraglichen Textteilen (Begriffen, Sätzen, …) zusätzliches Material heranzutragen, das das Verständnis erweitert, die die Textstelle erläutert, erklärt, ausdeutet".
c. Ziel der Strukturierung ist es schließlich, „bestimmte Aspekte aus dem Material herauszufiltern, unter vorher festgelegten Ordnungskriterien einen Querschnitt durch das Material zu legen und das Material aufgrund bestimmter Kriterien einzuschätzen".

Je nach Zielsetzung ergeben sich daraus variierende Ablaufmodelle für den Forschungsprozess. Im Fall eines eher induktiven Vorgehens steht das Material in vorderster Reihe, wobei die für die jeweilige Forschungsfrage möglicherweise relevanten Kategorien aus der sog. ‚Kodierung' einzelner Einheiten hervorgehen (d. h. aus der begrifflichen Kennzeichnung einer Passage in abstrahierender bzw. paraphrasierender Absicht). Im gegenläufigen Fall der Deduktion stellen theoretische Konzepte den Ausgangspunkt dar, die die Dimensionierungen und mögliche Kategorien vorgeben, welche dann erst an das zu analysierende Material herangetragen werden (vgl. Mayring 2015, S. 85).

Auch Kuckartz unterscheidet in seiner Einführung in die qualitative Inhaltsanalyse drei Vorgehensweisen bzw. Zielsetzungen:

a. inhaltlich strukturierend mit einem weiten Spektrum zwischen deduktiver und induktiver Kategorienbildung (vgl. 2016, S. 97 ff.),
b. evaluativ zu *„Einschätzung, Klassifizierung und Bewertung von Inhalten"* (2016, S. 123; Hervorh. i. Orig.) oder
c. typenbildend auf der „Suche nach mehrdimensionalen Mustern" (2016, S. 143).

Im Gegensatz zu Mayring setzt Kuckartz dabei jedoch andere Akzente in der Art der Bildung und Nutzung von Kategorien; insbesondere betont er das Anliegen, nicht nur Kategorien, sondern auch den „Fall" systematisch zu berücksichtigen: „Fälle, das sind meistens, wie etwa bei einer Interviewstudie die Forschungsteilnehmenden. Es können aber auch Familien, Institutionen, Organisationen als Analyseeinheiten, als Fälle, einer Studie definiert werden" (2016, S. 49).

In einer weiteren Spielart der qualitativen Inhaltsanalyse sehen Gläser und Laudel – ebenfalls unter abgrenzendem Bezug auf Mayring – weiteren ‚Öffnungsbedarf', um bis zum Ende des Prozesses mehr vom möglichen Gehalt eines Ursprungsdokuments erhalten zu können. Sie konzipieren ein Verfahren, „das die Extraktion komplexer Informationen aus Texten ermöglicht und während des gesamten Analyseprozesses offen für unvorhergesehene Informationen ist" (2010, S. 199). Sie „verwenden den Begriff Extraktion, um den Unterschied zum ‚Kodieren' von Texten deutlich zu machen: Das Kodieren indiziert den Text, um ihn auswerten zu können. Es macht also Text und Index zum gemeinsamen Gegenstand der Auswertung. Mit der Extraktion entnehmen wir dem Text Informationen und werten diese aus" (ebd.). Dabei wird Wert darauf gelegt, dass „das Prinzip der Offenheit" alle Phasen der Arbeit mit den Dokumenten umfasst, d. h., die „Merkmalsausprägungen der Kategorien werden nicht vorab festgelegt" und auch das Kategoriensystem „kann während der Extraktion verändert werden, wenn im Text Informationen auftauchen, die relevant sind, aber nicht in das Kategoriensystem passen" (ebd., S. 205). Alle Daten werden auf nominaler Ebene aufgenommen und die Quellenangabe des Ursprungsortes wird bis zum Ende mitgeführt, um die Transformation des Materials so informationsreich und nachvollziehbar wie möglich zu gestalten (vgl. ebd., S. 201 und 206). In der Auswertung wird die schließlich entstandene „Informationsbasis genutzt, um die untersuchten Fälle zu rekonstruieren und nach den interessierenden Kausalmechanismen zu suchen" (ebd., S. 202). Dabei ist das „gesamte qualitative Material gleichberechtigt einzubeziehen" (ebd., S. 204), und es können innerhalb der Kategorien Ketten von Ursachen-, Sach und Wirkungsdimension identifiziert werden (vgl. ebd., S. 212 ff.).

Ein vielzitierter Bezugspunkt für die Frage, wie der qualitative Brückenschlag zwischen den konkreten Dokumenten und möglichen theoretischen Aussagen über einen bestimmten Gegenstandbereich gelingen kann, sind dabei die Arbeiten der Soziolog_innen Glaser und Strauss (1967) bzw. Strauss und Corbin (1996), die unter dem Begriff der „grounded theory" firmieren. Dabei geht es um „eine qualitative *Forschungsmethode bzw. Methodologie*, die eine *systematische* Reihe von *Verfahren* benutzt, um eine induktiv abgeleitete, gegenstandsverankerte *Theorie* über ein *Phänomen* zu *entwickeln*" (Strauss und Corbin 1996, S. 8, Hervorh. i. Orig.). Strauss und Corbin sprechen ausdrücklich von einer Eignung für sog. „nichtfachliche Literatur", d. h. „Biographien, Tagbücher, Dokumente, Manuskripte, Aufzeichnungen, Berichte, Kataloge, Medienveröffentlichungen und andere Materialien" (1996, S. 31). Weitere Vorschläge zu einer qualitativ orientierten Bildung bzw. Füllung von Kategorien haben auch Bilandzic, Koschel und Scheufele (2001) mit der „Theoretisch-heuristischen Segmentierung" oder Früh (2001) mit der „Basiswissengleiteten offenen Kategorienfindung (BoK)" vorgelegt.

Die qualitativen Spielarten der Inhaltsanalyse unterscheiden sich demnach vor allem dadurch von ihren quantitativen Geschwistern, dass sie eine induktive, vom Material ausgehende rekonstruierende Arbeitsweise oder auch entsprechende Mischformen der Kategoriengewinnung zulassen. Sie eignen sich für einen weiten Horizont möglicher Zielsetzungen der Identifikation und/oder Bewertung von Ordnungen eines Gegenstandbereichs, seien es Felder, Fälle, Kontexte oder Zusammenhänge. Dazu liegen ebenfalls ausgefeilte Regelsysteme vor[8]. Da diese jedoch sehr unterschiedliche Ausprägungen haben, fällt der Versuch einer allgemeinen Zusammenfassung des Ablaufs abstrakter aus:

1. Bestimmung bzw. Verortung des Forschungsinteresses
2. Begründete Basis-Auswahl aussagekräftiger Dokumente in einem Analysekorpus
3. Sich wiederholende Sichtung des Materials unter Entwicklung bzw. Anwendung eines mehr oder minder offenen Kategoriensystems mit Kodierung bzw. Extraktion in Bezug auf bestimmte Einheiten innerhalb der Dokumente
4. Generalisierende Auswertung der jeweiligen ‚Informationsgruppierungen' (Strukturen, Typen, Fallspezifiken etc.)
5. Interpretation in Bezug auf die Forschungsfrage

Der gesamte Prozess erscheint dabei als eine Gratwanderung zwischen Entnahme und Erhalt von Inhalten bzw. Informationen. Insbesondere die verschiedenen Software-Varianten[9], die inzwischen auch für die qualitative Auswertung entwickelt wurden, unterstützen jedoch eine transparentere bzw. flexiblere Bearbeitung umfassender Korpora. Der Haupteinsatzbereich auch dieser qualitativ orientierten Inhaltsanalysen liegt bislang jedoch vor allem auf dem Gebiet von Schriftstücken bzw. Textdokumenten[10]. Auch ist zu berücksichtigen, dass in zahlreichen Methodenwerken zur qualitativen Inhaltsanalyse

---

8 (neben den bereits Genannten vgl. auch Lamnek 1995, Rosenthal 2015)
9 (zu Software-Optionen siehe Kapitel 6.2)
10 Freilich gibt es auch hier Ausnahmen; generell ist im letzten Jahrzehnt ein wachsendes Interesse an Bild-Dokumenten in der empirischen Sozial- wie Bildungsforschung zu konstatieren (vgl. u. a. Pöggeler 1993; Schäfer und Wulf 1999; Ehrenspeck und Schäffer 2003; Pilarczyk und Mietzner 2005; Marotzki und Niesyto 2006; Rose 2007; Friebertshäuser, von Felden und Schäffer 2007; Dinkelaker und Herrle 2009; Sachs-Hombach 2009; Netzwerk Bildphilosophie 2014; Müller, Raab und Soeffner 2014; Burkart und Meyer 2016; für die Geschichtswissenschaften siehe etwa die Beiträge von Gerhard Paul zur „Visual History" auf der Seite Docupedia-Zeitgeschichte: docupedia.de).

in den dortigen Beispiel-Analysen doch eher Interview- oder Gruppendiskussions-Transkripte ausgewertet werden, also für Zwecke der Forschung erstellte Texte, und nicht vorgefundene ‚Dokumente' (im hier gemeinten Sinn). Dies sieht allerdings in einem spezielleren Gebiet der Dokumentenanalyse ein wenig anders aus …

2.1.2 Quantitative und qualitative Programmanalysen

Durchaus in Verschränkung mit dem weiten Feld der Inhaltsanalyse widmen sich die Verfahren der sog. „Programmanalyse" einer besonderen Gruppe von Dokumenten. Bei den hier angesprochenen „Programmen" handelt es sich um Medien, die – Nolda zufolge – „das aktuelle Veranstaltungsangebot einer öffentlich geförderten Einrichtung, eines kommerziellen Anbieters oder eines Betriebes enthalten. Solche in Form von gedruckten Broschüren, Handzetteln oder Anzeigen vorliegenden bzw. im Internet abrufbaren Texte dienen originär der Information für Interessenten, die auf Grundlage der angegebenen Daten allgemein über das Angebot entscheiden können. Es handelt sich also um kurzfristige Gebrauchstexte, die schon bald nach ihrem Erscheinen nicht mehr ihren eigentlichen Zweck erfüllen" (2003, S. 212) – oder, wie es Pehl in den Augen der Forschung formuliert: Sie sind ein „wertvoller Schatz" (2004, im Titel).

Die Analyse solcher Programm-Medien hat v. a. in der Erwachsenen- und Weiterbildung[11] eine etablierte Tradition, die in Deutschland – neben früheren Vorläufer-Arbeiten – bis in die 1940er Jahre zurückreicht. Häufig wird die Programmanalyse zur Exploration regionaler Angebotsstrukturen, zur Erforschung pädagogischer Professionalität und institutioneller Angebotsprofile sowie zur Ermittlung des Angebots in verschiedenen Themenfeldern eingesetzt (vgl. Käpplinger 2008); daneben auch zur „Darstellung von Institutionen, Adressatenkonstruktionen und Wissens(-vermittlungs-)formen" (Nolda 2011b im Titel; zu Institutionen und Multimedia vgl. Mader 1998; zu Gender-Konstruktionen vgl. Vorberger 2012).

---

11 (vgl. die Bibliographie zur „Programmanalyse" sowie umfangreiche Ausführungen und Beispiele zur „Programmforschung" auf der Homepage des Deutschen Instituts für Erwachsenenbildung; zum Zugang zu Programm-Dokumenten in verschiedenen Sammlungen und Archiven siehe Kapitel 6.1) Anzumerken wäre hier auch, dass das Instrumentarium der für erwachsenenbildnerische Kontexte entwickelten Programmanalysen durchaus mit entsprechenden Anpassungen auf andere über ein Repertoire verfügende Felder übertragbar ist, etwa in Bezug auf Theater-, Kabarett-, Musik-, Konzert-, Ausstellungs-, Museums-, Reise- oder auch Radio- und Fernseh-Programme.

Methodisch kennen Programmanalysen unterschiedliche Verfahren – sowohl in quantitativer als auch in qualitativer Anlage sowie unter Methoden-Mix[12]: Neben der statistischen Auswertung von größeren Datensätzen (wie Teilnahmezahlen oder Angebotsentwicklung) greifen Programmanalysen „auf Texte, genauer auf Ankündigungen von Veranstaltungen zurück und bedienen sich unterschiedlich verfeinerter Formen der Inhaltsanalyse. Im Zentrum der Inhaltsanalyse steht dabei häufig die Entwicklung eines eigenen, die eventuell vorgegebenen Einteilungen der Programme überschreitenden Kategoriensystems, das die Codierung der problemrelevanten Aspekte erlaubt" (Nolda 2011b, S. 98; vgl. auch Schrader 2011). Zudem können, wenn auch deutlich seltener, semiotisch-textanalytisch, struktural-hermeneutisch und diskursanalytisch angelegte Ansätze ausgemacht werden (vgl. Nolda, Pehl und Tietgens 1998; Nolda 1998).

Um ein konkreteres Bild vom Potenzial der Programmanalyse zu bekommen, betrachten wir wiederum eine exemplarische Studie.

<hr>

Musik, Tanz, Theater, Kunst… Es gibt viele Bereiche unserer Kultur, die wiederum selbst eigene Institutionen und Fachdisziplinen hervorgebracht haben. Sie sind aber auch Gegenstand von pädagogischen Überlegungen und Handlungsformaten. Wie ist es also etwa um die sog. „kulturelle Bildung" im Erwachsenenalter in Deutschland bestellt?

Ausgangspunkt eines umfangreich angelegten Verbundvorhabens (vgl. Gieseke et al. 2005), in dessen Fokus exemplarisch die Region Berlin-Brandenburg stand, war zu Beginn die Feststellung, dass eine Gesamtansicht der zahlreichen Aktivitäten und Trägerstrukturen kultureller Erwachsenenbildung von Vielschichtigkeit und Unübersichtlichkeit geprägt ist (vgl. Gieseke und Opelt 2005a, S. 39). Um sich ein klareres Bild über den Ist-Stand zu verschaffen, wurde u. a. das Instrument der ‚Programmanalyse‘ gewählt, womit das Feld inhaltlich wie strukturell erschlossen werden sollte. Dazu wurden die Programmhefte von knapp 80 Volkshochschulen und anderen Bildungseinrichtungen des Untersuchungsgebiets aus den Jahren 1996 und 2001 im Sinne einer Gesamterhebung kategorienorientiert ausgewertet. „Die Programmanalyse erbringt quantitative Ergebnisse in Bezug auf Breite und Vielfalt des Angebots und vorhandene Trends in der Angebotsentwicklung, die indirekt eine Nachfrageperspektive charakterisieren", so Gieseke und Opelt (2005a, S. 40). Dies stellte den ersten Schritt dar. „Ergänzend wurden Leitfadeninterviews mit den ProfessionsvertreterInnen in den Einrichtungen durchgeführt, um programmatische Überlegungen und Interpretationen zu TeilnehmerInnen-

---

12 So unterscheidet Käpplinger (2008, Abs. 19 ff.) drei Hauptstränge: Typ 1: Qualitative Verfahren, Typ 2: Qualitativ-quantitative Verfahren und Typ 3: Triangulation von qualitativ-quantitativen mit weiteren qualitativen und/oder quantitativen Verfahren.

bedürfnissen nachzufragen" (ebd.); überdies kamen z. T. erneut mit Dokumenten arbeitende Regional-, Fall- und Spartenanalysen zum Einsatz.

Im Rahmen der Programmanalyse konnte dabei Klarheit geschaffen werden u. a. zum Anteil kultureller Angebote insgesamt, zu den faktischen Trägerstrukturen, zur Angebotsdifferenzierung nach verschiedenen Faktoren, zu Formaten und Wissensformen sowie zu ggf. vorliegenden Stadt-Land-Differenzen (vgl. Gieseke und Opelt 2005b). Konkretisierend sei hier zum Beispiel auf Ergebnisse verwiesen, die „eine Vielfalt an Orten und Räumen kultureller Bildung" zeigen (Gieseke und Opelt 2005c, S. 378). „Ein begleitender Anregungseffekt, der entschulende Wirkung hat und dadurch lernwirksamer für Erwachsene ist, liegt im zusätzlichen Erlebnisgehalt von Orten nahe der Geselligkeit, so bei Cafés und Kneipen, oder an anderen Orten der unmittelbaren Begegnung mit den Kunstobjekten, wie Museen, Stadtmauern, Schlössern, Baudenkmälern, Philharmonie, Konzerthäusern, Galerien, Theatern" (ebd., S. 379).

Dem Programm wird dabei eine Fülle von Funktionen zugewiesen: als „Scharnierstelle zwischen Institution, Öffentlichkeit und Individuum", „Resultat des pädagogischen Planungshandelns", „Ergebnis von Angleichungs- und Abstimmungsprozessen und Ausdruck eines pädagogischen Handlungskonzeptes, in dem sich konzeptionelle und nachfrageorientierte Überlegungen neu verknüpfen" – und allgemeiner noch ist es „zeitgeschichtlich-materialisierter Ausdruck gesellschaftlicher Auslegung von Bildung. Es ist beeinflusst durch bildungspolitische Rahmungen und nachfragende TeilnehmerInnen und gefiltert durch professionelles Handeln" (Gieseke und Opelt 2005b, S. 43).

Vorbehaltlich ihrer Verfügbarkeit können Programme demnach als Objektivationen analysiert werden, die mehr als nur die Ideen oder Konzepte einer Person dokumentieren, sondern die als Amalgam individueller und überindividueller Einflüsse von einem komplexen Aspekt sozialer Praxis zeugen. Es geht demnach um eine offenere Form von Zusammenhängen bzw. Inferenz-Optionen, die nicht zwangsläufig nur auf eine Überprüfung von Hypothesen im engeren Sinne aus ist. Im Vergleich zur Befragung ist zudem ein zeitlicher Rückgriff zu Zwecken des Vergleichs möglich, ohne potenziell selektive Effekte einer erinnernden Rückschau der Akteur_innen in Rechnung stellen zu müssen. Außerdem gewährleistet die Programmanalyse einen umfassenden Zugriff – hier im Beispiel als Vollerhebung im Hinblick auf eine ganze Region –, da die Dokumente den im Vorhaben interessierenden Aspekt der Angebote kultureller Bildung bereits in relativ komprimierter, standardisierter und kontinuierlicher Form enthalten (zu den Vorzügen der Programmanalyse vgl. auch Käpplinger 2008).

Vertiefen wir nun das ‚qualitative' Element der Programmanalyse an einem weiteren Fall.

Wenn Sie an Programmhefte von Bildungseinrichtungen denken, die Ihnen in Ihrem Alltag begegnet sind … Was haben Sie dann vor Augen? Vielleicht erinnern Sie sich an einzelne Titel, Themen, Beschreibungen; vielleicht eher an das Medium insgesamt mit seinem Einband, der Cover-Gestaltung, seinem Format, dem u. U. mehrspaltigen Schriftbild, einzelnen Fotos oder Logos?

Letztere Aspekte sind es nun, die Nolda in einem Beitrag zu Bildelementen in Programmen der Erwachsenenbildung (2011b) einer Analyse unterwirft. Unter Bezug auf verschiedene sozial- und kulturwissenschaftliche Ansätze betont sie, „dass es sich bei bildlichen Darstellungen um Zeichensysteme eigener Art handelt, die eigene Wahrnehmungsformen und Interpretationsverfahren erfordern und die nicht in der Funktion der Visualisierung eines verbalen Sinns aufgehen" (Nolda 2011b, S. 105). Bei einer Analyse von Ausschreibungsmedien ist zudem die Einbettung der Bildelemente in das Programmganze, also auch die Bild-Text-Relation, zu berücksichtigen.

Exemplarisch analysiert Nolda dazu nun in einem mehrschrittigen Vorgehen eine Doppelseite aus der Mitte eines Programmhefts einer sog. „Volksbildungsstätte" zum Semester 1938/1939 (vgl. Nolda 2011b, S. 108 ff.): In Frakturschrift gesetzte Texte kündigen links oben zunächst verschiedene Exkursionen an; darunter sehen wir eine idyllisch anmutende Federzeichnung mit einer „Gruppe von Menschen, die außerhalb eines alten villen- oder schlößchenartigen Gebäudes stehen und auf das von vorn sichtbare Haus blicken, das von Bäumen und Büschen umstanden ist" (ebd., S. 110). Auf der gegenüberliegenden Seite wird ein neuer Themenbereich eröffnet; über der Überschrift „Geschichte und Politik" prangt dort ein fast die halbe Seite ausfüllendes Foto. Es zeigt einen Ausschnitt der Altstadt von Frankfurt/Main aus Vogelperspektive, wobei im Vordergrund eine Hakenkreuz-Fahne großformatig in das Bild hineinragt. Im unteren Teil der Seite beginnen dann erneut die knapp gehaltenen Angaben zu entsprechenden Kursangeboten. Dort „werden aber weder die Stadt Frankfurt noch der durch die Fahne symbolisierte Nationalsozialismus erwähnt" (ebd., S. 115).

Auf der Basis dieses – hier wiederum sehr verkürzt dargestellten – Vorgehens kann Nolda im Ergebnis u. a. auf Ambivalenzen aufmerksam machen, die sich aus Bild- und Textelementen ergeben: „Die in die Deutsche Arbeitsfront eingeordnete Volksbildungsstätte stellt sich nicht als gänzlich neue, durch und durch politisierte dar, sondern als eine, auch traditionelle Bildungsvorstellungen, -praxen und -teilnehmer in sich aufnehmende Institution dar. Die [...] ermittelte ‚sanfte' Vereinnahmung und bedingte Weiterführung von traditionell-unpolitischen Elementen in Institutionen der Erwachsenenbildung widerspricht einem Großteil der Literatur zur Erwachsenenbildung im Nationalsozialismus, der diese Zeit ausblendet oder als totale Besetzung des Angebots durch die neuen Machthaber darstellt" (Nolda 2011b, S. 118 f.).

Bei der Analyse von Bildelementen in Programmen ist jedoch nicht nur die historische Dimension von Interesse; es geht auch aktuell „darum, wie diese von Anbietern der Erwachsenenbildung zur institutionellen Selbstdarstellung […], zur Adressatenkonstruktion […] und zur Darstellung von Wissens(vermittlungs)formen […] genutzt werden" (Nolda 2011b, S. 104)[13].

Für diese Formen der Bild-Analyse kann somit folgender Ablauf formal ausgemacht werden (in Anlehnung an Nolda 2011b):

1. Sichtung und Auswahl von bildanalytisch relevanten Programmen bzw. Programmausschnitten im Lichte der Forschungsfrage
2. Dekontextualisierung der einzelnen Bildelemente unter Feststellung der Bildsorte (Materialität und Verwendungszusammenhang), Beschreibung der auf dem Bild zu sehenden Objekte und Erfassung der Formalstruktur
3. (Re-)Kontextualisierung im Gesamtzusammenhang mit Rekonstruktion von Bildmustern und Analyse der Einbettung, der Bild-Text- und auch der Bild-Bild-Relationen
4. Zusammenfassende, auf die Fragestellung bezogene Interpretation

Generell ist allerdings bei bild- wie text-orientierten Programmanalysen ins Kalkül zu ziehen, dass in den Medien nicht die tatsächlichen Kurse und ihre Veranstaltungsrealitäten abgebildet werden. „Natürlich sagen Ankündigungen auch nichts über die Einhaltung von inhaltlichen Vorgaben oder von Versprechen wie etwa das der Teilnehmerpartizipation oder über das Erreichen von Lernzielen aus" (Nolda 2003, S. 217). Zudem sind die Programme dem Ist-Zustand verhaftet, leben geradezu von einer Beziehung zum herrschenden Zeitgeist; auch sind Programmanalysen leichter „anfällig für Instrumentalisierungen" (ebd., S. 220). All dies spricht nicht grundsätzlich gegen sie, vielmehr sind diese Eigenschaften der Dokumentengruppe methodisch wie inhaltlich mit in Rechnung zu stellen.

Für Programmanalysen, aber auch für andere inhaltsanalytische Anwendungen gilt außerdem, dass sie sich primär an den Text- oder Medienoberflächen orientieren, d. h. sie sind weniger geeignet für Forschungsanliegen, welche komplexere Sinnzusammenhänge oder Strukturen, wie Argumentationsmuster oder Narrationen, in den Blick nehmen wollen (vgl. Gläser und Laudel 2010). Doch gibt es auch für diese Art von Zusammenhängen entsprechende Verfahren[14]. Insbesondere wenn dabei aber mit bereits vorfindlichen Dokumenten

---

13 (vgl. auch Schäffer 2009; zum Überblick über qualitative Methoden in der Programmforschung vgl. Nolda 1998; zu bildwissenschaftlichen Einsatzfeldern in der Erwachsenenbildung allgemein vgl. Nolda 2011a)
14 (zur Analyse narrativer Strukturen – allerdings stärker in Bezug auf im Rahmen der Forschung generierte Texte, also z. B. narrative Interviews oder biografische Erzählungen,

gearbeitet werden soll, können sog. „Topiken" oder „Argumentationsanalysen" eingesetzt werden, um dem Anliegen der Erfassung von überzeugungslogischen, rhetorischen, legitimierenden Ordnungen und Zusammenhängen gerecht zu werden.

2.1.3 Argumentationsanalytische Zugänge

Die Beschäftigung mit Argumenten im Sinne einer Auseinandersetzung mit verknüpfenden bzw. begründenden Aussagen hat in der Philosophie insgesamt, v. a. in Logik, Rhetorik und Ethik, doch auch in den Sprachwissenschaften eine lange Tradition, welche inzwischen auch in den Sozial- und Bildungswissenschaften Einzug gehalten hat. Dabei sind erneut verschiedene Spielarten auszumachen, die wiederum nicht im Einzelnen vorgestellt werden; vielmehr geht es auch hier um kontrastierende Beispiele, die weitere Varianten eines methodisch reflektierten Umgangs mit vorfindlichen Dokumenten darstellen.

Aus der Perspektive der Rhetorik bestimmt Kopperschmidt die Argumentationsanalyse allgemein als eine Methodik, „mit deren Hilfe Argumentationen systematisch analysiert und hinsichtlich ihres rationalen Selbstanspruchs überprüft werden können. Dabei wird unter ‚Argumentation' eine spezifische Form sprachlicher Kommunikation (Diskurs) verstanden, die der expliziten Herstellung eines rational motivierten Einverständnisses (Konsens) dient. Diese Form der Kommunikation wird immer dann nötig, wenn die zur Selbsterhaltung von Gesellschaft notwendige Handlungskoordination weder durch monologische Machtansprüche erzwungen noch durch traditionell verbürgte Sinnressourcen gewährleistet werden kann. In dieser Situation sind es allein Geltungsgründe (Argumente), die durch ihre mögliche Überzeugungskraft Geltungsansprüche einlösen können" (Kopperschmidt 1989, S. 5).

Für die Erziehungswissenschaft unterscheidet Wigger „vier Hauptströmungen", die sich auf verschiedene Aspekte der Argumentationstheorie beziehen bzw. mehr oder minder explizit auf Rhetoriktraditionen rekurrieren (Wigger 2010, S. 352 f.). Er sieht in der Analyse von Argumenten dabei „unumgänglich ein interpretatives Verfahren", das „auf die systematische und methodisch kontrollierte Identifizierung und Analyse von Textelementen und entsprechend gestützte Aussagen zum Text" abzielt (ebd., S. 359). Die Argumentationsanalyse ist auf Ebene der Methodik dabei „vergleichbar mit den Techniken qualitativer Inhaltsanalyse"; ihre „Besonderheit" ist jedoch ihr „Gegenstand" (ebd., S. 355).

– vgl. etwa die Beiträge dazu in Flick, von Kardorff und Steinke 2009, Rosenthal 2015 oder Schütze 2016; siehe auch Kapitel 2.2)

In einem Strang – im Kontext des DFG-Projekts „Bielefelder Katalog pädagogischer Argumente" (vgl. u. a. Paschen und Wigger 1992) – werden dabei sog. „Topiken" zusammengestellt. „Eine problemspezifische Topik enthält alle bekannten Argumente pro und kontra von alternativen Entscheidungsmöglichkeiten. [...] Solche Topiken stellen einen wichtigen Teil disziplineigenen Wissens dar, da sie einen professionellen Standard zu berücksichtigender Aspekte repräsentieren" (Paschen 1992, S. 147). Zwar ohne daraus Entscheidungen ableiten zu können, fungieren sie doch als „Instrument, Argumente und Argumentationen zueinander in Beziehung zu setzen und insbesondere angesichts der möglichen Argumente ihre jeweilige Auswahl und Bedeutungszumessung, kurz das Problem ihrer Gewichtung zu explizieren" (ebd.).

Was dieser sehr formal anmutende Ansatz konkret bedeuten kann, veranschaulicht die folgende Studie.

Beispiel 5

Brauchen Kleinkinder heute eine besondere Förderung? Wozu kann sie gut sein? Unter welchen Bedingungen kann sie umgesetzt werden? Sind die Eltern dafür zuständig oder bedarf es zusätzlicher Einrichtungen? Werden alle Kinder entsprechend erreicht oder manche auch über- bzw. unterfordert? Solche Fragen interessieren nicht nur Eltern, die vor der Entscheidung stehen, ob bzw. in welche Kindertagesstätte ihr Nachwuchs geschickt wird. Dazu gibt es auch eine breite und positionsreiche Fachdebatte.

Dieser Kontroverse hat sich nun Mietz (1990; 1992) gewidmet – speziell im Hinblick auf den Aspekt „kognitive Frühförderung unter besonderer Berücksichtigung der Frühlesebewegung" (Mietz 1992, S. 257).

Ihr Vorgehen sei hier nur in Stichworten angedeutet: Sie sichtete dazu pädagogische Fachzeitschriften, wählte ein Korpus von ca. 100 Texten aus, setzte zur Erfassung der jeweils vorfindlichen Argumente Analysebögen ein, verwendete Deskriptoren zur Kennzeichnung spezifischer Argumente, kategorisierte, unterschied dabei die Pro- und die Contra-Seiten mit im Ergebnis insgesamt 158 identifizierten befürwortenden bzw. ablehnenden Argumenten (von denen pro Text jeweils etwa 20 aufgegriffen wurden; vgl. Mietz 1992, S. 264). Dabei konnte Mietz u. a. vier verschiedene Argumentklassen im Sinne der problemspezifischen Topik ausmachen (vgl. 1992):

- Anthropologie (z. B. zu Natur oder Wesen des Kindes oder zu Reifungs- oder Lernvorstellungen und ihren Implikationen für den ‚Förderbedarf'),
- Sozioökonomik (z. B. gesellschaftspolitische Bewertungen zu (Nicht-)Notwendigkeit oder (fehlendem) Nutzen der Frühförderung),
- Pädagogik (z. B. erzieherische oder didaktische Leistungen vs. Risiken der Überforderung oder Verfrühung; Erleichterung des Schuleintritts vs. problematische Bedingungen in Kindergärten oder Schulen, wie Überfüllung) und

- formale Argumente (z. B. Verweise auf Mehrheitsverhältnisse oder auf die Praxis im Ausland; gegenseitige Vorwürfe, die Lage etwa einseitig, falsch oder lückenhaft zu betrachten).

Wie die hier nur ansatzweise skizzierte Studie zeigt, kann auf dem Weg der Analyse von Argumenten ein Bild von komplexen Debattenlagen rekonstruiert werden; sei es zu den vertretenen Positionen, zu Breite und Gruppierung der Einzelargumente, zu den Bezügen aufeinander oder – bei aller methodischen Problematik dabei – auch zu den Gewichtungen. In ähnlicher Anlage hat etwa Munko die Diskussionen um das „bedingungslose Grundeinkommen" aufgegriffen: „Bei der Beschäftigung mit dem Implementationsprozess eines solchen neuen Paradigmas in den gesellschaftlichen Diskurs ist mit dieser Arbeit eine umfassende Argumentesammlung entstanden, die den Diskurs um die Zukunft des Sozialstaates oder gar der sozialen Marktwirtschaft [...] weiter befruchten will" (2015, S. 13).

Doch gibt es durchaus auch methodisch anders akzentuierte Konzeptionen der Auseinandersetzung mit argumentativen Ordnungen auf der Textebene. So unterscheidet etwa Kraus (2001) in ihrer Studie von Dokumenten aus den bildungspolitischen Fachdebatten zur „Leitidee" des „Lebenslangen Lernens" zwischen Fragen an die Argumentation (im Text angeführte Muster, Geltungsgründe und Ziele) sowie pädagogischen Fragen (wie u. a. Inhalte, Methoden, Zielgruppen lebenslangen Lernens; vgl. u. a. der dortige Analyseleitfaden 2001, S. 139 f.).

Dieses Teilkapitel abschließend sei noch eine weitere Arbeit kurz portraitiert, die positionierende Meinungsäußerungen speziell im Internet zum Gegenstand macht (vgl. Schirmer 2015): Zum ersten da hier die für Dokumentenanalysen besonders ertragreichen Online-Medien ins Spiel gebracht werden, zum zweiten da sich die Autorin ausführlich mit der Auswahl des Analysematerials beschäftigt (stand bei den bisherigen Beispielen doch oft stärker die Auswertung im Vordergrund); und zum dritten im Sinne einer Überleitung zum nächsten Teilkapitel, da Schirmer selbst ihr Vorgehen sowohl als inhaltsanalytisch als auch als hermeneutisch beschreibt.

Wir kennen die Debatten aus anderen Ländern und auch aus Deutschland ... Sollten homosexuelle Paare standesamtlich heiraten dürfen? Sind ihre Beziehungen rechtlich gleichzustellen? Ist es nicht eine Diskriminierung, wenn sie keine Kinder adoptieren dürfen? 2012 trat nun Francois Hollande bei seiner Kandidatur für das Präsidentenamt u. a. dafür ein, die Ehe selbst – und nicht nur ein partnerschaftliches Rechtsverhältnis – für lesbische und schwule Paare öffnen zu wollen. Das folgende Gesetzgebungsverfahren führte in Frankreich zu massiven Protest- wie Unterstützungsdemonstrationen.

Unter dem Titel „Ehe für Alle – Gleichstellung oder Geschlechterkampf?" geht Schirmer in ihrer Studie der Frage nach, was insbesondere die Kritiker dieser Gleichstellung bewegt (Schirmer 2015). Um sich ein Bild speziell von der argumentativen Verfasstheit des Gegendiskurses zu machen, der „stark über das Internet vermittelt und organisiert wird", nimmt sie zwei Perspektiven ein: Zum einen analysiert sie „offizielle Stellungnahmen", d. h. Netzseiten von „Organisationen, die sich aktiv an der Protestbewegung beteiligen"[15], zum anderen individuellere, spontanere, flüchtigere „subjektive Äußerungen" in Mikroblogs via Twitter (ebd., S. 93). Auch hier geht es nicht um die Bewertung von ‚Wahrheit' oder ‚Falschheit' bestimmter Aussagen, sondern um Muster und Ordnungen im Diskurs (vgl. ebd., S. 94).

Methodisch unterzieht Schirmer die Texte der offiziellen Stellungnahmen einer an der Grounded Theory nach Glaser und Strauss orientierten Inhaltsanalyse auf Basis einer induktiven Kategorienbildung (s. o.), während bei den Tweets, bei den persönlichen Standpunkten also, aufgrund des anderen Datentyps ein eher hermeneutischer Weg der Berücksichtigung formaler Aspekte (wie Art der Tweets, Urheberschaft, Beteiligte) sowie der Bildung von Themenkomplexen eigeschlagen wird. Für den Kontext der Dokumentenanalyse ist der Beitrag v. a. deshalb lesenswert, weil die Autorin freimütig und forschungspraxisnah Einblick in ihr Vorgehen, ihre Überlegungen und auch in ihre Sackgassen und Probleme bei Auswahl und Zusammenstellung von Online-Materialien gibt, wobei sie u. a. dem Leitgedanken der „Kontrastierung" von Positionen innerhalb der Protestbewegung folgt (ebd., S. 100).

Auf Seiten des inhaltlichen Ergebnisses kann Schirmer u. a. herausarbeiten, dass sich die beiden von ihr untersuchten Medien-Dimensionen durchaus im Hinblick auf die herangezogenen Argumentationen und auch emotionalen Ladungen unterscheiden:

- „Generativität, also biologische Reproduktion ist das Kernthema und -argument der Protestbewegung, wenn es um die Unterscheidung von heterosexuellen und homosexuellen Familien geht. Viele Studien der Geschlechterforschung haben dies als Letztbegründung der Heteronormativität[16] aufgezeigt. Diese Letztbegründung und ihre gesellschaftlichen Implikationen („wer darf heiraten") werden in dieser Debatte – den offiziellen Diskursen der Protestbewegung – nahezu schnörkellos präsentiert" (ebd., S. 124). „Biologische und soziale Elternschaft sind [...] untrennbar verknüpft" (ebd., S. 125).

---

15 (etwa die in der Vernetzung der als eine Art Dach firmierenden Organisation ‚La Manif Pour Tous'/‚Demo für Alle' vorfindlichen Kooperationen)

16 Anmerkung der Verf.: Unter „Heteronormativität" wird die (meist unhinterfragte) Einstellung verstanden, die Heterosexualität und eine nur zwei biologische bzw. soziale Geschlechter kennende Aufteilung der Menschen zur gesellschaftlichen Norm erklärt.

- „Aus der Perspektive der flüchtigen Äußerungen [...] steht aber ein ganz anderer Aspekt von Heteronormativität im Vordergrund. Er beschreibt das Selbstverständnis in Bezug auf eine gesellschaftliche Hierarchie, die sich hier nicht am Geschlecht oder an der Hautfarbe festmacht, sondern an der sexuellen Orientierung. [...] Die MikrobloggerInnen der Protestbewegung sind ganz offensichtlich empört und fühlen sich angegriffen“, obwohl sie in ihrer Selbstwahrnehmung die „Mehrheit“ darstellen (ebd., S. 125 und 120).

Ob nun quantitativ oder qualitativ ausgerichtet, ob in Längs- oder Querschnitten, ob auf Texte und/oder Bilder bezogen, ob als Inhalts-, Frequenz-, Cluster-, Programm- oder Argumentationsanalyse ... – bereits der erste Fokus verdeutlicht die Vielfalt der Möglichkeiten, Dokumente wissenschaftlich zu erschließen. Gleichzeitig wird uns die Spezifik vor Augen geführt, die den einzelnen Zugängen in ihrer jeweiligen Auslegung einer gemäßen Erfassung von Sachordnungen, Mustern oder Zusammenhängen innewohnt.

2.2 Fokus II: Auf den Spuren von Geschichte und Geschichtlichkeit

Aufwachsen im wilhelminischen Reich, Generationenbeziehungen zwischen Großeltern und Enkeln, soziale Mobilität, Soldatenalltag im Zweiten Weltkrieg, Kinderarbeit und Kinderschutz, Jugendkulturen im Ruhrgebiet, Frauenemanzipation und Selbstverwirklichung, Industriearbeiteralltag in der DDR, Familienleben auf einem Dorf – dies sind nur einige der vielen Themen, mit denen sich die historische Sozial- und Bildungsforschung beschäftigt.

Welche Brisanz Analysen von historischen Dokumenten gewinnen können, zeigt sich etwa im Kontext der politisch hoch aufgeladenen Diskussion um die Höhe der Opferzahlen bei den Luftangriffen auf die Stadt im Februar 1945 im Rahmen der Arbeit der „Dresdner Historikerkommission“ der Jahre 2004 bis 2010: „Nach Aufarbeitung und Abgleich von umfangreichen historischen Akten und Unterlagen (z. B. aus städtischen Archiven, Standesämtern, Friedhofsverwaltungen oder Amtsgerichten) mussten rückblickend zahlreiche falsche Annahmen und übertriebene Angaben fallen gelassen werden, welche durch die nationalsozialistische Propaganda noch zu Kriegsende verbreitet und zum Teil auch danach noch gepflegt worden waren (vgl. Landeshauptstadt Dresden 2010). Unter anderem mit Hilfe umfangreicher Dokumentenanalysen sollte zu einer Versachlichung der Debatte beigetragen bzw. der Instrumentalisierbarkeit vermeintlicher ‚historischer Fakten‘ entgegen gewirkt werden“ (Hoffmann 2012, S. 395).

Bei aller Relevanz ist die Auseinandersetzung mit Geschichtlichem in den Sozial- und Bildungswissenschaften – methodisch betrachtet – keineswegs an bestimmte Zugänge oder Verfahren gebunden. Wie wir bereits in Kapitel 2.1 gesehen haben, können sich auch Inhalts- oder Programmanalysen auf den Spuren anderer Zeiten bewegen. Doch ist das Anliegen einer Aufarbeitung von Geschichte und menschlicher Geschichtlichkeit gut geeignet, um im Sinne der Verdeutlichung der Vielfalt der wissenschaftlichen Betrachtung von Dokumenten noch weitere Ansätze zu Wort kommen zu lassen. Erneut gilt hier wiederum, dass diese ebenfalls nicht nur an dieses Ziel oder an ein bestimmtes Datenmaterial geknüpft sein müssen. Trennschärfe auf methodologisch-systematischer Ebene gehört, wie bereits ausgeführt, nicht gerade zu den Stärken der Dokumentenanalyse[17].

2.2.1 Geisteswissenschaftlich geprägte Hermeneutik

Unter historischer Perspektive ist der Umgang mit vorfindlichen Dokumenten vor allem dann von besonderer Bedeutung, wenn zeitgenössische Bezüge durch Befragung oder Beobachtung nicht mehr möglich sind (vgl. etwa Seitter 1996; Mollenhauer 2008). In diesem Sektor wurden in Erziehungs-, Bildungs- und Sozialforschung[18] vielfach Zugänge und Verfahren aus Philosophie (in den geisteswissenschaftlichen Traditionen v. a. der Hermeneutik) sowie aus den Geschichtswissenschaften, wie Quellenkunde und Quellenkritik, aufgenommen (vgl. u. a. Olbrich 2001; Glaser 2010). Unter verstärkter Rezeption soziologischer Forschungstraditionen hat sich inzwischen die Bandbreite der – nicht nur – historischen Bildungs-, Sozialisations- und Biografieforschung weiter ausgefächert (vgl. u. a. Jüttemann und Thomae 1999; Krüger und Marotzki 2006; Völter et al. 2009; Tippelt und Schmidt 2009; Fuchs 2011; Schäffer und Dörner 2012; Hurrelmann et al. 2015).

Bei der Lektüre von Schriften aus den geisteswissenschaftlichen Linien fällt dabei zunächst auf, dass wir es oft mit ‚anderen‘ Textgattungen zu tun haben –

---

17 Ein gutes Beispiel ist in diesem Zusammenhang die Verwendung des Terminus „Korrespondenzanalyse": Zum einen kann er ein Verfahren aus der multivariaten Statistik zur graphischen Repräsentation von Beziehungen zwischen Variablen meinen, wie es etwa Bourdieu (1982) in seiner Analyse der „feinen Unterschiede" eingesetzt hat; zum anderen kann damit die qualitativ-hermeneutische Untersuchung von Briefwechseln bzw. Korrespondenzen in diesem Sinne gemeint sein (Klika 2002, S. 147; auch als Beispiel in diesem Kapitel).

18 An frühen Vorläufern sind u. a. die Arbeiten von Emile Durkheim über den „Selbstmord" aus dem Jahr 1897 (in einer deutschsprachige Ausgabe 1973), Max Webers 1904/1905 veröffentlichte „Protestantische Ethik" (2010) oder „The Polish Peasant in Europe and America" (1918–1920) von William I. Thomas und Florian W. Znaniecki zu nennen.

im Vergleich zu den in 2.1 genannten stärker an empirischen Designs orientierten Studien.

Rösler etwa, der unter dem Titel „Spiegelverkehrte Bildungswelten" (2012) eine vergleichende Analyse von Adalbert Stifters ‚Nachsommer' und Thomas Manns ‚Zauberberg' vorlegt, schreibt im Vorwort dazu: „Der Text selbst ist essayhaft angelegt […]. An die Stelle einer philologischen, tritt eine synoptisch agierende Vorgehensweise, die originale Textstellen nicht als Beleg- und Beweismittel, sondern als literarische Partikel betrachtet" (Rösler 2012, S. 8).

Auch Mollenhauer beschreibt sein Vorgehen im Rahmen der „Vergessenen Zusammenhänge" als „eine eher essayistische Form", als „eine Art Quereinstieg, nicht dem Vorbild linearer Argumentationen folgend […]. Mit einem Vergleich aus der bildenden Kunst: Collagen und Mischtechniken" (2008, S. 21) – und diese Analogie ist durchaus ernst gemeint, wird doch mit höchst heterogenen „Dokumenten unserer Kultur" (ebd., S. 9) argumentiert, wie mit Franz Kafkas „Brief an den Vater" von 1919, den 397 bis 401 entstandenen „Bekenntnissen" des Augustinus, der aus dem Jahr 1928 stammenden Autobiografie von Büffelkind Langspeer, „Häuptling eines Dorfs der Schwarzfuß-Indianer im nordwestlichen Teil der USA" (ebd., S. 33), verschiedenen Holzschnitten zur Darstellung familialer Welten um 1500, dem „Orbis pictus" von Comenius von 1658, dem Gemälde „Las Meninas" des Malers Velazquez aus dem Jahr 1656, Pestalozzis „Brief" zum Scheitern seines Erziehungsexperimentes in Stans am Vierwaldstätter See, Materialien zum „Fall Kaspar Hauser" oder mit Selbstbildnissen von Rembrandt, van Gogh und Beckmann, um nur einige zu nennen.

Mollenhauer wählt „verschiedenartige Quellen in der Hoffnung, dadurch immer neue Nuancen des Problems klarmachen zu können und bereits Formuliertes durch neue Beispiele zu bekräftigen" (ebd., S. 33). Das Problem gewissermaßen, um dessen Facetten es dabei geht, ist die grundlegende Aufgabe, nachfolgende Generationen in jenen Lebens- bzw. Kulturkreis einzuführen, in welchen sie hineingeboren sind. An der Bewältigung der damit verbundenen sich wandelnden Herausforderungen sind nun vielerlei Instanzen auf unterschiedlichen Ebenen beteiligt. „Der bescheidene Beitrag der Pädagogik könnte aber darin bestehen, daß sie ihre eigenen Problemstellungen wieder stärker in unseren Kulturzusammenhang einfädelt" (ebd., S. 19). Diesem Gegenstand seiner Überlegungen ordnet Mollenhauer die Wahl der Dokumente unter, wobei er betont, dass „das Material des Erziehungswissenschaftlers nicht nur aus sprachlichen Texten, schon gar nicht nur aus Lebensbeschreibungen besteht" (ebd., S. 40)[19]. Freilich muss dabei die jeweilige Art einer Quelle ins Kal-

---

19 (zu Geschichte, Beispielen und Problematiken speziell der Bild- bzw. Text-Traditionen in der Erziehungswissenschaft vgl. u. a. Friebertshäuser, von Felden und Schäffer 2007)

kül gezogen werden: „Das erfordert vom Interpreten allerdings, daß er nicht nur den Inhalten (im Falle eines Bildes seine ikonographischen Elemente), sondern auch und besonders den formalen Strukturen seine Aufmerksamkeit zuwendet, denn vor allem in diesen offenbart sich der ‚Habitus‘ – ein anderer Ausdruck für ‚Regeln der sozialen Wirklichkeitskonstruktion‘. Je weiter entfernt ein kulturelles Objekt (ein Bild) von unserer eigenen kulturellen Lage ist, um so schwieriger wird es, jene Regeln gleichsam auf Anhieb zu erkennen, um so größer wird die Gefahr des Mißverstehens, um so wichtiger wird dann natürlich auch, sich der jeweiligen Lebensformen durch andere Quellen zu vergegenwärtigen" (Mollenhauer 2008, S. 41).

Für eine methodenbewusste Lektüre, die es vielleicht nicht gleich mit so verschiedenen kulturellen Zeugnissen aufnehmen möchte, sei zur weiteren Konturierung der Arbeit mit historischen Quellen auf das folgende Beispiel verwiesen.

In Zeiten von Telefon, E-Mail, Skype oder Kurznachrichten-Systemen ist es vielleicht nicht mehr ganz so einfach, sich dies vorzustellen, doch gehörten regelmäßiges Schreiben, Versenden und Beantworten von Briefen in unserem Kulturkreis lange zu den bevorzugten Formen des Austauschs über Distanzen hinweg. Der Brief hat es dabei zu großem Artenreichtum gebracht, der u. a. Geburtsanzeigen und Urlaubsgrüße, akademische und literarische Formate, wie den Briefroman, persönliche Liebeserklärungen oder Geschäfts- und Amtsschreiben umfasst. Schon diese Beispiele zeigen, dass ein Brief auch jenseits der ganz konkreten Inhalte als Ausdruck der jeweiligen ‚Beziehung‘ gelesen werden kann. Was könnten uns Briefe dabei nun speziell über die Besonderheiten der ‚pädagogischen Beziehung‘ sagen?

Diesen Aspekt greift Klika (2002) auf – und zwar am Beispiel von 2000 Briefen, die zum Nachlass von Herman Nohl gehören. Nohl (1879–1960) war u. a. Professor für Pädagogik an der Universität Göttingen, gilt noch heute als einer der bekanntesten Vertreter geisteswissenschaftlicher Pädagogik – und er „blieb mit sehr vielen seiner Schüler(innen) zeit seines Lebens in Kontakt" (Klika 2002, S. 148). Im Lichte der mit den Studierenden bzw. Absolvent_innen gewechselten Briefkorrespondenz fragt Klika dabei konkret: „Waren das von Beginn an einfach gute Arbeitsbeziehungen oder waren es darüber hinaus freundschaftliche Beziehungen? Könnte man von Beginn an von Freundschaften sprechen oder lag während des Studiums der Schüler(innen) vielmehr ein pädagogisches Verhältnis vor – ein bei NOHL, der den Terminus des pädagogischen Bezuges in die disziplinare Fachsprache einführte, naheliegender Gedanke? Oder blieb dies gar für NOHL lebenslang ein pädagogisches Verhältnis?" (ebd., S. 148).

Somit wird „das Quellenmaterial ‚Brief‘ für die erziehungswissenschaftliche Biographieforschung erschlossen, das zugleich als hervorragendes Material für die Untersuchung der Komplexität pädagogischer Interaktionen erscheint" (ebd., S. 147). In einem mehrstufigen Vorgehen untersucht Klika dazu zunächst die „Struktur des Quellenmaterials" im Sinne der literarischen Form, des historisch-gesellschaftlichen Bezugs sowie mit Blick auf linguistische Besonderheiten (ebd., S. 152), um die „hermeneutische Textanalyse" (ebd., S. 154) vorzubereiten. Begleitend setzt sie zudem weitere „methodische Strategien" ein (ebd., S. 154 ff.):

- um einen Überblick auch über Dichte und Lücken zu gewinnen, erfolgt eine Auszählung nach Jahren, d. h., wer wem wann und wie oft schrieb;
- um Indizien für Symmetrie bzw. Asymmetrie der Beziehung zu erlangen, wird eine Kategorisierung anhand der Frage vorgenommen, ob in einem Briefwechsel auf der jeweiligen Seite eher der sachorientierte „Austausch von Betrachtungen über die ‚Welt'" bzw. eher Mitteilungen über die Gedanken bzw. die Situation des Autors/der Autorin („Ich-Orientierung") oder der Adressatin/des Adressaten („Du-Orientierung") im Mittelpunkt steht;
- um im Längsschnitt dem möglichen Wandel der Beziehung von der Lehrer-Schüler-Interaktion hin zu einem eher freundschaftlichen Verhältnis nachzuspüren, wurden insbesondere Veränderungen bei den Anrede- und Grußformeln vergleichend für alle Korrespondenzpartner_innen in den Blick genommen.
- So konnte dabei gezeigt werden, dass sich das Verhältnis des Professors zu seinen Ehemaligen, wie es sich in den Briefwechseln ausdrückt, über die Jahre hinweg tatsächlich veränderte, wobei die Initiative zur „Reorganisation der Beziehungen nach dem Studium und die Verabschiedung der alten Rollen" von Herman Nohl ausging: „Er schrieb den ersten Brief nach Studienabschluss und verwendete zuerst neue Anredeformeln" (Klika 2002, S. 157; Hervorh. i. Orig.).

Bilanzierend schreibt Klika: „Korrespondenzen zeigen, wie sich pädagogische Praxis auch jenseits institutioneller Rahmungen und Zwänge konstituiert. Sie wird beobachtbar in statu nascendi. Die eingangs gestellte Frage nach der Definition des Verhältnisses der Beziehung zueinander stellt sich bei jedem Brief neu. Stabilisierungen und Destabilisierungen, Verschiebungen, starre Muster und flexible Deutungen sind detailliert rekonstruierbar. Angesichts der Flüchtigkeit von Erziehung [...] sind Korrespondenzanalysen jenseits ihrer historischen Bedeutung von großem systematischen Wert" (ebd., S. 158).

Geschichtlich, aber auch systematisch ausgerichtet ist demnach der Anspruch der Ansätze der historischen Erziehungs- bzw. Bildungs-, Sozialisations- und Biografieforschung unter hermeneutischem Vorzeichen. Historiographie ist dabei kein Selbstzweck: Im Sinne der ‚Geschichtlichkeit' menschlichen Seins gilt es zu prüfen, so Ecarius unter Bezug auf Karl Mannheim, „ob unsere theoretischen Annahmen von der Bedeutung bestimmter erziehlicher Einflußnahmen auf den Aufbau der Persönlichkeit und die Prägung des Selbstbewußtseins, ob die Bedeutung der an diesen Vorgängen beteiligten Personen und Institutionen, ob die unterstellte Langzeitwirkung von Sozialisationserfahrungen in Kindheit und Jugend denn tatsächlich so groß oder so geartet ist, wie angenommen oder unterstellt wird" (1997, S. 311; vgl. auch Honig 2009)[20]. Eine der Grundannahmen ist es dabei, „daß das Individuum und die Gesellschaft zwei nicht voneinander zu trennende Objektbereiche sind" (Ecarius 1997, S. 310). Im Sinne einer „Vermittlung von Individual- und Gesellschaftsgeschichte" besteht, so Ecarius, die Absicht, „die Verarbeitungsformen von Erlebnissen und Erfahrungen, den Aufbau der Person, aus lebensgeschichtlicher Perspektive im Kontext der sozialen Welt, der historischen Strukturen und Kontexte, zu rekonstruieren" (ebd., S. 309). Als (auf unterschiedliche Weisen) hermeneutisch zu erschließende Forschungsquellen dienen dabei sowohl im Rahmen der Forschung generierte, aber auch bereits vorfindliche Materialien – verbunden mit der zentralen Prämisse: „Interviews, Ratgeberliteratur, Interviewprotokolle oder private Kontaktanzeigen enthalten als Protokolle von Handlungen, die bereits abgeschlossen sind, eine über den ursprünglichen intentionalen Inhalt hinausragende zweite, offene Sinnschicht" (ebd., S. 315).

Im Gegensatz zu den Varianten mit eher inhaltsanalytischer Ausrichtung in Kapitel 2.1 zielt die Analyse von Dokumenten in diesen Spielarten demnach nicht allein auf Informationen, die sich mehr oder weniger direkt an der Medienoberfläche ablesen lassen. Der Horizont wird weiter gesteckt: „Hierbei wird unterstellt, daß die individuellen Lebensgeschichten, die in Mentalitäten, Institutionen sowie geschlechts- und berufsspezifischen Lebensumständen eingebettet sind, sich mit denen anderer Biographien vergleichen lassen und auf diese Weise Kollektivschicksale bzw. typische Generationeneinheiten aufgezeigt werden können" (Ecarius 1997, S. 311).

Entsprechend ‚in die Tiefe' ausgerichtet ist auch der Analyseprozess, den die Dokumente zu durchlaufen haben. Schulze verweist vor dem Hintergrund des komplizierten Produktionsprozesses, aus dem autobiografische Texte hervorgehen (vgl. 1997, S. 328), auf fünf Schichten, die „in einer Folge von Transformationen" in den Blick zu nehmen sind (1997, S. 329 f.):

1. „Die erste Schicht ist die der Eindrücke und Ereignisse, die den Anstoß zur Ausbildung einer Erfahrung geben. […]
2. Die zweite Schicht ist die der Erlebnisse, die die Eindrücke und Ereignisse begleiten. […]

---

20 Eine Fragestellung, die im Lichte der Bildungswissenschaften insgesamt noch weiter gefasst werden kann: So ist neben Kindheit und Jugend das Erwachsenenalter zu berücksichtigen (vgl. etwa Nittel und Seitter 2005), neben der „Erziehung" auch die „Bildung", in all ihren mehr oder minder medien-, organisations- und auch raum-vermittelten Erscheinungsformen (vgl. exemplarisch u. a. Jelich und Kemnitz 2003; Fröhlich und Stenger 2003; Keck, Kirk und Schröder 2004; Allmann 2015).

3. Die dritte Schicht ist die der Erinnerungen, die das Erlebte neu vergegenwärtigt. [...]
4. Die vierte Schicht ist die der Erzählung, der sprachlichen Äußerung des Erinnerten. [...]
5. Die fünfte Schicht ist die der reflektierten Erkenntnis im Blick auf die sprachliche Äußerung. In ihr gibt sich das Subjekt Rechenschaft über seine Erfahrungen, und zugleich versucht es eine Verbindung zur allgemein geteilten Weltsicht herzustellen."

Schulze merkt dazu zwar an, dass kein Konsens bestehe, „inwieweit es überhaupt möglich ist, in der Interpretation die verschiedenen Schichten zu unterscheiden und ihre besonderen Gehalte zu rekonstruieren", doch gemeinsames Anliegen aller methodischen Varianten sei es, „etwas zum Vorschein zu bringen, das zwar im Text enthalten ist, aber nicht ohne besondere Aufmerksamkeit und Anstrengung erkannt wird" (1997, S. 330). Dabei können, so Schulze unter Verweis auf Ricoeur (1993) und Oevermann et al. (1979) weiter, verschiedene Zielstellungen eine methodisch nuancierende Rolle spielen:

- „*Auslegung und Entfaltung*, wenn es beispielsweise darum geht, erste Erinnerungen oder signifikante Ereignisse zu verstehen [...],
- *Aufklärung und Enthüllung*, wenn es beispielsweise darum geht ‚latente Sinnstrukturen' zu erschließen [...] oder verdrängte Erlebnisse [...] aufzudecken,
- *Rekonstruktion und Integration*, wenn es beispielsweise darum geht, die ‚gelebten Jugendträume' der jüdischen Jugendbewegung und Kibbutzgründungen nachzuzeichnen" (Schulze 1997, S. 331; Hervorh. d. d. Verf.).

Zur Verdeutlichung eines konkreteren Vorgehens werfen wir einen Blick auf eine biografische Studie Schulzes, die besondere Formen von Text- und Bilddokumenten kombiniert.

In unseren Kunstmuseen haben Selbstportraits von Künstlerinnen und Künstlern oft einen besonderen Status; in Buchhandlungen werden literarische Selbstdarstellungen, Autobiografien sogar in gesonderten Regalen präsentiert. Die Beschäftigung eines Menschen mit sich selbst, wie er sich sieht, wie er so wurde, was ihn ausmacht etc., scheint auch andere faszinieren zu können. Doch wie ist es um das Verhältnis von „Bild und Biografie", spezieller noch von „Selbstportrait und Autobiografie" zueinander bestellt? Sind es ‚nur' zwei verschiedene Formen, das Selbe, das Selbst auszudrücken? Wirkt die Verschiedenheit der

Form auf die Art des Ausdrucks zurück? Wählen wir nicht gerade eine Form, um etwas Spezifisches auszudrücken?

Fragen der „Selbstkonstitution durch Selbstbildnisse und autobiographischer Erzählung" nimmt Schulze (2003) auf – und untersucht diese am Beispiel des jungen Marc Chagall. Chagall schrieb bereits mit Mitte Dreißig eine „ausführliche und aufschlussreiche Autobiographie" und hatte bis dato „bereits über 50 Selbstbildnisse gezeichnet oder gemalt" (ebd., S. 103).

Schulze will dabei „keine Chagall-Studie im kunsthistorischen Sinne" (ebd., S. 104) vorlegen, sondern siedelt sein Vorhaben an „im Schnittfeld des Umkreises einer pädagogischen Ikonologie [...] und dem Bereich der erziehungswissenschaftlichen Biographieforschung [...] – am Beispiel eines Menschen, der nicht nur Bilder wahrnimmt und sich mit ihnen umgibt, sondern der auch produktiv mit Bildern umgeht und neue Bilder hervorbringt" (ebd., S. 103). Sein Vorgehen dazu beschreibt Schulze eher abgrenzend: „Ich analysiere nicht Bilder, sondern die Arbeit an ihnen, und ich ordne sie auch nicht ein in das Panorama der Kunstgeschichte, sondern in die Welt der Bilder. Dies ist auch keine tiefenpsychologische Analyse, sondern eine biographische Untersuchung. Sie versucht nicht den Hinweisen auf unbewusste Beweggründe und Konflikt nachzugehen. Sie konzentriert sich gleichsam auf die Oberfläche der Vorgänge, auf unmittelbar in Erscheinung tretenden Zusammenhänge von Bild und Biographie" (ebd., S. 104).

Auf „vier unterschiedlichen Spuren" (ebd., S. 104) werden dann Bilder und Biografie Chagalls miteinander ins Gespräch gebracht – hier einige Auszüge:

- „Der Weg zu den Bildern" erscheint in Chagalls Fall „nicht das Ergebnis planender Überlegungen" zu sein; vielmehr „eine Art Suchprozess, in vielen Windungen und Wendungen sich vollziehend" – im Sinne eines „Handlungsmusters" charakterisierbar als „Emanzipations-" oder „Emergenzstruktur" (ebd., S. 104 ff.).
- „Das Selbst im Bild" ist u. a. geprägt von „,evokativen' Strukturen" – in den Bildnissen wie in der Autobiografie sind Brechungen, Expression, Direktheit und Wechsel markant (ebd., S. 107 ff.).
- „Die Herkunft der Bilder" wirkt bei Chagall als überaus stark aus der „Erinnerung" gespeist, v. a. an seine Kindheit in einer jüdischen Gemeinde einer russischen Kleinstadt (ebd., S. 112 ff.).
- „Die Verwandlung der Bilder" aus der Welt, die er hinter sich gelassen hat, zeugt von Detailnähe, aber auch von Überhöhung und Steigerung ins „Irreale", von Synthetisierung und Generalisierung der Erinnerung in ein „Sinnbild" (ebd., S. 115 ff.).

Zusammenfassend hält Schulze fest: „Im Hinblick auf das Vorhaben einer bildungstheoretisch orientierten Ikonologie wurde deutlich, wie notwendig es ist, die Beziehungen zwischen äußeren und inneren Bildern, zwischen gezeichneten oder gemalten und beschriebenen, erinnerten und wahrgenommenen Bildern aufzuklären und den Zusammenhang von thematisch oder strukturell vergleichbaren Bildern mit ihrem Wirklichkeitshintergrund zu erschließen. Diese Einsicht hat eine wichtige methodische Konsequenz: Man muss das einzelne Bild in einen benennbaren Diskurs verwickeln, um es zum Sprechen zu bringen – in einen Diskurs mit anderen gleichsinnigen oder kontrastierenden Bildern, mit autobiografischen Texten oder entsprechenden Fotografien, in einem narrativen Interview oder in einem therapeutischen Gespräch. Das einzelne Bild bleibt für sich betrachtet vieldeutig. Erst im Zusammenhang mit anderen Bildern wird es aussagekräftig; erst verbunden mit einer Lebensgeschichte, einer Lebenswelt oder einer Motivgeschichte werden die Wandlungen der Bildvorstellungen und ihre Bedeutung für Bildungsprozesse erkennbar" (ebd., S. 119).

Neben solchen biografisch orientierten Ausrichtungen kann die Frage nach Geschichte bzw. Geschichtlichkeit auch auf institutionelle bzw. organisations- oder systembezogene Zusammenhänge ausgerichtet werden. Beispiele dazu finden wir in großer Zahl in der Geschichtswissenschaft selbst – insbesondere mit Blick auf die bereits einleitend erwähnten ‚Historikerkommissionen'. Hier ist dann häufig von ‚Aufarbeitung' die Rede.

2.2.2 Historische Aufarbeitung

Im Kontext der Bildungswissenschaften sei hierzu exemplarisch auf ein Projekt verwiesen, das die o. g. Absichten des Entfaltens, Enthüllens und Rekonstruierens (vgl. Schulze 1997) durchaus aufgreift, aber miteinander kombiniert. Es operiert an einer Schnittstelle der institutionell-organisatorischen Vermittlung von Individual- und Gesellschaftsgeschichte, steht aber weniger in einer geisteswissenschaftlich hermeneutischen Tradition im engeren Sinne. So wird in Bezug auf die Dokumente methodisch weniger der Weg der Vertiefung als der einer multiperspektivischen Breite verfolgt. Wir können dabei auch Verbindungslinien zu den sozialdokumentarischen Traditionen sehen, die in Kapitel 2.5.4 angesprochen werden.

Beispiel 9

Was fällt uns zum Stichwort „Kinderheime" ein? Gut, dass es sie gibt, weil sie den ‚Verlorenen' einen Platz bieten? Besser aber, wenn man da nicht hin muss? Der Alltag dort ist nicht so toll? Früher war das Leben in solchen Heimen jedoch viel schlimmer? etc. Vielleicht ohne je selbst ein Kinderheim von innen gesehen zu haben, haben wir doch bestimmte Vorstellungen davon. Besondere mediale Aufmerksamkeit haben dabei in den letzten Jahren die Kinderheime in der DDR erfahren; doch auch im Westen ist die Vergangenheit dieses Bereichs der Wohlfahrtspflege bzw. der Jugendfürsorge unterschiedlich gut dokumentiert.

Im Kontext des „Runden Tisches Heimerziehung in den 50er und 60er Jahren" sowie des „Fonds Heimerziehung" widmeten sich Imeri, Schrapper und Ströder (2016) dabei insbesondere der wissenschaftlichen Aufarbeitung der Geschichte der Heimerziehung in Rheinland-Pfalz in den Jahren 1945 bis 1975. Zu den drei landeseigenen Heimen dieser Zeit wurde dazu u. a. ein Bestand von rund 5.000 Fallakten der Fürsorgeerziehungsbehörde bzw. weitere historische Dokumente erschlossen und quantitativ wie qualitativ ausgewertet. Dazu gehörten u. a. ärztliche Untersuchungsbefunde, individuelle Fürsorgehefte, Stundenpläne, Straflisten, Amtsschreiben, Beschwerdebriefe, Verzeichnisse, Statistiken, Zeitungsberichte, Anträge, Berichte, Geschäftsverteilungspläne, Organisationsverfügungen und Fotos aus dem Heimleben. Zudem wurden fünf Zeitzeugen gehört, die als Jugendliche in den Heimen untergebracht waren, und auch zwei ehemalige Mitarbeiter_innen, deren Erinnerungen „eine weitere wichtige Quelle" waren (ebd., S. 12).

Da es sich bei dem Projekt nicht um eine spezielle theoretische und primär im Kontext einer Fachdisziplin zu thematisierende Problemstellung handelte, sondern um ein Aufarbeitungsanliegen in öffentlichem, explizit auch landespolitischem Interesse, stoßen wir in diesem Fall erneut auf eine andere Form der Darstellung des Gesamtvorhabens – vergleichbar mit der Art von Ausstellungskatalogen. So ist die umfangreiche Publikation mit zahlreichen Abbildungen von Originaldokumenten und -zitaten versehen und versucht, die Verschränkungen von Landes-, Institutionen- und Individualgeschichte möglichst nah am Material nicht nur zu beschreiben und zu deuten, sondern auch zu präsentieren[21].

Es wurde in den heterogenen Daten dabei weniger nach ‚Schichten' gesucht, sondern eher ‚multidimensional' strukturiert, wobei die Dokumente – sofern geeignet – immer wieder neu, jeweils unter einem Aspekt beleuchtet und befragt wurden. Diese verschiedenen Interpretationswege bzw. Zugänge bilden sich in der Gliederung ab (vgl. Imeri, Schrapper und Ströder 2016): Sie eröffnet mit „Erinnerung an die Zeit im Heim. Ehemalige erzählen" und schließt ebenfalls mit dieser Sprecherposition der ehemaligen Heimkinder unter dem Aspekt „Bedeutung und Folgen der Heimerziehung". Dazwischen werden zunächst in einem weiteren Abschnitt – anhand von Fragen – unterschiedliche Zugänge eröffnet:

a. „Warum gerade ich?" – Einzelfälle und Jugendfürsorgesystem;

b. Was prägte den Blick der Jugendfürsorge? und

c. Wer ist in diesen besonderen Blick der Jugendfürsorge geraten?

In dem folgenden Schritt wird die Thematik in verschiedene Kontexte gestellt und dabei weiter fokussiert; so a. die Rahmung durch das „Land Rheinland-Pfalz und seine Entstehung", b. die spezifische Situation und Praxis der „Jugendfürsorge in Rheinland-Pfalz" und c. der Blick auf die „Heimlandschaft in Rheinland-Pfalz". Schließlich werden die drei Landeserziehungsheime dann separat „im Profil" portraitiert.

---

21 So sind zudem etwa alle Zeitzeugengespräche auf einer beiliegenden DVD filmisch dokumentiert.

Auf diese Weise zeichnet die Veröffentlichung ein differenziertes Bild der Geschichte der Heimerziehung in Rheinland-Pfalz, das von zahlreichen Positionen geprägt ist. Generell kann nicht davon gesprochen werden, dass die Heimerziehung nur negativ zu bewerten ist. Die pädagogischen Ansprüche der Zeit sind durchaus erkennbar. Doch konnten die Lebensverhältnisse auch traumatisierend wirken, im Heimalltag z. B. in einer Strafpraxis, die bereits damals z. T. nicht legal war. Unrecht wurde dabei jedoch eher strukturell begünstigt oder nur unzureichend unterbunden (vgl. Imeri, Schrapper und Ströder 2016).

Verbunden mit einer Zielsetzung, die v. a. an einer Aufarbeitung von Geschichte bzw. am Verständnis der Historizität von Phänomenen interessiert ist, zeigt uns auch der zweite Fokus innerhalb dieses Überblicks einen reichen Fundus von Optionen. Diese betreffen a. die Varianten der theoretischen Ausrichtung und ihre methodischen Konsequenzen, b. die Vielfalt von potenziellen Einzelthemen und Forschungsrichtungen (wie Bildungs-, Sozialisations-, Biografie- oder Organisationsforschung) sowie c. die Unterschiedlichkeit möglicher Dokument-Formen, wie literarische Texte, Autobiografien, Korrespondenzen, Kunstwerke oder archivierte Akten- und Bildmaterialien.

2.3 Fokus III: Erschließung fremder Welten oder tieferer Bedeutungsschichten

Wenn in der Überschrift hier von der Erschließung ‚fremder Welten‘ oder ‚tieferer Schichten‘ die Rede ist, so soll damit ein weiterer Zielhorizont von Forschungsarbeiten fokussiert werden. Hierbei werden weitere Analyseansätze angesprochen, die ebenfalls davon ausgehen, dass die ‚Botschaften‘ der Dokumente nicht direkt zugänglich an der Oberfläche liegen.

Dass dabei die Vorstellung von ‚Schichten‘ eine hilfreiche Metapher sein kann, haben wir im vorausgegangen Kapitel bereits gesehen. Es handelt sich um ein auch aus der Archäologie bekanntes Bild, das uns vor Augen führt, dass manche Dinge nicht auf den ersten Blick zu erfassen sind; es muss tiefer ‚gegraben‘ werden. So können sich etwa die Spuren mehrerer Phasen oder Kulturen im Boden übereinander abgelagert haben. Die archäologische Metaphorik legt uns nahe, dabei nicht nur ein Dokument an sich als ‚geschichtet‘ zu betrachten, sondern auch die dazugehörige ‚Fundschicht‘ und somit sein Umfeld in die Interpretation mit einzubeziehen. Zudem lehrt uns der Umgang mit den Zeugnissen vergangener Kulturen, dass wir nicht vorschnell unser heutiges Verständnis von Sinn oder Zweck eines gefundenen Gegenstandes an ihn herantragen dürfen. Handelt es sich tatsächlich um die Spitze eines Pfeils, der zum Jagen verwendet wurde, nur weil uns dies auf den ersten Blick plausibel erscheint?

Vielleicht wurden zur Zeit der Herstellung mit dem Objekt ganz andere Zwecke verfolgt? Eventuell war es gar nicht für diesen Gebrauch gedacht, wurde eher als schützendes Amulett um den Hals getragen, als Zeichen der Macht zur Schau gestellt oder einem Toten im Grab für die Reise ins Jenseits beigegeben? Wir müssen mehr als nur *einen* Blick riskieren.

Auch wenn dies Lektionen aus der Geschichtswissenschaft sind und diese schon im vorausgegangenen Kapitel von Relevanz waren, so wird in diesem Teilkapitel erneut ‚geschichtet‘ und ‚befremdet‘. Bei den nun vorzustellenden methodischen Ansätzen handelt es sich um Verfahren in ‚verstehender‘, ‚interpretativer‘ bzw. ‚rekonstruktiver‘ Anlage, wobei hier – im Vergleich zu Kapitel 2.2 – stärker ein sozialwissenschaftlich geprägter Bezug auf die Gegenwart mit ihren vielen bekannteren und unbekannteren ‚Welten‘ im Vordergrund steht. Doch auch hier sollen uns differenzierte, den Prozess des Deutens immer wieder kontrollierende Schritte vor einer unreflektierten Vereinnahmung des Vorfindlichen in unsere Verständniswelten schützen. Dabei gilt es, die Deutungshorizonte offen zu halten bzw. das ‚Fremde‘ zuzulassen (vgl. auch Hirschauer und Amann 1997).

Für den vorliegenden Kontext mit seinem Fokus auf der Analyse von vorfindlichen Dokumenten werden aus dem weiten Feld interpretativer bzw. rekonstruktiver Ansätze in der Bildungs- und Sozialforschung zunächst einige Varianten sozialwissenschaftlich geprägter Hermeneutik angesprochen. Im Anschluss daran werden drei Konzepte exemplarisch weiter vertieft: die Dokumentarische Methode, die Artefaktanalyse sowie Dokumentenanalysen im Kontext der ethnografischen Feldforschung. Diese Auswahl erfolgt zum einen aus Gründen der Kontrastierung bzw. der Varianz der methodischen Rahmungen und der in den Beispielen genutzten Dokumente; zum anderen liegt für diese Verfahren entsprechende Einführungsliteratur vor, die im Fall des Interesses herangezogen werden kann.

Und wenn auch in diesem Bereich wiederum selten explizit von ‚Dokumentenanalyse‘ die Rede ist, so beziehen sich die im Folgenden zu thematisierenden Ansätze doch auf vorfindliche Materialien bzw. können für deren Analyse fruchtbar gemacht werden.

2.3.1 Spielarten sozialwissenschaftlich geprägter Hermeneutik

In mehr oder minder ausgeprägter Verbindung zu dem sich eher an den Geschichts- und Geisteswissenschaften orientierenden Verständnis, das wir etwa bereits bei Danner (1979) oder Mollenhauer (2008) vorgefunden haben (vgl. Kapitel 2.2.1), können in der sozialwissenschaftlichen Rezeption verschiedene Stränge ausgemacht werden, etwa die „Objektive“ bzw. „Strukturale Hermeneutik“, die „Sozialwissenschaftliche Hermeneutik“ und die „hermeneutische Wissenssoziologie" oder die psychoanalytisch grundierte „Tiefenhermeneutik" (zur Systematik vgl. Flick, von Kardorff und Steinke 2009[22]).

Ein erstes Konzept, das für den vorliegenden Kontext der Analyse vorfindlicher Dokumente anschlussfähig ist, firmiert unter dem Begriff „Konversationsanalyse". Auch sie kann in das Spektrum dieser sich zunehmend differenzierenden ‚Hermeneutiken' eingeordnet werden (vgl. Flick, von Kardorff und Steinke 2009, S. 333). Bergmann fasst die Leistung der Konversationsanalyse in den Worten: „Sie hat [...] die unscheinbar kleinen, mikroskopisch-molekularen Formen der Vergesellschaftung als empirisches Untersuchungsfeld erschlossen und einer qualitativen streng formalen Analyse zugänglich gemacht" (2009, S. 536). Konversations- und die ihr nahestehende „Gattungsanalyse" berufen sich dabei auf theoriegeschichtliche Linien der Ethnomethodologie sowie der Handlungs- und Interaktionsforschung. Eine zentrale und im Fall der Analyse von Dokumenten folgenreiche Prämisse ist hier die Vorstellung, „dass die Handelnden aktiv und kreativ die Wirklichkeiten, in denen sie leben, erzeugen und das, was sie als objektive, unabhängig von ihrem Zutun existierende Tatsachen wahrnehmen und behandeln, erst in ihren Handlungen und Wahrnehmungen als solche konstruieren und hervorbringen" (Bergmann 2009, S. 527). Folglich sind Gattungs- und Konversationsanalysen weniger an schon spezifisch transformierten ‚Daten' aus Interviews oder Experimenten interessiert, sondern an den kommunikativen Situationen des sozialen Alltags selbst bzw. an „Aufzeichnungen von realen Interaktionen" (ebd., S. 531). „Dabei kann es sich um Klatschgespräche zwischen Nachbarn, um Job-Interviews, um Vereinsversammlungen oder Parteitage, um Prüfungsgespräche oder Internet-Chats handeln" (Knoblauch und Luckmann 2009, S. 540). Unter dem Titel „Kampfarena Esstisch" analysierte beispielsweise Engelfried-Rave (2014) unterschiedliche Konfliktstile anhand von in Familien geführten Gesprächen am gemeinsamen häuslichen Tisch.

Auch Wolff thematisiert in seinem Handbuchartikel zur „Dokumenten- und Aktenanalyse" ausdrücklich eine „konversationsanalytisch ausgerichtete Dokumentenanalyse" (2009, S. 508 ff.). Unter der Maxime „order all points" werden in Analysen dieser Art selbst „scheinbare Äußerlichkeiten (wie Layout, Zeilenabstand, Farbe, Papierqualität, die Reihenfolge der Gliederungspunkte) oder ganz selbstverständlich erscheinende Formulierungen (wie Anredeformen, Kategorisierungen oder Verlaufsschilderungen)" für potenziell relevant erachtet (ebd., S. 512). Um dies zu verdeutlichen: Wenn es beispielsweise in einem Zeitungsartikel zur sog. ‚Kölner Silvesternacht' heißt ‚Es kam zu sexuellen Über-

---

22 Zur Vertiefung siehe u. a. Oevermann et al. 1979; Englisch 1991; Müller-Doohm 1993; Müller-Doohm 1997; Soeffner 2004; Müller, Raab und Soeffner 2014; speziell für das (im Beispiel zur „Dokumentarischen Methode" später nochmals diskutierte) Medium ‚Werbematerial' etwa Reichertz' „Hermeneutische Auslegung einer Werbefotographie in zwölf Einstellungen" (1992).

griffen durch *Betrunkene'* oder ‚Es kam zu sexuellen Übergriffen durch *Ausländer'* oder ‚Es kam zu sexuellen Übergriffen durch *junge Männer'*, werden bei den Lesenden über die gewählten begrifflichen Kategorisierungen ganz bestimmte, sehr unterschiedliche Deutungen der Ereignisse abgerufen, obwohl eine Zeitungsmeldung doch scheinbar nur wie eine ‚Fensterscheibe' den Blick auf das Geschehene erschließt.

Auch in einer weiteren methodischen Spielart im Anschluss an Schütze, die unter dem Begriff der „Prozessanalyse" firmiert (Detka und Reim 2016, S. 17), werden ebenfalls die spezifischen Muster dieses ‚Fensters' der Presse thematisiert. In dem Text „Unterschiede in der Berichterstattung der FR und der FAZ zu studentischen Anliegen 1967/68 und 1989/90" (Schütze, Lützen und Schulmeyer-Herbold 2016) stehen – anhand eines Vergleichs von Zeitungsartikeln aus zwei Phasen – journalistische „Handlungsschemata" bzw. die mit ihnen entworfenen Bilder von Studierenden in ihrem gesellschaftlichen Kontext im Vordergrund. Einer der Befunde lautet dann etwa: „In den Jahren 1967 und 1968 findet in beiden überregionalen Frankfurter Tageszeitungen eine kontroverse Debatte […] statt" (ebd., S. 182), während um 1989/90 die Polarisierung zwischen den Zeitungen, aber auch die starke Problematisierung eines Generationenkonflikts in den Hintergrund treten[23].

Die Art bzw. die ‚Aktivität der Fensterscheibe', die ein Dokument repräsentiert, gerät somit, wie wir noch sehen werden, immer wieder ins Zentrum des Interesses. Da es – wie im Fall des Fensterglases – zu den besonderen Eigenschaften von Dokumenten gehört, „den Umstand ihrer Hergestelltheit unsichtbar zu machen, muss ihr Analytiker gelegentlich zu Techniken der Befremdung seines Gegenstandes […] greifen" (Wolff 2009, S. 512).

Wie solche Techniken der ‚Befremdung' aussehen können, um dem Eigensinn der untersuchten Medien gerecht zu werden, darauf gibt es im Feld der qualitativen Forschung insgesamt zahlreiche Antworten (vgl. Hirschauer und Amann 1997). Es hängt von der gewählten Fragestellung, ihrer theoretischen Verortung, dem Erkenntnisinteresse, dem Typ der Dokumente (und vermutlich auch von der eigenen wissenschaftlichen Sozialisation) ab, worauf hierbei dann geachtet wird: Ob, wie bei Schütze, „Handlungsschemata" im Vordergrund stehen (vgl. Schütze, Lützen und Schulmeyer-Herbold 2016), ob, wie in

---

23 Erwähnung – im Sinne einer Lektüreempfehlung – findet der Beitrag von Schütze, Lützen und Schulmeyer-Herbold (2016) hier auch deshalb, da es sich um den zusammenfassenden Bericht aus einer Forschungswerkstatt handelt, der insofern einen direkteren Zugang zu Forschung ‚at work' präsentiert. Diese „Forschungswerkstatt für qualitative Sozialforschung" wurde am Fachbereich Sozialwesen der Gesamthochschule Kassel u. a. von Schütze und Riemann über Jahre hinweg zur Diskussion unterschiedlicher Themen und Materialien durchgeführt. Der Artikel stellt dabei im 1. Teil die detaillierten Ergebnisse zur diskutierten Fragestellung sowie im 2. Teil das methodische Vorgehen vor.

der Konversations- und Gattungsanalyse, „institutionalisierte Kategorisierungs- und Schlussfolgerungsregeln" von Interesse sind (Wolff 2009, S. 509), oder ob Merkmale der „Binnenstruktur" von Äußerungen, wie „Rituale der Kontaktaufnahme und -beendigung, der Begrüßung und Verabschiedung, des Dankens und Wünschens, der Entschuldigung, der Einladung" betrachtet werden (Knoblauch und Luckmann 2009, 542 f.).

Eine weitere Variante, die allerdings quer zu den gängigen methodischen Ordnungen liegt, ist schließlich die Ausrichtung auf in den Materialien verwendete ‚Sprach-Bilder' oder ‚Metaphern'. Auch die „Metaphernanalyse" liegt in verschiedenen Ausprägungen vor, wobei sich nach bzw. neben ihrer Anwendung in Philosophie, Sprach- und Literaturwissenschaften sowie in Psychologie bzw. Psychoanalyse inzwischen ebenfalls ein Strang als „Methode der qualitativen Sozialforschung" (Schmitt 2016, im Titel) bzw. im Sinne eines rekonstruktiven Ansatzes (vgl. Kruse, Biesel und Schmieder 2011) etabliert hat[24]. Detailliert entfaltet Schmitt (2016) dazu theoretische und methodologische Grundlagen sowie bestehende Einsatzfelder in Soziologie, Erziehungswissenschaft, Sozialer Arbeit, Sozialmedizin, Pflege- und Gesundheitswissenschaften, Politikwissenschaft, (klinischer) Psychologie und Genderforschung. Er legt einen eigenen Verfahrensvorschlag zur „systematischen Metaphernanalyse" vor – verweist aber auch auf alternative Vorgehensweisen u. a. in Wissens- und Organisationssoziologie, Psychoanalyse, Linguistik und Kulturwissenschaften (vgl. Schmitt 2016).

Unter der Prämisse der sozialen Konstruiertheit der ‚Welt' haben also zahlreiche Ansätze in Bezug auf das Anliegen einer verstehenden ‚Re-Konstruktion' ein nuanciertes Methodeninventar entwickelt, das das Prinzip der Offenheit gegenüber dem Material einerseits weiter steigert, andererseits aber stärker im Sinne der Prämissen interpretativer Programmatik fokussiert. Texte, Bilder oder andere ‚Objekte'[25] werden hier weniger mit einem mehr oder minder nah an Theorie oder Material generierten Suchraster oder Kategoriensystem gesichtet und dabei in informatorische Einzelteile oder Daten zergliedert (vgl. Kapitel 2.1). Vielmehr wird im Sinne einer sozialwissenschaftlichen Hermeneutik – aus verschiedenen Horizonten des Verstehens heraus und zum Teil unter Zuhilfenahme umfangreichen Kontextwissens – nach unterschiedlich gelagerten Zu-

---

24 (zu den Grundlagen vgl. u. a. Black 1962; Blumenberg 1971, Barthes 1972; Lakoff und Johnson 1980; Haverkamp 1983; Nelson 1984; Ricoeur 1988; zu Beispielen aus den Bildungswissenschaften, auch in Verbindung mit anderen methodischen Anlagen, wie der Argumentationsanalyse oder der Dokumentarischen Methode, vgl. etwa Schäffer 1998 und 2009; Holder 2014; Schiefner-Rohs 2014; Pätzold 2013 und 2015; Heidenwag 2015; Wrana 2015; Dellori 2016)

25 (vgl. etwa die sog. „Dinghermeneutik" im Anschluss an Rittelmeyer und Parmentier 2001 oder auch Nohl 2011)

sammenhangsgestalten gefahndet, die Einsicht in allgemeinere Aspekte der sozialen Welt als gesellschaftlichem Deutungs- und Bedeutungsverbund vermitteln können.

Kommen wir nun zur genaueren Betrachtung drei exemplarischer Konzepte.

2.3.2 Dokumentarische Methode

Zu diesem – in den letzten Jahrzehnten maßgeblich von Bohnsack ausgestalteten – Ansatz liegen inzwischen zahlreiche methodische Einführungen und methodologische Reflexionen sowie Anwendungen vor (vgl. u. a. Bohnsack 1989; 1997; 2006; 2007; Bohnsack, Nentwig-Gesemann und Nohl 2007; Bohnsack und Nentwig-Gesemann 2010; Bohnsack 2010a; 2010b; Bohnsack und Nohl 2010; Bohnsack 2011). Dabei wurde das Vorgehen keineswegs nur für bereits vorfindliche Dokumente konzipiert, sondern ragt etwa in der Auswertung von Gruppendiskussionen, Interviews, Foto- und Videoaufzeichnungen oder Beobachtungsprotokollen weit darüber hinaus.

Allgemein sucht die Dokumentarische Methode den „Zugang" zu „handlungsorientierenden Wissensbeständen" der „Alltagspraxis" (Bohnsack 2011, S. 15) – verbunden mit einem Gegenstandsverständnis, das sich v. a. auf Karl Mannheims Wissenssoziologie und auf die Ethnomethodologie Harold Garfinkels sowie auf Pierre Bourdieus Praxeologie bezieht (vgl. u. a. Bohnsack 2007).

So leitet sich auch die Bezeichnung des Programms als „dokumentarisch" von Mannheim her, der den sog. „Dokumentsinn" einer Handlung oder Aussage erstens von einem „objektiven Sinn" und zweites von einem „intendierten Ausdruckssinn" (subjektiven Sinn) unterscheidet (Mannheim 1964, S. 104). Was damit gemeint ist, verdeutlicht Mannheim an einem Beispiel: „Ich gehe mit einem Freunde auf der Straße, ein Bettler steht an der Ecke, er gibt ihm ein Almosen" (ebd., S. 105). Im Fall des Dokumentsinns „kommt es mir gar nicht darauf an, was der Freund objektiv getan, geleistet hatte, auch nicht darauf, was er durch seine Tat ‚ausdrücken' wollte, sondern was durch seine Tat, auch von ihm unbeabsichtigt, sich für mich über ihn darin dokumentiert" (ebd., S. 108). Auf diese dritte Sinn-Schicht ist nun die Dokumentarische Methode aus. Wissenssoziologisch gewendet handelt es sich dabei „um ein Wissen, welches von den Erforschten selbst nicht so ohne weiteres auf den Begriff gebracht, also *begrifflich-theoretisch expliziert* werden kann. Die begrifflich-theoretische Explikation ist die Aufgabe und Leistung der dokumentarischen Interpretation" (Bohnsack 2011, S. 19, Hervorh. i. Orig.).

Um dies methodisch einzulösen, sind weitere Differenzierungen notwendig: „Voraussetzung für diese spezifische Beobachterhaltung ist die Unterscheidung zwischen einem reflexiven oder theoretischen Wissen der Akteure einerseits und dem handlungspraktischen, handlungsleitenden oder inkorporierten Wissen andererseits, welches Mannheim auch als *atheoretisches* Wissen bezeichnet. Dieses bildet einen Strukturzusammenhang, der als kollektiver Wissenszusammenhang das Handeln relativ unabhängig vom subjektiv gemeinten Sinn orientiert" (Bohnsack, Nentwig-Gesemann und Nohl 2001, S. 11, Hervorh. i. Orig.). Das atheoretische Wissen wird in gemeinsamen, „konjunktiven Erfahrungsräumen" erworben und konstituiert kollektiv geteilte „Orientierungen", die sich etwa aus milieu-, generations-, geschlechts- oder organisationsspezifischen Erfahrungen speisen. „Die sozialwissenschaftlichen Interpret(inn)en [...] gehen also nicht davon aus, dass sie *mehr* wissen als die Akteure oder Akteurinnen, sondern davon, dass letztere selbst nicht wissen, was sie da eigentlich alles wissen" (ebd., S. 11, Hervorh. i. Orig.). In der dokumentarischen Interpretation geht es dabei nicht um die Bewertung des Wissens oder Tuns der Akteur_innen, sondern um ein Verständnis der ‚Herstellung' der Orientierungen und relevanten Normen. Das bedeutet, dass die Wissenschaftler_innen nicht so sehr am ‚Was' interessiert sind, sondern am ‚Wie', am ‚Doing', am ‚Making of', am „modus operandi": „Es ist dies der Wechsel von der Frage, was die gesellschaftliche Realität in der Perspektive der Akteure ist, zur Frage danach, wie diese in der Praxis hergestellt wird" (Bohnsack, Nentwig-Gesemann und Nohl 2001, S. 12).

Wie die konkreten Arbeitsschritte des dokumentarischen Vorgehens dazu aussehen können, wird im Folgenden anhand eines zu Demonstrationszwecken konzipierten Beispiels – in der spezifischen Variante eines Bildmediums – skizziert.

<hr>

An Straßenrändern, in U-Bahn oder Bus, in Illustrierten, Fernsehen oder Internet etc. – unser Alltag ist durchsetzt von Spots bzw. Anzeigen, die für bestimmte Produkte oder Leistungen werben. Dabei wird nicht nur auf Text-Botschaften allein gesetzt, vielmehr nehmen Bilder einen großen Raum ein. Warum ist das so? Auf welche Mechanismen wird beim Marketing gesetzt? Schon der Blick auf die erheblichen Kosten von Werbekampagnen lässt uns vermuten, dass noch Anderes ‚verkauft' werden soll, als die reine Qualität der Ware in Form sachlich überzeugender Argumente.

Aufgrund des prägnanten Charakters der Welt der Reklame wählt Bohnsack ein Werbefoto – und zwar eine doppelseitige Anzeige der Bekleidungsfirma Burberry aus dem Jahr 2005, um die Dokumentarische Bildinterpretation exemplarisch zu erläutern[26].

---

26 Hierbei handelt sich um eine Analyse, die v. a. dazu dienen soll, die Spezifik des methodischen Vorgehens zu illustrieren. Weitere Beispiele zur Analyse vorfindlicher Dokumente sind u. a. Bohnsacks Interpretation einer Zigaretten-Werbung unter dem Titel „Heidi" (in Bohnsack, Nentwig-Gesemann und Nohl 2001, S. 323–337), eine Videointerpretation der

„Das ‚Beeinflussungspotential‘ des Bildes kann aber überhaupt erst adäquat eingeschätzt werden, wenn es gelingt, einen Zugang zu seiner tiefer liegenden Semantik zu gewinnen, also zu einer Sinnebene, die über eine bloße Beschreibung des Bildes hinausgeht" (Bohnsack 2011, S. 59).

Für die Auswertung werden dazu drei Schritte unterschieden (ebd., S. 60 ff.):

a. Die „Formulierende Interpretation" hat zunächst, grundlegend, das ‚Was‘ des Bildes im Blick. Dazu wird zum einen ‚vor-ikonografisches Wissen‘ zusammengestellt, im Sinne einer präzisen Erfassung aller Bildelemente in ihrem Aufbau vom Vordergrund bis in den Hintergrund; zum anderen erfolgt eine detaillierte ‚ikonografische Einordnung‘ dessen, was Gegenstand bzw. Sujet der Darstellung ist. Im Beispiel-Fall des Burberry-Fotos lässt sich etwa die Situation eines Picknicks im Park identifizieren, an dem mehrere Generationen beteiligt sind; „sofern das entsprechende ikonografische Wissen verfügbar ist", kann hierbei etwa auch „Kate Moss, ein bekanntes Model" ausgemacht werden. „Wenn wir ein Wissen um Stilelemente, um die ‚Stilgeschichte‘ einbeziehen, […] so vermitteln uns Kleidung und Accessoires den Eindruck eines gehobenen, mit einem gewissen Luxus versehenen (großbürgerlichen oder aristokratischen) Stils" (ebd., S. 60).

b. Die „Reflektierende Interpretation" fragt dann nach dem ‚Wie‘, nach dem „modus operandi". Dabei ist das sequenzanalytische Vorgehen, das die Dokumentarische Methode bei Texten kennt, für den spezifischen Materialtyp ‚Bild‘ – aufgrund der „Vieldeutigkeit" und der „Simultanität" von Bildern (ebd., S. 45 ff. und 47 ff.) – entsprechend zu modifizieren. So wird hier auf kunsthistorische Ansätze v. a. im Anschluss an Erwin Panofsky und Max Imdahl zurückgegriffen. Im Rahmen einer mehrstufigen Analyse der formalen Komposition kommen dabei Techniken der Planimetrie, zu szenischer Choreografie und Perspektivität zum Einsatz, die das Bild in Achsen, Gruppierungen, Sinn-Horizonte etc. zerlegen. Bezogen auf die Burberry-Anzeige heißt es dazu u. a.: Komposition und Choreografie „weisen uns deutlich den Weg dahin, dass wir es mit zwei unterschiedlichen Gruppen zu tun haben. Auf der rechten Seite ist eine enger beieinander stehende und in sich geschlossene Gruppe von zwei Frauen, zwei Männern und einem Kind positioniert, die schon dadurch homogener wirkt als die andere Gruppe, dass sie (abgesehen von dem Kind) eine geringere Altersspanne aufweist: von ca. 25 bis 35 Jahren. Demgegenüber umfasst die Gruppe der Erwachsenen auf der linken Seite alle Altersstufen zwischen ca. 20 und 65 Jahren" (ebd., S. 64, Hervorh. i. Orig.). Im Sinne des angestrebten Wechsels „von der Ebene des expliziten Wissens, der Ebene von Common Sense-Theorien, hin zum impliziten oder atheoretischen Wissen" (ebd., S. 30) ist für die Forschenden die Schulung eines sowohl ikonologischen als auch ikonischen Blicks auf das Material von Bedeutung. Dabei ist, in Anlehnung an Imdahl, nicht einfach ein „wiedererken-

---

Fernsehshow „Istanbul Total" (vgl. Bohnsack 2011) oder auch die Betrachtung von Comics mit der Dokumentarischen Methode durch Dörner (2009).

nendes Sehen" gemeint, sondern ein „sehendes Sehen" (ebd., S. 32). Dazu können im Fall des Beispiel-Bildes allgemeiner auch Bezüge zu in der Werbung üblichen Modi der Zielgruppenansprache gehören (vgl. ebd., S. 65 ff.). So ist etwa unsere vermeintliche Momentaufnahme der Personengruppe im Park Ergebnis von Strategien der Stilisierung und des Arrangements von Posen. Bohnsack fasst dann für diesen Schritt insgesamt „Botschaften" eines „propagierten Lifestyle" zusammen. Dazu gehören Signale wie: „Der Burberry Style schafft Zugehörigkeit und Zusammengehörigkeit bei gleichzeitiger Wahrung der Individualität. […] Der Burberry Style vermittelt zwischen den Generationen und somit zwischen Mode und Tradition" (ebd., S. 69, Hervorh. i. Orig.).

c. Den dritten und letzten Schritt bildet dann die „komparative Analyse", wobei Vergleiche mit anderen Fotos derselben Marke oder mit Bildern anderer Marken oder auch aus anderen Zeiten oder Kontexten denkbar sind; ggf. könnte auch eine Triangulation mit Text-Materialien zum Vorgehen gehören. Ziel komplexerer Analysen ist schließlich eine ‚sinn- oder soziogenetische Typenbildung'. In unserem Beispiel-Fall werden zwei verschiedene, für den russischen und für den deutschen Markt konzipierte Versionen der Anzeige verglichen: Durch die Wahl eines knapperen Bildausschnittes des Picknicks mit einer kleineren, homogeneren Gruppe wird in der deutschen Variante z. B. weitgehend auf die „demonstrierte Einbindung in den Generationen- und Familienzusammenhang" verzichtet (ebd., S. 70 f., Hervorh. i. Orig.). Dennoch lässt sich bilanzierend festhalten: „Die zentrale Botschaft dieser Werbung, nämlich dass der Burberry Style einen Beitrag zur Bewältigung der Paradoxie von Zugehörigkeit und Individualität zu leisten vermag, wird hier im Medium des Bildes transportiert. Hierin bestätigt sich, dass das Bild zur Vermittlung von Ambiguitäten prädestiniert ist" (Bohnsack 2011, S. 72).

2.3.3 Artefaktanalyse

Einen weiteren, insbesondere für die Analyse von Dokumenten relevanten Einsatz wählt Lueger in seinem Band „Interpretative Sozialforschung" (2010, im Titel). Er grenzt sich zunächst deutlich von der Art der in Kapitel 2.1 beschriebenen Inhaltsanalyse ab, deren enorme Materialmengen „den Kriterien seriöser interpretativer Forschung zuwider" liefen, „zumal hier meist stichprobentheoretische Überlegungen zur Anwendung kommen (und damit Relevanzstrukturen des Gegenstands vernachlässigt bleiben) und sich die Auswertung solcher Gesprächsmengen meist schon aus Gründen des Aufwandes auf den manifesten Inhalt bezieht" (Lueger 2010, S. 16). Lueger zufolge liegt die Zielsetzung eines interpretativen Vorgehens hingegen darin, „den *Kontext* und die *dahinterstehenden Sinnstrukturen* sowie deren *prozedurales Zustandekommen* zu ergründen" (ebd., S. 20, Hervorh. i. Orig.). „Letztlich strebt eine interpretative Analyse das differenzierte *Verstehen kollektiver Entwicklungen und Strukturen* an, deren Grundlagen zwar durch alltägliche Interpretationen und Handlungsweisen geschaffen werden, sich aber dem Zugriff der einzelnen Handelnden entziehen und diesen in objektivierter Form entgegentreten" (ebd., S. 18, Hervorh. i. Orig.).

Unter der Prämisse, dass von objektivierten Formen auf kollektiv wirksame Aspekte bzw. auf latente Sinnstrukturen geschlossen werden kann, ist es nur folgerichtig, dass in diesem Ansatz u. a. auch Dokumente, hier „Artefakte"[27] genannt, eine zentrale Rolle spielen. „Die reine Materialität von Artefakten ist unerheblich – was zählt, ist der sinngebundene Verweis auf etwas anderes, das zwar im Artefakt enthalten ist, aber erst konstruktiv herausgehoben werden muss" (Lueger 2010, S. 97). Dazu legt Lueger einen differenzierten Verfahrensvorschlag vor, der den Anlass, die Produktion, den Gebrauch, die Aneignung bzw. Wirkung sowie den Kontext von Artefakten berücksichtigt und diese Aspekte mehrfach zyklisch durchleuchtet (vgl. ebd., S. 102 f.). Die folgenden Blickwinkel sind dabei im Hinblick auf die Artefakte analytisch wie interpretierend einzunehmen (vgl. ebd., S. 102–117):

- die Perspektive des Forschungskontextes (als Filter zur Auswahl typischen oder auch kontrastierenden Materials im Lichte der Fragestellung),
- die Perspektive einer deskriptiven Analyse der Artefakte (zur – ggf. auch verfremdenden – Beschreibung ihrer Materialität, ihrer inneren Differenziertheit bzw. Strukturierung und ihrer Existenzbedingungen bzw. ihrer Erscheinungskontexte),
- die Perspektive der alltagskontextuellen Sinneinbettung (zur mehrschichtigen Erschließung der sozialen Bedeutung der Artefakte in ihrem Umfeld aus der Rolle alltagskompetenter Beobachter_innen oder von interessierten Gästen einer fremden Kultur),

---

27 Der Begriff ‚Artefakt' wird insgesamt keineswegs einheitlich verwendet. Neben dem hier genannten Verständnis, das eher der Archäologie folgt, wird unter ‚Artefakt' etwa im Kontext der empirisch-analytischen Sozialforschung – genau gegenläufig – auch das Produkt eines methodenbedingten Messfehlers verstanden. „Erhebungstechniken, bei denen sich die ‚Untersuchungsobjekte' bewusst darüber sind, dass sie Gegenstand einer Untersuchung sind und die Möglichkeit haben, auf den Datenerhebungsvorgang selbst zu reagieren, werden als ‚reaktive' Messverfahren bezeichnet. Die Tatsache, dass Personen in Erhebungssituationen z. B. auf die Art der Fragestellung oder auf den Interviewer reagieren, wird ‚Reaktivität' genannt. Die Reaktion auf den Messvorgang kann häufig nicht von den ‚inhaltlichen Reaktionen', z. B. der sinnvollen Antwort auf eine Frage, getrennt werden: Es entstehen ‚Artefakte'. Da Messergebnisse durch Reaktivität verändert werden können, die erhaltenen Daten somit nichts über das angestrebte Messobjekt aussagen, sondern lediglich Artefakte darstellen können, gefährdet Reaktivität die externe Validität von Laboruntersuchungen, die Interpretationsmöglichkeit von Interviewdaten usw." (Schnell, Hill und Esser 2008, S. 353, Hervorh. i. Orig.).

- die Perspektive einer distanziert-strukturellen Analyse (auf den allgemeineren Sinn abhebende Betrachtung der Produktionszusammenhänge, der Wirkungen und Funktionen, des konkreten Umgangs, der allgemeineren gesellschaftlichen Handlungsvollzüge sowie der Rezeption) und
- die Perspektive einer vergleichenden Analyse (artefakt-interne Differenzierungen, Kontrastierung zu vergleichbaren Artefakten, Vergleich mit typischen situativen Kontexten).

Diesen Ansatz Luegers bringt dann Froschauer (2009) zur Anwendung und entwickelt ihn weiter. Sie formuliert dazu zusammenfassend folgende erkenntnistheoretische Prämisse: „Unsere Sinne nehmen nicht passiv Gegenstände in ihrer ‚objektiven‘ Gegebenheit wahr, sondern bearbeiten sie aktiv im Rahmen der Voraussetzungen des erkennenden Systems […]. Gegenstände sind an sich stumm; sie geben nicht aus sich heraus ihre Natur preis, sondern es sind Bedingungen des Erkenntnissystems, die Gegenstände identifizierbar machen und mit Bedeutungen versehen. Es ist die soziale Ordnung menschlichen Erlebens, die das entscheidende Orientierungssystem bereitstellt, das die Akteure in ihrem sozialen Umfeld handlungsfähig macht. Die Wahrnehmung von Objekten ist somit abhängig von Beobachtungs- und Differenzierungskriterien, die durch Kommunikation produziert und im (auch beruflichen) Sozialisationsprozess angeeignet werden" (ebd., S. 326). Methodisch ist dabei insbesondere das Problem abzufedern, „dass alle materialisierten Produkte einer Organisation wie Bilder, Texte, Symbole, Gebäude, technische Ausstattung oder produzierte Gegenstände unter den Artefaktbegriff subsumiert werden können. Die Bandbreite der Analysegegenstände der Artefaktanalyse erfordert eine sehr allgemein gehaltene Formulierung der Vorgehensweise, die jeweils an konkrete Materialien angepasst werden muss" (ebd., S. 329).

Betrachten wir dazu die konkreten Schritte einer Artefaktanalyse anhand eines Ausschnitts aus einem Projekt im Bereich der Organisationsforschung, in dem Froschauer das Vorgehen exemplarisch durchspielt.

Beispiel 11

Vermutlich hatten Sie solche Dokumente auch schon in der Hand: Neben der Werbung für Produkte begegnen uns auch Medien zur Selbstdarstellung von Firmen insgesamt. Oft in aufwändiger Aufmachung wollen uns Leitbilder, Grundsätze oder Philosophien von Unternehmen und auch von Non-Profit-Einrichtungen zeigen, wofür eine Organisation steht – dass sie etwa im Sinne des ‚fair trade‘ operiert oder der ‚corporate responsibility‘ nachkommt. Statements dieser Art werden überdies für interne Prozesse der Organisationsentwicklung eingesetzt. Was können uns solche Broschüren dabei sagen?

Im Rahmen einer Studie Froschauers, die den Organisationsentwicklungsprozess eines Unternehmens über einen längeren Zeitraum begleitete, wurden (neben anderen Methoden) mehrfach Artefaktanalysen von Unternehmensgrundsätzen genutzt: in einer explorativen Phase zu Beginn und in einem späteren Teil des Projekts als neu entwickelte Unternehmensleitlinien allen Mitarbeiter_innen zur Verfügung gestellt wurden. Allgemeines Erscheinungsbild und Grundstruktur dieser neuen Broschüre sind nun Gegenstand des folgenden Beispiels einer „(Re-)Konstruktion latenter Sinndimensionen, um die Kommunikations- und Entscheidungsprozesse des untersuchten sozialen Systems zu verstehen" (Froschauer 2009, S. 328). Diese Analyse, die hier nur holzschnittartig zur Verdeutlichung der Schrittfolge wiedergegeben werden soll, umfasst drei Schritte:

a. Sie beginnt in der 1. Phase der „dekonstruktiven Bedeutungsrekonstruktion" mit dem Ziel der „Zerstörung der vorgängigen Sinngehalte durch Zerlegung des Artefakts in seine Bestandteile" (ebd., S. 334). Im Sinne der „inneren Differenzierung" werden dabei zunächst „Materialität", „Struktur" und „Text" betrachtet (ebd.). Konkret lesen wir dazu u. a.: „Das Artefakt ist eine Broschüre, die 21 Blätter bzw. 42 Seiten umfasst, wobei der Umschlag aus Karton und die Blätter aus besonders starkem Papier bestehen. Karton ist schwerer, widerstandsfähiger und teurer als Papier, vermittelt Haltbarkeit, aber auch Sperrigkeit. Zusammen mit dem Format (etwas größer als DIN A5) reduziert dies die Wahrscheinlichkeit einer intensiven Nutzung. [...] Das Artefakt umfasst sowohl Bild- und Symbolelemente als auch Textelemente. Der Hintergrund der Titelseite ist blau schattiert, und man kann unscharf eine Stahlkonstruktion erkennen. Dieser Hintergrund wird strukturiert durch den (eher klein gehaltenen) Titel in weißem Schriftzug (serifenlos, fett): ‚Unternehmensleitlinien' [...]. Unterhalb des Titels, ebenfalls in der rechten Hälfte, befindet sich ein rechteckiges Bild (Format 4,5 cm × 6,5 cm). Das Bild enthält ein rotes abstraktes Symbol [...] und in schwarzen Großbuchstaben den Namen des Unternehmens. [...] Im unteren Drittel der Titelseite steht ‚Kalender 1998' in weißer Fettschrift" (ebd., S. 337 f.). Im Sinne einer „alltagskontextuellen Sinneinbettung" folgt ein Blick auf die „Gesamtheit des Artefakts" „auf einer primär manifesten Ebene", wobei abgrenzende Bestimmung des Artefakts, mögliche Bedeutungen im Alltag und die Einbettung in den Kontext der Organisation von Interesse sind (ebd., S. 335). Auch dazu wieder ein exemplarischer Auszug: „Die Abgrenzung des vorliegenden Artefakts ist relativ klar: Es handelt sich um eine Broschüre, die sich durch eine relativ hohe Stabilität [...] auszeichnet. Die beiden Textelemente versprechen die Darstellung der Unternehmensleitlinien und einen Kalender. Die Unternehmensleitlinien grenzen sich jedoch von früheren Leitlinien und möglicherweise nachfolgenden Leitlinien ab, indem in unmittelbarer Nähe des Textelements ‚Unternehmensleitlinien' die Versionsbezeichnung auftaucht. Dies signalisiert begrenzte Gültigkeit, was bei Unternehmensleitlinien eher ungewöhnlich ist" (ebd., S. 339).

b. In der 2. Phase, unter dem Titel „Distanzierend-integrative Rekonstruktion latenter Organisationsstrukturen", schließt sich eine „Strukturanalyse" an, die danach fragt, „welche sozialen Strukturen wahrscheinlich in die Herstellung und den Gebrauch des Artefakts eingegangen sind bzw. noch immer in den organisationalen Alltag eingehen" (ebd., S. 335). Dazu wird das Artefakt zu „Produktion und Artefaktgeschichte", „Artefaktgebrauch", „Funktionen" und „Soziale Bedeutungen" befragt (ebd., S. 335 f.): „Die vorliegenden Unternehmensleitlinien wurden im Rahmen des Projekts ,Kultureller Wandel', und zwar in einem Subprojekt zum Thema Unternehmensentwicklung, von einem organisationsinternen Team aus verschiedenen Unternehmensbereichen mit externer Unterstützung erarbeitet. Dies lässt darauf schließen, dass bereits bei der Entwicklung der Leitlinien auf eine spätere hohe Akzeptanz geachtet wurde (Einbindung möglichst vieler verschiedener Sichtweisen). Damit steht die Teamarbeit stellvertretend für den organisationsinternen Aushandlungsprozess. Dies deutet weiterhin auf eine differenzierte Unternehmenskultur, die es notwendig macht, verschiedene Unternehmensbereiche in den Entwicklungsprozess einzubinden, und signalisiert potenzielle Konflikte" (ebd., S. 341). „Die Herstellung des Artefakts differenziert die Mitarbeiter im Unternehmen in drei Gruppen: eine, der eine Definitionskompetenz über die Unternehmensleitlinien zukommt; eine Adressatengruppe, die diese Leitlinien möglichst akzeptieren und umsetzen sollte; und die Unternehmensführung, die zwar formal Entscheidungskompetenz hat, aber diese an eine Arbeitsgruppe delegiert" (ebd., S. 342 f.).

c. Den Abschluss bildet nun eine 3. Phase der „Komparativen Analyse", in deren Zentrum Vergleiche mit anderen internen wie externen Materialien stehen (ebd., S. 336). Dazu heißt es für unser Beispiel u. a.: „Im Unternehmen existieren zwei Artefakte, die als Vorläufer des gerade dargestellten Artefakts gelten können: ,Unternehmensgrundsätze', die 1986 erstellt wurden, und die ,Leitlinie für Zusammenarbeit und Führung' aus dem Jahre 1987. Bereits eine nur oberflächliche Betrachtung offenbart markante Unterschiede. Im Gegensatz zum vorliegenden Artefakt, das auf Fristigkeit aufbaut, setzen die beiden früheren Artefakte auf Dauerhaftigkeit. [...] Damals standen diese Broschüren für sich, waren nicht mit einem zweiten Transportmedium mit Ablaufdatum verbunden, und auch das Design ließ keine Verschwommenheiten erkennen. Man muss hier berücksichtigen, dass zwischen diesen früheren Broschüren und der neuen Version gewaltige Veränderungsprozesse liegen, die zu einer (derzeit noch immer nicht abgeschlossenen) Neuorientierung des Unternehmens führten und die mit massiven Auseinandersetzungen verbunden waren" (ebd., S. 343).

2.3.4 Ethnografische Feldforschung

Die Analyse von Artefakten spielt auch in einer weiteren Richtung eine Rolle, die unter dem Begriff der „ethnografischen Feldforschung" zusammengefasst werden kann. Auch hier liegen verschiedene Varianten vor[28]; auch hier wird die

---

28 (für verschiedene Konstellationen und Anwendungen vgl. u. a. Girtler 2001; Nuissl 2002; Seitter 2002; Hitzler, Honer und Pfadenhauer 2008; Heinzel et al. 2010; Breidenstein et al. 2013; Hekel 2014)

Verbindung mit unterschiedlichen theoretischen Ansätzen gesucht. So sind etwa Feld-, System-, Differenz- und Akteur-Netzwerk-theoretische, ethnologische, alltagssoziologische, ethnomethodologische, praxeologische sowie kultur-, lebenswelt- oder diskursanalytische Rahmungen anzutreffen[29].

„Ich glaube, die echten Feldforscher und die echten Feldforscherinnen [...] sind mehr Abenteurer als großartige Experimentierer oder ausufernde Theoretiker, sie haben etwas von Eroberern und Konquistadoren, im positiven Sinn, an sich, die fremde Lebenswelten kennenlernen wollen und sie so erobern" (Girtler 2001, S. 11). Ausgehend von einer Tradition, die ihre Wurzeln in der Erforschung ferner Länder bzw. fremder Kulturen hat, wurde dabei – v. a. mit den soziologischen Rezeptionslinien – das ‚Fremde‘ dann auch vor der eigenen Haustür gesucht und gefunden (vgl. Hirschauer und Amann 1997). Möglichkeiten und Grenzen der ‚Entdeckbarkeit von Lebenswelten‘ unter ‚Befremdung des eigenen Blicks‘ wurden ein Dreh- und Angelpunkt der methodologischen wie methodischen Debatten. Breidenstein et al. zufolge sind insgesamt vier „Markenzeichen der Ethnografie" (2013, S. 31) auszumachen:

1. Auf der Gegenstandsebene ist die ethnografische Forschung auf das Verstehen sozialer bzw. kultureller Praktiken ausgerichtet. Sie hat dabei „Interesse an diskursiven und stummen Wissens- und Praxisformen ganz unterschiedlicher Felder" (ebd., S. 7). Diese Felder sind „gewissermaßen auf halber Strecke zwischen den Mikrophänomenen der Interaktionsanalyse und den Makrophänomenen der Sozialstrukturanalyse komplexer Gesellschaften angesiedelt" (ebd., S. 32). Die kleinsten „unteilbaren Einheiten" der Forschung sind demnach nicht „Personen", sondern „Situationen, Szenen, Milieus"[30] (ebd.). Deren Entdeckung erfolgt dabei nicht über „Daten" im wörtlichen Sinne des Gegebenen; vielmehr ist die Rede von „Quellen", die als „eigenständige Schicht" der Feldwirklichkeit auszuschöpfen sind, oder von „Protokoll-Dokumenten", die im Rahmen der Forschung erst erzeugt werden (ebd., S. 94).

2. In der Konsequenz sind die Forschenden auf die möglichst „andauernde unmittelbare Erfahrung" im „Feld" angewiesen (ebd., S. 33). „Der Feldbegriff steht dabei [...] im Gegensatz zu künstlichen Arrangements, die extra

---

29 (vgl. Zinnecker 1995; Hirschauer und Amann 1997; Hünersdorf, Maeder und Müller 2008; Friebertshäuser et al. 2012; Breidenstein et al. 2013)

30 Dies sind drei Begriffe, die uns häufig zur ab- bzw. eingrenzenden Bestimmung eines Phänomenbereichs begegnen, dabei jedoch sehr unterschiedlich ausgelegt bzw. akzentuiert werden; vgl. etwa Hitzler (2008) zur „Szene" im Kontext der Vergemeinschaftung in „Jugendszenen", Gebhardts Frage „Soziotop oder Szene? Die soziale Gestalt der Neuen Musik" (2010) oder die „Szene" als „Rahmen-Konzept" bei Soeffner (2004) bzw. als methodisches Konstrukt zur „Erzählung einer Inszenierung" im Kontext der Ethnographie von Organisationen bei Göhlich, Engel und Höhne (2012).

für Forschungszwecke geschaffen wurden" (ebd.). Es wäre jedoch verkürzt, einfach von einer ‚quasi-natürlichen Umwelt' des Sozialen auszugehen. So wird um das angemessene Verständnis von ‚Feld' gerungen. Dies „ist jedoch nicht nur wissenschaftlichem Debatteneifer geschuldet; vielmehr liegt es in der Natur der Feldforschung selbst, dass sie sich bei jeder Studie erneut zu fragen hat, welche raumbezogenen Dimensionen für die Situierung des gewählten Gegenstands vor dem Hintergrund der jeweiligen theoretischen Perspektive von Bedeutung sind" (Hoffmann 2015, S. 156 f.).

3. Damit wiederum ist eine Offenheit gegenüber den einzusetzenden Methoden verbunden – im Sinne eines „integrierten" Forschungsansatzes: „Regulierend wirkt hier weniger die Präferenz für eine bestimmte Methode oder einen Datentyp als ein *feldspezifischer Opportunismus*. [...] Die erzeugten Datentypen sind also davon abhängig, wie sich ein Feld primär darbietet: eher arm oder eher reich an Schriftdokumenten (wie eine Behörde), an stummen Praktiken (wie eine Sportart), an Erzählungen (wie eine Dorfgemeinschaft) usw." (Breidenstein et al. 2013, S. 34, Hervorh. i. Orig.). Zwar stellt die „teilnehmende Beobachtung" ein methodisches Herzstück dar (vgl. auch Egloff 2012a bzw. 2012b), doch können auch Beobachtungsskizzen und Gesprächsprotokolle, aufgefundene Artefakte und Dokumente sowie Audio-, Foto- oder Video-Aufzeichnungen integriert werden. „Die Kombination von Datentypen führt nun nicht dazu, dass die beobachteten Praktiken einfacher zu verstehen oder weniger komplex sind" – im Gegenteil: Die Komplexität wird gezielt erhöht (Breidenstein et al. 2013, S. 34).

4. Schließlich ist zu beachten, dass die ethnografische Feldforschung – im Gegensatz zu einer vorab planbaren linearen, sequenziellen Konzeption, wie wir sie in anderen der bereits vorgestellten Vorgehensweisen sahen – auf einem wiederholten Wechsel zwischen der Nähe zum Feld und der Distanzierung bzw. Transformation des Erfahrenen basiert. Breidenstein et al. favorisieren das Bild eines spiralförmigen Vorgehens (vgl. ebd., S. 46), mit einem wechselseitigen Zusammenfließen und einer sich dabei zunehmend „verstrickenden" Verbindung von Feld- und Forschungswelt auf einen thematischen Punkt hin (ebd., S. 107). Dabei stellt die Notwendigkeit der „Versprachlichung des Sozialen" das vierte „Markenzeichen" ethnografischer Feldforschung dar (ebd., S. 35). Ein vielzitierter Bezugspunkt in diesem Kontext ist die sog. „Dichte Beschreibung" im Anschluss an Geertz (1987). Die reflektierte Auseinandersetzung mit den Möglichkeiten und Grenzen des Sprachlichen ist – wie wir auch bei anderen Ansätzen bereits gesehen haben – insbesondere für dem Umgang mit Feld-Dokumenten von Bedeutung, da ihre Wahrnehmung und Nutzung für die Zwecke der Forschung angesichts ihrer situativen Einbettung spezifischer ‚Übersetzungsleistungen' bedarf.

Einen konkreteren Einblick in eine Variante ethnografischer Feldforschung unter Einbezug von Dokumenten gibt das folgende Projekt-Portrait[31].

Beispiel 12

Pflegen Sie Ihren Impfpass, Ihren Röntgen-Nachweis oder Ihre Bestätigung des jährlichen Zahnarztbesuchs? Gerade im Gesundheitswesen gibt es zahlreiche Dokumente, mehr als nur die Patientenakte im Krankheitsfall. Immer wieder wurde und wird versucht, über Dokumentationen Kontinuität, Transparenz und Kontrollierbarkeit primär physischer Entwicklungsverläufe herzustellen. Und die Zeit der Kindheit ist da keine Ausnahme …

Speziell kindermedizinische Vorsorgeuntersuchungen waren Bezugspunkt eines kulturanalytisch angelegten DFG-Projekts, das unter dem Titel „Kinderkörper in der Praxis" von 2006 bis 2011 an der Goethe-Universität in Frankfurt am Main angesiedelt war (vgl. u. a. Kelle und Tervooren 2008; Kelle 2010). Im Fokus des Interesses standen dabei zwei als strukturdifferent betrachtete Bereiche: die Kindervorsorge-[32] sowie die Schuleingangsuntersuchungen[33]. Das Projekt beschäftigte sich mit der Frage, „wie sich in beiden Varianten der Entwicklungsevaluation die Logik ihrer praktischen Durchführung in situ darstellt, wie dabei Entwicklungsnormen prozessiert und wie Zuständigkeiten für die normale Entwicklung der Kinder in Aushandlungsprozessen unter medizinischen, therapeutischen und pädagogischen Professionen sowie den Eltern ,aufgeteilt' werden" (Bollig und Kelle 2008, S. 121, Hervorh. i. Orig.).

Um also nicht nur Vorgaben und Vorstellungen der verschiedenen beteiligten Akteur_innen separat in den Blick zu nehmen, sondern die „institutionalisierte Praxis" (ebd., S. 122), das Zusammenwirken im Moment des ,Doing' konkret zu rekonstruieren,

---

31 Hierbei handelt es sich um einen Ausschnitt aus einem mit verschiedenen Zugängen arbeitenden größeren Projektzusammenhang. So wurde der im Rahmen des Projekts erstellte Material-Fundus auch unter einem anderen theoretischen Fokus betrachtet (vgl. Bollig, Kelle und Seehaus 2012), d. h. im Lichte der Akteur-Netzwerk-Theorie im Anschluss an Latour (siehe Kapitel 2.4).

32 Unter Kostenübernahme durch die Krankenkassen wird in Deutschland allen Eltern nahegelegt, ihr Kind regelmäßig medizinisch untersuchen zu lassen. Die erste Vorsorgeuntersuchung (U1) soll direkt nach der Geburt stattfinden; im ersten Lebensjahr folgen dann fünf weitere Untersuchungen; anschließend werden die Abstände größer bis hin zur U9 im sechsten Lebensjahr. Zur Dokumentation aller Stationen dient ein gelbes „Kinder-Untersuchungsheft".

33 Die Schuleingangsuntersuchung (S1 oder SEU), die in der Regel in Obhut des Gesundheitsamtes durchgeführt wird, hat den Charakter einer Reihenuntersuchung der jeweiligen Jahrgänge. Sie umfasst die Dokumentation von Präventionsmaßnahmen (wie Impfungen), die Erfassung medizinisch-physischer Grunddaten (wie vorliegende Erkrankungen, Größe, Gewicht) sowie eine Untersuchung des Gesundheitszustands des Kindes unter besonderer Berücksichtigung solcher Aspekte, die für die Teilnahme am Unterricht bzw. für den Schulerfolg relevant sein können. Die Kriterien werden meist auf Landesebene in entsprechenden Schul- oder Gesundheitsdienstgesetzen festgelegt.

wurden unter wissenssoziologisch-ethnografischer Perspektive verschiedene Methoden kombiniert; dazu gehörten teilnehmende Beobachtungen, ethnographische Interviews, Experteninterviews und eine Dokumentenanalyse, hier im Sinne einer „Instrumentenanalyse" in Bezug auf die bei den Untersuchungen bearbeiteten Vorsorge-Hefte oder durchgeführten Tests.

So facettenreich dabei auch die inhaltlichen Ergebnisse[34] sind, für den vorliegenden Kontext sei ein Aspekt des Methodischen hervorgehoben – und zwar die Reflexion der Forscherinnen zur Frage der Konstitution des „ethnografischen Feldes" im Zusammenhang mit der – wie wir bereits mehrfach gesehen haben – besonders wichtigen Möglichkeit, Vergleiche anzustellen (vgl. Bollig und Kelle 2008; Kelle und Bollig 2012).

In Bezug auf das ‚Feld‘ sind in der Ethnographie verschiedene Dimensionen zu unterscheiden (vgl. auch Wolff 2000; Breidenstein et al. 2013): zum einen das Verständnis des Feldes selbst und sein Agieren dazu, wie es sich etwa selbst benennt oder nach außen hin abgrenzt; zum anderen der analytische Zugriff der Forschenden auf einen Bereich, den sie als ‚Feld‘ bestimmen. Wäre also beispielsweise eine erziehungswissenschaftliche Ethnografie gar nicht für das Feld der Medizin ‚zuständig‘ bzw. ‚analytisch kompetent‘ – oder wäre alles ‚Pädagogik‘, nur weil wir sie dort zu sehen glauben? Bollig und Kelle argumentieren dazu zunächst praxeologisch: „Denn wenn man davon ausgeht, dass der Gegenstand der Erziehungswissenschaft ein praktischer ist, dann lässt er sich nicht in erster Linie ausgehend von einer Theorie der Pädagogik, sondern von einer Theorie der Praxis aus rekonstruieren" (2008, S. 130).

Vor dem Hintergrund dieses Primats „einer Theorie der Praxis" speist sich dann die Herstellung des Feldes aus dem faktischen Prozess der ethnografischen Teilhabe im Feld, wobei Kelle und Bollig dafür plädieren, dies als eine unabgeschlossene und zugleich flexible Konstruktionsleistung zu betrachten. Konkret für ihr Beispiel des Vergleichs von Kindervorsorge- mit Schuleingangsuntersuchungen fragen sie: „Haben wir es mit einem Feld – etwa: der vorschulischen medizinischen Entwicklungsbeobachtung – oder mit zwei separaten Feldern zu tun? Von Beginn an wurden wir in unserem Design auf diese Weise mit einem paradoxen Effekt der produktiven Prozesse des Vergleichens konfrontiert: Die Eingangskontraste und -gemeinsamkeiten zweier Institutionen und je interner Differenzierungen können nicht nur ‚dichte‘ Vergleiche initiieren, sondern lassen auch das Problem der (potentiellen) Unvergleichbarkeit emergieren. Insofern zeichnet sich der vergleichende Forschungsprozess durch ein Spannungsverhältnis aus: Ähnlichkeit und Differenz der beiden zu vergleichenden Institutionen müssen fortlaufend argumentiert und austariert werden; und die Grenzen der Vergleichbarkeit müssen ebenfalls fortlaufend reflektiert werden. Analysestrategisch betrifft dies nicht nur die Frage, ob man diese Differenzen als ‚Eigenarten‘ der Felder oder im Sinne von strukturbezogenen

---

34 Eine Liste der Publikationen und Vorträge aus dem Kontext des DFG-Projekts „Kinderkörper in der Praxis" (mit Stand 07/2016) findet sich online unter: www.uni-bielefeld. de/erziehungs wissenschaft/ag1/Dokumente/litlistekinderkoerper_0716.pdf [Abruf vom 19.12.2017].

Kontrasten herausarbeitet, sondern auch die Frage, wie man das Feld der Untersuchung konstruiert" (Kelle und Bollig 2011, S. 209 f., Hervorh. i. Orig.).

Als Fazit ihrer Überlegungen formulieren die Autorinnen drei „Modelle zur Erzeugung von Vergleichsoperationen auf der Ebene des Designs ethnographischer Forschung": „Ein erstes Modell einer vergleichenden Optik auf metaphorischer oder hypothetischer Ebene zum Zweck der Befremdung und Sensibilisierung für bisher übersehene Aspekte eines Feldes […]. Einem zweiten Modell folgen Studien, die eine vergleichende Optik zwischen zwei oder mehr institutionalisierten Feldern […] installieren, welche dieselbe oder ähnliche Aufgaben erfüllen (funktionale Äquivalente) und bisweilen bereits durch die Feldakteure in Vergleich gebracht werden […]. Mit dem Frankfurter Forschungsprojekt haben wir noch ein drittes Modell verfolgt, nämlich die Installation einer vergleichenden Optik auf zwei different institutionalisierte Felder, die unterschiedliche, aber auch hinreichend ähnliche Aufgaben erfüllen" (ebd., S. 212 f., Hervorh. i. Orig.).

An dieser Stelle beenden wir den Ausflug in Ansätze mit ‚verstehender', ‚interpretativer' bzw. ‚rekonstruktiver' Anlage bzw. zu einer sozialwissenschaftlich geprägten Hermeneutik. Die drei vertiefenden ‚Kostproben' aus den Bereichen ‚Dokumentarische Methode', ‚Artefaktanalyse' und ‚ethnografische Feldforschung' stehen dabei nur exemplarisch für ein weites Feld, das hier über das gemeinsame Anliegen konstituiert wurde, größere und kleinere, bekanntere und unbekanntere ‚Welten' und ihre tieferen sozialen Bedeutungsschichten zu erschließen.

2.4 Fokus IV: Dekonstruktion von Macht- und Revision von Weltverhältnissen

Hinter dieser, zugegeben nicht unbedingt selbsterklärenden Überschrift, verbirgt sich ein weiterer möglicher Forschungsfokus: Dabei liegt der Akzent der wissenschaftlichen Auseinandersetzung noch deutlicher als bisher auf der Hinterfragung bestehender Strukturen und Ordnungen oder vorherrschender Vorstellungen über die ‚Welt'. Erneut ist jedoch darauf hinzuweisen, dass zahlreiche der bereits genannten Konzepte auch für diesen Zweck potenziell geeignet sind[35], doch gehört bei den im folgenden Teilkapitel angesprochenen Ansätzen der Anspruch von *Dekonstruktion*, im Sinne eines Zerlegens in kritischer Absicht, und von *Revision*, im Sinne eines Überdenkens von Prämissen, in besonderem Maße zu ihrem Selbstverständnis.

---

35 (vgl. u. a. Danner 1979; Nolda 2009; Bohnsack 2010a; Breidenstein et al. 2013)

Auf welche Weise die Analyse vorfindlicher Dokumente im Kontext dieser Ziele fruchtbar gemacht werden kann, dem soll exemplarisch anhand von ‚Diskurs‘- und ‚Dispositivanalyse‘ sowie neueren sog. ‚sozio-materiellen Perspektiven‘ nachgegangen werden[36]. Dabei bewegen wir uns zum Teil wiederum auf der Ebene von Forschungsstilen oder -programmen, weniger auf der Ebene von Einzel-Methoden. Wir stoßen hier also keineswegs auf neue Dokumententypen oder auf völlig andere Techniken der Erhebung oder Auswertung, vielmehr werden im Sinne von Dekonstruktion und Revision v. a. andere Fragen an das Material gestellt. Die drei im Folgenden angesprochenen Ansätze stehen dabei nur stellvertretend für die umfangreichen erkenntnis- und wissenschaftstheoretischen Debatten, die – insbesondere im Lichte der Entwicklungen, Umbrüche und Abgründe des 19. und 20. Jahrhunderts – einen skeptischen Blick auf ‚Wahrheit‘ und ‚Geschichte‘ bzw. die wissenschaftlichen Möglichkeiten ihrer Erlangung bzw. ihres Verstehens für notwendig erachten.

2.4.1 Diskursanalyse

Auch die Diskursanalyse hat – Sie ahnen es inzwischen sicher schon – viele Gesichter. „Die Karriere des Diskursbegriffs verlief […] wechselhaft und unübersichtlich“, heißt es etwa in der Einführung des Handbuchs „Sozialwissenschaftliche Diskursanalyse“, dennoch, so die Herausgeber weiter, „lassen sich heute im groben Überblick sicherlich vier inhaltliche Fokussierungen“ ausmachen (Keller et al. 2001, S. 10):

- Im Sinne der primär im angelsächsischen Raum entstandenen ‚discourse analysis‘ geht es unter Bezug auf linguistische und konversationsanalytische Ansätze v. a. um eine „Analyse des konkreten Sprachgebrauchs“ (ebd.).
- Unter Bezug auf sprachtheoretische und -philosophische Impulse entwickelte Habermas einen Begriff von Diskurs im Kontext seiner ‚Theorie des kommunikativen Handelns‘ (1981): „Der ‚herrschaftsfreie Diskurs‘ ist dabei eine (kontrafaktische) Idealvorstellung, die für reale Diskussionsprozesse in unterschiedlicher Form handlungsrelevant werden kann; als Leitbild bzw. Organisationsmodell für argumentative Konfliktlösungsprozesse etwa im Bereich der Umwelt- und Technologieproteste […] hat er mittlerweile große praktische Bedeutung gewonnen“ (ebd., S. 11).

---

36 Auch in diesem Teilkapitel orientiert sich die Auswahl, ohne Anspruch auf Vollständigkeit, an Kriterien der Kontrastierung und Varianz der methodischen Rahmungen des Umgangs mit vorfindlichen Dokumenten – wiederum unter Berücksichtigung des Vorhandenseins von Einführungsliteratur, die bei Interesse eine Einarbeitung erleichtern könnte.

- Ein weiterer Strang kann in der ‚kulturalistischen Diskursanalyse‘ gesehen werden. „Diese Perspektive unterscheidet sich [...] durch ihre stärkere handlungstheoretische und hermeneutisch-interpretative Grundlegung und betont den Prozeß der sozialen Konstruktion und Typik sowie die relative Autonomie kultureller Sinnzusammenhänge“ (ebd., S. 13).
- Geprägt von den französischen Strukturalismus-Debatten ist schließlich das inzwischen in sich ebenfalls variantenreiche Feld jener diskursanalytischen Spielarten zu unterscheiden, die sich v. a. auf die Arbeiten von Michel Foucault beziehen (vgl. ebd.) – und diese Richtung wird im Folgenden nun exemplarisch weiterverfolgt.

Dabei ist es kaum möglich, Facettenreichtum und Wandel im Oeuvre Foucaults (vgl. Foucault 2001-2005) in wenigen Worten bei gleichzeitiger Wahrung der Komplexität wiederzugeben. Zusammenfassend lesen wir bei Keller et al. etwa: „Im Vordergrund steht dabei der Zusammenhang von übersubjektiven Wissensordnungen und diskursiven Praktiken. Foucaults vagabundierendes Interesse richtet sich auf die formalen Bedingungen der Produktion von Wissenscodes (Aussagenkorpi), die Regeln der Produktion und Kontrolle von Diskursen, der Erzeugung, Aufrechterhaltung und Transformation von gesellschaftlichen Wissensbeständen, den Zusammenhang von Wissen und Macht sowie die institutionellen und diskursiven Formen der Subjektkonstitution“ (2001, S. 12).

An dieser Textpassage wird zugleich deutlich, dass wir es – auch bei diesem Ansatz – mit einem eigenständigen Begriffsinventar zu tun haben, das im Folgenden nur in Ausschnitten wiedergegeben werden kann[37]. Für den vorliegenden Kontext sei zunächst abgrenzend darauf verwiesen, dass ‚Diskurs‘ nicht einfach ‚Diskussion‘, ‚Rede‘ oder ‚Debatte‘ im Sinne unseres alltäglicheren Sprachgebrauchs meint. Vielmehr wird auch hier die Prämisse der sozialen Konstruktion von ‚Welt‘ aufgegriffen, doch richtet sich ein diskursanalytischer Blick auf die „Praktiken [...], die systematisch die Gegenstände bilden, von denen sie sprechen“ (Foucault 1995, S. 74) – und diese Bildung der Gegenstände ist folgenreich. So fasst Link ‚Diskurs‘ in einer überaus knappen Definitionsvariante als „eine institutionell verfestigte Redeweise, insofern eine solche Redeweise schon Handeln bestimmt und verfestigt und also auch schon Macht ausübt“ (1983, S. 60).

Im Hinblick auf ‚Macht‘ geht es Foucault nun nicht einfach um rohe ‚Gewalt‘, sondern eher um Konzepte von ‚Führung‘ oder ‚Gouvernement‘: „Tatsächlich ist das, was ein Machtverhältnis definiert, eine Handlungsweise, die

---

37 (zu Einführung bzw. Überblick vgl. u. a. Dreyfus und Rabinow 1994; Ullrich 2008; Langer und Wrana 2010; Keller 2011; Keller et al. 2011; Angermüller et al. 2014; Wrana et al. 2014; eine Suchfunktion zu Literatur findet sich u. a. online unter: www.diskursanalyse.net)

nicht direkt und unmittelbar auf die anderen einwirkt, sondern eben auf deren Handeln" (Foucault 1994, S. 254). Macht bildet insofern auch keine separate oder „zusätzliche Struktur" über der Gesellschaft: „In Gesellschaft leben heißt jedenfalls so leben, daß man gegenseitig auf sein Handeln einwirken kann. Eine Gesellschaft ‚ohne Machtverhältnisse‘ kann nur eine Abstraktion sein. Dies macht [...] die Analyse dessen, was sie innerhalb einer gegebenen Gesellschaft sind, wie sie sich historisch herausgebildet haben, dessen, was sie haltbar oder zerbrechlich macht, [...] politisch nur um so notwendiger" (ebd., S. 257).

Dabei „täten wir gut daran, die Rationalisierung der Gesellschaft oder der Kultur nicht global zu betrachten, sondern den Vorgang in verschiedenen Bereichen zu analysieren, deren jeder auf eine grundlegende Erfahrung verweist: Wahnsinn, Krankheit, Tod, Verbrechen, Sexualität usw." (ebd., S. 245) – und dies verbunden mit einer „Analysehaltung", die es ermöglicht, „das vermeintlich Gegebene und Vernünftige, Rationale in unserem Erkennen von Welt [...] *anders* wahrzunehmen, nämlich so, dass es als grundsätzlich kontingent in Erscheinung tritt und in den historisch spezifischen Bedingungen seiner Möglichkeiten und seiner ‚positiven‘ (also tatsächlichen) Realisierungen ‚ent-deckt‘ werden kann" (Bührmann und Schneider 2008, S. 36, Hervorh. i. Orig.).

Bezogen auf eine sehr allgemeine Ebene des Methodischen kann ‚Diskursanalyse‘, Angermüller zufolge, dann insgesamt „das breite interdisziplinäre Feld von Forschungsansätzen, -methoden und -strategien am Schnittpunkt von Sprache und Gesellschaft bezeichnen, die die soziale Produktion von Sinn am Material untersuchen, und zwar ausgehend von schriftlichen Texten, mündlichen Interaktion oder multimodalen Kommunikationsmedien" (2014, S. 85).

Aus den zahlreichen bildungs- und sozialwissenschaftlichen Arbeiten, die eine diskurs- oder auch gouvernementalitätstheoretische Perspektive auf spezielle Gegenstände oder Felder bezogen haben[38], wird im Folgenden ein Beispiel ausgewählt, das zugleich auf den sich etablierenden Bereich der ‚visual studies‘ bzw. auf das Potenzial filmischer Medien[39] aufmerksam machen soll.

---

38 (vgl. u. a. Kraus 2001; Diaz-Bone 2002; Wrana 2006; Hoffmann 2006; Klingovsky 2009; Dangendorf 2012; Oevermann und Mieg 2015; Rosenberg 2015; Fegter et al. 2015; Flöck 2018; Heim 2017)

39 (nicht nur unter diskurstheoretischer Perspektive vgl. dazu u. a. Elkins 2003; Mai und Winter 2006; Schroer 2007; Rose 2007; Mikos 2008; Raab 2008; Dinkelaker und Herrle 2009; Schäfer und Wegener 2009; Bohnsack 2009; Sachs-Hombach 2009; Corsten, Krug und Moritz 2010; Heinze, Moebius und Reicher 2012; Traue 2013; Rimmele, Sachs-Hombach und Stiegler 2014)

Spielfilme wie „Tootsie", „Yentl", „Mrs. Doubtfire. Das stachelige Kindermädchen", „30 über Nacht" oder „Big" erfreuen sich großer Beliebtheit. Es scheint uns zu faszinieren, wenn die scheinbar alters- oder geschlechtsgemäßen Rollen auf den Kopf gestellt werden. Die meisten Filmproduktionen bieten jedoch weniger Irritation als (vermeintliche) Normalität. Ob als Abbild oder als Negation, sie stellen uns Bilder vor, wie Kindheit und Erwachsenenalter, wie Mann-Sein und Frau-Sein aussehen – sie können uns dadurch aber auch Hinweise darauf geben, welche gesellschaftlichen Leitvorstellungen und Tabus vorherrschen.

Im Kontext eines Forschungsprojektes zur „kulturellen Fundierung der Familien- und Geschlechterordnung" wurden von Scholz et al. (2013) die Spielfilme „Das doppelte Lottchen" aus dem Jahr 1950 und ein Remake mit dem Titel „Charlie und Louise. Das doppelte Lottchen" von 1994 unter die Lupe genommen. Nun muss nicht jeder Film gleich als ‚diskursives Ereignis' begriffen werden; vielmehr ging es den Autor_innen bei der Auswahl darum, dass „sich ein Netz aus Pressemitteilungen, Kommentaren und Rezensionen um ihn herum gebildet hat […]. Ganz besonders deutlich war das bei dem ‚Doppelte-Lottchen'-Film von 1950. Dieser Film war nicht nur erfolgreich, sondern er wirkte durch die Modewelle, die nach seinem Bekanntwerden einsetzte, bis in den Bereich der alltäglichen Handlungen hinein" (ebd., Abs. 13).

Methodisch knüpft das Vorgehen dabei an die Wissenssoziologische Diskursanalyse nach Keller (2005) und auch an Elemente der Filmanalyse nach Mikos (2008) und der Dokumentarischen Videoanalyse nach Bohnsack (2009) an.

a. Nach einem Erschließen der Datenquelle (im Sinne einer Recherche zu über den Film erhältlichen weiteren Informationen) erfolgte eine Auswahl von Schlüsselstellen zur Feinanalyse, d. h., „es wurden solche Sequenzen gewählt, die sich in verdichteter Form mit den Themen Liebe, Lebensform und Geschlecht beschäftigten" (Scholz et al. 2013, Abs. 21).

b. Das Analysemodell zielte dann „auf die Rekonstruktion der vorherrschenden Diskurse und der diskursiven Deutungsangebote, die im Film nahegelegt werden. Mit der Annahme, dass sich sowohl der Habitus als auch Diskurse über Wissensbestände darstellen lassen, kann die dokumentarische Bild- und Videointerpretation in die vorliegende Spielfilmanalyse integriert werden" (ebd., Abs. 24).

c. Nach der versprachlichenden Kodierung im Anschluss an Strauss und Corbin (1996) bestand der letzte Schritt der Analyse in der Verortung des Gefundenen in den jeweils zeitgenössischen Diskursen – anhand von Rezensionen, filmgeschichtlichen und filmwissenschaftliche Darstellungen, aber auch mit Hilfe von familien- und geschlechtersoziologischer sowie historischer Sekundärliteratur (vgl. Scholz et al. 2013, Abs. 37 ff.).

So konnte in diesem Projekt herausgearbeitet werden, „welche diskursiven Deutungsangebote die Filme dem Publikum hinsichtlich der Lebensform anbieten: Trotz Pluralisierung der Lebensformen konstruieren beide Filme die vollständige Kernfamilie als Ideal und schreiben damit die kulturelle Leitidee einer vermeintlich universellen und vollständigen Eltern-Kind-Familie fort. Die Scheidung der Eltern wird im 1950er-Jahre-Film tabuisiert, im 1990er-Jahre-Film fungiert sie hingegen als Ausgangspunkt der filmischen Erzählung. In dieser Hinsicht lassen sich diskursive Verschiebungen hin zu einer Institutionalisierung und Normalisierung von Trennung und Scheidung aufzeigen, die kulturelle Leitidee der intakten und harmonischen Kernfamilie wird jedoch nicht hinterfragt, sondern im Diskurs aktualisiert" (ebd., S. 1).

Da die Diskursanalyse eher als Forschungsstil oder -programm gefasst wird und in ihrer konkreten Umsetzung zahlreiche methodische Varianten – auch und gerade in Bezug auf die Analyse von Dokumenten – eröffnet, sei hier noch ein weiteres Beispiel angeführt, das nun insbesondere den Aspekt des ‚Räumlichen‘ in den Blick nimmt.

Beispiel 14

Wir sollen unseren Müll trennen oder seine Entstehung am besten ganz vermeiden; wir sollen ökologisch wie sozial verantwortlich einkaufen, wir sollen keine Energie verschwenden … Die Sorge um ein nachhaltiges Leben und Wirtschaften scheint in Anforderungen solcher Art v. a. in den Händen der Verbraucher_innen zu liegen. Doch fallen diese ‚Anrufungen‘ an uns, so oder so zu handeln, nicht vom Himmel – sie sind eingewoben in ein Netz von Stimmen verschiedener Positionen innerhalb des Raums, in dem wir leben. Wir hören (oder überhören) u. a. Stimmen aus der Kommunalpolitik, aus einer lokalen Fahrrad-Initiative, von Vertreter_innen der Wirtschaft, von Ökologie- und Wirtschaftsforscher_innen, von global engagierten NGOs etc.

Dieses ‚Konzert‘ war u. a. Gegenstand des interdisziplinären Forschungsprojekts „Nachhaltige Entwicklung zwischen Durchsatz und Symbolik. Leitbilder der ökonomischen Konstruktion ökologischer Wirklichkeit in europäischen Regionen" an der Universität Hamburg. In einem Beitrag unter dem Titel „Räume lesen lernen: Methoden zur Raumanalyse in der Diskursforschung" stellt Bauriedl (2007) dabei ihren raumbewussten Ansatz der Analyse einer lokalen Diskursordnung im konkreten Kontext des Projekts vor.

„Ziel der Arbeit war es, anhand der Untersuchung der diskursiven Praxis Hamburger Stadtentwicklungspolitik Aussagen zu ausgeschlossenen Deutungs- und Handlungsspielräumen nachhaltiger Entwicklung machen zu können. Problemdeutung, Problembenennung und Problemlösung sind die Schlüsselgrößen bei der Analyse der vieldiskutierten Diskrepanz zwischen Umweltwissen und Umwelthandeln für eine nachhaltige Entwicklung. Genau hier liegt das Erklärungspotenzial der Diskursforschung. Um (nicht-)nachhaltige Politik und alltägliches Handeln verstehen zu können, ist nicht nur eine politökonomische oder handlungstheoretische Analyse der Konflikte um materielle Ressourcen wichtig, sondern auch eine Analyse der diskursiven Praxis, die eben diese Ressourcen als konflikthaft bestimmt" (Bauriedl 2007, Abs. 32). Dazu wählt sie ein Raum-Verständnis, das „Stadt" oder „Region" nicht primär durch material-territoriale Grenzen definiert, sondern jeweils als raumzeitlich gebundene Konstrukte" versteht (ebd., Abs. 22).

Im Hinblick auf ihr Vorgehen unterscheidet Bauriedl folgende Analyseschritte (vgl. ebd., Abs. 33): 1. die Abgrenzung von Diskursen auf Basis einheitlicher Formationsregeln, 2. die Analyse der inneren Diskursstruktur, 3. die Interpretation der Diskursordnung auf Grundlage der Verweisdichte einzelner Diskurse und 4. die Ableitung von Aussagen zu diskursiven Praktiken, Reichweite und Kontingenz einzelner Diskurse und ggf. zu Technologien der Macht.

Was dies im Detail in der auf mehrere Ebenen von Diskursen und Narrativen ausgerichteten Anlage der Analyse bedeutet, stellt Bauriedl in der folgenden Tabelle im Überblick zusammen (vgl. Abb. 6).

Analyseebene	Empirischer Fokus	Empirisches Material	Empirisches Vorgehen
Narrative (internationale Nachhaltigkeitsdebatte und Nachhaltigkeitsforschung)	Kultureller Deutungskontext	Schlüsseldokumente der internationalen und europäischen Nachhaltigkeitspolitik und Nachhaltigkeitsforschung	Deskriptive Dokumenten- und Sekundäranalyse
Lokale Diskurse (Stadtentwicklungsdebatte)	Diskursstruktur und Diskursordnung	Leitbilddokumente der Stadtentwicklungspolitik	Qualitative Inhaltsanalyse
	Lokaler Diskurskontext, diskursive Ereignisse	Lokalpresse	Quantitative Inhaltsanalyse
	Lokaler Diskurskontext	Programmatische Dokumente der parlamentarischen und außerparlamentarischen Stadtpolitik	Deskriptive Dokumentenanalyse und Bildanalyse
Local stories (Stadtentwicklungsprojekte)	Diskursive Praxis der räumlichen Strukturierung, Materialisierung städtischer Diskurse	Leitbilddokumente der Projektentwicklung	Qualitative Inhaltsanalyse, Sekundäranalyse

Abb. 6 Übersicht über die Analyseebenen und ihre empirische Konkretisierung (Bauriedl 2007, Abs. 36)

Im Ergebnis kann u. a. festgehalten werden, dass die untersuchte Hamburger Nachhaltigkeitsdebatte keineswegs nur lokal ausgerichtet ist. Überlagernde Diskurse „verweisen mit ihren zentralen Begriffen und strategischen Optionen auf ein Wachstumsnarrativ, das ein Wirtschaftswachstum als Ausgangsbedingung für eine nachhaltige Stadtentwicklung konstruiert. Durch die diskursive Praxis einer Aufhebung des Gegensatzes von Wirtschaftswachstum und Umweltschutz wird die Ausrichtung der Nachhaltigkeitspolitik auf eine wirtschaftsliberale ökologische Modernisierung diskursmächtig. Nachhaltige Entwicklung ist in dieser Lesart nur noch als ökonomisch erfolgreiche Entwicklung zu verstehen. [...] Sowohl in der Nachhaltigkeitsforschung wie auch in der nationalen Nachhaltigkeitspolitik werden alternative Verständnisse von Nachhaltigkeit zur Sprache gebracht, die sich auf der lokalen Ebene nicht wieder finden [...]. Mit Bezug auf das supralokale Nachhaltigkeitsnarrativ könnte in Hamburg auch über Null-Wachstum oder über neue Wohlstandsmodelle diskutiert werden. Diese Deutungen sind für Hamburg jedoch innerhalb der relativ stabilen Diskursordnung städtischer Nachhaltigkeit ausgeschlossen" (ebd., Abs. 79 und 80).

Allgemeiner noch gesehen können hier vier Ebenen des Bezugs auf den ‚Raum' ausgemacht werden: „Die Diskursforschung betrachtet Raum als a. Sozialgefüge (Anordnung von Subjektpositionen im sozialen Raum); b. konkreten Ort (soziale Konstruktion des physischen Raums); c. Diskurslandschaft (Bedeutung von räumlicher Konzentration, Nähe und Distanz von Wissen, Akteuren, Ressourcen für die Ausprägung von Diskursen); d. Maßstabsebene (Bezüge zwischen global und lokal produktiven Diskursen)" (Bauriedl 2007, Abs. 5). Aspekte bzw. Dokumente des Räumlichen können jedoch auch in anderer Form aufgegriffen werden, wenn wir den Fokus nun von der Diskurs- hin zur Dispositivanalyse verschieben.

2.4.2 Dispositivanalyse

Wir bewegen uns hier nun weiterhin auf den Spuren Foucaults. Formal, so Bührmann und Schneider, „richtet sich die Untersuchungsprogrammatik der Dispositivanalyse auf eine umfassende Rekonstruktion der *dispositiven Konstruktion der Wirklichkeit*, also der Konstruktion von Wirklichkeit über diskursive *und* nicht-diskursive Praktiken in ihren sowohl symbolischen wie materialen Äußerungsformen" (2008, S. 85, Hervorh. i. Orig.).

Konkret führt uns dies Foucault in dem 1975 erschienenen Band „Surveiller et Punir. La naissance de la prison" vor Augen („Überwachen und Strafen. Die Geburt des Gefängnisses" 1976): Waren vorher etwa Folter oder Körperstrafen gesellschaftlich anerkannte Mittel der Ahndung von Fehlverhalten, so setzt mit der Form des modernen Gefängnisses im Europa des 18. Jahrhunderts, vornehmlich in Frankreich und England, ein anderes Regime der ‚Disziplinierung' ein. Foucault greift hier auf zeithistorische Baupläne, Entwürfe, Zeichnungen, Schriften und Berichtsmaterialien zurück, um der Formation dieser institutionellen Praktiken zu nahe zu kommen. Ein zentraler Aspekt ist dabei das sog. „Panopticon" des englischen Philosophen Bentham, d. h. die Konzeption eines ‚perfekten Gefängnisses'. Dabei handelt es sich um eine bauliche Gesamtanlage, in deren Mitte ein großer Wachturm positioniert ist, der jederzeit Einblick in die ringförmig um ihn herum errichteten Gefangenengebäude ermöglicht. Während die Gefangenen immer kontrolliert werden können, d. h. über keinerlei Privatraum verfügen, bleiben die Überwachenden und ihr Tun im zentralen Turm für sie unsichtbar. Jenseits der inhaltlichen Erträge dieser Betrachtung macht das Beispiel der Gefängnisarchitektur deutlich, was mit ‚nicht-diskursiven' Praktiken gemeint sein kann, die Bestandteil einer Dispositivanalyse sind.

Doch gilt es nicht, einfach die diskursiven Äußerungsformen um die nichtdiskursiven zu ergänzen: „Wenn Foucault mit Dispositiv ein ‚heterogenes Ensemble' von solchen unterschiedlichen Elementen wie Diskursen, Institutionen, architekturalen Einrichtungen, reglementierenden Entscheidungen, Gesetzen usw. bezeichnet, bildet nicht die Summe dieser Elemente das Dispositiv, sondern das analytische Konzept Dispositiv soll das Augenmerk auf ‚das Netz, das zwischen diesen Elementen geknüpft werden kann', richten" (Bührmann und Schneider 2008, S. 52 f. unter Bezug auf Foucaults „Dispositive der Macht" von 1978). Nach Nennung der Elemente und der Betonung der Bedeutung ihrer Vernetzung heißt es dort weiter: „Kurz gesagt gibt es zwischen diesen Elementen, ob diskursiv oder nicht, ein Spiel von Positionswechseln und Funktionsveränderungen […]. Drittens verstehe ich unter Dispositiv eine Art von – sagen wir – Formation, deren Hauptfunktion zu einem gegebenen historischen Zeitpunkt darin bestanden hat, auf einen Notstand (urgence) zu antworten. Das Dispositiv hat also eine vorwiegend strategische Funktion" (Foucault 1978, S. 119 f.).

Beispiel 15

Es wirkt paradox: Einerseits scheinen Sterben und Tod immer weiter aus unseren alltäglich-direkten ‚Lebens'-welten zu verschwinden, sie unterliegen thematischen Tabuisierungen, sie finden sich sozial-räumlich ausgelagert in Krankenhäuser, Pflegeheime und Hospize – andererseits sind ‚Mord und Totschlag' in Krimi-Serien, aber auch Dokumentationen zu Verfolgung oder Krieg jeden Abend auf den Fernsehbildschirmen zu verfolgen; es wird in den öffentlichen Medien zudem immer wieder über Ereignisse oder Regelungsversuche zu Themen wie Freitod oder Selbstmord, Hirntod oder lebensverlängernde Maßnahmen, Patientenverfügung oder Sterbehilfe etc. berichtet.

Ob hierin etwa ein „Wandel der institutionellen Ordnung des Lebensendes in modernen Gesellschaften" zum Ausdruck kommt, diese Frage ist der rahmende Anlass eines von Bührmann und Schneider exemplarisch konzipierten Designs einer Dispositivanalyse (2008, S. 136). Allgemeiner Ausgangspunkt sind dabei die für ihr Dispositivkonzept im Anschluss an Foucault differenzierten vier Dimensionen (vgl. Abb. 7).

Ausgangspunkt der
Analyse: gesellschaft-
licher ‚Notstand'

Wissens(an)ordnungen
(diskursiv/nicht-diskursiv)

*In wechselseitigen
Bezügen zueinander*

(überindividuelle) Handlungs- und
Interaktions(an)ordnungen
(diskursiv/nicht-diskursiv)

→ Symbolische
Objektivierungen

→ Materiale Vergegen-
ständlichungen

Subjektivation/
Subjektivierung

Abb. 7 Übersicht zu den Dimensionen des Dispositivkonzepts (tabellarische Darstellung im Anschluss an Bührmann und Schneider 2008, S. 56)

Diese Dimensionen werden im Sinne von Fragehorizonten für ein „Sterbe-/Todesdispositiv" aufgegriffen; d. h. konkret (ebd., S. 137):

- „Welche Wissenspolitiken mit welchen Machtwirkungen kennzeichnen die diesbezüglichen diskursiven Praktiken und welche Neuordnung der institutionellen Praxis von Sterben und Tod [...] geht damit einher?"
- „Welche Subjektpositionierungen/-formierungen und Subjektivierungsweisen im Umgang mit dem eigenen Sterben und dem Sterben anderer sowie mit dem Tod schlechthin sind identifizierbar?"
- „An welchen (symbolischen und materialen) Vergegenständlichungen von welchen (institutionellen) Praktiken lässt sich der mögliche Wandel empirisch festmachen?"
- „In welchem Zusammenhang steht die mögliche Transformation des modernen Sterbe-/ Todesdispositivs mit der gegenwärtigen gesellschaftlichen Situation [...]?"

Nach einer theoretischen und methodologischen Fundierung folgt eine methodisch-forschungspraktische Umsetzung im Sinn der Bestimmung konkreter „Strategien und Techniken der Datenerhebung und -auswertung" (ebd., S. 142). Aus der bei Bührmann und Schneider angedeuteten Fülle der Möglichkeiten seien hierzu nur einige Auszüge angeführt – insbesondere unter dem Aspekt ‚vorfindlicher Dokumente', wobei diese nicht nur mit Blick auf die nicht-diskursiven Praktiken relevant sein können:

- „Mit dem Fokus auf [...] diskursive Praktiken wäre denkbar, von den Spezialdiskursen auszugehen und anhand einer Sammlung entsprechender Diskursfragmente (Fachzeitschriften, fachwissenschaftliche Stellungnahmen, Tagungsprotokolle usw.) ihre interdiskursive Vermittlung (z. B. in Medienbeiträgen) zu rekonstruieren" (ebd., S. 142).
- „Ebenso möglich ist der methodisch-forschungspraktische Ansatz an den [...] Objektivationen der diskursiven Praxis. Als Beispiele hierfür wären bauliche Merkmale von Intensivstationen im Vergleich zu Palliativstationen und stationären Hospizen genauso wie unterschiedliche sozial- und wohnungsräumliche Charakteristika von privaten Lebenswelten von Klienten bzw. Klientinnen in der ambulanten Hospizar-

beit zu nennen, die konkrete Ausgestaltung und der Einsatz von Formularen wie etwa Patientenverfügungen oder Organspende-Ausweis ebenso wie das Überlassen von medizinischen Ausrüstungen und Instrumenten ‚für zuhause'" (ebd., S. 143).

- „Schließlich kann eine differenzierte Empirie zu [...] nicht-diskursiven institutionellen Praktiken – z. B. über Institutionenanalysen als ethnografische Forschung – prüfen, inwieweit normative Programmatiken als Diskurseffekte im institutionellen Alltag aufgegriffen, umgesetzt oder dem dort vorherrschenden Erfahrungswissen und damit verbundenen Alltagsroutinen entgegenstehen" (ebd., S. 143).

Zur Frage des o. g. ‚Notstands' bzw. der ‚Urgence', auf die sich das moderne Sterbe-/ Todesdispositiv unserer Gesellschaft dabei im historischen Vergleich bezieht, heißt es bei Bührmann und Schneider weiter: „Das vormoderne Weltbild, gekennzeichnet als gegebene göttliche Ordnung von Diesseits und Jenseits, umfasste als ‚Leben' die diesseitige, zeitlich begrenzte sowie die jenseitige, ewige Existenz mit ihrer dortigen Erlösungsverheißung. [...] Das ‚gute, möglichst religiös begleitete Sterben' mit seinem Bezugsrahmen der jenseitigen Existenz diente wie das Leiden zur Vorbereitung auf die jenseitige Existenz [...]. Im modernen Weltbild, gekennzeichnet als vom Menschen gestaltbare Gesellschaftsordnung, umfasst ‚Leben' die diesseitige Existenz, orientiert an der individuellen Verwirklichung der Verheißung der Moderne im je eigenen Leben. Krankheit und Leiden verweisen nun auf die Defizite individueller und kollektiver Existenz einschließlich der gleichzeitigen Aufforderung zu deren Vermeidung oder Beseitigung" (ebd., S. 144 f.; zu weiteren Ergebnissen und Konsequenzen vgl. auch Schnell, Schneider und Kolbe 2014).

Wie eine Analyse eines solchen formativen ‚Spiels von Positionswechseln und Funktionsveränderungen' aussehen kann, skizzieren Bührmann und Schneider in ihrer Einführung in die Dispositivanalyse (2008) u. a. anhand von Beispielen aus der eigenen Forschungspraxis, von denen ein Zugang hier zur Konkretisierung in knapper Form vorgestellt werden soll.

Methodologisch ist dabei – für Diskurs- wie für Dispositivanalysen – von besonderer Bedeutung, dass die (bei Foucault nicht immer eindeutige) Unterscheidung zwischen diskursiven und nicht-diskursiven Praktiken nicht einfach in Richtung ‚Sprachlich versus Nicht-Sprachlich' aufgelöst werden kann. Wrana und Langer betonen dazu unter Bezug auf Foucaults „Archäologie des Wissens": „Dabei bestimmt Foucault die diskursiven Formationen keineswegs als eine Menge von Texten, Textfragmenten oder Äußerungen, er bezeichnet sie vielmehr als ‚Bündel von Beziehungen'. Der Diskurs ist nicht als eine isolierbare Einheit zu begreifen, sondern als die Funktion der ‚Herstellung von Beziehungen, die die diskursive Praxis selbst charakterisiert' [...]. Unter den homogenen diskursiven Formationen versteht Foucault also weder sprachliche Produkte (Texte) noch sprachliche Elemente (Wörter, Seme, Bedeutungspartikel, rhetorische Figuren oder Ähnliches), sondern die Ähnlichkeit einer diskursiven Praxis der Herstellung von Wahrheit und Bedeutung. Im Zentrum der Diskurstheorie stehen also nicht die Sprache und sprachliche Objekte, sondern sprachliches Handeln" (Wrana und Langer 2007, Abs. 5).

Der Einbezug des Nicht-Diskursiven führt dann auf ein Paradoxon zu: „Bei der Suche nach nicht-diskursiven Praktiken wird man immer wieder auf das Diskursive stoßen, und gleichzeitig wird man im Sprechen über das Nicht-Diskursive nicht umhinkommen, Diskurs zu produzieren, weil alles, ob es sprachlich ist oder nicht, nur in der Sprache theoretisch begriffen und kommuniziert werden kann" (ebd., Abs. 14). Dieser Paradoxie ist zwar weder auf logischem noch auf exegetischem Wege beizukommen, doch bedeutet dies für die methodische Umsetzung, dass diskursive und nicht-diskursive Praktiken nicht als „zwei Wirklichkeitsbereiche" verstanden werden, „die zunächst voneinander getrennt untersucht werden können, um anschließend zu fragen, wie das eine auf das andere wirkt. Am konkreten Forschungsgegenstand zeigt sich, dass Diskursives und Nicht-Diskursives in der gesellschaftlichen Praxis untrennbar verbunden sind" (ebd., Abs. 62). Vielmehr geht es „um ein Grundaxiom strukturaler Analysen, dass nämlich alle Gegenstände nicht in ihren Identitäten, sondern in ihren Relationen zu untersuchen sind" (ebd., Abs. 61).

Nun sind Diskurs- und Dispositivanalysen nicht die einzigen, die ‚Relationen' und ‚Netze' im Blick haben; auch in den folgenden Abschnitten begegnen uns diese Bilder, doch werden die programmatischen ‚Vorzeichen' erneut anders gesetzt.

2.4.3 ‚documents in action'

Die Formulierung ‚documents in action' stammt aus dem Band „Using Documents in Social Research" (Prior 2009, S. 50 und 70, siehe auch Lee 2004). Der Autorin ist es darin ein besonderes Anliegen, Dokumente nicht nur als passive Informations-Container oder unkommentiert einsetzbares Illustrationsmaterial zu verstehen, sondern sie als ‚Aktiva' mit spezifischem Eigensinn zu begreifen. Dabei bezieht sich Prior in ihren überaus beispielreichen Ausführungen auf die unterschiedlichsten Theorie-Linien und Disziplinen, insbesondere auf Ansätze, die als „neuere sozio-materielle Perspektiven" gefasst werden können. Dazu gehören u. a. die „complexity theory", die „cultural historical activity theory", die „actor-network theory" (ANT), die „cultural geography" bzw. „spatial theory" (vgl. Fenwick, Edwards und Sawchuk 2011) sowie Barads „Agentieller Realismus" (2012). Wie bei Hermeneutik oder Diskurstheorie wird auch hier unser Verhältnis zur ‚Welt' hinterfragt. Kreisen die Überlegungen Foucaults dabei um Revisionen der immer bereits diskursiv vermittelten Position des Menschen als ‚Subjekt' im Kontext von ‚Gesellschaft' und ‚Geschichte', so wird in den neueren sozio-materiellen Ansätzen stärker die Relation der menschlichen ‚Subjekte‘ zu den ‚Objekten‘ der Welt fokussiert[40] bzw. in ihrer polarisierenden Gegenüberstellung revidiert. In beiden Perspektiven wird der Status als ‚Krone der Schöpfung‘, als Movens der ‚Geschichte‘, als Gestalter von ‚Sinn‘ mit erheblichen erkenntnis- wie wissenschaftstheoretischen Konsequenzen relativiert – weitere ‚Kränkungen‘, so könnte an Sigmund Freud (1917) angeschlossen werden, nach den Erschütterungen durch die kopernikanische Wende zum heliozentrischen Weltbild, Darwins ‚Entstehung der Arten‘ und Freuds eigener Konzeption des machtvollen Unbewussten.

Betrachten wir diese ‚neueren sozio-materiellen Perspektiven‘ ein wenig genauer am Beispiel der ANT, so kann etwa mit Schulz-Schaeffer zunächst nüchtern bilanziert werden: „Die Akteur-Netzwerk-Theorie […] ist ein Konzept zur Erklärung wissenschaftlicher und technischer Innovationen, das seit Mitte der 80er Jahre federführend von den französischen Soziologen Michel Callon und Bruno Latour entwickelt und ausgearbeitet worden ist und nach einer breiten Rezeption im angelsächsischen Sprachraum seit einigen Jahren auch hierzulande zunehmende Beachtung erfährt. Die Akteur-Netzwerk-Theorie zielt […] darauf, eine in ihrem Untersuchungsfeld geläufige Unterscheidung mit Hilfe des Netzwerk-Begriffs aufzubrechen: die Unterscheidung zwischen Gesellschaft und Natur bzw. zwischen Gesellschaft und Technik“ (2000, S. 187).

Fenwick und Edwards nehmen die Konsequenzen dieses ‚Aufbruchs‘ in den Blick. Sie schreiben zusammenfassend: „Actor-network theory has emerged from the social rather than natural sciences, in particular the study of science and technology, both in terms of knowledge and innovations. […] Proponents of ANT claim it is not a theory but a sensibility, indeed, many diffused sensibilities that have evolved in ways that eschew its original tenets. Their shared commitment is to trace the process by which elements are connected together and manage to hold together, to assemble collectives, or networks. These networks produce force and other effects: knowledge, identities, rules, routines, behaviours, new technologies and instruments, regulatory regimes, reforms, learning and so forth“ (2013, S. 56).

Wie bereits bei anderen Zugängen stoßen wir auch auf diesem Gebiet auf eine spezifische sprachliche Ausgestaltung. Dabei erweist sich die ANT jedoch

---

40 Im Kontext von Erziehung und Bildung greifen etwa Mollenhauer (1983/2008 und 1998), Meyer-Drawe (1996; 1999), Parmentier (2001), Nohl (2011) oder Dörpinghaus und Nießeler (2012) diese Fragestellung auf, beziehen sich dabei aber insgesamt auf andere Traditionslinien. Einen Überblick über die Breite der pädagogischen Diskussion (incl. ANT) geben u. a. das 58. Beiheft der *Zeitschrift für Pädagogik* „Die Materialität der Erziehung: Kulturelle und soziale Aspekte pädagogischer Objekte“ (2012) oder das 25. Sonderheft der *Zeitschrift für Erziehungswissenschaft* „Mensch und Ding. Die Materialität pädagogischer Prozesse“ (2013).

„in der Rezeption als sperrig bis widerständig" (Pätzold 2016b, S. 2): „Die wesentlichen Gründe dafür liegen einerseits darin, dass die exponierten Autoren aus dem ANT-Kontext immer wieder selbst hinterfragen, welchen Theorie-Ansprüchen sie eigentlich genügen können, und auf diese Weise vor allem das gegenwärtige Konzept von Theorie ‚an sich‘ in den Sozialwissenschaften in Zweifel ziehen [...]. Andererseits geht ANT – darin der Systemtheorie ähnlich – von einer fundamentalen Umdeutung vermeintlich sicher geglaubter Begriffe aus. Hat etwa Niklas Luhmann mit der These herausgefordert, dass soziale Systeme aus Kommunikationen bestehen und dass die jeweils beteiligten Personen für das System Umwelt seien, so zieht die ANT in Zweifel, dass die Existenz von etwas ‚Sozialem‘ überhaupt als Ausgangspunkt für soziologische Analysen [...] postuliert werden dürfe" (ebd.).

Wie bereits in anderen Fällen können hierzu nun ebenfalls nicht die umfangreichen Programmatiken, Spielarten oder Veränderungen der Akteur-Netzwerk-Theorie[41] und ihrer sozio-materiellen Geschwister entfaltet werden; dennoch soll das folgende Beispiel zumindest einen ersten Zugang zu Idee und Vorgehen der ANT im Anschluss an Latour eröffnen.

Beispiel 16

Das haben Sie bestimmt auch schon einmal gesehen? Im Eingangsbereich von Wohnhäusern mit mehreren Parteien hängen oftmals Schilder wie: „Türe stets geschlossen halten" oder „Ab 22 Uhr abschließen". Dabei handelt es sich um Apelle der Hausverwaltung an die Bewohner_innen zur Einhaltung bestimmter Regeln, die – offensichtlich, sonst gäbe es die Schilder ja nicht – wohl nicht immer beachtet werden, aber dennoch, aus Sicherheitsgründen etwa, für befolgenswert gehalten werden. Solche auf den ersten Blick relativ banal wirkende Mahnungen in Papierform sind aber nur eine Variante, um in Haus- bzw. Miet-Gemeinschaften auf den Erhalt einer gewünschten Ordnung hinzuwirken.

Auf die Spur einer anderen Variante hat sich Latour gemacht. Unter der Überschrift „Der Berliner Schlüssel" (1996) erzählt er – in der Form einer detektivischen Rekonstruktion eines rätselhaften Falls – die Geschichte einer Archäologin, die an der Hoftür eines alten Berliner Mietwohnungskomplexes mit einem ungewöhnlichen Schlüssel beginnt (vgl. Abb. 8).

---

41 (vgl. u. a. zur Vertiefung die Homepage Latours mit ausführlicher Bibliographie in englischer und französischer Sprache: www.bruno-latour.fr; zu Einführung und Überblick u. a. Belliger und Krieger 2006; zur Kritik u. a. Lindemann 2008; zu Beispielen des Einsatzes in der bildungswissenschaftlichen Forschung Ceulemans, Simons und Struyf 2012; Bollig, Kelle und Seehaus 2012; Dimai 2012; Asbrand, Martens und Petersen 2013; Pätzold 2016a)

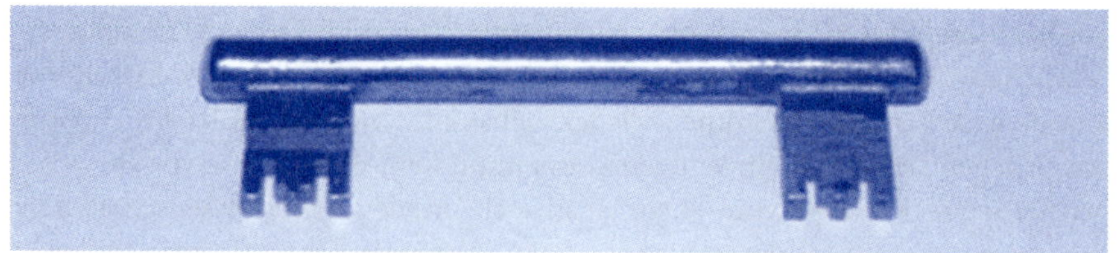

Abb. 8 Der „Berliner Schlüssel" (bearbeiteter Ausschnitt, Bildrechte: Clemensfranz 2006)

„‚Was für ein seltsames Ding ist das? Wozu soll das gut sein? Warum ein Schlüssel mit zwei Schlüsselbärten? Und zwei symmetrischen obendrein? Über wen will man sich hier lustig machen?' Die Archäologin dreht den Berliner Schlüssel in ihren Händen" (Latour 1996, S. 41).

„Zu diesem Schlüssel, da war sie sicher, gehörte ein Schloß. Das Schloß mußte den Schlüssel zu diesem kleinen Geheimnis liefern. Beim Anblick des Schlüssellochs erschien das Geheimnis jedoch noch undurchdringlicher" (ebd.).

„Die Überraschung vergrößerte sich noch, als unsere Archäologin den Schlüssel nicht mehr herausziehen konnte, nachdem sie ihn senkrecht hineingesteckt und um 270° gegen den Uhrzeigersinn gedreht hatte. Das Schloß war wohl auf, [...] wie es sich für jedes anständige Schloß gehört, die Hoftür öffnete sich, aber unsere Freundin mochte nun noch so sehr am Schlüssel ziehen, drücken, rütteln, es war unmöglich, ihn wieder herauszuziehen" (ebd., S. 42).

„Wenn unsere Archäologin ihren Schlüssel nicht herausziehen kann, nachdem sie die Tür aufgeschlossen hat [...], liegt das daran, daß sie den waagerecht liegenden Schlüssel auf die andere Seite, durch das Schloß hindurchschieben muß. Sie versucht diese absurde Geste, und es gelingt tatsächlich" (ebd., S. 43 f., Hervorh. i. Orig.).

Doch: „Nachdem sie und ihr Schlüssel [...] auf die andere Seite der Tür gelangt sind, erhält sie ihren Sesam immer noch nicht zurück. Wie sehr sie auch zieht, schiebt, rüttelt, es ist nichts zu machen, der Schlüssel will nicht mehr herauskommen" (ebd., S. 44).

Schließlich bemerkt sie, „daß sie auf der Hofseite die Tür wieder hinter sich verschließen muß, um ihren Schlüssel endlich wiederzubekommen" (ebd., S. 45, Hervorh. i. Orig.).

Soweit die ersten Schritte, denen im Text Latours noch weitere folgen, die u. a. das Schloss zu verschiedenen Tageszeiten, den steuernden Hauswart mit seinem Hauptschlüssel oder auch einen subversiven Kollegen mit einem glattgefeilten Schlüsselbart umfassen – und wir ahnen, dass mehr hinter dem Berliner Schlüssel steckt.

Latour bezeichnet die Vorrichtung als ein „Aktionsprogramm" (ebd., S. 47) oder „Handlungsprogramm" (Latour 2000, S. 216), das – wie in der Eingangssequenz geschildert – die Mieter_innen zu bestimmten Zeiten dazu bringt, die einmal geöffnete Hoftür auch wieder hinter sich zu schließen und das Schloss zu verriegeln, um den Schlüssel abziehen zu können. So bedarf es keiner mahnenden Schilder an der Tür, keiner appellierenden Worte der Hausverwaltung. Dabei geht es aber nicht nur um eine technische Lösung eines Problems; der Berliner Schlüssel stellt – Latour zufolge – nicht einfach ein materielles „Zwischenglied" dar, vielmehr ist er als eingewobener Teil, als „Mittler"

82

innerhalb eines sozio-materiellen Geflechts zu verstehen: „Man muß nicht nur den Schlüssel in der Hand haben, sondern auch den menschlichen Hauswart, damit dieser morgens und abends den Mechanismus pünktlich auslöst" (1996, S. 50).

„Wenn der Stahlschlüssel kein bloßes Werkzeug mehr ist, gewinnt er die ganze Dignität eines Mittlers, eines sozialen Akteurs, eines Agenten, eines Aktiva. […] Wenn ich meinen doppelbärtigen Schlüssel nehme, der mich autorisiert, nach Hause zu kommen, mich verpflichtet, nachts hinter mir abzuschließen […], habe ich es dann nicht mit sozialen Beziehungen, mit Moral, mit Gesetzen zu tun? Gewiß, aber mit stählernen. Sie zu definieren als die Fortsetzung sozialer Beziehungen mit anderen Mitteln wäre nicht so übel, wenn wir imstande wären, den Mitteln, den Medien, den Mittlern ihre außerordentliche Andersheit, ja Würde zuzugestehen, die ihnen die moderne Philosophie so lange vorenthalten hat" (ebd., S. 49 f., Hervorh. i. Orig.), so die Kritik Latours.

„Betrachtet man die Dinge, so stößt man auf Menschen. Betrachtet man die Menschen, so wird gerade dadurch das Interesse für die Dinge geweckt. […] Wir können noch nicht einmal genau definieren, was die einen menschlich und die anderen technisch macht, während wir ihre Modifikationen und Substitutionen, ihr Hin und Her und ihre Bündnisse, ihre Delegationen und Stellvertretungen genau dokumentieren können" (ebd., S. 50). So ist in dieser Analyseperspektive die etablierte Unterscheidung zwischen Subjekten und Objekten, zwischen Menschen und Dingen, zwischen Gesellschaft und Technik kaum hilfreich; die Rolle des „Mittlers" ist nicht an eine der beiden Seiten gebunden. Vielmehr geht es Latour um die Beziehungen dazwischen: „Mit den Mittlern fangen nämlich immer die Ketten von Mittlern an, auch Netzwerke genannt" (ebd., S. 51). Diese gilt es nachzuvollziehen, wenn wir Sozialität ungeteilt verstehen wollen; „Reassembling the Social" (Latour 2005) heißt damit die Maxime. „Die zentrale Annahme einer solchen ‚Soziologie der Assoziationen' […] ist indes, dass dort, wo sich menschliche mit nicht-menschlichen Agenten verbinden, ursprüngliche ‚Handlungsprogramme' […] verändert werden; auf diese Weise entstehen neue Praktiken und Bedeutungen", so Nohl und Wulf (2013, S. 6) zusammenfassend.

Wie wir bereits im Fall von Diskurs- und Dispositivanalyse gesehen haben, handelt es sich auch bei der Akteur-Netzwerk-Theorie um ein Programm mit starken erkenntnistheoretischen Prämissen, das nicht auf eine Forschungsmethode oder ein bestimmtes Vorgehen allein festgelegt ist (vgl. Latour 2005). Für die methodische Analyse hat auch dieses Verständnis der ‚Welt' und des Status' ihrer ‚Dokumente' vielmehr grundsätzliche Konsequenzen. Sie werden nicht mehr als dingliche Trägersubstanzen von ‚Sinn' in Daten oder Aussagen wahrgenommen, sondern es geht um die Verkettung mit ihnen als – durchaus widerständigen – ‚Akteuren' in ‚Aktion'. Die ‚Dokumente' verändern also erneut ihr Gesicht (siehe auch Kapitel 3).

2.5 Fokus V: In praktischer Mission

Die hierzu schließlich folgenden Ansätze und Beispiele haben, methodisch gesehen, viele Schnittstellen zu den bereits vorgestellten Positionen, doch setzen sie tendenziell wieder einen anderen Akzent: Ihr Fokus liegt weniger auf der Grundlagenforschung, sondern stark auf dem möglichen Ertrag für praktische Handlungszusammenhänge. Sie verbinden mit der Dokumentenanalyse nicht unbedingt ein rein wissenschaftliches Erkenntnisinteresse an einem theoretischen Mehrwert, sondern primär ein Verwendungsinteresse, das direkt auf Aufklärung, Verbesserung oder Optimierung der Praxis abzielt.

In praktischer Absicht sortieren und interpretieren wir auch im Alltag allerlei Dokumente, etwa Steuerunterlagen, Gebrauchsanweisungen oder Fahrpläne. Wenn wir die Inhalte von Kühlschrank oder Speisekammer sichten und eine Liste erstellen, um dann die passenden Lebensmittel einzukaufen, bringen wir dabei aber Techniken bzw. Heuristiken des Alltags zur Anwendung. Im Unterschied zu diesen eher impliziten oder intuitiven analytischen Praktiken, sind die im vorliegenden Teilkapitel angesprochenen Vorgehensweisen hingegen mit einem explizit formulierten, systematisierenden Auswertungsanspruch verbunden, der sich kommunizieren lassen muss, um die Ergebnisse zu plausibilisieren.

Dies ist etwa in professionalisierten Kontexten von Nöten – an verschiedenen Schnittstellen von Wissenschaft und Öffentlichkeit, wie etwa in der Arbeit von Verbraucherzentralen oder der Stiftung Warentest, bei institutionellen Steuerungs- und Evaluationsverfahren, im Rahmen politischer Reformstrategien bzw. wissenschaftlicher Transferanliegen oder im beruflichen Umgang mit Gerichts-, Patienten- oder Fall-Akten.

2.5.1 Text- bzw. Data-Mining und Bibliometrie

Eine vieldiskutierte Variante solcher praxisimmanenten Auswertungen vorliegender Dokumente stellt in jüngerer Zeit das ‚Text'- bzw. ‚Data-Mining' bzw. die Nutzung von ‚Big Data' oder ‚Massendaten' dar, sei es zu Zwecken der Verbesserung von Geschäftsprozessen, zur Erfassung und Vermarktung von Kunden- bzw. Personenprofilen oder auch in Überwachungs- oder Kontrollabsicht (vgl. u. a. Reichert 2014; Bachmann, Kemper und Gerzer 2014). Computergestützte Verfahren ermöglichen den Zugriff auf riesige, mit herkömmlichen Mitteln nicht mehr bearbeitbare Datenmengen, um darin ‚Muster' bzw. ‚Wissen' aufzufinden, das „gültig (im statistischen Sinne), bisher unbekannt und potentiell nützlich" ist (Ester und Sander 2000, S. 9). Digitale Erschließungstechnologien und die Möglichkeit des verlustfreien und unbemerkten Kopierens bringen neue Fragen zur Analyse von Dokumenten auf die Agenda. Dreh-

und Angelpunkt der Debatte ist dabei das Recht auf „informationelle Selbstbestimmung“ bzw. die Frage, wem Daten bzw. Dokumente gehören und wie Verfügungs- und Urheberechts-Ansprüche zu regeln sind (vgl. u. a. die Diskussion um die sog. Selektoren-Listen des US-Geheimdienstes NSA oder um die mehr oder minder autorisierte Weiterverwendung von Daten durch Social-Media-Anbieter_innen). Dass diese Fragen nicht nur unsere Rechner und uns als Person betreffen, sondern viel weiter in die sozio-materielle Umwelt hineinreichen, davon zeugen u. a. die Entwicklungen, die unter den Stichworten ‚smart home‘ und ‚smart city‘ geführt werden (vgl. etwa Sennet 2012; Dax 2014; Kaczorowski 2014).

Eine andere, v. a. innerhalb der Forschung erhitzt diskutierte Form des ‚Data-Minings‘ im weiteren Sinne stellt die sog. ‚Bibliometrie‘ dar, d. h. die quantitative Auswertung wissenschaftlicher Publikationstätigkeit, die als Teilgebiet der Sprachstatistik (vgl. Muller 1972) im Kontext der Digitalisierung erheblich Fahrt aufgenommen hat[42]. Sie hat dabei „nicht alle quantitativ erfassbaren Aspekte der Wissenschaftsentwicklung zum Gegenstand, sondern nur die den Output der Wissensproduktion betreffenden“ (Havemann 2009, S. 9). Ein Startpunkt in praxisorientierter Perspektive wird dabei in dem in den 1960er Jahren entwickelten ‚Science Citation Index‘ gesehen, einer der ersten bibliographischen Datenbanken, die auswertete, welche Quellen in Aufsätzen in wissenschaftlichen Zeitschriften zitiert wurden. Inzwischen gibt es weitere, differenziertere Versuche, etwa die ‚Zitationsrate‘, den ‚Impact-Faktor‘, den ‚Hirsch-Index‘ oder andere netzbasierte Referenzen (etwa die sog. Altmetrik). Aussagekraft und Vergleichbarkeit dieser Größen sind jedoch durchaus umstritten (vgl. u. a. Adler, Ewing und Taylor 2008) – ebenso die Frage, inwiefern sich diese Daten tatsächlich sinnvoll zur Steuerung von Wissenschaft und Forschung einsetzen lassen (vgl. u. a. Münch 2007; Osterloh und Kieser 2015).

Als eine Kombination von Data-Mining und Bibliometrie der besonderen Art kann das folgende Beispiel gelesen werden. Auf dem Gebiet der psychologischen Forschung werden uns hierbei die Chancen und Grenzen des Einsatzes solcher automatisierter Verfahren im Kontext der wissenschaftlichen Selbstkontrolle vor Augen geführt.

---

42 Freilich können bibliometrische Verfahren auch jenseits einer ‚primär praktischen Mission‘ nur zu Zwecken der Forschung eingesetzt werden; ein Beispiel dazu ist das „Monitoring Bildungsforschung“ im Projekt „Entwicklung und Veränderungsdynamik eines heterogenen sozialwissenschaftlichen Feldes am Beispiel der Bildungsforschung“, das vom Deutschen Institut für Internationale Pädagogische Forschung (DIPF), von GESIS – Leibniz-Institut für Sozialwissenschaften, vom Institut für Forschungsinformation und Qualitätssicherung (ifQ) und vom Leibniz-Zentrum für Psychologische Information und Dokumentation (ZPID) getragen wurde (vgl. Botte, Sondergeld und Rittberger 2015); andere Beispiele wären etwa Wiedemann 2016 oder der Einsatz im Kontext von Diskursanalysen (vgl. Kapitel 2.4), wie bei Scholz und Mattissek (2014).

„Traue keiner Statistik, die du nicht selbst gefälscht hast!" Dieses vielzitierte Diktum, dessen genaue Herkunft im Übrigen unklar ist, wird immer wieder gerne genutzt, um Zweifel angesichts großer quantitativer Datensätze, ihrer korrekten Auswertung und angemessenen Interpretation zum Ausdruck zu bringen. Doch gerade in einer wissenschaftsskeptischen Zeit von ‚fake news' oder ‚alternativen Fakten' ist es umso wichtiger, dass sich publizierte Forschungsergebnisse später nicht als mit Rechenfehlern behaftet, manipuliert oder gar gefälscht herausstellen. Die Ambivalenzen einer öffentlichen Selbst-Aufklärung statistischer Fehlleistungen zeigt dazu die hier in Auszügen skizzierte Debatte um das Programm „statcheck" und seinen Einsatz.

So war im Herbst 2015 auf den Seiten der Magazingruppe „Spektrum" unter der Überschrift „Psychologische Studien: Die Hälfte ist mängelbehaftet" zu lesen: „Forscher haben einen automatisierten Statistikchecker auf ein Archiv psychologischer Studien losgelassen. Die Ergebnisse zeigen: Statistikfehler sind wahrlich keine Ausreißer. Die Forschungsmethoden der empirischen Psychologie sind zuletzt immer stärker in die Kritik geraten. Nun zeigt eine weitere Untersuchung, dass Autoren psychologischer Studien offenbar erhebliche Probleme damit haben, zentrale Werte ihrer Statistiken korrekt zu berechnen: Rund die Hälfte aller Studien aus dem Zeitraum zwischen 1985 und 2013, die jetzt ein Forscherteam analysierte, hatte den so genannten P-Wert falsch angegeben. In 13 Prozent der Fälle stieß das Team sogar auf ‚schwere Ungereimtheiten'. […] Das Team um Michèle Nuijten von der Universität Tilburg hat dazu eine Software namens ‚statcheck' entwickelt. Sie kann PDF-Dokumente auf statistische Angaben absuchen, die in einem normierten Format angegeben werden. […] Die extrahierten Daten verwendet die Software, um einen eigenen P-Wert zu berechnen und diesen mit dem berichteten Wert zu vergleichen. Mit Hilfe von statcheck haben Nuijten und Kollegen nun 30 000 Psychologie-Paper aus insgesamt acht renommierten Journalen seit 1985 untersucht. […] In 16 700 Veröffentlichungen fand ihre Software solche statistischen Berechnungen, bei denen etwa 258 000 P-Werte angegeben wurden. Jeder zehnte davon zeigte Inkonsistenzen" (Dönges 2015, o. S.).

Nach weiteren Veröffentlichungen dazu erfolgte im Herbst 2016 eine „Stellungnahme des DGPs-Vorstands zur Praxis der automatischen Plausibilitätsüberprüfung wissenschaftlicher Arbeiten mit statcheck" (Deutsche Gesellschaft für Psychologie 2016, o. S.): „Seit Ende August 2016 wurden 50.000 publizierte Arbeiten in psychologischen Fachzeitschriften einer automatischen Plausibilitätsüberprüfung unterzogen: mit Hilfe des Programms statcheck, entwickelt an der Universität Tilburg und zurzeit als Beta-Version […] kostenfrei zum Download verfügbar […], wurden die Volltexte wissenschaftlicher Veröffentlichungen (pdf-Dateien) gescannt; es wurde automatisiert überprüft, ob statistische Angaben (p-Werte im Sinne des Nullhypothesen-Signifikanztests; Freiheitsgrade von Prüfverteilungen etc.) korrekt berichtet bzw. plausibel sind. Das Ergebnis dieser Überprüfung wurde für jeden überprüften Artikel anschließend auf pubpeer, einer Plattform, die den Austausch über wissenschaftliche Arbeiten fördern möchte, veröffentlicht. […] Automatisierte Algorithmen können hier hilfreiche Dienste leisten: so kann jede Forscherin und jeder Forscher statcheck nutzen, um das eigene Manuskript kurz vor der Einreichung noch einmal auf statistische Fehler hin zu prüfen. Der Umgang mit Fehlern, die dann gegebenenfalls entdeckt werden, erfordert jedoch Sensibilität und Kooperationsbereitschaft auf Seiten aller Beteiligten. Bevor ein vermeintlicher Fehler in einer publizierten Arbeit öffentlich gemacht wird, sollte den Autorinnen bzw. Autoren des entsprechenden Artikels die Möglichkeit gegeben werden, die Korrektheit der Fehlerdiagnose zu überprüfen, gegebenenfalls die Ursachen für den Fehler zu klären und diesbezüglich Stellung zu nehmen. […] Die Deutsche Gesellschaft für Psychologie befürwortet den Einsatz automatisierter Algorithmen zur Fehlerkontrolle in wissenschaftlichen Veröffentlichungen, sofern sie valide Ergebnisse liefern. Sie hält jedoch die Praxis einer sofortigen Veröffentlichung vermeintlicher Fehlerdiagnosen ohne vorherige Rücksprache mit den jeweiligen Autorinnen und Autoren für äußerst bedenklich. Solange unbekannt ist, wie viele falsch positive Fehlerdiagnosen statcheck überhaupt produziert (und auch, wie viele tatsächliche Fehler statcheck nicht findet, also falsch Negative), sollten die Ergebnisse eines statcheck-Screenings nicht veröffentlicht werden – weder in wissenschaftlichen Artikeln noch (oder besser gesagt: insbesondere nicht) in Form eines Kommentars auf pubpeer."

Diese Stellungnahme führte u. a. zu folgender Antwort von Seiten der statcheck-Autor_innen:

„Thank you for sending us your statement concerning the detection of inconsistencies in statistical results reported in psychological articles. We agree with you that we need to promote accurate reporting of statistical results and have developed statcheck […] to assist in this effort. Specifically, statcheck extracts statistics reported in the APA style from documents, and checks whether the reported p-value is consistent with the reported test statistic and degrees of freedom. […] First, the PubPeer project is an independent project by Chris Hartgerink […] that is unrelated to the paper of Nuijten et al. […]. Second, we would like to stress that statcheck does not automatically upload anything to PubPeer, as the first paragraph of your letter seems to imply. Third, we see value in openly discussing inconsistencies in published articles in an impersonal and factual manner, given that our own experiences in corresponding directly with authors about errors have not led to any documented corrections […]. Fourth, please note that anyone, including the original author, is allowed to comment on PubPeer reports if they wish to do so. Also, we are not in a position to disallow anyone from using statcheck before or after publication to detect inconsistencies in articles. The specificity and sensitivity of statcheck were investigated in detail in Nuijten et al. […] by comparing its results to manual checks […]. We clearly noted statcheck's shortcomings in our publications. We continue to further refine statcheck and investigate the influence of possible bugs or other problems on our estimates of the prevalence of inconsistencies in psychology […]. We therefore welcome all researchers' comments on the performance of statcheck" (Nuijten et al. 2016, S. 1).

Doch nicht nur Wissenschaftsorganisationen sind mit einer praktischen, aber explizit systematischen Nutzung bereits vorliegender Datensätze oder Dokumente konfrontiert; auch andere Organisationen streben Controlling oder Weiterentwicklung durch primär anwendungsorientierte Verfahren der Selbstanalyse auf dem Wege der Auswertung vorliegender Materialien an.

2.5.2 Qualitätssicherung, Evaluation, Organisationsentwicklung

Diese drei Stichworte können als Eckpunkte aus den institutionsbezogenen Debatten herangezogen werden, um drei verschiedene, miteinander verschwisterte Zugänge anzusprechen, in denen ‚Dokumente' in primär praktischer Mission zum Einsatz kommen.

Insbesondere im Lichte des Einzugs formeller Qualitätssysteme stehen Profit- wie Non-Profit-Einrichtungen heute vor Diagnosen wie: „Als sich zu Beginn der 1990er Jahre [...] die Qualitätsdebatte intensivierte, glaubten viele Akteure, dass diese Diskussion nur eine Modeerscheinung wäre. Sie haben sich geirrt: Das Thema ist auch heute [...] noch von großer bildungspolitischer und wissenschaftlicher Aktualität" (Gnahs 2006, S. 2; vgl. auch Nuissl 2013) – oder: „Qualitätsentwicklung und Qualitätsmanagement sind aus der bildungspolitischen Diskussion nicht mehr wegzudenken. Es steht nicht mehr zur Debatte, ob das Thema Qualitätsentwicklung an sich gut oder schlecht ist" (Veltjens 2006, S. 1).

Im Bereich der Schulentwicklung verweisen dabei Schroeter und Diemer darauf, dass die Schulen für Qualitätssicherung und Evaluation „oft schon vielmehr Informationen oder Datenmaterial zur Verfügung" haben, „als ihnen bewusst ist" (2004, S. 1): „Solche allgegenwärtigen und deshalb leicht zu übersehenden Evaluationsressourcen können sein: Dokumente schulinterner Kommunikation (z. B. Schulprogramm, Gremienprotokolle, Schüler/-innenzeitungen usw.), Dokumente öffentlichkeitswirksamer Kommunikation (z. B. Homepage, Zeitungsartikel usw.), Statistische Dokumente (z. B. Klassenbücher, Nichtversetzungquote usw.)" (ebd.). Sollen solche Dokumente zu Zwecken der Selbstevaluation oder Qualitätssicherung systematisch ausgewertet werden, so sind neben den wissenschaftlichen Standards auch partizipatorische Interessen verschiedener Gruppen sowie Datenschutz und Verschwiegenheitsgebote entsprechend zu berücksichtigen (vgl. Schroeter und Diemer 2004). Einen Einblick gibt das folgende Beispiel.

Im Rahmen des Programms „Demokratie lernen & leben" der Bund-Länder-Kommission wird exemplarisch die folgende Ausgangssituation eines Projektes skizziert: „Eine Schule möchte genauer untersuchen, ob und inwiefern das im Schulprogramm und in den Regeln des Zusammenlebens formulierte pädagogische Profil der Schule tatsächlich lebendige Praxis ist. Dazu untersucht die Arbeitsgruppe, die diese Selbstevaluation federführend betreibt, zunächst, welche Begriffe und damit verbundenen Aussagen in diesen beiden Dokumenten leitend im Vordergrund stehen. Zum anderen nehmen sie u. a. Gremien- und Konferenzprotokolle daraufhin unter die Lupe, welche Rolle die theoretischen Leitideen bei Diskussionen und Entscheidungen tatsächlich spielen" (Schroeter und Diemer 2004, S. 3).

In Anlehnung an Schratz, Iby und Radnitzky (2000) wird von Schroeter und Diemer für Evaluationsanliegen solcher Art im Kontext der Schulentwicklung methodisch ein Vorgehen in vier Schritten vorgeschlagen:

„1. Ein erster Schritt umfasst zunächst die Diskussion und Präzisierung der Fragestellung zusammen in einem Kreis von Personen, die sich dafür interessieren oder über Erfahrungen in dem jeweiligen Bereich verfügen. Auf diesem Hintergrund ist zu bestimmen, durch wen die Evaluation durchgeführt werden soll und welche Arten von Dokumenten dazu herangezogen werden sollten.

2. Der zweite Schritt besteht dann darin, die Dokumente, die analysiert werden sollen, zu sammeln und zu sichten. Gleichzeitig müssen in der Evaluationsgruppe Analyseraster entwickelt werden, anhand derer die Evaluation durchgeführt werden soll. Je nach Dokument und Fragestellung kann so ein Raster aus unterschiedlichen quantitativen und qualitativen Kriterien bestehen. Bei der Analyse von Protokollen beispielsweise könnten quantitative Kriterien sein, welche Themen innerhalb eines bestimmten Zeitraums wie häufig in der Schulkonferenz behandelt wurden und wie viele Themen jeweils von Schüler/-innen, Lehrer/-innen und Eltern eingebracht wurden. Ein qualitatives Kriterium wäre die Frage, was zu diesen Themen jeweils inhaltlich geäußert wurde. Beides lässt sich später kombiniert darstellen, so dass nachvollzogen werden kann, wie sich die Diskussion der Themen entwickelt hat.

3. Nach der Analyse der Dokumente [...] müssen die Ergebnisse zunächst innerhalb der Gruppe zusammengetragen und besprochen werden. Fragen, die hierbei besprochen werden sollten, sind [...]:

   - Welche Einsichten geben uns die Daten im Hinblick auf unsere Fragestellung?
   - Was hat sich über einen bestimmten Zeitraum hinweg verändert und warum?
   - Was sagen die Daten (nicht) aus? Welche Konsequenzen ziehen wir daraus?
   - Was muss aufgrund der Dokumentenanalyse an der Schule geändert werden? Mit welchen Konsequenzen?

4. Schließlich geht es darum, die Ergebnisse möglichst vielen oder besonders stark von dem Thema betroffenen und damit befassten Personen zu präsentieren und mit ihnen zu diskutieren. Ziel solcher Treffen sollte es letztlich sein, konkrete Vereinba-

rungen über kurzfristige Arbeitsschritte sowie evtl. über längerfristige Vorhaben in dem jeweiligen Bereich zu erreichen" (Schroeter und Diemer 2004, S. 6 f.).

Insbesondere das unter 4. angesprochene Ziel der Verständigung über Vereinbarungen, Arbeitsschritte oder längerfristige Vorhaben macht deutlich, dass hier die Analyse von Dokumenten nicht in einer wissenschaftlichen Verallgemeinerungsabsicht vollzogen wird, vielmehr steht die konkrete Verbesserung der Praxis an der Schule vor Ort im Vordergrund. Damit wird der handelnde Personenkreis erweitert und es verändern sich die Rollen der Forschenden und der Beforschten.

Doch sind die Grenzen fließend… Dass sich wissenschaftliches Forschungsinteresse und praktische Organisationsentwicklung keineswegs ausschließen müssen, zeigt etwa die Anlage eines weiteren Projekts aus einem anderen institutionellen Kontext: „Das rundum gute Gutachten. Qualität von Sachverständigen-Gutachten und ihr Beitrag zum Rechtsfrieden" (vgl. Echterhoff und Heinecke 2010; Heinecke und Brückner 2012). Unter Zusammenarbeit des Sozialgerichts Düsseldorf, der Bergischen Universität Wuppertal und der Institute für Psychologische Unfallnachsorge und Gesundheitsförderung wurde hier im Rahmen einer längsschnittlichen Feldstudie speziell die medizinische Begutachtung im gerichtlichen Verfahrensverlauf untersucht. Dazu wurden anhand von Aktenanalysen sowie einer Fragebogen-Studie Güte und Rolle von Sachverständigen-Gutachten in den Blick genommen, um zu verstehen, „welche Voraussetzungen die Wahrscheinlichkeit erhöhen, dass ein Verfahrensausgang sowohl tragbar (im Sinne der Akzeptanz durch die Beteiligten) als auch haltbar (im Sinne der Bereitschaft zur Anfechtung) ist" (Echterhoff und Heinecke 2010, S. 4).

2.5.3 Ordnungsmittelanalyse

Weniger an einer einzelnen Einrichtung orientiert, sondern stärker bildungsstrukturpolitisch ausgerichtet ist das Anliegen eines weiteren Beispiels anwendungsimmanenter Forschung. Es stammt aus dem Gebiet der Berufsbildung – und betrachtet konkret vorliegende ‚Ausbildungsordnungen' bestimmter Lehrberufe als Dokumente im Sinne von rechtlich fixierten ‚Ordnungsmitteln'.

Beispiel 19

Im Zusammenhang mit dem vielzitierten ‚demografischen Wandel' hören wir heute oft das Stichwort ‚Fachkräftemangel'. Dahinter verbergen sich zahlreiche Diskussionsstränge und Interessen; auch sind verschiedene gesellschaftliche Bereiche und wirtschaftliche Branchen davon in unterschiedlicher Weise berührt. In den Debatten werden u. a. immer wieder Forderungen an das berufliche Bildungssystem laut, Ausbildungen entsprechend an die Bedürfnisse der Auszubildenden und die Bedarfe des Arbeitsmarkts anzupassen. Im Dienste einer angemessenen Neuordnung setzt die folgende Studie des Bundesinstituts für Berufsbildung (bibb) ein.

Dabei wählen Brötz und Schapfel-Kaiser in dem bibb-Projekt „Gemeinsamkeiten und Unterschiede kaufmännisch-betriebswirtschaftlicher Aus- und Fortbildungsberufe" einen dokumentenanalytischen Zugang, der hier unter dem Titel „Ordnungsmittelanalyse" firmiert (Brötz und Schapfel-Kaiser 2010, S. 26). Angestrebt wird konkret die bessere Bündelung von Lehrberufen mit gemeinsamen Ausbildungsinhalten: „Durch die Strukturierung von Ausbildungsberufen in sogenannte Berufsgruppen bzw. Berufsfamilien soll eine verbesserte Arbeitsmarktverwertbarkeit und Anrechenbarkeit von Lernleistungen erreicht werden. Gleichzeitig sollen Möglichkeiten zur gemeinsamen überbetrieblichen Ausbildung und zu verknüpften Fortbildungen geschaffen werden" (ebd., S. 26). Die Ordnungsmittelanalyse dazu umfasste die folgenden Schritte:

a. Vom Forschungsteam wurden – zunächst exemplarisch aus der kaufmännisch-betriebswirtschaftlichen Gruppe – 56 Berufe ausgewählt, um die sachliche Gliederung der Ausbildungsordnung, die dortige Beschreibung der Abschlussprüfung und den schulischen Rahmenlehrplan einer qualitativen Analyse zu unterziehen.

b. Die ordnenden Überbegriffe bzw. Kategorien wurden aus dem Material heraus nach ihrer inhaltlichen Verwandtschaft ermittelt, wobei das Kategoriensystem zunächst anhand von vier typischen Ausbildungsordnungen entworfen und dann bis zu seiner Sättigung durch die Analyse weiterer Dokumente ergänzt wurde.

c. Zur kommunikativen Validierung fanden begleitend Teamsitzungen statt, die u. a. der Bereinigung von Zuordnungsproblemen im Rahmen der computergestützten Verarbeitung der Daten aus den insgesamt 150 Dokumenten mit der Software[43] MAXqda dienten (vgl. Brötz und Schapfel-Kaiser 2010).

Zwar war das Projekt zum Zeitpunkt der hier zitierten Veröffentlichung noch nicht abgeschlossen, sodass sich noch keine fachlichen Endergebnisse benennen ließen, doch ist den Autoren schon vorab insbesondere das methodische Potenzial wichtig: „Die bei der Entwicklung des computergestützten Analyseinstruments gewonnenen Erkenntnisse und Erfahrungen sind jedoch nicht allein für den kaufmännischen Bereich relevant. Da die Vorgehensweise ausführlich dokumentiert wurde, ist ein Transfer des entwickelten Instruments auch für die Analyse anderer Ordnungsmittel (z. B. gewerblich-technischer Berufe) denkbar und wünschenswert" (ebd., S. 30).

---

43 (zu Software im Bereich von Dokumentenanalysen vgl. auch Kapitel 6.2)

2.5.4 Sozialdokumentarische Formate und ‚action research‘

Wie den eben angeführten Beispielen zu entnehmen ist, verzeichnen Dokumentenanalysen in einer anwendungsorientierten Perspektive aktuell viel Zuspruch. Dies gilt jedoch keineswegs erst seit dem jüngeren Boom von Qualitätssicherung und -entwicklung: „Ihren Bedeutungsgewinn verdanken sie vor allem dem säkularen Trend zur *Verrechtlichung* und *Organisierung* aller Lebensbereiche, insbesondere der Entwicklung einer modernen Verwaltung, die sich wesentlich durch das Prinzip der *Aktenförmigkeit* auszeichnet" (Wolff 2009, S. 502, Hervorh. i. Orig.).

Da dieser ‚Trend zur Verrechtlichung und Organisierung aller Lebensbereiche‘ historisch weiter zurückreicht, sollen am Ende dieses Kapitels auch einige ältere Ansätze Platz finden – zumal Anliegen der Anwendungsrelevanz oder der Praxis-Reform von Seiten der Sozial- und Bildungsforschung ebenfalls keineswegs neu sind.

Wenn es dabei um die Arbeit mit Dokumenten geht, so sind insbesondere in den Industrienationen des 19. und frühen 20. Jahrhunderts im Umgang mit der sog. ‚Sozialen Frage‘, mit Verarmung und Verelendung großer Bevölkerungsteile, zentrale Einsätze zu verzeichnen. Vogl-Bienek verweist in diesem Zusammenhang auf die Rolle neuer technischer Möglichkeiten der Dokumentation: „Insbesondere vor Ort aufgenommene Fotografien sollten die Betrachter hautnah mit dem Elend in Slums und Fabriken konfrontieren. Sie wurden zumeist mit neuartigen Hand- oder Detektiv-Kameras angefertigt, die in 1880er Jahren auf den Markt kamen […]. Die Überlieferung einer disparaten Vielfalt solcher Aufnahmen wurde unter dem Begriff ‚sozialdokumentarische Fotografie‘ zusammengefasst" (2016, S. 354 f.). Diese und weitere dokumentarische Formen, wie Sozialreportage und Dokumentarfilm, etablierten sich in einem „Spannungsfeld von Wissenschaften und Gesellschaft" (Wöhrer 2015, S. 329) bzw. „an der Schnittstelle von Kunst und sozialpolitischer Kampagne" (ebd., S. 315). Exemplarisch wäre hier u. a. Lewis W. Hine zu nennen, der sich um 1910 im Kampf gegen die Kinderarbeit in den USA in öffentlichen Vorträgen mit Lichtbild-Vorführungen für „sozialwissenschaftlich fundierte Methoden der Sozialarbeit" einsetzte (Vogl-Bienek 2016, S. 357).

Einen nicht nur auf einzelne Personen, sondern auf einen ganzen Administrationsbereich angelegten Fall der Verflüssigung der Grenzen zwischen Wissenschaft und Politik stellt die dokumentarische Sozial-Photographie dar, wie sie im Auftrag einer Behörde im Kontext des US-amerikanischen ‚New Deal‘ unter Franklin D. Roosevelt in den 30er Jahren des 20. Jahrhunderts eingesetzt wurde. „1935 wurde die *Resettlement Administration* für Sozial- und Infrastrukturmaßnahmen zur Bekämpfung der Armut der Landbevölkerung geschaffen und 1937 in *Farm Security Administration* (FAS) umbenannt. Bereits zu Beginn wurde eine *Historical Section* als Unterabteilung ins Leben gerufen, um sowohl die eigenen Aktivitäten als auch das zu dieser Zeit starken Transformationen ausgesetzte Landleben zu dokumentieren" (Wöhrer 2015, S. 316, Hervorh. i. Orig.). All dies war „Teil der Bemühungen der Roosevelt-Regierung, die neuen Massenmedien, wie Radio, Film und Fotojournalismus, für ihre Öffentlichkeitsarbeit zu nutzen", da „ihre Hilfsmaßnahmen zur Bekämpfung der Auswirkungen der Wirtschafts- und Agrarkrise die Aufmerksamkeit der Bevölkerung brauchten" (ebd., S. 326). Mit Leitung und Umsetzung dieser Programme wurden jedoch nicht nur Journalist_innen, sondern vielmehr Sozialwissenschaftler_innen betraut.

Die konkrete ‚Verschaltung' von wissenschaftlichem und politischem Handeln ist hierzu eindrücklich in der Analyse Lethens zur wechselvollen Geschichte[44] eines einzelnen Bildes (vgl. Abb. 9) aus der New-Deal-Kampagne nachzulesen.

Abb. 9 Migrant Mother, Nipomo, California, 1936 von Dorothea Lange

Die Fotografin, Dorothea Lange, „ist 1936 offiziell *Photograph Investigator* der Resettlement Administration. Ihr Auftrag ist es, Aspekte der Agrarkrise – erodierte Böden, Migranten-Camps, Frauen und Kinder im Elend   zu dokumentieren" (Lethen 2014, S. 137, Hervorh. i. Orig.). „Die Karriere des Fotos mit dem offiziellen Titel *Migrant Mother, Nipomo, California, 1936* verläuft rasant. Bereits vier Tage nach den Aufnahmen am 6. März 1936 werden zwei Varianten im Rahmen einer Reportage über ein Lager von Wanderarbeitern in den

---

44 Diese Geschichte kann hier nur in ihren Anfängen aufgegriffen werden; sie reicht mit ihren zahlreichen überraschenden Volten aber bis in die Gegenwart hinein (vgl. Lethen 2014).

San Francisco News publiziert, worauf die Bundesregierung unverzüglich Nahrungsmittellieferungen in die betroffenen Regionen veranlasst. Ein Ausschnitt des Fotos erscheint im August in der *New York Times*, in der Septemberausgabe der Zeitschrift *Survey Graphic* mit dem Titel *Draggin' Around People* füllt es schon eine ganze Seite. Die Bildlegende weist hier auf das Elend der Wanderarbeiter hin: Aufgrund der miserablen Ernte habe die abgebildete Familie sogar ihr Zelt verkaufen müssen. Gerahmt wird diese Geschichte von Artikeln des Ökonomieprofessors Paul Schuster Taylor, für den Fotografien den gleichen Rang wie statistische Daten und Befunde der empirischen Feldforschung haben. [...] Die auratische Ausstrahlung des Fotos wird im März 1936 und in den folgenden Monaten in einem Raum erzeugt, in dem Texte der soziologischen Feldforschung und Fotografien, die zum Instrumentarium der Feldforschung gehören, ineinander verschaltet sind und sich dem Rahmen eines staatlichen Reformprogramms einpassen" (ebd., S. 130 f., Hervorh. i. Orig.).

Im Hinblick auf eine praxisorientierte Ausrichtung können daneben auch Verbindungen der sozialdokumentarischen Formen mit der Traditionslinie der sog. ,action research', im Deutschen ,Handlungs- oder Aktionsforschung', gesehen werden.

Prägend hierfür waren zu Beginn die Überlegungen von Kurt Lewin, der nach seiner Emigration aus Deutschland u. a. im Rahmen seiner Tätigkeit am ,Massachusetts Institute of Technology' programmatisch eine Verknüpfung von Erkennen und Verändern vorsah (vgl. Lewin 1948). Diese sollte von Prinzipien des Dialogs, der Prozessorientierung, der begleitenden Selbstreflexion und der Demokratisierung geleitet sein (vgl. Fricke 2010). Das Programm fand weltweit Eingang in verschiedene Rezeptionslinien; im Westdeutschland der 1970er Jahre[45] u. a. in Verbindung mit dem Stichwort „Humanisierung des Arbeitslebens" (vgl. aktuell auch Fricke und Wagner 2012).

Wenn auch eher in Verknüpfung zur ,Feldforschung', so stellen in diesem Zusammenhang „Die Arbeitslosen von Marienthal" (Jahoda, Lazarsfeld und Zeisel 1933/1975) einen Klassiker dar. Dieser „soziographische Versuch über die Wirkungen langandauernder Arbeitslosigkeit", so der Untertitel, beschäftigte sich mit den alltagspraktischen Folgen der damaligen Weltwirtschaftskrise in einer kleinen Arbeitersiedlung in der Nähe Wiens. Um Zugang bzw. Materialien zu gewinnen, führten die Mitarbeiter_innen der Studie – neben teilnehmenden Beobachtungen und der Analyse von Dokumenten – u. a. auch Kleidersammlungen, Erziehungsberatungen oder Sport- und Malkurse vor Ort durch. Ein Beispiel das erneut zeigt, wie die Grenzen zwischen Forschung und Intervention in Bewegung geraten können.

Einen strukturell ähnlichen Fall bilden Projekte, die – parallel zum For-

---

45 (zur Kritik vgl. u. a. Habermas 1978 oder Moser 1978)

schungsinteresse – Ziele der aktivierenden Unterstützung der an der Forschung teilhabenden Einzelpersonen im Sinne einer ‚Win-Win'-Situation verfolgen. Dies gilt etwa für das Methodenensemble der „Forschenden Lernwerkstatt", da hier unter partizipatorischem Ansatz neben den Interessen der Wissenschaftler_innen den Eigeninteressen der Teilnehmenden explizit Raum eingeräumt wird (vgl. Faulstich und Grell 2005). So können zum Beispiel die im Rahmen einer solchen ‚Lernwerkstatt' entstandenen Collagen sowohl unter einer reaktiven als auch unter einer non-reaktiven Perspektive betrachtet bzw. wissenschaftlich wie individuell reflektiert und genutzt werden.

Zum Schluss dieses Teilkapitels soll hierzu noch ein Beispiel für die Mischung sozialdokumentarischer und aktionsforscherischer Anliegen angeführt werden, das gleichzeitig auch den damit verbundenen reformerischen Aufbruchsgeist der 1970er Jahre in Westdeutschland verdeutlicht. Zur Zeit seiner Veröffentlichung sorgte es für heftige Kontroversen; heute ist es wohl fast vergessen.

Beispiel 20

Schon die Art der Publikation lässt hier aufmerken: Im Rowohlt Taschenbuch Verlag – und nicht in einer fachwissenschaftlichen Reihe – erscheint 1973 der von Aich herausgegebene Band mit dem Titel „Da weitere Verwahrlosung droht … Fürsorgeerziehung und Verwaltung. Zehn Sozialbiographien aus Behördenakten". Das Autor_innen-Team unter Leitung des Herausgebers wendet sich mit seinen Ergebnissen also direkt an eine breitere Öffentlichkeit, nicht nur an Fachkolleg_innen. Auch die Gestaltung des Umschlags fällt auf: Auf dem rot eingefärbten Coverbild sehen wir einen jungen Menschen, der – von uns abgewandt – in einem kahlen, spartanisch eingerichteten Raum auf einer Art Feldbett sitzt; die Jalousie am hochgelegenen Fenster ist dicht geschlossen. All dies ist nicht zufällig, sondern verweist auf das Anliegen, in die Praxis hineinzuwirken, aufzurütteln, zu konfrontieren.

Neben einem rahmenden Vor- wie Nachwort besteht der Band mit seinen zehn Kapiteln ausschließlich aus Akten-Material zu sog. „Sozialbiographien" von insgesamt zehn Jugendlichen. Verlauf und Bearbeitung einer ‚drohenden Verwahrlosung' – im Sinne von § 64 des damaligen Jugendwohlfahrtsgesetzes – werden von den Autor_innen des Bands jeweils anhand „von Auszügen aus authentischen Behördenakten aller an der Fürsorgeerziehung beteiligten Institutionen" (Aich 1973, S. 2) zusammengestellt, aber zusätzlich mit eigenen Anmerkungen, wie Kommentaren oder in Klammern gesetzten Ausrufezeichen, versehen[46].

---

46 Und erneut der Hinweis: Dass eine wissenschaftliche Auseinandersetzung mit Akten und Fallmaterialien auch ganz anders aussehen kann, zeigen etwa die Beiträge in dem von Borck und Schäfer herausgegebenen Band „Das psychiatrische Aufschreibesystem" (2015);

Dazu ein exemplarischer Auszug aus Kapitel 3 über die Geschichte von „Petra":

„,Wir bitten Sie hiermit um die Erlaubnis Heiraten zu dürfen. Da die Reibereien mit meiner Mutter noch kein Ende genommen haben kommt dieser Entschluß so schnell. Es soll jedoch keine Heirat sein um nur von dem Heim frei zu kommen, denn wir lieben uns. Es wäre sehr nett, wenn wir die Einwilligung von Ihnen bekommen würden!' Petra schreibt diesen Brief gemeinsam mit ihrem Verlobten am 3. März 1967 an den Leiter des Landesjugendamtes (LJA). Petra ist 16mal in 5 Jahren (aus der) Fürsorgeerziehung geflüchtet. Sie unternimmt einen neuen Versuch, um den Fürsorginstanzen zu entkommen. Nachdem die Fürsorgerin festgestellt hat, daß Petras Verlobter im Haushalt seiner Mutter ,in geordneten Verhältnissen' lebt und Petra ,seit ihrer Heimentlassung im Oktober 1966 um gute Führung bemüht ist und keinen Anlaß zu Klagen gibt' befürwortet sie den Antrag auf Einwilligung zur Eheschließung. Am 29. März 1967 antwortet der Leiter des LJA auf den Antrag der jungen Verlobten in einem Schreiben ohne Anrede und ohne Gruß. Kein einziges freundliches Wort: ,Hiermit erteile ich meine Zustimmung zu Ihrer Eheschließung. Ich bitte, mir unmittelbar nach vollzogener standesamtlicher Trauung eine Ausfertigung der Heiratsurkunde einzusenden. Dann werde ich die Fürsorgeerziehung aufheben.' Petra heiratet am 3. Mai 1967 ihren Hans. Das LJA ,beendet' die Fürsorgeerziehung für Petra am 3. August 1967.

Wer ist Petra und warum wurde sie ein Fall der Fürsorge? Petra ist am 4. Januar 1949 unehelich geboren. Ihre 25-jährige Mutter arbeitet nach der Geburt in Wechselschicht in einer Spinnerei. Die kränkliche Mutter wird 1951 von ihren Eltern, bei denen sie wohnt, aus dem Haus gewiesen. Das Jugendamt (JA) ist Amtsvormund für Petra. Wir wissen nicht, wer für Petra während der Arbeitszeit der Mutter sorgt. In der Akte finden wir keinen Hinweis. Was tut der Amtsvormund? Er hat nicht versäumt, die Unterhaltsgelder einzutreiben. Über Petras Kindheit bis zu ihrem 12. Lebensjahr wissen wir nichts. ,Die Staatsanwaltschaft übersendet' dem JA am 22.6.1961 ,Akten … wegen schweren Diebstahls begangen durch Paul Meier, August Schuster, Reinhold Mertens, Heinz Klasen, Robert Hansen, Petra Siemens'. Gemeinsam mit einem 17-jährigen Lehrling, drei 15-jährigen Lehrlingen und einem 14-jährigen Schüler hat Petra Ende Januar 1961 Einbrüche in Gartenlauben begangen. Niemand stellte fest, ob etwas gestohlen wurde. 5 Jugendliche im Alter von 14 bis 17 Jahren halten sich mit der 12-jährigen Petra in Gartenlauben auf. Polizei und Staatsanwaltschaft werden tätig. Die Fürsorgerin berichtet über Petra: ,Petra ist Amtsmündel. Sie wächst im Haushalt der erwerbstätigen Mutter auf, die seit 12 Jahren in der Spinnerei in Wechselschicht arbeitet. Hierdurch ist Petra sich sehr viel allein überlassen (!). Im Rahmen der Mündelbetreuung ist sie schon häufiger mit Erziehungsschwierigkeiten wie mit Lügereien und kleinen D@iebereien aufgefallen (!). Hierbei wurde immer wieder festgestellt, daß die Km (Kindsmutter) sie einerseits der Behörde gegenüber immer in Schutz nimmt, andererseits sie aber übermäßig streng

---

hier stehen dann freilich wieder andere Zielsetzungen und auch Methoden im Vordergrund.

96

erzieht (!). Eine vernünftige Aussprache mit der Km ist nicht möglich. [...]" (ebd., S. 65 f.; Hervorh. i. Orig.).

Zu Petra, Udo, Klaus, Anke etc. gewinnen wir somit jeweils Einblick in eine von den Autor_innen rekonstruierte und kommentierte Geschichte aus Akten, „in denen Berichte von Sozialarbeitern, Schule, Polizei und psychiatrische Gutachten" abgelegt wurden (ebd., S. 2). Anlass des Buchs waren aber ursprünglich nicht die Fallakten selbst; es ist vielmehr im Kontext einer Lehrveranstaltung mit fünf Studierenden an der Hochschule entstanden. Zu den Zielen des Seminars gehörte es, „die Technik der Inhaltsanalyse zu erlernen [...]; die empirische Sozialforschung kritisch aufzuarbeiten; die Arbeitsweise der beteiligten Institutionen und damit auch zum Teil die Institutionen selbst, die ihren Beitrag zu den Akten geleistet hatten, zu analysieren [...]; die Rolle und die Funktion dieser Institutionen in dem gesamtgesellschaftlichen Zusammenhang, exemplifiziert durch die Fürsorgeerziehung, zu erkennen; die Biographien der Betroffenen zur Konkretisierung der Analyse und zur theoretischen Aufarbeitung der Ergebnisse zu rekonstruieren" (ebd., S. 300). Diese Art der sozialdokumentarischen Forschung bekommt durch die Veröffentlichung der Berichte in Buchform dann zudem ein Aktionsanliegen. Im Ergebnis geht es Aich insgesamt darum, eine Arbeit vorzulegen, „die die Resozialisierungspraxis unserer Sozialinstitutionen sich selbst darstellen läßt und Ansatzpunkte zur Kritik von Innen offenbart" (ebd., S. 2), um somit, sehr grundlegend, „die strukturbedingte Unmöglichkeit aufzuzeigen, mittels der bestehenden Gesetze und der Organisationsstruktur der Fürsorgebehörden dem Anspruch einer demokratischen Gesellschaft gerecht zu werden" (ebd.).

Die Dokumentenanalyse bewegt sich in den in diesem Teilkapitel genannten Verfahren an der Schwelle zur Intervention, zur praktischen Nutzanwendung, zur Steuerung von Prozessen (oder darüber hinaus). Die sog. ‚Anwendung' und die sog. ‚Forschung' sind dabei aber nicht durch eine markante Linie getrennt, vielmehr handelt es sich um einen weiten Bereich mit fließenden Grenzen und Grauzonen. Prägend für diesen Bereich ist jedoch, dass die Praxisforschung bei der ‚Zweitverwertung' von Dokumenten neben den wissenschaftlichen Kriterien zahlreiche andere, variierende Interessen zu berücksichtigen hat. So wirken etwa makro- oder mikropolitische Zielsetzungen, ökonomische oder marktstrategische Pläne, öffentliche, partizipatorische, demokratisierende oder auch die Privatsphäre schützende Absichten mit auf den Einsatz der Dokumentenanalyse ein.

Umso mehr ist bei der Analyse aber die ursprüngliche Entstehung der Dokumente selbst in Rechnung zu stellen. „Angesichts der elaborierten und von den Beteiligten selbst durchaus reflektierten Kunst der Erstellung solcher Akten wird das Moment der *Fiktion* (im Sinne von Hergestelltheit), das grundsätzlich für alle Dokumente gilt, in besonderem Maß deutlich" (Wolff 2009, S. 503, Hervorh. i. Orig.). Ein kleines, aber eindrucksvolles Beispiel hierzu findet sich etwa in der folgenden Pressemeldung unter der Überschrift „Philippsburg 2: Mitarbeiter täuscht Kontrollen in Kernkraftwerk nur vor": „Wie das Ministerium [...] erläutert, hatte der Betreiber EnBW bei Untersuchungen festgestellt, dass ein Mitarbeiter eine ‚Wiederkehrende Prüfung' an einem Störfallmonitor zwar in einem Prüfprotokoll dokumentiert, tatsächlich aber gar nicht durchgeführt hatte" (Deutschlandfunk 2016, o. S.). ‚Dokumente' sind nicht immer das, wofür wir sie halten – und sowohl bei der Entstehung wie bei der praktischen Nutzung als auch bei der wissenschaftlichen Verwendung fließen verschiedene Ziele und Interessen ein.

Nach all den verschiedenartigen Ansätzen und Beispielen, den unterschiedlichen Zielsetzungen und Dokumentformen, die uns in den vorangegangenen Abschnitten des gesamten 2. Kapitels begegneten, ist es damit an der Zeit, sich ausführlicher mit den Fragen zu beschäftigen, was denn nun ein ‚*Dokument*' ist bzw. sein kann, wie es eingeordnet oder bestimmt werden kann, wie es entsteht und ‚weiterlebt' – und was dies wiederum für seine Bearbeitung in der Bildungs- und Sozialforschung bedeutet. Diesen Anliegen ist das folgende Kapitel 3 gewidmet. Doch Vorsicht; schon Karl Kraus warnte: „Je näher man ein Wort ansieht, desto ferner sieht es zurück"[47].

---

47 (1911, In: Die Fackel, Nr. 326, S. 44)

3 Spuren, Quellen, Medien …

Über Merkmale und Besonderheiten von Dokumenten in wissenschaftlicher Verwendung

Ausweis oder Reiseunterlagen, Geburtsurkunde oder Abschlusszeugnis – Papiere dieser Art meinen wir meist, wenn wir im Alltag von ‚Dokumenten‘ sprechen. Sie haben häufig offiziellen Charakter und dienen uns als autorisierter Beleg.

Der Terminus findet sich daneben in einem bestimmten Mediensegment; von Dokumentar-Sendung oder Dokumentar-Fotografie ist die Rede. Ein Filmbericht über ein kenianisches Löwenrudel etwa, ein Radiobeitrag mit Stimmen zur Lage der Menschenrechte in China oder das Titelbild einer eingestürzten Brücke in Brasilien treten uns mit dem Anspruch gegenüber, diese Wirklichkeit durch die Zeugenschaft glaubhaft zu repräsentieren.

Ein solches Verständnis legt auch die Begriffsgeschichte nahe: Mit der Herkunft vom lateinischen ‚docere‘ stehen ‚Dokumente‘ für etwas, „wodurch man etwas lehren, woraus man etwas schließen kann" (Kluge 2002, S. 208). In diese Richtung weist auch der Begriff der ‚Urkunde‘ – im Sinne eines Dokuments, das über sich selbst hinausweist, indem es von etwas Anderem Kunde gibt.

Ganz allgemein gesprochen werden ‚Dokumente‘ in der Bildungs- und Sozialforschung ebenfalls primär in dieser Funktion aufgegriffen. Wie wir in Kapitel 2 gesehen haben, ist ihr präziser methodischer Status dabei jedoch schillernd und umstritten, da die Analyse von im Alltag bereits vorfindlichen Dokumenten mit den verschiedensten wissenschaftlichen oder auch praxisnahen Zielsetzungen verbunden werden kann. Je nach Ansatz haben Dokumente unterschiedlichste Formen und zeigen immer wieder ein anderes Gesicht: Sie werden als *Daten* oder *Trägersubstanzen von Inhalten* verstanden; sie sind als *Quellen* kritisch zu lesen; wir begegnen ihnen als *Spuren mit indirektem Verweischarakter*, als *Medien mit Vermittlungsfunktion*, als *mehrdeutige Zeichen* oder als *Widersacher mit eigener Logik* – benannt werden sie dabei allgemein auch als *Dinge, Objekte, Gegenstände, Zeug, Materialien, Container, Requisiten,*

Utensilien, Artefakte, Zeugnisse, Indizien, Symbole, Nomaden, Zeugen, Bürgen, Agenten, Aktanten, Akteure etc.

Diese Vielfalt muss nun keineswegs abschrecken – im Gegenteil: Sie eröffnet gerade zahlreiche Ansatzmöglichkeiten und einen schier unglaublichen Variantenreichtum möglicher Materialien für die eigene Forschung.

Dennoch führt die Vielfalt gleichzeitig dazu, dass eben – unter verschiedenen erkenntnis- und wissenschaftstheoretischen Prämissen – mit variierenden Begrifflichkeiten, Rollen oder Metaphern gearbeitet wird. Bevor wir uns in Kapitel 4 dann dem möglichen Aufbau und Ablauf von Dokumentenanalysen zuwenden, wird deshalb zunächst zur Grundlegung ein genauerer Blick auf die ‚Dokumente‘ selbst geworfen. Dabei stehen in den folgenden Teilkapiteln drei Fragen im Vordergrund:

1. Was kann alles ‚Dokument‘ sein bzw. wie kann die Vielfalt systematisiert werden?
2. Wie können ‚Dokumente‘, bei allem Variantenreichtum, verallgemeinernd für den Einsatz in der (Bildungs- und Sozial-)Forschung bestimmt bzw. definiert werden?
3. Was gilt es bei der Verwendung von Dokumenten in der Forschung aufgrund ihrer Eigenart speziell zu berücksichtigen? Worin bestehen etwa mögliche ‚Tücken‘ von Texten, ‚Brisanzen‘ bei Bildern oder auch ‚Fallen‘ anderer Feldmaterialien?

3.1 Zur Vielfalt von Dokumenten und ihrer generellen Systematisierbarkeit

Die Türen der Bildungs- und Sozialforschung sind weit geöffnet: So kann aus ihrer Sicht z. B. jeder Film ein Dokument sein, selbst wenn es kein ‚Dokumentarfilm‘ ist. Primär werden in dokumentenanalytischen Studien zwar vor allem Texte bzw. Schriftstücke, wie Briefe, Akten, Berichte oder Tagebücher, bearbeitet (vgl. u. a. Festinger und Katz 1966; Ballstaedt 1982), doch auch Fotos, Audios, Videos, Karikaturen, Schaubilder, Kunstwerke, Kompositionen, Gebrauchsgegenstände oder Architekturen werden nicht ausgeschlossen (vgl. u. a. Mayring 2002; Prior 2009).

Die Methodenliteratur behilft sich bei der Bestimmung gerne mit Aufzählungen, so etwa:

- Wolff (2009, S. 503): „Aktennotizen, Fallberichte, Verträge, Entwürfe, Totenscheine, Vermerke, Tagebücher, Statistiken, Jahresberichte, Zeugnisse, Urteile, Briefe oder Gutachten“;
- Prior (2009, S. 2): „paintings, tapestries, monuments, diaries, shopping lists,

stage plays, adverts, rail tickets, film, photographs, videos, engineering drawings, the content of human tissue archives and World Wide Web [...] pages can all stand as documents in one frame or another";
- „Kleidung, Nahrungsmittel oder der Müll einer Gesellschaft" finden wir ergänzend noch bei Lueger (2010, S. 92).

Einen Einblick in das Spektrum dokumentenförmiger Analysegegenstände anhand vorliegender Studien bot bereits Kapitel 2. Dort begegneten uns – ‚in order of appearance': Sendeankündigungen in TV-Zeitschriften, Artikel aus Tages- und Wochenzeitungen, Programme von Bildungseinrichtungen oder Auszüge daraus, Artikel aus pädagogischen Fachzeitschriften, Homepages und Twitter-Tweets, Briefwechsel, Autobiografien und Selbstbildnisse, Schriftstücke und Bilder aus dem Alltag einer Institution, Werbeanzeigen, Unternehmens- broschüren, Vorsorgehefte und Tests in medizinischen Zusammenhängen, Spielfilme, Leitbilder, Stellungnahmen und Presseartikel, bauliche Anlagen und Ausstattung bestimmter Orte, Alltagsgegenstände, wie ein Schlüssel, quantitati- ve wissenschaftliche Studien aus der Psychologie, Schulprogramme, Gremien- und Konferenzprotokolle, Ausbildungsordnungen und Rahmenlehrpläne sowie Fall-Akten aus Sozialbehörden.

Außerdem wären, für den Bildungsbereich etwa, zu nennen – und dies ist ebenfalls nur ein Ausschnitt: TV-Sendungen zur Popularisierung wissenschaft- lichen Wissens am Beispiel von Wissenschaftsmagazinen (vgl. von Bullion 2004); Archivmaterialien, wie z. B. Teilnahme- und Bewerbungslisten, Semi- narpläne, Protokolle oder Auswertungsberichte (vgl. u. a. Heuer 2010); Typen von Blogs im Internet vor dem Hintergrund der Veränderung institutioneller Strukturen der Bildung bzw. des Lernens (vgl. Hoffmann 2006); Konzepte bzw. Programme zu Verfahren der Kompetenzbilanzierung im Vergleich (vgl. Böhm und Wiesner 2010); von Teilnehmer_innen geführte „Lernjournale", um daran Praktiken der Subjektivierung der Lernverantwortung bei sich verlagernden Machtverhältnissen nachzuzeichnen (vgl. Wrana 2006); didaktisch-metho- dische Praxiskonzepte einer „Neuen Lernkultur" als Basis einer interpretativen Analytik gouvernementaler „Technologien des Selbst" (vgl. Klingovsky 2009).

Die Listen des möglichen Materials sind lang, zu lang – und sie werden im- mer länger.

So wurden – jenseits der Auflistungen – durchaus auch *Strukturierungsver- suche in der Methodenliteratur* unternommen, um Ordnung in die ‚Sache(n)' zu bringen.

Lueger (2010) etwa wählt einen Zuschnitt, der – quasi rückwirkend – die Materialien nach den Verfahren der Analyse differenziert: Beobachtungsanalyse für flüchtige Materialien, Artefaktanalyse für visuelle Materialien, Sprachproto- kollanalyse für Gespräche und Texte sowie Strukturdatenanalyse für formale Kontextinformationen.

Andere, stärker am Ausgangsmedium orientierte Systematiken finden wir v. a. in den sog. ‚Historischen Grund- oder Hilfswissenschaften‘[48] (vgl. u. a. Maurer 2002; Rohr 2015). „In der Quellenkunde wird das überlieferte Material in schriftliche und nicht-schriftliche Quellen unterschieden [...]. Für die erste Gruppe wird noch einmal in ungedruckte und gedruckte Quellen differenziert. Amtliche Aufzeichnungen wie z. B. Urkunden, Verträge, Akten, Geschäftskorrespondenz sowie private Briefe und Tagebücher sind mehrheitlich handschriftliches oder maschinenschriftliches Material. Statistiken, Zeitungen, Lexika, Bücher und Literatur zählen zur zweiten Untergruppe. Als nicht-schriftliche Quellen werden bildliches Material, wozu neben Gemälden auch Fotografien, Karikaturen, Filme, Fernsehmitschnitte gerechnet werden, Tonquellen, wie Radiosendungen und Musikaufzeichnungen, und Symbole, wie z. B. Fahnen und Wimpel jugendbewegter Gruppen, zusammengefasst" (Glaser 2010, S. 367). Beck und Henning unterscheiden für Archivalien die Großgruppen „Schriftliche Quellen", „Karten und Pläne", „Bilder" sowie „Moderne Quellengattungen: Neue Medien und Massenmedien" (2003, S. V).

Für die Analyse von Schriftstücken führt Ballstaedt zudem auf: „Mögliche Klassifikationsdimensionen sind z. B. nach institutioneller oder privater Herkunft, nach Motiven der Entstehung oder nach Zweck der Texte, nach Grad der Öffentlichkeit, nach Vollständigkeit, nach Grad der Authentizität usw." (1982, S. 166). Diese Einteilungen seien, so Ballstaedt jedoch gleich weiter, „allesamt unbefriedigend" (ebd.).

Die kategorialen Zuordnungen sind meist nicht trennscharf – und immer scheint in den Gruppierungsversuchen das eine oder andere zu fehlen. Die Vielfalt lässt sich nicht in Gänze erfassen und kaum von einem archimedischen Punkt *innerhalb der Forschung* aus ordnen.

Grundsätzlicher gedacht, da es sich ja für unsere Zwecke um ‚wahrnehmbares‘ Material handeln muss, könnte man nun versucht sein, zur *Systematisierung in verallgemeinerter Form* von den menschlichen Sinnesmodi auszugehen, etwa:

- Sehen oder die visuelle Wahrnehmung von Bildern und Texten;
- Hören oder die auditive Wahrnehmung von Geräuschen, Musik, gesprochenen Worten;
- Riechen oder die olfaktorische Wahrnehmung von Gerüchen oder Düften;
- Schmecken oder die gustatorische Wahrnehmung etwa beim Essen;
- Tasten oder die taktile Wahrnehmung von Stoffen oder Oberflächen.[49]

---

48 (zum spannungsreichen Verhältnis von Soziologie und Geschichtswissenschaft vgl. u. a. Gebhardt 1996 oder Glaser 2010)

49 Die neuere Physiologie kennt dabei noch weitere Sinne, etwa für Temperatur, Schmerz, Gleichgewicht oder Körperempfindung (vom sog. „6. Sinn" ganz zu schweigen).

Doch wieder muss Wasser in den Wein gegossen werden. Zur Ordnung von Dokumenten ist diese Systematik nur auf den ersten Blick geeignet, da wir nur sehr selten monomodal, d. h. über einen einzigen Kanal, wahrnehmen; meist wird multimodal rezipiert, etwa bei einem Teller dampfender Lasagne, die wir vor uns sehen und gleichzeitig riechen sowie ihr noch kochendes ‚Blubbern‘ hören können. Selbst beim vermeintlich monomodalen Lesen eines Buchs geben manche an, dass für sie das Gewicht des Buchs in der Hand, das Gefühl beim Berühren der Seiten oder auch der markante Geruch von Bedeutung sind (und sie deshalb etwa von der Nutzung eines E-Readers abhalten).

Dennoch kann all dies potenziell von bildungs- bzw. sozialwissenschaftlichem Interesse sein, da sich in den Dingen immer wieder Spuren oder auch Steuerungsabsichten menschlicher Praxis finden. So werden bestimmte Geschmacksrichtungen salziger Suppen oder süßer Softdrinks zusätzlich verstärkt; Verpackungen werden so gestaltet, dass ein als angenehm empfundenes Aroma gleich beim Öffnen in die Nasen der Verbraucher_innen steigen soll; in vergleichenden Tests wird an dem Geräusch gearbeitet, wie der ideale Keks beim Anbeißen zu klingen oder sich der optimale Schoko-Pudding im Mund anzufühlen hat; illustrierende Bilder mit einladenden ‚Serviervorschlägen‘ oder zu abschreckenden Folgen des Rauchens werden abgedruckt; Produktnamen werden eher auf ihre Verführungs-, denn auf ihre Aussagekraft hin konzipiert. Hierbei geht es immer auch um soziale Praktiken; in den gerade genannten Beispielen etwa im Sinne kultureller Ernährungsgewohnheiten oder im Sinne des gesellschaftlichen wie individuellen Konsumverhaltens und seiner möglichen Beeinflussung – sei es als ‚Marketing‘, als ‚Aufklärung‘, als ‚Verbraucherbildung‘ etc.

Doch sind die faktischen Möglichkeiten der Dokumentation der Sinnes-Praktiken, d. h. ihrer medialen Speicherung zu Zwecken wissenschaftlicher Analyse, sehr unterschiedlich ausgeprägt – und damit einer ‚Dokumentenanalyse‘ nur zum Teil zugänglich: Belege des Sehens sind in Bildern und Texten fixierbar, Geräusche oder Töne können aufgezeichnet werden[50], aber für das Schmecken, Fühlen oder Riechen stehen uns kaum archivierende Techniken zur Verfügung[51], welche aber erst die für die Wissenschaft so wichtige spätere Auswertbarkeit bzw. Nachvollziehbarkeit gewährleisten.

Vor diesem Hintergrund nimmt es nicht wunder, dass auch in der bildungs- und sozialwissenschaftlichen Forschung bestimmte Formen von Dokumenten dominieren. So konzentriert sich ein Großteil der Literatur zur Methodik auf

---

50 Sie werden dennoch oft vernachlässigt (vgl. beispielsweise „The Lack of Sound“, Pätzold 2006, im Titel).

51 (sieht man von den bislang wohl kaum sozialwissenschaftlich genutzten Inventaren etwa der Wein- oder Kaffee-Connaisseur_innen oder auch Parfümeur_innen ab) Eine Ausnahmeerscheinung stellt hierbei die „Soziologie des Geruchs“ von Raab (2001) dar.

visuelles Material, zuweilen unter Differenzierung zwischen Wort-/Schrift-/
Text- sowie Bild-/Foto-/Film-Dokumenten[52].

Was aber z. B. bei psychiatrischen Gutachten im Vergleich zu von Patient_innen gemalten Bildern noch trennscharf erscheinen kann, stößt andernorts schnell an seine Grenzen. Wenn etwa in Werbebroschüren Fotos von
freundlichen Gesichtern den Text rahmen, wenn Visitenkarten mit eindrucksvollen Logos prunken, wenn beim Öffnen der Homepage stimmungsvolle Musik erklingt, wenn der Tagebuchtext mit kleinen Skizzen durchsetzt ist – in
solchen Fällen wäre es zu kurz gegriffen, nur die Schrift oder nur das Bild in
den Blick zu nehmen und nicht den wechselbezüglich multimodalen Charakter
der Dokumente zu würdigen (Nolda 1998, S. 147; vgl. auch Wolff 2009, S. 512;
Prior 2009, S. 5).

Über den Bild-Schrift-Zusammenhang hinaus reichen zudem andere Formen der Dokumentation sozialer Praxis: Dreidimensionale ‚Dokumente‘ bzw.
‚Artefakte‘, wie etwa Kult- und Ritualgegenstände bei festlichen oder feierlichen
Anlässen (z. B. Weihnachtsschmuck, Hochzeitskleidung, Masken oder Orden),
die Inszenierung von Ökonomie oder Biografie in Spielen wie „Monopoly“ oder
„Spiel des Lebens“, die Überwachungs- und Schließtechnik von Gebäudekomplexen, die verräterischen Laufpfade, die auf Wiesen oder in Beeten durch bevorzugte Abkürzungen erscheinen, um nur einige Beispiele zu nennen. Hier
stoßen wir schnell an die Grenzen einer rein textlich visuellen oder auditiven
Erfassung.

Wird mit ‚Dokument‘ jedoch die gesamte ‚Objektivierungsseite‘ menschlich
sozialer Praxis gefasst, so erscheint eine trennscharfe, allgemeingültige Systematisierung also auch generell unmöglich – bzw. auch wenig sinnvoll. Solche universalen Ordnungsversuche gleichen der Idee, einen Kleiderschrank mit Fächern, Schubladen und Sortierungen für alle Gewänder, Trachten, Outfits oder
Wäschearten der Menschheit zu bauen. Gewaltig, ja, aber wer braucht so einen
Schrank? Was wäre gewonnen? Passender ist doch meist eher ein Schrank bzw.
ein Ordnungssystem für das, was ich tatsächlich habe oder im Moment brauche.

Ein schönes Beispiel situationsspezifischer und sich dabei aber auch wandelnder Klassifikation finden wir etwa in Manguels Band zur Geschichte des
Lesens, wo der Autor, ein passionierter Leser und Buchsammler, von sich selbst
berichtet: „Ich ordnete meine Bücher anfangs in streng alphabetischer Reihenfolge nach Autorennamen. Dann gruppierte ich sie nach dem Genre: Romane,
Essays, Dramen, Lyrik. Darauf versuchte ich sie nach Sprachen zu ordnen, und

---

52 Wenn auch meist aus pragmatischen Gründen wird – nach anfänglich weiter Definition –
    der Akzent in der Methodenliteratur dann häufig auf die Varianten der fixierten sprachlichen Äußerungen gelegt (vgl. u. a. Ballstaedt 1982; Wolff 2009; Salheiser 2014).

als ich wegen meiner vielen Reisen nur noch wenige behalten konnte, teilte ich sie ein in solche, die ich kaum jemals las, in andere, die ich immer wieder las, und in jene, die ich eines Tages zu lesen hoffte" (2000, S. 31 f.).

Und so finden wir angemessenere, aber eben nicht über alle Kontexte hinweg generalisierbare Ausgangspunkte für eine Bestimmung von Dokumenten u. a. in den konkreten, eigenen Benennungen und Ordnungen der Materialien innerhalb ihrer Herkunftsfelder oder anhand der Systematik, die sich aus dem jeweiligen theoretischen Frage-Horizont ergibt (vgl. auch Kapitel 4). Wenn also etwa ‚Werbeplakate' analysiert werden sollen, so sind die Dokumente in die Geschichte genau dieses Mediums in ihrer Zeit einzuordnen – und, wenn es dabei z. B. um das ‚Geschlechterbild' gehen sollte, wäre (eher fokussierend als generalisierend) etwa danach zu fahnden, wer die zu analysierenden Plakate, wann und unter welchen sozio-kulturellen Bedingungen, für welches Publikum, zu welchem Zweck, unter Aufnahme welcher (Geschlechter-)Motive entworfen, produziert, platziert und betrachtet hat (vgl. exemplarisch dazu „Bildquellen der Neuzeit" von Brocks 2012).

3.2 Zu Eigenschaften und Eigenheiten vorfindlicher Dokumente und ihrer Definition

Angesichts der geschilderten Formenvielfalt ist es nicht überraschend, dass auch eine einheitlich generalisierende Definition von ‚Dokument' schwierig ist: „For it is no easier to specify what a document is than it is to specify, in abstraction, what is and what is not a work of art", so Prior gleich zu Beginn ihres Buchs (2009, S. 1).

Definitionsangebote gibt es dennoch – und ein Weg der näheren Bestimmung führt für unseren Kontext über die Berücksichtigung jener Merkmale, welche speziell für die bildungs- bzw. sozialwissenschaftliche Analyse von Relevanz sind. Dazu betrachten wir im Folgenden zunächst kurz einige der vorliegenden Definitionen dieser Art. Im Sinne der Überblicksfunktion dieses Buches, das Dokumente jedoch nicht nur im Lichte einer Theorie oder einer Methodologie berücksichtigen will (vgl. auch die Heterogenität der Ansätze in Kapitel 2), wird anschließend versucht, eine sehr allgemeine ‚operationale Definition' über mehrere Schritte hinweg zu entwickeln, wobei – im Sinne von Problemhorizonten – auch einige grundsätzliche Problem- und Debattenfelder (wissenschaftlicher) Erkenntnis angerissen werden. Auf der Basis der operationalen Definition gelangen wir schließlich – unter Berücksichtigung weiterer in der Forschungspraxis konstatierter Eigenheiten von Dokumenten – zu einer ‚Arbeitsdefinition' für das weitere Vorgehen.

Über einige vorliegende Definitionen

In seiner Einführung in die empirische Sozialforschung heißt es bei Denz sehr allgemein: „Dokumente sind alle Ergebnisse menschlicher Kulturtätigkeit unabhängig davon, für welchen Zweck sie geschaffen wurden" (1989, S. 29).

Doch gilt dies nicht immer ganz unabhängig von ihrem Zweck; gerade der Zweck der Erforschung selbst wird in anderen Ausführungen meist ausgeschlossen. So besteht weitgehender Konsens darin, dass es sich bei ‚Dokumenten' um Material handelt, „das nicht erst vom Forscher durch die Datenerhebung geschaffen werden muss" (Mayring 2002, S. 47; vgl. auch Ballstaedt 1982). Die Generierung bzw. Entstehung dessen, was Objekt der Analyse ist, geht also nicht auf einen Impuls aus dem konkreten Forschungszusammenhang zurück.

Damit gehören Dokumente bzw. ihre Analyse primär[53] in die Gruppe der sog. „natürlichen Daten" (vgl Salheiser 2014, im Titel) bzw. der „nonreaktiven Verfahren", da sie nicht als „Reaktion auf eine Aufgabenstellung oder Befragung eines Wissenschaftlers" zustande kommen (Ballstaedt 1982, S. 165).

„Zu Dokumenten im weitesten Sinn zählen alle vergegenständlichten Zeugnisse menschlichen Handelns und Erlebens", fasst es Ballstaedt (1982, S. 165) – und doch ist damit nicht gleich jeder Schrieb, Schnappschuss oder Haushaltsgegenstand gemeint. Unabhängig vom Format muss es einen plausiblen Grund oder zumindest einen ‚Verdacht' geben, dass uns die Dinge als Dokumente tatsächlich Auskunft über die soziale Welt bzw. über Praktiken oder Strukturen des jeweiligen Feldes geben können, d. h., sie sollten „als materialisierte Produkte menschlichen Handelns [...] *Objektivationen sozialer Beziehungen* und gesellschaftlicher Verhältnisse" verkörpern (Lueger 2010, S. 92, Hervorh. i. O.). Der Autor führt diese Prämisse weiter aus: „Die Welt, in der wir leben, ist voll von solchen Materialien und erzeugt diese unentwegt, sodass es im städtischen Alltag nahezu unmöglich ist, natürliche Umwelt zu identifizieren. Fast alles ist von Menschen geschaffen oder zumindest überformt und arrangiert", d. h., „hergestellte und benutzte Materialien" „sind in der Gesellschaft omnipräsent, wobei soziale Phänomene, Ereignisse oder das Milieu, in dem Menschen leben, in ihnen ohne Zutun von SozialwissenschaftlerInnen bereits dokumentiert sind" (ebd., S. 92 und S. 93 f.).

---

53 Zwar wird zuweilen ebenfalls von ‚Dokumenten' gesprochen, wenn diese im Rahmen der Forschung gezielt erstellt werden (wie etwa in einer Studie, die u. a. Kinderzeichnungen analysierte, welche nach einem thematischen Impuls von den Kindern im Rahmen der Forschung gezeichnet wurden, vgl. Wopfner 2008; oder wie bei Sekundäranalysen von bereits erhobenen Datensätzen), doch wird dieser Pfad hier nicht weiter verfolgt. Im vorliegenden Buch geht es um ‚vorfindliche Dokumente', die ursprünglich nicht zum Zweck der Forschung entstanden sind.

Ganz allgemein ließe sich im Sinne der angeführten Bestimmungsvarianten nun sagen:

„Ein Dokument ist etwas, das uns etwas Anderes dokumentiert.“

Um jedoch mit dieser recht banalen operationalen Definition tatsächlich weiterarbeiten zu können, bedarf es einiger ergänzender Überlegungen. Diese lassen uns auch auf einige fundamentale Probleme und lang diskutierte Eckpunkte stoßen bzw. diese kurz streifen: Fragen des ‚Seins‘, der ‚Wahrnehmung‘, der ‚menschlichen Erkenntnis‘ und der ‚Wissenschaftstheorie‘.

Teil 1: Betrachten wir also die o. g. Relation näher: „Ein Dokument *ist etwas, das uns …*“

Mit der Aussage ‚ist etwas‘ stoßen wir gleich auf eine sehr grundlegende Frage, auf die des ‚Seins‘, an der sich die abendländische Philosophie bis heute noch immer abarbeitet[54]. Doch dies ist nicht der Ort den grundsätzlichen Realismus-Debatten zum generellen Status des Seins bzw. des Ontologischen zu folgen, vielmehr interessiert an dieser Stelle konkreter einschränkend der Aspekt, dass ein Dokument ‚etwas‘ für ‚uns‘ ‚ist‘, d. h. ganz praktisch, dass es von uns ‚beobachtbar‘ etc. sein muss. Damit geht es also um unsere ‚Wahrnehmung‘, um die prinzipiellen Möglichkeiten unserer Sinne – und somit weniger um das ‚Sein‘ der ‚Welt‘ an sich, sondern um unser Verhältnis zu ihr bzw. zu ihren ‚Dingen‘.

Dies ist zwar eine wichtige Prämisse, freilich reicht die bloße Existenz von Dingen bzw. ihre potenzielle Wahrnehmbarkeit allein für die Bestimmung als Dokumente noch nicht aus. Das Wahrgenommene muss zudem ‚für uns‘ Bedeutung gewinnen, es soll erkannt, d. h. auch benannt, werden können. Hier bewegen wir uns über die Wahrnehmung von ‚etwas‘ hinaus hin zum für ‚uns‘, d. h. hin zum menschlich Erkennbaren – und damit erneut in ein weites Gebiet von Diskursen, jenen zur Erkenntnistheorie[55], aber auch zu Sprachphilosophie oder Semiotik bzw. Zeichentheorie.

Ein Beispiel aus der Theorie: Ein vielfach gewählter Referenzpunkt in den Debatten zum Verständnis der Erkennbarkeit der Welt durch die Menschen ist die Phänomenologie[56], eine (in sich wiederum facettenreiche) philosophische

---

54 (vgl. zur Einführung etwa Willaschek 2000 oder Halbig und Suhm 2004)
55 (vgl. zum Überblick u. a. Schnädelbach 2013 oder Rynkiewicz 2012)
56 (zu Einführung bzw. Überblick vgl. etwa: Waldenfels 1992 oder Lembeck 2005; in erzählerischer Form auch „Das Café der Existenzialisten. Freiheit, Sein und Aprikosencocktails“ von Bakewell 2016)

Strömung, die sich damit beschäftigt, wie sich die ‚Welt‘ uns ‚zeigt‘, wie uns die ‚Dinge‘ ‚erscheinen‘ bzw. in unser ‚Bewusstsein‘ treten. Um zu verdeutlichen, wie unterschiedlich das Mensch-Welt-Verhältnis ausfallen kann, wird hier vielfach, in verschiedenen Kontexten auf eine Unterscheidung im Anschluss an Martin Heidegger zurückgegriffen[57]:

Ansatzpunkt ist dabei nun zunächst nicht die Perspektive von Forschung oder wissenschaftlicher Auseinandersetzung, sondern unsere Welt der täglichen Vollzüge. „Die Grundverfassung des alltäglichen In-der-Welt-seins des Daseins besteht darin, dass es mit irgendetwas beschäftigt ist. In der Regel denke ich nicht über die Dinge nach, sondern nehme sie in die Hand und tue etwas mit ihnen. Wenn ich einen Hammer in der Hand halte, dann normalerweise nicht, um ‚das Hammerding nur zu begaffen‘, wie es Heidegger ausdrückt, sondern um damit Nägel einzuschlagen. [...] Unser In-der-Welt-sein, fährt Heidegger fort, hat zur Folge, dass wir Utensilien benutzen, ‚das Zeug‘: Schreibzeug, Nähzeug, Werk-, Fahr-, Messzeug oder auch einen Hammer. Diese Dinge haben eine je eigene Seinsart, die Heidegger ‚Zuhandenheit‘ nennt: Wenn ich hämmere, besitzt der Hammer das ihm konstitutive ‚Um-zu‘. Wenn ich jedoch den Hammer beiseitelege und ihn als ein Hammerding ‚nur begaffe‘, hat er eine andere Seinsart: die ‚Vorhandenheit‘“ (Bakewell 2016, S. 80 f.).

Dass es sich beim Zuhanden-Sein im Alltag nicht um eine rein punktuelle Funktionsbeziehung handelt, sondern um ein Netz von Bedeutungszuschreibungen, verdeutlicht ein weiteres Beispiel: „Wie Heidegger an einer anderen Stelle ausführt, ist ein Tisch nicht einfach nur ein Tisch: Er ist ein Familientisch, an dem ‚sich die Buben zu schaffen‘ machen; ‚an dem Tisch da führten wir damals die und die Diskussion; hier fiel damals die Entscheidung mit Freunden, da wurde damals jene Arbeit geschrieben, jenes Fest gefeiert‘. Wir sind nicht nur instrumentell, sondern auch sozial involviert. Und somit ist für Heidegger jedes ‚In-der-Welt-sein‘ auch ein ‚Mitsein‘. Wir leben mit anderen zusammen in einer ‚Mitwelt‘“ (ebd., S. 81).

Im Kontext von ‚Dingen‘ als ‚Dokumenten‘ ist nun genau ihr Doppelstatus von Interesse: ihr Zuhanden-Sein für uns in der alltäglichen Praxis der bedeutungsreichen Mitwelt und zugleich ihr Vorhanden-Sein, wenn es um ihre distanzierte bzw. reflektierende Betrachtung ihrer Eigenschaften und Eigenheiten geht.

Doch die auf den ersten Blick vermeintlich „konsistente Welt fröhlich hämmernder Menschen“ (ebd., S. 85) kennt auch Brüche: „Ich hämmere also Nägel in einen Schrank; den Hammer nehme ich dabei kaum wahr, nur den Nagel, der in das Brett eindringt, und mein Vorhaben. [...] Aber dann läuft

---

57 (vgl. Heidegger 1927/2006; aufgegriffen u. a. bei Cavell 2002; Wolff 2008; Schivelbusch 2015, Hitzler und Eisewicht 2016 oder Bakewell 2016)

etwas schief. Der Nagel verbiegt sich, der Kopf des Hammers fällt vom Stiel
[…]. Für einen Moment starre ich ratlos den kaputten Hammer an […]. Heidegger nennt diesen defizienten Modus das ‚Nur-noch-vorhandensein eines
Zuhandenen‘. […] Die Welt ist plötzlich keine gleichmäßig surrende Maschine
mehr, sondern eine Ansammlung störrischer Objekte, denen ich perplex und
ratlos gegenüberstehe“ (ebd., S. 85 f.).

Und genau an dieser Stelle setzen die Überlegungen Wolffs „Über einige
Merkmale praxissensibler Sozialforschung“ ein (2008, im Untertitel). „Die Welt
wird nicht als ein Arrangement von wohlunterschiedenen, kontextfreien Objekten oder Ereignissen, sondern als dynamische Ganzheit von miteinander ver-
netzten Projekten erlebt. Im Modus der Zuhandenheit (d. h. auf der Ebene der
Praxis) nehmen wir die Dinge […] immer unter dem Gesichtspunkt ihrer tatsächlichen oder möglichen Verwendung wahr: Daraus folgt, daß ihre bloße
Vorhandenheit, ihr ‚Soundso-Aussehen‘, im Alltag keine Rolle spielt oder doch
zumindest transparent bleibt und nicht bemerkt wird“ (ebd., S. 243 f.) – außer
eben in Situationen der Störung der Zuhandenheit, wie im Beispiel des defekten
Hammers, aber auch bei größeren Stör-, Krisen- oder Unfällen, der Konfronta-
tion mit Abweichungen oder Regelverletzungen. Dies sei dann, so Wolff (unter
Bezug auf Winograd und Flores 1989), „ein Umstand, der aus der Erkenntnis,
daß irgend etwas fehlt, eine (durch unsere Erklärungsversuche ausgelöste) Of-
fenlegung einiger Aspekte des Netzes aus Werkzeugen befördert, die wir gerade
im Gebrauch haben. Ein Zusammenbruch offenbart somit die Verflechtung der
Beziehungen, die zur Vollendung einer Aufgabe notwendig sind.“ Wolff betont
weiter, „daß sich die Welt in den Momenten der Unzuhandenheit nur meldet,
ohne dabei ausdrücklich und umfassend ihren Charakter zu offenbaren. Solche
Momente bieten lediglich die Chance für Einsichten, garantieren diese aber
nicht“ (Wolff 2008, S. 246).

Wie wir nun auch immer die Mensch-Welt-Beziehungen fassen (und der
gerade skizzierte Weg ist nur eine Möglichkeit dazu), alle erkenntnistheoretischen Konzeptionen setzen Prämissen, die uns bestimmte Aspekte als zugänglich erscheinen lassen und gleichzeitig auch Grenzen der Erkenntnis aufzeigen
(vgl. u. a. Sandkühler 2003). Stets sind wir verwiesen auf ein verwobenes Netz,
eine Assemblage, ein Dickicht aus Belebtem und Unbelebtem, aus Früher und
Heute, aus Hier und Andernorts, aus Wahrnehmung, Empfindung, Denken
und Sprache (vgl. hierzu den Exkurs in Sachen ‚Rose‘).

Um nur eine – doch mit ihren zahlreichen Dokument-Formen durchaus assoziationsreiche – Schneise in diesem komplexen Feld zu schlagen, sei auf eine zunächst alltägliche „Rose" verwiesen.

Eine Rose ist eine Rose. So what?

Doch tut sich hier eben exemplarisch die Frage auf, ob die ‚Rose' als Gegenstand in ihrer Benennung als ‚Rose' aufgeht – bzw. grundlegender, wie das Verhältnis von Bezeichneter und Bezeichnung, von Signifikat und Signifikant zu bestimmen ist. Die harmlose Rose ist dabei nun ein historisch immer wieder genutztes Motiv zur Problematisierung von Sein und Sprache, Mensch und Welt, Begriff und Objekt.

Beginnen wir mit dem ebenso berühmten wie rätselhaften Satz „Rose is a rose is a rose is a rose" der Schriftstellerin **Gertrude Stein** (1874–1946): eine Tautologie in einem Gedicht aus dem Jahr 1913. Hier steht die zuerst erwähnte „Rose" für den Namen einer Person; deutlich wird, dass in diesem Fall eine allgemeine gegenständliche Bezeichnung, der Gattungsname einer Blütenpflanze, durchaus ein Bild von etwas oder jemand Besonderem (und auch damit verbundene Gefühle) präsentieren und repräsentieren kann, ohne damit identisch zu sein. „Rose" erweist sich als vieldeutiges Zeichen, das sich auf verschiedenste Formen des Seins beziehen kann.

Stein spielt hierbei auf eine Denktradition an, die unter dem Namen „**Universalien-, Realien- oder Nominalismus-Streit**" eine lange Geschichte hat[58], in der eben die Rose und ihr Name einen herausragenden Platz einnehmen. „Dabei ging es um die Frage, ob allgemeine Bestimmungen bloß gedacht werden oder ob ihnen in der Realität etwas entspricht. Platonismus oder Realismus und Nominalismus bildeten mit ihren jeweils starken und schwachen Varianten die Gegenpositionen. Die platonische Auffassung (*universalie ante rem*) geht von einer unabhängig existierenden Allgemeinheit aus. Der Realismus (*universalie in re*) behauptet dagegen, daß das Allgemeine eine Struktur sei, die durch Abstraktion aus der Wirklichkeit gewonnen wird. Der Nominalismus (*universalie post rem*) schließlich bestimmt das Allgemeine als alleinige Leistung des Erkennenden" (Meyer-Drawe 1999, S. 330, unter Bezug auf Flasch und Gethmann; Hervorh. i. Orig.). Und selbst der diesbezügliche Eintrag der deutschsprachigen Wikipedia[59] beginnt dann mit dem folgenden „Grundproblem": „Begriffe haben die Funktion, Gegenstände, Vorgänge oder Eigenschaften zu kennzeichnen. Sie tragen eine Bedeutung, und jedermann wird anerkennen, dass der Satz ‚Die Rose ist rot' auf Wahrheit überprüft werden kann, also sinnvoll ist. Sowohl ‚Rose' als auch ‚ist rot' […] können auf mehrere Gegenstände bezogen werden. Allgemeine Anwendbarkeit gilt für alle Begriffe mit Ausnahme von Namen, die ein Besonderes, ein Individuum, vom Allgemeinen unterscheiden sollen".

Einen ihrer Höhepunkte erreicht die Universalien-Debatte im Mittelalter, in der

---

58 (zur Übersicht vgl. etwa Stegmüller 1978 oder Wöhler 1992)
59 (Wikipedia: „Universalienproblem", 2017, o. S.)

Scholastik, wo es **Petrus Abaelard** (1079–1142) war, der der bisherigen Dominanz des Seins, des Ontologischen eine sprachlogische Position gegenübersetzte: Für ihn stellten ‚Universalien‘ Wörter dar, welche von Menschen festgelegt wurden, um die durch gedankliches Begreifen identifizierten Gemeinsamkeiten von Gegenständen zu bezeichnen; also – und das war (relativ) neu – keine Ideen, die bereits vor den Dingen da waren oder die den Dingen selbst innewohnten. Nicht zufällig war dann später Abaelards tragische Liebesbeziehung zu Heloisa auch Gegenstand des mittelalterlichen „Le Roman de la Rose“ – und hier stand die Rose wiederum für die Besondere, die Geliebte.

Ist es der Name der Rose, der sie uns süß duften oder kostbar erscheinen lässt? Auch **William Shakespeare** (1564–1616) spielt in „**Romeo and Juliet**“ (Akt 2, Szene 2) darauf an, wenn er Julia fragen lässt:

„What's in a name? that which we call a rose
By any other name would smell as sweet“.

Julia scheint hier für die Bedeutungslosigkeit bloßer Namen im Vergleich zur wirklichen Erscheinung des Bezeichneten zu plädieren, so sei es etwa ohne Belang für ihre Liebe, dass Romeo den Namen einer verfeindeten Familie trage.

Ebenso begegnet uns „**Der Name der Rose**“ als Titel des bekannten Buchs des italienischen Schriftstellers, Philosophen und Professors für Semiotik **Umberto Eco** (1932–2016) bzw. in der Verfilmung mit Sean Connery in zentraler Rolle als William von Baskerville und Christian Slater als Adson von Melk, seinem Novizen und Erzähler der Geschichte. In diesem Werk voll von Anspielungen und Bezügen kommen beide Hauptpersonen am Ende der nach Italien in eine mittelalterliche Abtei verlegten Handlung zu einem gebrochenen Resümee. William von Baskerville konnte zwar das Rätsel aufklären, mit dem er sich beim Besuch des Klosters konfrontiert sah, doch nur mit katastrophalen Folgen – und Eco lässt ihn sagen: „Ich bin wie ein Besessener hinter einem Anschein von Ordnung hergelaufen, während ich doch hätte wissen müssen, dass es in der Welt keine Ordnung gibt“. Doch Adson antwortet: „Aber indem Ihr Euch falsche Ordnungen vorgestellt habt, habt Ihr schließlich etwas gefunden …“ – „Da hast du etwas sehr Schönes gesagt, Adson, ich danke dir. Die Ordnung, die unser Geist sich vorstellt, ist wie ein Netz oder eine Leiter, die er sich zusammenbastelt, um irgendwo hinaufzugelangen. Aber wenn er dann hinaufgelangt ist, muß er sie wegwerfen, denn es zeigt sich, dass sie zwar nützlich, aber unsinnig war“ (Eco 1986, S. 625). Für sich bilanziert Adson von Melk schließlich mit einem Zitat von Bernhard von Cluny/Morlaix: „Stat rosa pristina nomine, nomina nuda tenemus“ (Die Rose von einst steht nur noch als Name, uns bleiben nur nackte Namen. Eco 1986, S. 626).

Wir verdanken Eco (bzw. Adson) hier zudem noch den für die Analyse von Dokumenten bedeutsamen Hinweis, dass die menschlichen Benennungen für die Dinge der Welt nur selten direkt neu erfunden werden, sondern vielmehr im Rückgriff auf eine lange Geschichte der Kultur- wie Sprachentwicklung bzw. des über die Dinge Gesprochen- bzw. Geschrieben-Habens erfolgen[60]: „Bisher hatte ich immer gedacht, die Bücher sprächen nur von den menschlichen oder göttlichen Dingen, die sich außerhalb der Bücher befinden. Nun ging mir plötzlich auf, dass die Bücher nicht selten von anderen Büchern sprechen, ja, dass es mitunter so ist, als sprächen sie miteinander. Und im Licht dieser neuen Erkenntnis erschien mir die Bibliothek noch unheimlicher. War sie womöglich der Ort eines langen und säkularen Gewispers, eines unhörbaren Dialogs zwischen Pergament und Pergament? Also etwas Lebendiges, ein Raum voller Kräfte, die durch keinen menschlichen Geist gezähmt werden können, ein Schatzhaus voller Geheimnisse, die aus zahllosen Hirnen entsprungen sind und weiterleben nach dem Tod ihrer Erzeuger? Oder diese fortdauern lassen in sich?" (Eco 1986, S. 366).

Und schließlich wird, in wieder anderen Formaten, der Topos zwar aufgegriffen, doch werden die allzu gedankenschweren Versuche der Bestimmung des Verhältnisses von Sein und Sprache lebensweltlich ironisiert: „A rose is a rose, a nose is a nose…", heißt es etwa im Gesangsduett von **Gene Kelly** und **Donald O'Connor** im Musical **„Singin' in the Rain"** (1952). In dieser Szene, in der es um ein Training sprachlicher Artikulationsfähigkeit für Schauspieler geht, machen sich die beiden Schüler schamlos und überschwänglich über ihren Lehrer lustig – angesichts der Künstlichkeit der Situation mit ihren Trockenübungen und Schautafeln, die eben nur das Bild einer Rose zeigen.

„Rose" ist also ein Wort, ein Begriff, ein Name, eine Blume, eine Person, eine Gattungsbezeichnung, ein Gegenstand, etwas Allgemeines, etwas Besonderes, ein Beispiel, ein Motiv, ein Topos, ein Zeichen, ein Symbol, ein Gedicht, ein Buch, ein Film, ein Lied, ein Bild und, nun, eben eine Rose. Vielleicht auch ohne sich vertieft in die Argumentationslinien des Universalien-Streits einzuarbeiten, lehrt uns die „Rose" doch Respekt von den mannigfaltigen Möglichkeiten und Verwobenheiten im Netz von Sprache, Mensch und Welt.

Teil 2: Der bezugs- und verweisungsreiche Charakter von Sprache, Mensch und Welt ist nun von besonderer Relevanz, wenn wir die weitere Spezifikation der o. g. operationalen Definition betrachten: „Ein Dokument ist etwas, das *uns etwas Anderes dokumentiert.*"

Die Annahme, dass Dokumente ‚etwas Anderes' erschließen können, macht gerade ihren wissenschaftlichen Wert aus. Wir wollen ja z. B. nicht nur wahrnehmen, dass etwa Goldenes schwer um den Hals einer Person hängt; wir wollen nicht nur erkennen, dass es sich um ‚Schmuck' handeln könnte; wir wollen nicht nur hören, dass diese glänzenden Accessoires in der Hip-Hop-Szene ‚Bling Bling' genannt werden; wir wollen wissen, was es weiter damit auf sich hat, d. h. interpretieren, wofür das Tragen von ‚Bling Bling' dort steht, was es den Menschen bedeutet, worauf es verweist oder auch verwiesen hat.

---

60 (vgl. „Intertextualität" bei Eco – oder, in anderer Lesart, „Diskurs" bei Foucault)

Dokumente dienen uns dann – ganz im ursprünglichen Sinn des Wortes – der ‚Vermittlung‘, der ‚Unterrichtung‘ über etwas Anderes, als dessen Ausdruck wir sie ansehen. Doch da ein ‚Verstehen‘ der Dokumente als ‚Zeichen‘, ‚Repräsentationen‘ oder ‚Spuren‘ immer mit ihrer Mehrdeutigkeit, Kontextabhängigkeit und der Möglichkeit der Veränderung von Bedeutungen umgehen muss, sind die ‚Brücken‘, die uns Dokumente bieten, zugleich komplexe wie fragile Konstruktionen (vgl. auch Kapitel 3.3), die sich nicht allein aus sich heraus interpretieren lassen, sondern gerade aus ihrer Verbindungsfunktion zwischen ‚uns‘ und dem ‚Anderen‘.

Zwar haben wir mit den o. g. Bezügen auf die *menschliche* Praxis etwa jene Duftspuren bereits ausgeschlossen, welche eine schnüffelnde Hundenase beim Gassi-Gehen wahrnimmt (und die ihr vielleicht sagen, dass an diesem Baum vor kurzem ein Rüde sein Terrain markiert hat), doch erfährt im vorliegenden Kontext das ‚Uns‘ in der operationalen Definition nochmals eine Einschränkung: Denn das ‚Uns‘ meint hier ein ganz bestimmtes ‚Wir‘ – und zwar wir in der Rolle als Forschende (in den Bildungs- und Sozialwissenschaften).

Damit wird ein weiteres weites Debattenfeld betreten, das der Wissenschaftstheorie, in der es um die Frage geht, was auf welche Weise (hier bildungs- und sozial-)wissenschaftlich erkannt (und auch nicht erkannt) werden kann[61].

Hierzu sei nochmals das bereits in Kapitel 1 angesprochene Beispiel aufgegriffen, in dem sich Wolff auf die ethnomethodologische Forschung von Harold Garfinkel bezieht: „Im Rahmen einer Studie über Patientenkarrieren war ihm aufgefallen, dass die einschlägigen Unterlagen nur lückenhaft und ungenau ausgefüllt waren. An diesem für ihn als Forscher ärgerlichen Umstand der ‚fehlenden Daten‘ nahm das Klinikpersonal eigenartigerweise kaum Anstoß. Da Garfinkel diesen Befund nicht als Ausdruck von Inkompetenz des Personals abtun wollte, stellte er sich die Frage, ob es nicht auch ‚gute Gründe‘ für solche ‚schlechten‘ klinischen Aufzeichnungen gäbe.“ Bei genauerer Betrachtung des Kontexts ‚Klinik‘ stellte sich dann heraus, dass mit Blick auf die Dokumente die knapp bemessene Zeit für die Aktenbearbeitung selbst ebenso zu berücksichtigen war wie die Tatsache, „dass Akten zur Kontrolle der Tätigkeit bzw. der Effektivität des Personals herangezogen werden können. Dies lässt eine gewisse Vagheit der Darstellung sinnvoll erscheinen, weil sich dadurch im Zweifelsfall die Möglichkeit einer auf die praktischen Umstände bezogenen Erläuterung und Rechtfertigung eröffnet. […] Das ‚Ärgernis‘ des Forschers entpuppt sich so als eine für die Beteiligten durchaus rationale und nachvollziehbare Form der Gestaltung von Dokumenten“ (Wolff 2009, S. 506).

---

61 (vgl. zur Einführung u. a. Lauth und Sareiter 2005; Bartels und Stöckler 2007; Carrier 2011; Wiltsche 2013).

Die für Garfinkel zugänglichen, also ‚vorhandenen‘ Patienten-Dokumente erschienen zunächst als nicht korrekt bearbeitet. Damit funktionierten sie in ihrer ‚Zuhandenheit für den Forscher‘ aber nicht wie erwartet – und ein ‚gestörtes‘ Aufmerken angesichts der Gelassenheit des Personals dem Zustand der Akten gegenüber führte dazu, sich diesen eher in der Perspektive der möglichen ‚Zuhandenheit in der Praxis der Klinik-Mitarbeiter_innen‘ anzunähern. Dabei wurde das System der Verweisungszusammenhänge erweitert, auf dem die vorgefundene Gestalt der Akten zu beruhen schien: Die Aufzeichnungen waren nun nicht nur Ausdruck von Klinik-Patient-Behandlungsgeschichten, sondern auch von bestimmten zeitlichen Strukturen im Krankenhausalltag und von der (zur Vorsicht anhaltenden) Praxis späterer Erfolgskontrollen.

In Modifikation der o. g. operationalen Definition können wir – im Kontext dieses Buchs – damit präziser, doch noch immer sehr allgemein sagen:

> Ein Dokument ist etwas Wahrnehmbares, das in besonderer Weise geeignet ist, uns als Forschende über etwas Erkennbares aus jenen Gebieten menschlicher Praxis zu unterrichten, welche für die Bildungs- und Sozialwissenschaften von Interesse sind.

Weitere Spezifikationen auf dem Weg zu einer ‚Arbeitsdefinition‘

Wenn es also nun um ihre Eignung ‚in besonderer Weise‘ geht, sind einige weitere ‚Eigenheiten‘ von Dokumenten im Kontext der Forschungspraxis zu berücksichtigen.

So sind neben grundsätzlichen Problemen der inhaltlichen Ausgestaltung eines adäquaten (bildungs- wie sozial-)wissenschaftlichen Zugangs zu den ‚Vor- und Zuhandenheiten‘ unserer Welt auch praktisch-formale Anforderungen wissenschaftlicher Erkenntnis von Belang. In Kapitel 3.1 sahen wir bereits, dass sich nicht alle Aspekte menschlichen Tuns gleichermaßen tauglich für die Zwecke der Forschung dokumentieren (lassen) – für Texte und Bilder, für Geräusche und Musik mag es entsprechende Speichermedien geben, doch für die Sinneswahrnehmungen des Riechens, Schmeckens, Fühlens etc. ist dies, wie bereits erwähnt, nicht oder kaum möglich[62]. Zu Zwecken der Analyse kommen für unsere Forschung aus dem Spektrum möglicher wahrnehmbarer Quellen

---

62 Zwar lässt sich etwa der Ausstoß von Pheromonen in Flirt-Situation technisch erfassen, doch bedarf es dazu aufwändiger Apparaturen, die von vornherein mit einer Mess-Absicht zu installieren sind – damit verlassen wir aber das Feld der Dokumentenanalysen im Sinne der non-reaktiven Verfahren.

jedoch nur jene in Frage, welche sich dauerhaft(er) konservieren lassen, um sie überhaupt als Dokumente erfassen und auswerten zu können.

Kapitel 2 machte überdies bereits auf die dennoch enorme Formenvielfalt von Dokumenten und ihre Präsenz in sehr unterschiedlichen gesellschaftlichen Kontexten aufmerksam. Für die Forschung bedeutet dies etwa, Feldpostkarten von der Front zu Zeiten des 2. Weltkriegs anders einzuordnen als Ferienpostkarten aus beliebten Urlaubszielen der 60er Jahre. Auch wäre es bei der Analyse eines Briefwechsels verkürzt, nur die Inhalte der Briefe ins Auge zu fassen, ganz ohne den Briefautor bzw. die -autorin, den Adressaten bzw. die Adressatin, Anlässe und Zeitpunkte des Verfassens und der Lektüre in ihrem jeweiligen sozialen Umfeld in Betracht zu ziehen. Dieser Umstand der Kontextgebundenheit ist bei der Forschung ins Kalkül zu ziehen. Allgemein in den Worten Priors (2009, S. 2) formuliert: „In fact, the status of things as ‚documents‘ depends precisely on the ways in which such objects are integrated into fields of action, and documents can only be defined in terms of such fields“.

Diese Feldabhängigkeit oder auch Situiertheit von Dokumenten heißt dabei zunächst, dass sie nicht ‚vom Himmel‘ ‚in den Schoß‘ der Wissenschaft fallen und auch keine beliebig einstreubaren Illustrationen zu anderweitig ermittelten, vermeintlich ‚harten Fakten‘ darstellen. „Die Dinge treten dem Betrachter und Benutzer entgegen mit dem, was an dieser Stelle provisorisch als ‚Überschuss der Wahrnehmungen‘ bezeichnet werden soll. Es handelt sich dabei um einen Exzess an vielfältigen, mitunter auch widersprüchlichen Wahrnehmungen, der zur Provokation oder gar zu einem Hemmnis für den alltäglichen Umgang werden kann. Es ist dieses Potential der überraschenden Wahrnehmungen – jenseits der Funktion oder sozial anerkannter Bedeutungen –, die aus den Dingen eine beständige Grundlage gerade auch der kulturwissenschaftlichen Beschäftigung machen. Würden sich die Dinge darauf beschränken, als solche in Erscheinung zu treten, für die sie *prima vista* gehalten werden, dann wären sie ‚stabil‘ in einem sachlichen Sinne. Dann bräuchte man sich nicht weiter mit ihnen zu befassen“ (Hahn 2015, S. 12, Hervorh. i. Orig.). Wenn Dinge oder Dokumente ‚nackte Tatsachen‘ sein könnten, dann wären sie zwar für die Forschung wenig problematisch, aber auch nichtssagend bzw. leer. Ihre historische wie kulturelle Eingebundenheit ist jedoch gerade das, was Dokumente für die Forschung interessant werden lässt, da in ihnen spezifische soziale Praktiken oder Muster – bereits eigenständig interpretiert wie interpretierend – eingeschrieben sind. Ein Dokument wie etwa das ‚Tagebuch der Anne Frank‘ verweist eindringlich auf die Notwendigkeit einer kontextualisierenden Wahrnehmung und Deutung.

Gerade unter Berücksichtigung des historisch-kulturellen Kontexts dürfen Dokumente dann auch nicht als ‚Opfer‘ ihrer Entstehungssituation gelesen werden, wozu ihre ‚Vorhandenheit‘ aus Sicht der Forschenden manchmal verleiten mag. Sie haben selbst einen ‚Lebenslauf‘, sind als kulturell verzeitlichtes ,Produkt' in ihrer Gemachtheit und ihrer Wirkung zu sehen (vgl. Wolff 2009).

Betrachten wir dazu exemplarisch den vermeintlich unspektakulären Fall eines Informations- oder Werbeflyers einer Organisation. Bevor dieser in Umlauf gerät, legen u. U. viele Personen und Werkzeuge Hand an, das Dokument durchläuft bereits hier viele Stationen: Es gibt jemand, der die Idee zu einem Flyer hat, jemand, der Bedarf dafür sieht, jemand, der für die Finanzierung sorgt, jemand, der den Auftrag vergibt, jemand, der Textentwürfe neu schreibt oder Passagen aus vorhandenen Materialien übernimmt, jemand, der sich um die Fotos und/oder Graphiken kümmert, jemand, der das Layout gestaltet, jemand, der die Entwürfe kritisiert, jemand, der die Endversion absegnet, jemand, der die Absprachen mit der Druckerei trifft und über die Papierqualität entscheidet, jemand, der für den Vervielfältigungsprozess verantwortlich ist, etc. Manches davon wird in Personalunion geschehen, doch können Dokumente potenziell die nachwirkenden Spuren jeder einzelnen Etappe, die ,Projekte' jeder beteiligen Person in sich tragen – und die Idee des Anfangs wird sich nicht zwangsläufig 1:1 im finalen Ergebnis widerspiegeln. Der Flyer könnte an jeder Biegung seines Entstehungspfades auch einen anderen Weg einschlagen; sei es absichtlich, weil etwa das Budget niedriger ausfällt als geplant, oder ungewollt, weil z. B. aus Versehen eine Datei verwechselt wurde. Je nach Kontext sind auch Fälle denkbar, in denen noch mehr oder minder verdeckte Einflüsse – wie der einer Zensurbehörde – am Werk sind. So gesehen, kann nicht mehr ganz so einfach davon ausgegangen werden, dass sich in jedem uns dann vorliegenden Flyer nach dem durchlaufenen Transformationsprozess die ,Botschaft' der informierenden Einrichtung völlig unvermittelt und eindeutig manifestiert. Und dies gilt nicht nur für die Entstehung von Dokumenten, auch die weitere Verwendung hat sich verzweigende Pfade, Stufen und Verwerfungen bis hin zur Frage ihres Endes, ihrer Sammlung, Lagerung und/oder Entsorgung (vgl. auch Kapitel 3.3).

So kann, in Anlehnung an Prior (2009, S. 2 ff.), um das Dokument herum eine Art verwobenes Dreieck ausgemacht werden:

- zwischen den Autor_innen bzw. Schöpfer_innen oder Produzent_innen sowie ggf. weiteren Personen, die an Aufbereitung, Bearbeitung, Verteilung, Vermarktung etc. der Dokumente beteilig sind,
- den potenziellen Zielgruppen und/oder den verschiedenen faktischen Rezipient_innen bzw. Nutzer_innen (wie Leser_innen, Kund_innen, Betrachter_innen, Teilnehmer_innen, Besucher_innen etc.) sowie
- dem Setting, im Sinne der institutionellen bzw. sozialen, historisch kulturellen Einbettungsverhältnisse.

Dieses strukturelle Dreieck ist nun zudem auf einer Zeitachse zu betrachten, die sich über einen mehr oder minder langen Zeitraum mit mehreren Etappen erstreckt (vgl. Pilarczyk und Mietzner 2005; Prior 2009; Lueger 2010):

- von der spezifischen Entstehung oder Produktion und ggf. weiteren Gestaltung, Bearbeitung, Distribution etc.,
- über die jeweiligen Verwendungs- bzw. Nutzungszusammenhänge,
- bis zum Endstadium eines Dokuments (Lagerung, Archivierung, Entsorgung, Löschung etc.).

Prior betont hierzu zwei Aspekte im Leben eines Dokuments: „First, it enters the field as a receptacle (of instructions, commands, wishes, reports, etc.). Secondly, in enters the field as an agent in its own right. And as an agent a document is open to manipulation by others: as an ally, as a resource for further action, as an enemy to be destroyed, or suppressed. (We should not forget that people burn and ban texts as well as read them)" (2009, S. 3).

Lee schlägt dazu vor, die ,trinity' Priors noch weiter zu einem sog. ,activity system' zu ergänzen (Lee 2004, Abs. 4). In der „cultural-historical activity theory" beheimatet, plädiert Lee dafür, den Blick nicht auf Dokumente als passive ,Dinge' zu richten, sondern sie vielmehr als einen aktiven Bestandteil eines komplexen Handlungs-, Denk- und Machtgefüges innerhalb einer gesamtgesellschaftlichen Formation zu begreifen. „It follows then that documents are concrete realizations of activity (i.e. always social processes) formed from the dialectic of structure and agency that simultaneously constrains and enables, conforms and transforms" (Lee 2004, Abs. 16).

Unabhängig davon, ob wir nun diese spezifischen praxistheoretischen Prämissen akzeptieren, machen die Ausführungen Lees darauf aufmerksam, wie weit der analytische Strahlkreis für ein Dokument abgesteckt werden kann und – gleichzeitig und erneut – wie stark die Wahrnehmung von Dokumenten vom jeweiligen Forschungsprogramm abhängt.

Im Sinne einer Zwischenbilanz kann nun Folgendes zur Bestimmung von ,Dokumenten' im vorliegenden Kontext der Bildungs- und Sozialforschung festgehalten werden:

- Im Alltag ist eher selten vom ,Dokument' als Abstraktum die Rede; hier sind es – je nach Feld – etwa *Kinderzeichnungen, Familienfotos, SMS-Nachrichten, Verkehrsschilder, Werbespots, Tagebücher, Presseartikel, Akten, Gutachten, Evaluationsbögen* etc.
- Erst im Blick der Forschung werden diese zu ,Dokumenten' gemacht, weil wir den Standpunkt einnehmen, dass sie uns etwas dokumentieren (könnten).
- Dann meint ,Dokument' etwas, das in einer – wie auch immer materialisierten (sei es in physisch analoger oder digitaler) – Form bereits vorliegt, die erfasst und wissenschaftlich analysiert werden kann.

- Im Fall der bildungs- und sozialwissenschaftlichen Forschung wird davon ausgegangen, dass uns diese Dokumente einen Zugang zu Welten von ‚Bildung‘ oder ‚Erziehung‘ bzw. allgemein zum ‚Sozialen‘ ermöglichen – wie dies auch immer theoretisch gefasst wird bzw. wo auch immer der konkrete Fokus des jeweiligen Forschungsinteresses liegt.
- Davon ist abhängig, welche Eigenschaften bzw. Aspekte des Dokuments in der Auswertung berücksichtigt werden, u. a. die Präsenz bzw. Anzahl spezieller Begriffe oder Themen bzw. ihre Auslassung in Texten, die Verwendung stilistischer, rhetorischer oder strategischer Argumentationen, das Bild-Text-Verhältnis, die Ikonographie oder Komposition, das Material oder seine Herstellung, die Platzierung des Dokuments in bestimmten sozialen Situationen, seine Rezeptionsangebote, Ausschlüsse oder Anrufungen etc.
- Um dabei nicht unsachgemäß zu verkürzen, ist bei der Wahl der Methodik zu prüfen, in welchem Maße bzw. mit welcher Reichweite sowohl die Kontextualität im Sinne der feldspezifischen Rahmungen und Akteursstrukturen als auch der Eigensinn des Dokuments im Sinne seiner Aktivitätsspielräume – in den Phasen der Entstehung bzw. der Produktion, der Nutzung bzw. des Einsatzes, der Lagerung bzw. des Verfalls – gesondert zu würdigen sind.

Eine die weiteren oben diskutierten Spezifikationen aufnehmende ‚funktionale Arbeitsdefinition‘ von ‚Dokumenten‘ – hier im Kontext ihrer Verwendung in der Bildungs- und Sozialforschung – könnte also lauten:

> Dokumente können als unabhängig von der jeweils eigenen Forschung bereits vorfindliche Objektivationen menschlicher Praxis verstanden werden, deren wissenschaftliche Stellung auf ihrer regelgeleiteten Erfassbarkeit wie Bearbeitbarkeit als Bedeutungsträger beruht, wobei sie in wechselseitiger Verbindung zwischen ihrer historisch-kulturellen Situiertheit und ihrer prozesshaften Eigendynamik sowie dem spezifischen Forschungsinteresse systematisch interpretiert werden.

Bevor wir uns mit dieser Definition ‚auf den weiteren Weg machen‘ und uns in Kapitel 4 der Frage zuwenden, wie Aufbau und Ablauf von Dokumentenanalysen im Detail ausgestaltet werden können, nehmen wir vorab noch einige Besonderheiten der häufigsten Formen von Dokumenten in den Blick, um auf jene ‚Stationen‘ aufmerksam zu machen, an denen besondere Herausforderungen lauern. Um dabei einen Überblick über zentrale Positionen bzw. die eher grundlegenden Debatten zu geben, kommen auch hier wieder viele Stimmen, z. T. aus anderen Disziplinen, (wenn auch nur kurz) zu Wort.

3.3   Zu Besonderheiten der bildungs- bzw. sozialwissenschaftlichen Nutzung von Dokumenten

Stellen Sie sich vor, Sie müssten nachfolgenden Generationen in 5.000 oder 10.000 Jahren eine wichtige Nachricht zukommen lassen… Wie würden Sie vorgehen? Wie könnten solche ‚Dokumente‘ aussehen? Welche Form würden Sie wählen, die dann noch als relevant erachtet und verstanden werden kann? Wären es Texte, Symbole, Bilder oder ganz andere Formate? Auf welchem Material sollte die Botschaft aufgezeichnet werden, um die Jahrhunderte zu überdauern? Wer sind wohl die zukünftigen Rezipient_innen? Ein Schild mit symbolisch gefassten Hinweisen könnte in tausend Jahren u. U. missverstanden werden, ein USB-Stick mit einer Powerpoint-Präsentation würde vermutlich wenig Anschluss finden, ein Foto-Album würde wohl kaum Aufmerksamkeit erregen.

Dies mag wie ein reichlich hypothetisches Gedankenspiel klingen, doch wird das Thema tatsächlich bearbeitet: Unter dem Stichwort ‚Atomsemiotik‘ sind verschiedene Arbeitsgruppen, Task Forces etc. seit einigen Jahrzehnten damit beschäftigt zu überlegen, wie wir zukünftige Bewohner_innen der Erde auf jene Gefahren aufmerksam machen können, welche der von uns an bestimmten Orten eingelagerte Atom-Müll birgt. Wie kann sichergestellt werden, dass die Nachfahren rund 30.000 Generationen später, die Mitteilung über die Risikosubstanzen erhalten bzw. als Botschaft aus der Vergangenheit überhaupt wahrnehmen, sie dann noch verstehen und für relevant wie glaubhaft halten? Diese Frage ist kein technisches oder ingenieurwissenschaftliches Problem – und so wurden Wissenschaftler_innen u. a. aus Linguistik, Semiotik, Geschichtswissenschaft, Anthropologie und Verhaltensforschung damit beauftragt, Lösungskonzepte zu entwickeln[63]. Die vorgelegten Vorschläge variieren: Manche plädieren für die Kombination von dokumentarisch materialen Möglichkeiten im Sinne einer großflächigen, mit Erdwällen erkennbar menschlich gestalteten Anlage oberhalb der Endlagerstätte, die mit abschreckenden Warnschildern in verschiedenen Bild- und Schriftsprachen versehen ist und in deren Zentrum Dokumenten-Tresore genauere Auskunft über die Gefahrenlage geben. Doch lehrt uns bereits die Geschichte der ägyptischen Pharaonengräber, dass gewaltige Monumente und in Bild wie Schrift fixierte Botschaften nicht dazu führen müssen, dass ein Ort unangetastet bleibt – ganz im Gegenteil. Andere Ideen setzen auf Institutionalisierung unter kommunikativer Weitergabe jeweils schrittweise von Generation zu Generation, z. B. via Einrichtung eines speziellen Netzwerks von Archiven zur Problematik, z. B. in der Form neuer Rituale und einer Art ‚Atompriesterschaft‘, die das prekäre Erbe pflegt, z. B. unter Etablierung eines demokratisch verfassten ‚Zukunftsrates‘ zur regelmäßi-

---

63 (vgl. Heft 3 der Zeitschrift für Semiotik aus dem Jahr 1984 oder Posner 1990)

gen Überprüfung und Anpassung der Überlieferungsstrategie. Aktuell scheint zwar keiner der Vorschläge auf allgemeine Akzeptanz zu stoßen, doch führt uns dieses Zukunfts-Beispiel für die Frage der Analyse von Dokumenten eindrücklich vor Augen, wie verwoben Inhalt und Form, Botschaft und Medium miteinander sind, wie komplex Aspekte der Speicherung oder der Adressierung ausfallen und wie problematisch sich die Lesbarkeit von Dokumenten über Kulturen und Zeiten hinweg gestaltet.

Interessant sind außerdem die hierzu für ihre Expertise bemühten Fachdisziplinen, die im Kontext von Atomtechnik sonst wohl kaum in Erscheinung treten. Doch sind in diesen und anderen Disziplinen Eigenständigkeit und Eigenlogik von ,Dokumenten' schon seit langer oder längerer Zeit mehr oder minder expliziter Gegenstand der Reflexion, so u. a. in zahlreichen philosophischen Debattensträngen, in der archäologischen Würdigung von Ausgrabungsfundstücken, in der geschichtswissenschaftlichen Quellenkritik, in der theologischen Exegese, in der literaturwissenschaftlichen Hermeneutik, in Linguistik und Sprachwissenschaft, in Ikonologie bzw. Ikonographie der Kunst, in Ethnologie und Kulturanthropologie. Abgesehen von einigen frühen Vorläufern beginnt die bildungs- und sozialwissenschaftliche Diskussion um den besonderen Status von Dokumenten vergleichsweise spät. Auch sind die Debatten auf sehr verschiedene Teildiskurse bzw. Diskursorte verteilt; es werden sehr unterschiedliche Traditionslinien des Verständnisses bzw. des Verstehens von Dokumenten, u. a. aus anderen Fachdisziplinen, aufgegriffen und je nach Position modifiziert. So kommt es hier zu dem bereits in Kapitel 2 mehrfach konstatierten mehrdeutigen Status der Dokumentenanalyse zwischen quantitativem und qualitativem Einsatz, zwischen Fall bzw. Einzelinformation und größerer Ordnung, zwischen Inhalts- und Formanalyse, zwischen Medien- und Handlungstheorie, zwischen Grundlagenforschung und Intervention.

Dreh- und Angelpunkt aller Ansätze der Analyse von Dokumenten ist jedoch die *Prämisse der Repräsentanz*. Sollen doch unsere Nachfahren anhand unserer Atom-Botschaften etwas Bestimmtes erfahren können; die dokumentarische Strategie der Atom-Semiotik setzt darauf, dass – auf welche Weise auch immer – die Mitteilung für etwas steht, das im Idealfall auch verstanden werden kann und für glaubwürdig gehalten wird. In der Geschichtswissenschaft werden solche Dokumente mit dem Begriff der „Tradition" belegt: „Darunter werden die Quellen zusammengefasst, die bewusst für Nachfahren produziert wurden"; im Gegensatz dazu werden Dokumente, „die in einer Zeit für eben jene Zeit entstanden sind" als sog. „Überreste" bezeichnet (Glaser 2010, S. 370). Doch wie die Intention der Dokumente auch immer gelagert sein mag, wir gehen davon aus: „sie repräsentieren gesellschaftliche Orientierungen, weil ihnen der mit der Herstellung und Verwendungsweise verbundene Sinnzusammenhang inhärent ist" (Lueger 2010, S. 94).

Doch was meinen wir damit, wenn wir sagen, dass Dokumente etwas repräsentieren? Verkörpern sie es, stellen sie es dar, verweisen sie darauf, bezeugen sie es?

„Eine ‚geistige Gänsehaut‘ hält manch einer für die angemessene Reaktion, wenn das Wort ‚Repräsentation‘ unerläutert verwendet werde; es habe eine schillernde Vielfalt von Gebrauchsweisen, die zudem nur schwer auseinandergehalten werden könnten, nicht nur in der Alltagssprache, sondern auch in der Fachsprache der zahlreichen Disziplinen, die es verwenden“, merkt Sandkühler hierzu an (2003, S. 59, unter Bezug auf Kemmerling).

Doch genauso wenig wie sich Dokumente ausschließlich aus dem Verb ‚dokumentieren‘ heraus erklären lassen, kann ihr ‚repräsentativer‘ Stellenwert allein aus dem Prädikat erschlossen werden. Im Sinne der o. g. operationalen Definition von Dokumenten handelt es sich vielmehr um die Einbindung in eine mehrstellige Relation, die Sandkühler im Anschluss an Peirce dahingehend knapp so umreißt, „daß ein Zeichen (1) für einen Interpreten (2) etwas (3) bezeichnet“ (2003, S. 61). In Abgrenzung zu neueren naturalistisch reduktionistischen Konzepten, die für den Akt der Repräsentation „nichts als ein ‚Feuern der Neuronen‘“ im Sinn haben, plädiert Sandkühler für einen reicheren „narrativen Rahmen“; „die Geschichte ist schon besser erzählt worden – von Kant, von Cassirer, von Goodman“ (2003, S. 68).

Während der Beitrag von Sandkühler zur Frage der Repräsentation verschiedene argumentative Positionen aus der *Geschichte* der Erkenntnistheorie zusammenstellt, finden wir bei Barlösius einen *systematisierenden Zugang*. In ihrer Studie „Die Macht der Repräsentation“ (2005) untersucht die Autorin die Darstellung sozialer Ungleichheit in verschiedenen Dokumentformen, etwa im Spiegel von graphischen Schaubildern, Sozialstatistik oder Sozialberichterstattung. Sie greift für ihren analytischen Rahmen dazu zunächst die im „Historischen Wörterbuch der Philosophie“ aufgeführten Bedeutungsvarianten von ‚Repräsentation‘ auf und ergänzt diese unter Einbezug sozialwissenschaftlicher Ansätze. Barlösius unterscheidet dabei zwei Perspektiven: zum einen „verschiedene Formen der *Vergegenwärtigung* von ‚Dingen‘, Sachverhalten und Zusammenhängen“ und zum anderen den „Prozess des Repräsentierens“ je „nach der Art der *Vergegenständlichung*“ (2005, S. 41, Hervorh. i. Orig.).

- Zum ersten Aspekt der Vergegenwärtigung gehören die Fragen, a. welche Vorstellung wir überhaupt von der ‚Welt‘ in unserem Bewusstsein präsent haben (können), b. wie sich ‚Welt‘ in unserem Wissen bzw. unseren gedanklichen Ordnungen darstellt (exemplarisch unter Bezug auf Foucault und Latour), und c. – u. a. mit Verweis auf Durkheim, Mauss, Weber und Luhmann – inwiefern Repräsentationen als „soziale Zeichen und Symbole“ verstanden werden können, „in deren Sinn- und Bedeutungsgehalten sich soziale Strukturen entdecken lassen“ (ebd., S. 40 f.).

- Der zweite Aspekt des Prozesses der Vergegenständlichung lässt sich wiederum in drei Arten des Repräsentierens untergliedern: a. gegenständlich („der Bettler, der seine Armut öffentlich zeigt"), b. stellvertretend („etwa die Gemälde von Käthe Kollwitz, auf denen bettelnde Kinder zu sehen sind, die die Verarmung der Proletarier darstellen") und c. instrumentell („beispielsweise die Sozialhilfestatistik, welche die staatliche Armutspolitik dokumentiert") (vgl. ebd., S. 42).

Barlösius zufolge belegen insbesondere die letztgenannten Varianten, „dass Repräsentieren mehr als Abbilden oder Verdoppeln vorhandener ‚Dinge' meint und nicht unbedingt nach genauer oder akkurater Wiedergabe strebt. Vielmehr heißt repräsentieren immer auch transformieren, gestalten und erschaffen, wodurch sich ganz von selbst eine Differenz zwischen Wirklichkeit und Repräsentation auftut" (ebd., S. 42). So gesehen bewegen wir uns mit der Analyse von Dokumenten in fluiden Feldern einer Repräsentationspraxis, in der die ‚Dinge der Welt' in ihrer Entstehung, Verwendung und Wirkung nach kulturhistorisch bzw. situativ variierenden, doch durchaus potenziell identifizierbaren Regeln mit uns als ihren Produzent_innen, Rezipient_innen wie Interpret_innen verwoben sind (vgl. zur Debatte in der Ethnographie u. a. Berg und Fuchs 1993; Hirschauer und Amann 1997).

Im Sinne ihres ‚non-reaktiven' Charakters werden Dokumente, wie bereits erwähnt, zuweilen als sog. ‚natürliche' Daten bezeichnet, da sie unabhängig von der Forschung vorhanden sind. So erscheinen sie uns als besonders realitätsnah, unbeeinflusst von den Absichten der Wissenschaft, ‚fehlerfrei' in Bezug auf mögliche Erhebungsirrtümer, Verzerrungseffekte oder ‚sozial erwünschtes Antwortverhalten', wie sie sonst für die sozialwissenschaftlich induzierte Datengenerierung diskutiert werden (vgl. etwa Flick et al. 1995; Kromrey 2002; Quaiser-Pohl und Rindermann 2010; Baur und Blasius 2014). Um aber Geltungsanspruch als Dokument zu beanspruchen, erwarten wir noch mehr von den Materialien. In einer dokumentarischen Praxis sollen sie „More than mere records" sein (Wöhrer 2015, im Titel). Wöhrer verweist hier, am Beispiel von Dokumentarfotografie bzw. -film (im Gegensatz zu Spielfilm oder Werbefotografie etwa), auf den besonderen „Realitätsanspruch dokumentarischer Bilder" (2015, S. 320): „Diese unterscheiden sich […] von der Willkür beliebiger Aufzeichnungen durch ein Streben nach adäquater Repräsentation, nach einem Einfangen des Aussagekräftigen" (ebd.).

Und dies ist nicht selbstverständlich, denn den Dokumenten ist nicht immer zu trauen; der Klassiker der Authentifizierung etwa, der Personalausweis, kann eben auch manipuliert oder gefälscht sein. Die Vorfindlichkeit der Dokumente bedeutet nicht, dass sie in ihrer Vorgegebenheit unveränderlich wären oder dass sie kein ‚Vorleben' gehabt hätten – und gerade dieses bzw. ihre ‚natürliche Reaktanz' machen sie für die Forschung ja erst interessant.

Somit haben wir es mit einem *zweifachen Transformationsstatus* zu tun: Die Dokumente haben selbst bereits eine Vorgeschichte der soziokulturell spezifischen Herstellung und Handhabung in ihren jeweiligen Feldern – und sie verlieren ihre vermeintliche ‚Natürlichkeit‘ dann quasi nochmals innerhalb der Forschung, da sie nun den ‚künstlichen‘ Verfahren der Forschungspraxis unterzogen werden. Es passiert dabei so Einiges mit ihnen: Sie werden z. B. gesammelt, ausgewählt, erfasst, geordnet, gesichtet, gezählt, kodiert, archiviert, ausgewertet, gewichtet, verglichen, interpretiert, erklärt, gemixt, trianguliert etc. All’ diese Tätigkeiten wirken in unterschiedlicher Weise auf das Ausgangsmaterial ein und bedeuten für die Dokumente einen erneuten Transformationsprozess, dem sie sich wiederum nicht immer nur passiv unterwerfen und den es methodisch zu reflektieren gilt. Dokumente sind keine statischen Repräsentationen, keine einfachen Zeugen. Auch sie wollen befragt sein, geben nicht immer Antwort auf das, was man wissen möchte, machen sich zuweilen rar bzw. zeigen sich ganz unzugänglich oder verführen auf den ersten Blick zu vorschnellen Deutungen.

Die Frage der Repräsentation in Kombination mit der Transformation stellt sich dabei aber je nach Dokumententyp auf unterschiedliche Weise. Im Folgenden gehen wir deshalb noch einigen Besonderheiten der häufigsten in der Bildungs- und Sozialforschung verwendeten Dokumentformen nach, d. h. schriftlichen, bildlichen und gegenständlichen Quellen.

3.3.1 Von den Tücken der Texte

Wenn wir an Kapitel 2 zurückdenken, dann haben wir dort anhand der Beispiele bereits gesehen, wie unterschiedlich akzentuiert bzw. nuanciert der wissenschaftliche Umgang mit Texten ausfallen kann. Da werden Worte gesucht, gezählt und gewichtet; es werden Aussagegehalte codiert und geordnet; Argumentationen oder Metaphern werden nachverfolgt; es wird nach Sinn-, Wissens- oder Machtstrukturen gefahndet. Zahlreiche Traditionslinien und sich streitende Richtungen[64] haben sich damit beschäftigt, ob bzw. wie die ‚Welt als Text‘[65] verstanden werden kann. Die Ethnologie etwa bezog sich zunächst überwiegend auf schriftlose Gesellschaften bzw. orale Überlieferungen und entdeckte die „gewaltige Masse und Mannigfaltigkeit von Dokumenten“ der Schriftkultur moderner Gesellschaften erst später (Breidenstein et al. 2013, S. 92). In den Geschichtswissenschaften hingegen gehören schriftliche Quellen von Anbeginn zum Kernbestand; zwangsläufig gilt dies auch für die philologi-

---

64 (vgl. etwa Eco 2005)

65 (eine Formulierung in Anlehnung an einen vieldiskutierten Band von Garz und Kraimer, 1994)

schen Wissenschaften. Doch ebenso räumen etwa die Programme der Diskursanalyse dieser „Sinnschicht sozialer Wirklichkeit" einen prominenten Status ein (ebd.).

Und so gibt es auf die grundlegende Frage: *Was ist ein Text?* eine Unmenge an Antworten – freilich nicht nur aus den Bildungs- oder Sozialwissenschaften (vgl. u. a. Wolff 2011). Neben fachwissenschaftlichen Tendenzen zur Entgrenzung des Textbegriffs oder zu bestimmten definitorischen Kriterienkatalogen kann jedoch alltagssprachlich bzw. allgemein „von Text als einer zusammenhängenden, formal abgrenzbaren Äußerung in Schriftform" ausgegangen werden (Wolff 2011, S. 245).

Dass nun schriftliche Materialien der verschiedensten Art insgesamt am häufigsten zum Ausgangspunkt von Dokumentenanalysen gemacht werden, hat aktuell sicher mit ihrer ungeheuren Präsenz an (fast) allen Orten der Industrie- oder Medien-Gesellschaft zu tun – nicht zuletzt in Folge des Einzugs der Digitalisierung. Doch auch die historische Entwicklung der besonderen Potenziale des Schreibens wie des Lesens ist in Anschlag zu bringen, wie uns etwa Manguel in seiner Geschichte des Lesens (2000) vor Augen führt.

So sieht sich die Schrift schon früher Kritik ausgesetzt. Manguel zitiert hierzu aus einem klassischen Dialog Platons, *Phaidros* im Gespräch mit Sokrates: Dort berichtete Sokrates, dass einstmals ein ägyptischer König auf das Angebot eines Gottes, ihm die Kunst des Schreibens für sein Volk zu schenken, skeptisch reagierte. „,Wenn Menschen sich diese Fähigkeiten aneignen', entgegnete er dem Gott, ,wird sie Vergeßlichkeit in ihre Seelen pflanzen; sie werden aufhören, ihr Gedächtnis zu schulen, weil sie sich auf das verlassen werden, was aufgeschrieben ist [...]. Was du erfunden hast, ist kein Mittel für das Gedächtnis, sondern für das Erinnern. Und es ist keine wahrhaftige Weisheit, die du deinen Jüngern bietest, sondern nur der Schein derselben'. [...] Ein Leser, so ermahnte Sokrates darauf seinen Freund Phaidros, ,muß von außerordentlicher Einfalt sein, um zu glauben, daß das geschriebene Wort noch etwas anderes kann, als einen an das zu erinnern, was man schon weiß'. Phaidros stimmte ihm zu, und Sokrates fuhr fort: ,Weißt du, Phaidros, das ist das Sonderbare am Schreiben, das es dem Malen wahrhaft ähnlich macht. Die Arbeit eines Malers steht vor uns, als ob die Bilder lebendig wären, aber wenn du sie befragst, wahren sie erhabenes Schweigen. So verhält es sich auch mit den geschriebenen Worten; sie scheinen zu dir zu sprechen, als ob sie sehr klug wären, aber wenn du sie in dem Wunsch, mehr zu erfahren, fragst, was sie bedeuten, fahren sie fort, dir immer wieder ein und dasselbe zu sagen'" (Manguel 2000, S. 74 f.).

Bedenken dieser Art konnten jedoch den Erfolg nicht aufhalten: „Die von Platon entdeckten ,Konsequenzen der Literalität' fanden in den nächsten zweitausend Jahren kaum noch Beachtung, da die Schrift ein gewohntes, bequemes Mittel intellektueller Kommunikation geworden war, ihr aktiver Gebrauch sich jedoch auf eine soziale Elite beschränkte, so daß seine Implikationen ebenso selbstverständlich wie ungefährlich schienen. Doch die Erfindung des Buchdrucks störte dieses Gleichgewicht einer ‚begrenzten Literalität'" (Schlaffer 1986, S. 11). Auch Manguel weist darauf hin, dass es bis weit ins Mittelalter hinein nicht üblich war, selbst über Bücher zu verfügen; vorrangig wurden sie von anderen vorgelesen. Dies wirkte sich wiederum auf die Art der Aufzeichnung aus: So „mußten die Buchstaben nicht in phonetische Einheiten gegliedert werden, sondern wurden ohne Zwischenräume zu Sätzen aneinandergehängt. Die Laufrichtung, der die Augen folgen mußten, variierte ja nach Ort und Zeitalter; die Leserichtung, der wir heute in der abendländischen Welt folgen[66] – von links nach rechts und von oben nach unten –, gilt keineswegs universell. Einige Schriften werden von rechts nach links gelesen (Hebräisch und Arabisch), andere in Kolonnen von oben nach unten (Chinesisch und Japanisch); einige las man in vertikalen Doppelreihen (Schrift der Mayas), bei anderen wechselte die Zeilenrichtung" usf. (Manguel 2000, S. 62).

Doch in welcher Erscheinungsform oder Praktik auch immer: „Die evolutionäre Bedeutung der Schrift besteht darin, dass sie das Mitgeteilte für im Moment noch nicht absehbare Situationen und sich daraus ergebende Reaktionen bewahrt und so verzögert und indirekte kommunikative Anschlüsse ermöglicht. Schrifttexte reduzieren die Situationsbezogenheit der Kommunikation und machen sie tendenziell für beliebige Personen (oder einen größeren Personenkreis), an beliebigen Orten und zu beliebigen Zeiten produzentenunabhängig rezipierbar. Diese Leistung wird mit größerer Unsicherheit im Hinblick auf das richtige Verständnis bei Rezipienten des Geschriebenen erkauft. Die Unsicherheit betrifft nicht nur den Leser, sondern auch und gerade den Verfasser des Textes, der sich niemals sicher sein kann, ob das, was er sagen wollte, vom Leser entsprechend verstanden wurde" (Wolff 2011, S. 247).

Weitere Gründe der Sprach- und Schriftorientierung des Abendlands können in verschiedenen, früh angelegten bildskeptischen Traditionslinien sowie in späteren Jahrhunderten – für die heutige Verfasstheit der Bildungs- und Sozialwissenschaften von besonderer Relevanz – im Denken der sich etablierenden Geisteswissenschaften gesehen werden. Dilthey – als einer der prominentesten Vertreter dieser Richtung – formulierte dabei das Repräsentationsproblem zunächst ganz allgemein: „Fremdes Dasein aber ist uns zunächst nur in Sinnestatsachen, in Gebärden, Lauten und Handlungen von außen gegeben. Erst durch einen Vorgang der Nachbildung dessen, was so in einzelnen Zeichen in die Sinne fällt, ergänzen wir dies Innere. […] Wie kann nun ein individuell gestaltetes Bewußtsein durch solche Nachbildung eine fremde und ganz anders geartete

---

66 Einen aktuellen Bruch der Konvention finden wir bei Manga-Comics, wo auch die deutschsprachigen Ausgaben üblicherweise von ‚hinten nach vorn' zu lesen sind (Anmerkung der Verf.).

Individualität zu objektiver Erkenntnis bringen? Was ist das für ein Vorgang, der scheinbar so fremdartig zwischen die anderen Prozesse der Erkenntnis tritt? Wir nennen den Vorgang, in welchem wir aus Zeichen, die von außen sinnlich gegeben sind, ein Inneres erkennen: Verstehen. [...] Aber auch angestrengteste Aufmerksamkeit kann nur dann zu einem kunstmäßigen Vorgang werden, in welchem ein kontrollierter Grad von Objektivität erreicht wird, wenn die Lebensäußerung fixiert ist und wir so immer wieder zu ihr zurückkehren können. Solches kunstmäßige Verstehen von dauernd fixierten Lebensäußerungen nennen wir Auslegung oder Interpretation" (1900/1982, S. 318 f.). Allerdings gehört hierzu eine folgenreiche Einschränkung: „Darin liegt nun die unermeßliche Bedeutung der Literatur für unser Verständnis des geistigen Lebens und der Geschichte, daß in der Sprache allein das menschliche Innere seinen vollständigen, erschöpfenden und objektiv verständlichen Ausdruck findet. Daher hat die Kunst des Verstehens ihren Mittelpunkt in der Auslegung oder Interpretation der in der Schrift enthaltenen Reste menschlichen Daseins" (ebd., S. 319).

Schriftdokumente als eigenständige Untersuchungsmaterialen zu begreifen heißt demnach, ihre Entstehungsbedingungen und Geschichte in Wechselwirkung mit den jeweiligen Kontexten ins Auge zu fassen. Um nicht nur die spezifische Eigenständigkeit, sondern den eigensinnigen Charakter eines Dokuments als sozialwissenschaftliche Datenquelle zu betonen, wählt Dorothy E. Smith den Terminus „active text" (1990, im Titel; vgl. auch dies. 1976). Dass die methodische Berücksichtigung der Eigendynamik nun noch immer nicht selbstverständlich ist, moniert u. a. Wolff: „Die Sozialwissenschaften behandelten bis in die jüngste Vergangenheit Texte lediglich als bloßes Medium, als eine Art Fensterscheibe [...], durch die hindurch man auf die eigentlich interessierenden Personen, Aktivitäten oder Sachverhalte zu blicken suchte [...]. Texte stoßen somit primär als ‚Texte über…‘, d. h. als Daten zweiter Ordnung, auf Interesse. Thematisiert wird die Fensterscheibe nur, wenn unglückliche oder unpassende Formulierungen den Durchblick erschweren oder verzerren" (2011, S. 249).

Breidenstein et al. argumentieren für den Kontext der Feldforschung analog – und wieder unter Verweis auf die klassische Krankenakten-Studie von Garfinkel (1967), von der bereits oben die Rede war: „Angesichts ihres hergestellten Charakters lassen sich Dokumente also nur sehr beschränkt als Belege oder Hinweise für die Sachverhalte lesen, die *in ihnen* angesprochen werden. Akten und andere Texte sind keine Informationscontainer, sie führen ein Eigenleben, sind – wie die Geschichten aus Interviews – ein Gegenstand eigenen Rechts. Als Informationsquelle betrachtet sind Dokumente nur eine transparente Folie, durch die hindurch wir soziale Realität wahrnehmen können; als Gegenstand ernst genommen handelt es sich dagegen um eine eigenständige Schicht sozialer Wirklichkeit, die ihre eigene Wirkung entfaltet" (Breidenstein et al. 2013, S. 94, Hervorh. i. Orig.).

Zu erwähnen wäre hier auch der Ansatz von Barry Smith, der im Rahmen seiner „theory of document acts" um eine Neuakzentuierung der Sprechakt-Theorie bemüht ist: „The theory of document acts is an extension of the more traditional theory of speech acts advanced by Austin and Searle. It is designed to do justice to the ways in which documents can be used to bring about a variety of effects in virtue of the fact that, where speech is evanescent, documents are continuant entities. This means that documents can be preserved in such a way that they can be inspected and modified at successive points in time and grouped together into enduring document complexes" (2014, S. 1). Und weiter heißt es: „For the capacity of documents to endure brings further the possibility for documents to be stored and registered, and thereby to give rise to a history of changes both in the document itself and in the social reality which falls under its influence. The importance of such changes becomes clear when we consider the list of things we can do to documents, including: sign, countersign, fill in, stamp, copy, witness, notarize, transfer, inspect, validate, invalidate, table, ratify, destroy, draft, propose, amend, revise, nullify, veto, deliver, display, register, archive, falsify, redact, and so forth. Only some of these have (in most cases rather rudimentary) counterparts in the domain of speech acts" (ebd., S. 5).

Wie nun dem Text als ‚Gegenstand eigenen Rechts' in der konkreten Forschungspraxis gerecht zu werden ist, dafür gibt es in den zahlreichen vorliegenden Interpretationsverfahren keine generellen Regeln, wenige Routinen, einige Konventionen und viele Maximen. Doch bearbeiten bzw. reflektieren die verschiedenen Methoden, die sich der o. g. Fensterscheiben- oder Folien-Problematik bewusst sind, das Thema auf unterschiedliche Weise – je nach erkenntnistheoretischen Prämissen und Forschungsinteressen. So wird z. B. versucht, über die phasenspezifische Einbringung oder Außerachtlassung des möglichen Kontext-Wissens zu einem Schriftstück den Auslegungsprozess zu öffnen oder zu schließen; weiterhin werden etwa die Relevanz-Kriterien bei der Zusammenstellung der Text-Korpora, die Arbeit an der Intention der Autor_innen, die Arten der Lektüre bzw. der Generierung von Lesarten, die Abfolge der Berücksichtigung oder der Zuschnitt von interpretatorischen Sequenzen variiert; manchmal stehen Inhalte, manchmal Narrationen im Vordergrund, mal Informationen, mal Sinnstrukturen, mal wird nach Manifestem, mal nach Latentem gefahndet, mal wird rekonstruiert, mal überprüft etc.[67]

Angesichts der Pluralität der Inhalte, der Variabilität der Entstehungssituationen und der Vielfalt der Formen (wie Tagebuch, Rechtstext, Programm, Zeitungsbeitrag, Brief, Sachbuch, Biografie, Protokoll, Gebrauchsanweisung,

---

67 (vgl. u. a. Danner 1979; Smith 1990; Waldenfels 1992; Garz und Kraimer 1994; Früh 2001; Soeffner 2004; Prior 2009; Bohnsack 2010a; Lueger 2010; Keller et al. 2011; Wolff 2011; Breidenstein et al. 2013; Schütze 2016 sowie der Großteil der Teilkapitel in den Handbüchern und Übersichtsdarstellungen zu – qualitativen – sozialwissenschaftlichen Forschungsmethoden)

Werbeslogan, Organisationshomepage, Blog, Chat etc.) ist die Frage der Repräsentation unter Bedingungen der Transformation für jede Untersuchung von Texten spezifisch zu klären – und dabei nie final zu beantworten. „Hier macht sich nun die zentrale Schwierigkeit aller Auslegungskunst geltend. Aus den einzelnen Worten und deren Verbindungen soll das Ganze eines Werkes verstanden werden, und doch setzt das volle Verständnis des einzelnen schon das des Ganzen voraus. Dieser Zirkel wiederholt sich in dem Verhältnis des einzelnen Werkes zu Geistesart und Entwicklung seines Urhebers, und er kehrt ebenso zurück im Verhältnis dieses Einzelwerks zu seiner Literaturgattung. […] Theoretisch trifft man hier auf die Grenzen aller Auslegung, sie vollzieht ihre Aufgabe immer nur bis zu einem bestimmten Grade: so bleibt alles Verstehen immer nur relativ und kann nie vollendet werden" (Dilthey 1900/1982, S. 330).

3.3.2 Von der Brisanz der Bilder

Was wären Personalausweise, Kochbücher, Werbetafeln, Illustrierte, Reiseführer, Homepages, Familienfeste oder Sommerurlaube ohne Fotos? Bilder, auch in ihrer bewegten Form in Kino, Fernsehen oder auf YouTube, prägen unseren Alltag, den öffentlichen wie den privaten.

„Angesichts dieser enormen Bedeutung nimmt es allerdings wunder, dass sich die Fotografie als Forschungsquelle bisher nicht ebenso etablieren konnte wie der Text", konstatieren gleichwohl Pilarczyk und Mietzner (2005, S. 7). Doch, wie wir z. B. bereits bei der Programmanalyse gesehen haben, schließen die in Kapitel 2 portraitierten Verfahren Bilder keineswegs aus; in den letzten Jahren hat auch die methodische Reflexion zur Erschließung des Visuellen deutlich zugelegt. Insbesondere in Folge der ‚iconic', ‚visual' oder ‚pictoral turn' getauften Akzentuierungen gewannen bildhafte Dokumenten-Formate vermehrt die bildungs- und sozialwissenschaftliche Aufmerksamkeit. Damit änderten sich zum Teil auch die Bezugsdisziplinen: Gedanken und Praktiken aus Kunst-, Kultur- oder Medienwissenschaften wurden auch für die methodologische Konzeption von Dokumentenanalysen verstärkt rezipiert.

Für die Kulturwissenschaften selbst diagnostiziert Lethen eine „Wellenbewegung": „Dem Versuch positivistisch gestimmter Forscher, alle Spuren lesbar zu machen […], antwortet der Wunsch nach dem unleserlichen Zeichen im Dickicht des Materiellen. In der modernen Kulturgeschichte folgen auf Phasen der Semiotisierung, in denen Zeichen primär in ihrer Verweisfunktion betrachtet werden, Zeiten, in denen die Entsemiotisierung, die Befreiung des Zeichens von seiner referenziellen Funktion, angesagt ist" (2014, S. 46 f.). Methodisch schlägt sich dies in zwei Positionen nieder: „detektivische Spurensuche nach Tiefenstrukturen auf der einen und das Verweilen des Auges auf Oberflächen, ohne einen Kernbereich zu fixieren, auf der anderen Seite" (ebd., S. 47). Dass diese Zuspitzung zu Extrempolen jedoch nicht unbedingt dem Verständnis von Bildern gerecht wird, zeigt Lethen an einem eindrucksvollen Beispiel: Auf einem Foto, das auch auf dem Cover seines Buchs „Der Schatten des Fotografen. Bilder und ihre Wirklichkeit" abgebildet ist, blicken wir auf einen Fluss „an einem sonnigen Tag. Eine Frau mit hellem Kopftuch und gerafftem Rock watet dem nahen Ufer zu. Die Bewegung der Watenden hat einen leichten Wellengang hervorgerufen. Helles, seitlich einfallendes Sonnenlicht wirft einen harten Schlagschatten. Eine bukolische Situation, ein Malersujet" (ebd., S. 174 f.). Gleich mehrere Abzüge dieser Szene fand die Historikerin Petra Bopp, so erläutert Lethen weiter, in verschiedenen privaten Fotoalben von Soldaten aus dem 2. Weltkrieg. „Das idyllische Motiv sei, so berichtet sie, derart aus der Serie üblicher Landserfotos von der Ostfront herausgefallen, dass es ihr unheimlich wurde. Was sollte die Ablichtung einer bukolischen Situation dokumentieren? Schließlich habe sich beim letzten Fund die Gelegenheit ergeben, das Foto aus dem Einsteckalbum herauszunehmen und die Rückseite zu inspizieren. Dort, auf der Rückseite, wird das Geheimnis des Lichtbilds in sechs Worten und einer Jahreszahl gelüftet: ‚Die Minenprobe. Vom Donez zum Don 1942.' Die Aufnahme dokumentiert, wie ein Heeresbefehl in die Realität umgesetzt wurde [...]. Die Frau wurde als Minensuchgerät eingesetzt: Da mit der Verminung von Feldern, Furten und Flussübergängen gerechnet werden musste, hatte, wie Petra Bopp herausfand, der Kommandeur dieses Armeegebiets angeordnet, ‚Juden oder gefangene Bandenangehörige' als lebende Detektoren vorangehen zu lassen" (Lethen 2014, S. 176). Vor dem Hintergrund, der sich über die Beschriftung erschließen ließ, kippt die Sicht auf die ländliche Idylle und „kann die Vorstellung eines tödlichen Experimentalraums auslösen" (ebd.). „Der Schriftzug auf der Rückseite zerreißt den Augenschein, ohne ihn zu widerlegen: es war wirklich ein sonniger Tag, und eine Frau wurde beim Durchwaten eines Flusses fotografiert. Die Beschriftung führt auf die Spur einer ‚Hinterwelt von Zusammenhängen', auf die deutschen Landser und eine Struktur der Wehrmacht. Diese Struktur ist allerdings nicht ‚latent', vielmehr liegt sie in der Form von schriftlich festgehaltenen Einsatzbefehlen vor; sie ist lediglich in den Archiven verborgen" (ebd., S. 236).

Es geht hier jedoch nicht darum, das Geschriebene gegen das Visuelle auszuspielen – es geht vielmehr darum, die Aufmerksamkeit auf das Zusammenspiel von Faktoren, die ein Bild ausmachen, sowie auf das für Bilder typische Spannungsfeld von augenscheinlicher Evidenz und dem nicht immer offensichtlichen und keineswegs beliebigen Raum möglicher Lesarten zu lenken. „Das Faszinierende an der Fotografie ist gerade die Tatsache, dass sie Präsenz, die Illusion des real Gewesenen und Erlebten vermittelt. Die scheinbare Unmittelbarkeit hat eine eigene Qualität" (Pilarczyk und Mietzner 2005, S. 28). Es ist ein besonderer Anschein: So bleiben uns etwa Texte japanischer oder syrischer Herkunft verschlossen, wenn wir der jeweiligen Schriftsprachen nicht mächtig sind; Aufnahmen aus dem Atomkraftwerk in Fukushima oder von zerstörten Tempelanlagen in Palmyra gehen hingegen in den Medien – scheinbar ohne Übersetzungsprobleme – um die ganze Welt.

Wiederum, d. h. wie schon bei den Texten, ist danach zu fragen, was denn nun das Besondere an Bildern ist bzw. worin ihre spezifische Leistung besteht. Früh schon hatte sich Black an den Versuch einer immanenten Bestimmung der typischen Merkmale gemacht – und danach gefahndet, ob es die im Bild enthaltenen ‚Information‘, die Intentionen der Hersteller_innen oder eher Aspekte der ‚Nachahmung‘, ‚Illusion‘ bzw. ‚Ähnlichkeit‘ seien, die ein Bild ausmachten. Seine Überlegungen führen Black jedoch zu dem Fazit, dass es sich bei der Abbild-Leistung von Bildern um einen sog. „Bereichs-“ oder „Häufungsbegriff“ handelt: „Die in Betracht gezogenen Kriterien – und vielleicht noch weitere, die wir übersehen haben – bilden einen Schwarm, und keines von ihnen ist für sich genommen notwendig oder hinreichend“ (1977, S. 146). Schließlich plädiert Black dafür, die enge zweistellige Relation von ‚Bild und Sujet‘ zu erweitern; ergänzend seien externe Faktoren zu berücksichtigen, etwa die „Zwecke jener Tätigkeiten, in deren Verlauf die in unserer Kultur als ‚Bilder‘ anerkannten Gegenstände produziert werden“ (ebd., S. 147).

Und damit stoßen wir wieder auf das Repräsentationsproblem: „In fotografischen Bildern ist eben nicht nur ein primäres Abbild von Welt enthalten, sondern sie drücken gleichzeitig in ihren symbolischen, motivischen, stilistischen und technischen Merkmalen die evolutionär vorgeformten, historisch erworbenen und subjektiv konstruierten Umgangsformen der Menschen mit den Dingen der Welt aus“ (Pilarczyk und Mietzner 2005, S. 49). Und wieder wird vor dem bereits im vorherigen Kapitel genannten Fensterglas-Effekt gewarnt. Das dokumentierende Medium, in dem Objekt und Darstellung nicht verwechselt werden dürfen, sei, so die Autorinnen, nur scheinbar ein Fenster, durch das man einen ungefilterten Blick auf die Geschichte oder die heutige Welt werfen kann (vgl. ebd., S. 32 und 38). Anders noch als in der Schrift, in der die Themen oder Gegenstände bereits deutlich transformiert vorliegen, lauert insbesondere hinter dem vordergründig raschen Verständnis der vermeintlich ‚offen‘-‚sichtlichen‘ Bild-Botschaft eine verschachtelte Mehrdeutigkeit von Präsentation, Repräsentation und aktiver Rezeption, ein „Schaukelsystem von Anschauung, Information und Erkenntnis“ (Lethen 2014, S. 236).

Zwei Seiten, so Pilarczyk und Mietzner weiter, sind bei der Analyse von Bildern in Betracht zu ziehen. Einerseits: „Die Bedeutung fotografischer Bilder setzt sich aus komplexen Überlagerungen zusammen, die in den externen Entstehungsbedingungen und Verwendungszusammenhängen der Fotografie und den internen, unmittelbar auf der Bildoberfläche fixierten formalen und inhaltlichen Zeichen begründet liegt. Zu den externen Bedeutungsaspekten gehört einmal der Herstellungsprozess der Fotografie; hierzu zählen in erster Linie Fotograf/in, Aufnahmetechnik, Auftraggeber/in und Anlass der Fotografie sowie die Umstände der einzelnen Aufnahme samt der Geschichte der abgebildeten Personen, Gegenstände und Landschaften, die Filmentwicklung und Aufbewahrung, weiterhin der Gebrauch, der von der Fotografie gemacht wird. Die internen, auf das Bild allein bezogenen Aspekte umfassen Bildinhalte und jede die Form bestimmenden Merkmale" (Pilarczyk und Mietzner 2005, S. 41). Andererseits ist die wahrnehmende Instanz zu berücksichtigen, d. h. die Betrachter_innen, bei denen ein Bild Interesse oder Desinteresse, Gefühle und Gedanken, Erinnerungen und Irritationen etc. hervorrufen kann. Pilarczyk und Mietzner beziehen sich dabei auf eine phänomenologische Tradition, „wonach das betrachtende Subjekt Teil der Welt ist, die es betrachtet, man es also nicht mit zwei streng voneinander getrennten Größen zu hat. Das Bild enthält analog nicht nur Spuren der einen Seite der Welt, es bildet nicht nur ab, sondern es kreiert Bilder, stellt also auch die Seite des produzierenden, des tätigen Subjekts dar" (ebd., S. 31 f.).

Eine solcher Art differenzierende, aber Bilder als Dokumente gerade deshalb ernst nehmende Position war bzw. ist nicht unbedingt selbstverständlich.

Selbst in der langjährigen Auseinandersetzung der Geschichtswissenschaften mit ihren Quellen hatten Bilder – von Ausnahmen etwa in Mediävistik oder Kunstgeschichte abgesehen – einen schweren Stand. „Völlig im Gegensatz zur Quantität und Qualität der Bildproduktion der Moderne hat die Historiografie der Neuzeit – vor allem der Zeitgeschichte – in Deutschland-West wie Deutschland-Ost Bilder [...] eher ignoriert" (Paul 2006, S. 8). Seit einigen Jahren setzen sich nun Historiker_innen wie Paul unter dem Stichwort ‚visual history' für eine Revision des Stellenwerts von Bild-Dokumenten ein[68]. „In Erweiterung der Historischen Bildforschung markiert Visual History ein in jüngster Zeit vor allem innerhalb der Neuesten Geschichte und der Zeitgeschichte sich etablierendes Forschungsfeld, das Bilder in einem weiten Sinne sowohl als Quellen als auch als eigenständige Gegenstände der historiografischen Forschung betrachtet und sich gleichermaßen mit der Visualität von Geschichte wie mit der Historizität des Visuellen befasst. Ihren Exponenten geht es darum, Bilder über ihre zeichenhafte Abbildhaftigkeit hinaus als Medien und Aktiva mit einer eigenständigen Ästhetik zu begreifen, die Sehweisen konditionieren, Wahrnehmungsmuster prägen, Deutungsweisen transportieren, die ästhetische Beziehung historischer Subjekte zu ihrer sozialen und politischen Wirklichkeit organisieren und in der Lage sind, eigene Realitäten zu generieren. Visual History in diesem Sinne ist damit mehr als eine additive Erweiterung des Quellenkanons der Geschichtswissenschaft oder die Geschichte der visuellen Medien;

---

68 (vgl. auch Paul 2014 oder die Seite „VisualHistory. Online-Nachschlagewerk für die historische Bildforschung" unter visual-history.de)

sie thematisiert das ganze Feld der visuellen Praxis sowie der Visualität von Erfahrung und Geschichte" (Paul 2014, S. 1).

In Verbindung damit wächst auch der Reflexionsaufwand im Hinblick auf die Methoden der Analyse (vgl. etwa Buchmann 1999) – und, wie auch in anderen Disziplinen, die Bereitschaft, die Verfahren anderer Fächer fruchtbar zu machen: „Methodisch ist das Forschungsdesign der Visual History transdisziplinär und offen angelegt. Abhängig von ihren Untersuchungsgegenständen bedient sie sich besonders der Methoden der Kunstgeschichte, der Medien- und der Kommunikationswissenschaft" (Paul 2014, S. 1). Wie die Methodenwahl im Einzelnen auch ausfallen mag, ein zentraler Bezugspunkt ist die Wahrnehmung des Dokuments in seiner Eigenlogik; so ist auch hier – im Anschluss an Bredekamp – die Rede vom ‚aktiven Bild‘, dessen sowohl reaktiver als auch gestaltend wirkender Charakter methodisch aufzufangen ist (vgl. Bredekamp 2007 und 2010).

Auf die Wechselverhältnisse der Aktivität und damit ebenso der Transformation macht auch Belting aufmerksam: „Unsere Bilderfahrung gründet zwar auf einer Konstruktion, die wir selbst veranstalten, und doch wird sie gesteuert von der aktuellen Verfassung, in der die medialen Bilder modelliert sind" (2011, S. 21). Intensiver noch bzw. mit anderen Begriffen und Theorien als bei Texten wird dabei der mediale Charakter von Bildern diskutiert: So argumentiert Belting, dass ein Bildbegriff nur zu gewinnen sei, „wenn man von Bild und Medium wie von den zwei Seiten einer Münze spricht" (ebd., S. 13): „Die Frage ‚Was ist ein Bild?‘ zielt in unserem Falle auf die Artefakte, die Bildwerke, die Bildübertragung und die bildgebenden Verfahren, um nur einige Beispiele zu nennen. Das ‚Was‘, das man in solchen Bildern sucht, läßt sich nicht ohne das ‚Wie‘ begreifen, in dem es sich ins Bild setzt oder zum Bild wird. […] Das ‚Wie‘ wird aber wiederum durch Medien gesteuert, in denen wir die Bilder wahrnehmen, die von außen zu uns kommen und sich nur in ihrem Medium als Bilder oder zu Bildern erklären können. Bilder lassen sich zwar selbst als Medien der Erkenntnis betrachten, welche sich anders als Texte vermitteln. Aber sie werden durch Techniken oder Programme sichtbar gemacht, die im historischen Rückblick als Trägermedien bezeichnet werden können" (Belting 2011, S. 12).

Dies eröffnet dann, für uns als Betrachter_innen, zwei Pole: „Je mehr wir bei einem Bild auf das Medium achten, desto mehr ‚durchschauen‘ wir seine Steuerfunktion, und distanzieren uns davon. Umgekehrt verstärkt sich seine Wirkung auf uns, je weniger wir uns seinen Anteil am Bild bewußt machen, als existiere das Bild aus eigener Macht. Die Ambivalenz zwischen Bild und Medium besteht darin, daß sich ihr Verhältnis in nahezu unbegrenzter Vielfalt in jedem einzelnen Fall neu herstellt" (Belting 2011, S. 22).

Darüber hinaus müssen wir – explizit etwa im Fall von Gemälden oder Spielfilmen – für den vorliegenden Zusammenhang auch die Tatsache ihrer künstlerischen Bearbeitung ins Kalkül ziehen. Malerische oder inszenatorische Umsetzungen bedeuten zwar zwangsläufig eine artifizielle Verfremdung der dargestellten Welt, doch kann zuweilen gerade darin ein Wirklichkeitsgewinn gesehen werden. Ein Beispiel: „Die Fünfzigerjahre waren die Zeit von Petticoat und Rock 'n' Roll, von James Dean und anderen ‚Halbstarken' wie Horst Buchholz im gleichnamigen Film. Auch in der DDR fand das Lebensgefühl der jungen Nachkriegsgeneration den Weg auf die Leinwand" (Nicodemus 2017, o. S.), wie in der Kinoproduktion „Berlin – Ecke Schönhauser" des Jahres 1957. Und zu den alltagsnahen Dialogen dieses Spielfilms, die – der Kritik zufolge – so glaubhaft Zeit und Milieu einfangen, sagt nun der Drehbuchautor Wolfgang Kohlhaase den bemerkenswerten Satz: „es ist eine erfundene Sprache, aber sie bedeutet die Wirklichkeit" (zit. nach Nicodemus 2017, o. S.).

Um herauszufinden, inwieweit uns Bilder welche ‚Wirklichkeit' ‚bedeuten' können, dazu liegen inzwischen für verschiedene visuelle Materialien – seien es Fotos, Plakate, Gemälde, Filme, Videos etc. – diverse Ansätze in den bzw. für die Bildungs- und Sozialwissenschaften vor. Auch hier ist, wie bei der Textinterpretation, kein generelles methodisches Modell auszumachen; die Verfahren bearbeiten und reflektieren die Repräsentations- und Transformationsproblematik auf unterschiedliche Weise sowie unter Bezug auf variierende Forschungstraditionen und Nachbardisziplinen (hier v. a. Kunst-, Kultur- und Medienwissenschaften[69]).

3.3.3 Von den Fallen der Feldmaterialien

Wenn wir zum Beispiel eine Jugendkultur[70] erkunden wollen, dann stoßen wir dabei nicht nur auf Materialien, die bereits rein in Text- oder Bild-Form vorliegen, sondern zudem möglicherweise auf bestimme Orte, Architekturen, räumliche Settings, wo sich die Szene trifft, auf Begrüßungsrituale, auf Musikstile, ihre Interpret_innen, Tanz-Moves oder Gesten in der körperlichen Bewegung, auf Zugehörigkeitsinsignien, wie etwa Bekleidungsoutfits in einer Leitfarbe, Accessoires mit Emblemen oder Slogans (etwa T-Shirts, Tücher, Bänder oder Schmuck), u. U. auch auf szeneeigene Speisen, Getränke, Stimulanzien oder Duftmedien (wie z. B. Räucherstäbchen oder Moschus-Parfum) etc.

Je nach Forschungsinteresse wäre es u. U. wenig ratsam, all dies außer Acht zu lassen – und, wie wir wiederum bereits an einigen Beispielen in Kapitel 2

---

69 (vgl. u. a. Englisch 1991; Pöggeler 1993; Müller-Doohm 1993; Schäfer und Wulf 1999; Fröhlich und Stenger 2003; Keck, Kirk und Schröder 2004; Pilarczyk und Mietzner 2005; Marotzki und Niesyto 2006; Friebertshäuser, von Felden und Schäffer 2007; Rose 2007; Raab 2008; Harper 2009; Denzin 2009; Lueger 2010; Nolda 2011a; Bohnsack 2011; Müller, Raab und Soeffner 2014; Rimmele, Sachs-Hombach und Stiegler 2014; Danyel, Paul und Vowinckel 2017)

70 (vgl. u. a. Gebhardt 2008; Hitzler und Niederbacher 2010; Ferchhoff 2011)

gesehen haben, geschieht dies auch nicht (unbedingt). Für den bildungswissen-schaftlichen Kontext bilanziert Meyer-Drawe jedoch: „Im Hinblick auf unser Verhältnis zu den Dingen muß noch einiges geschehen. Der Anfang wäre ge-macht, wenn bildungstheoretische Erwägungen den allgemeinen konstatierten Referenzverlust der Zeichen nicht beglaubigten und sich in den Tanz der Signi-fikanten einreihten, sondern den Referenzverlust als Weltverlust wahrnähmen, der eine lange Geschichte seit der Antike zu einem bedenklichen Abschluß brächte. Diese Geschichte hat zwei Seiten: die Erstarkung des erkennenden Ich und der Entzug einer anmutenden Welt. So beschreibt man heute die Welt als ein Chaos von Informationen, die unser Gehirn geschlossen operierend syste-matisch ordnet oder allererst hervorbringt. Eine evozierende Welt hat in diesem Modell keinen Ort" (Meyer-Drawe 1999, S. 334).

Insbesondere die ethnografische Feldforschung war allerdings durch ihre Prä-senz vor Ort schon von Anbeginn mit all den ‚Dingen' konfrontiert (vgl. u. a. Berg und Fuchs 1993), auf die die Forschenden im Feld stoßen können. So finden wir dann etwa bei Breidenstein et al. (2013) im Kapitel „Praktiken der Datenge-winnung" nicht nur Teilnahme bzw. Beobachtung und das Führen von Gesprä-chen, sondern auch Bezüge auf bereits Vorfindliches. Es können z. B. Mitschnitte von zur Praxis des Feldes gehörenden Videokonferenzen (vgl. 2013, S. 90) oder – hier unter der markanten Überschrift „Auflesen" – diverse Feld-Dokumente Berücksichtigung finden, die nicht nur von ihrer Textoberfläche her, sondern auch als dingliche ‚Quellen' von Relevanz sein können – d. h. im Sinne des fakti-schen Umgangs mit ihnen in situ oder in Bezug auf ihren Status im jeweiligen Feld (wie etwa im Fall der Patientenakten in der bereits erwähnten Studie von Garfinkel 1967). Breidenstein et al. nennen hierzu u. a.: „*Amtliche Dokumente* in Organisationen, in Schulen und Kliniken, Behörden und Unternehmen: Geset-zestexte, Verträge, Identitätsnachweise, Gutachten, Urkunden, Zeugnisse, Akten, Karteikarten, Dossiers, Protokolle, Berichte, Bulletins usw. *Persönliche Dokumen-te* wie Briefe und Tagebücher und völlig unscheinbare *Gebrauchsdokumente* des Alltags wie Quittungen, Rezepte, Formulare, Gebrauchsanweisungen, Fahrpläne und Kassenbons" (2013, S. 92, Hervorh. i. Orig.).

Auch Lueger thematisiert objekthafte Feldmaterialien in seinem Ansatz in-terpretativer Sozialforschung mehrfach. So unterscheidet er im Bereich der Beobachtung drei Aspekte „als Varianten einer systematischen Annäherung an die Totalität von Phänomenen": a. die „Zentrierung auf *AkteurInnen*" des zu untersuchenden Feldes, b. die „Konzentration auf *Ereignisse* und *Handlungen*" und c. die „Fokussierung auf *Gegenstände* oder *Produkte*" vor Ort (2010, S. 51 f., Hervorh. i. Orig.). Überdies spricht er im Kapitel „Artefaktanalyse" von zwei Arten möglichen Materials: „*Spuren*, die im Zuge menschlicher Aktivitäten als Begleiterscheinungen oder unbeabsichtigte Folgen anfallen (z. B. Fußspuren im Schnee, Abnutzungserscheinungen an Einrichtungsgegenständen)" und „*Ge-brauchsgegenstände*, die von Menschen in bestimmten Lebenszusammenhängen erzeugt, mit Bedeutungen versehen und verwendet werden (darunter fallen Kunstgegenstände genauso wie Maschinen oder Bücher)" (Lueger 2010, S. 94, Hervorh. i. Orig.).

Ebenso wurde das Thema – jüngeren Datums – in den Kulturwissenschaften oder der Organisationsforschung (vgl. u. a. Samida, Eggert, und Hahn 2014; Kühl, Strodtholz und Taffertshofer 2009) aufgegriffen und – mit längerer Tradition – in der Geschichtswissenschaft reflektiert (vgl. u. a. Beck und Henning 2003; Rohr 2015), wenn es hier etwa um ‚dingliche Quellen' wie Briefmarken, Münzen, Orden oder Werkzeuge geht. Ganz in den Vordergrund rückt das Gegenständliche in dem Versuch, eine *„History of the World in 100 Objects"* vorzulegen (MacGregor 2012; vgl. auch Schäfer 2015). Den dortigen Bedingungen der Präsentation geschuldet finden wir viele Beispiele in musealen Kontexten, wie beispielsweise die Ausstellungen *„Angezettelt. Antisemitische und rassistische Aufkleber von 1880 bis heute"* des Deutschen Historischen Museums aus dem Jahr 2016 oder *„Made in Germany – Politik mit Dingen. Der Deutsche Werkbund 1914"* des Werkbundarchivs von 2014/15.

In musealen Zugängen wie diesen wird oft den Einzelobjekten besonderer Raum gegeben; sie werden ins Zentrum der Aufmerksamkeit gerückt. Doch nicht nur im Museum – auch in sozial-, medien- und v. a. kulturwissenschaftlichen Debatten verzeichnet die ‚gegenständliche Welt' zunehmend Aufmerksamkeit, wobei sich dabei in den letzten Jahren fast schon ein eigenes „literarisches Genre" entwickelt hat (Hahn 2015, S. 10): So ist schon in den Titeln der Bücher bzw. Beiträge die Rede von der „Bedeutsamkeit von Dingen" (Schomaker 2013), der „Wiederkehr der Dinge" (Balke, Muhle und von Schöning 2012), der „Rehabilitation der Dinge" (Scharfe 1996); über ein „Social Life of Things" (Appadurai 1986) bzw. die „Sache(n) der Bildung" (Thompson, Casale und Ricken 2017) ist zu lesen, bis hin zu einer „Parteinahme für die Dinge" (Meyer-Drawe 2009) oder der Begründung „Why some things matter" (Miller 1998).

Schivelbusch (2015) plädiert ganz allgemein für eine Neujustierung unserer Wahrnehmung. Insbesondere in den Waren- und Medienwelten der heutigen Gesellschaften sind die ‚Dinge' als ‚Güter' durchsetzt von Spuren menschlicher Planung, Produktion, Aneignung, Nutzung und Entsorgung. Insofern sei es sinnvoll, neben dem klassischen „Gebrauchs- und Tauschwert" eines Gutes seinen „Assimilationswert" zu berücksichtigen (Schivelbusch 2015, S. 26). Der Autor definiert diesen als „das Maß", in dem der Konsument und das Gut „sich aneinander abarbeiten und dabei in ihrer materiellen Substanz abnutzen und erschöpfen" (ebd., S. 27). Schon wer z. B. ein paar neue Schuhe einläuft, ist sich u. U. der Eigenwilligkeit von Objekten schmerzlich bewusst. Mit der Zeit der Nutzung tragen diese Schuhe dann aber auch umgekehrt immer individuellere Spuren ihres Eigners oder ihrer Eignerin – manchmal bis hin zu einer persönlichen Beziehung, die nur schweren Herzens beendet werden kann (vgl. ebd.).

Für die ‚Objekte' im Forschungsfeld gilt Ähnliches; auch hier ist der Prozess des ‚Sich-aneinander-Abarbeitens' von Dingen und Menschen ins Kalkül zu ziehen. Repräsentations- und Transformationsproblematik sind eng verknüpft. Kritzeleien und Graffiti an den Wänden, zum Beispiel, sind nicht nur ‚Zeichen' für sich, sondern können auch als Bestandteil von Praktiken gedeutet werden, als ‚Gebrauchsspuren' oder ‚Inbesitznahmen', die umgekehrt wieder auf andere zurückwirken (vgl. Herrmann 2014). Oder, um die Vieldeutigkeit in der Relation von Menschen und Objekten an einem anderen Beispiel zu verdeutlichen: Wovon künden an einem Ort vorgefundene Zigarettenkippen, wenn wir sie als Dokumente betrachten? Verstehen wir sie als Ausdruck eines bestimmten Lebensstils, als Indikator für einen intensiv genutzten Treffpunkt, als Hinweise auf Sucht oder Drogenkonsum, als potenzielle Geruchsbelästigungen oder Gesundheitsgefahr, als Zeichen der Subversion angesichts des Rauchverbots, als beiläufig banales Nebenphänomen, als Problem für das Reinigungspersonal, als Indizien an einem Tatort, die DNA-Spuren tragen, etc.? Je nach Standpunkt und Interesse zeigen die ‚Dinge der Welt' als Dokumente ein anderes Gesicht. Anders als in der Kryptografie ist ihnen meist nicht mit einem einzigen Enträtselungsverfahren, mit einem Algorithmus und dem passenden Schlüssel, beizukommen (vgl. Beutelspacher 2017). Unser jeweiliger Zugang hat überdies Konsequenzen für den archivarischen Umgang mit den Dokumenten, d. h., Fotos von den Kippen würden z. B. für die DNA-Analyse nicht ausreichen, könnten aber durchaus die Marke(n) und den Fundkontext erfassen.

Viele der neueren Ansätze[71] versuchen dieser Problematik auch theoretisch verstärkt Rechnung zu tragen (vgl. u. a. Kraus et al. 2017); genannt seien hier exemplarisch das Feld der Praxistheorien (vgl. u. a. Bourdieu 1979; Reckwitz 2003; Hörning 2001 und 2015; Schäfer 2016) oder die bereits in Kapitel 2 angesprochenen Akteur-Netzwerk-Theorien. Um die wechselseitige Vernetztheit zu verdeutlichen, spricht Latour hier von „Inter-Objektivität", denn „die Kleidung, die wir tragen, kommt woanders her und wurde vor geraumer Zeit fabriziert; die Worte, die wir gebrauchen, wurden nicht für die Situation geformt; die Mauern, auf die wir uns stützen, wurden von einem Architekten für einen Kunden entworfen und durch Arbeiter errichtet – alle diese Personen sind heute abwesend, aber ihre Handlungen sind heute noch spürbar" (2001, S. 5). Und er stellt dann die Frage: „Sind die Soziologen nicht auf dem Holzweg, wenn sie das Soziale durch das Soziale konstruieren oder ihre Lücken mit dem Symbolischen zukleistern, während doch die Dinge in allen Situationen, deren

---

71 Dass es sich dabei jedoch keineswegs um ein völlig neues Anliegen handelt, darauf verweisen Debatten wie die zum Konstruktivismus oder in den Feldern Wissenschaftsforschung und Techniksoziologie (vgl. u. a. Rheinberger 1997; Knorr-Cetina 1984 und 1999). So führte etwa bereits Fleck (1935/1980) die erkenntnistheoretische Bedeutung der jeweiligen Community und seiner materialen Infrastruktur differenzierend ins Feld.

Sinn sie suchen, omnipräsent sind?" (ebd., S. 13). Um nicht ‚auf dem Holzweg‘ zu verbleiben, schreibt Latours Akteur-Netzwerk-Ansatz den Dingen nicht nur den Status als Mittel oder Prothesen zu, sondern betrachtet sie als Aktanten innerhalb der komplexen Dynamik eines sozialen Körpers von Objekten. Menschen wie Dinge können als „Mittler" wirken, „die andere Mittler *dazu bringen, Dinge zu tun*" (Latour 2010, S. 374, Hervorh. i. Orig.).

Auch für die Kulturwissenschaften resümiert Lethen allgemein: „Die Dinge hören auf, nur *adressiert*, das heißt nur als vom Diskurs des Betrachters erzeugte Phänomene untersucht zu werden, die keine Fallen stellen. Man erkennt, dass sie ihre eigenen Tücken haben, sogar *Wirkkraft* wird ihnen […] zugebilligt. Sie gehören […] zu einem Räderwerk der Verkettung, werden schließlich als *Agenten* im Handlungsraum ernst genommen" (2014, S. 209, Hervorh. i. Orig.).

Wiederentdeckung und Aufwertung des Gegenständlichen gehen freilich auch mit einer Kritik daran bzw. mit Hinweisen auf die Grenzen einher (vgl. für die Pädagogik etwa Nohl 2011 oder Wigger 2017). So ist die Orientierung auf die vorfindliche Objektwelt mit der Gefahr verbunden, im vermeintlich „unmittelbaren Zugriff" der Forschung ein ‚Ding‘ in der Einzelbetrachtung zu isolieren und aus dem Zusammenhang der ursprünglichen bzw. alltäglichen Anordnungen zu reißen: „Schon indem der Betrachter die Gegenstände wie durch ein Fernrohr betrachtet, es damit in die Nähe und ins Großformat rückt, entfernt er sich unweigerlich vom tatsächlichen Platz dieser Dinge im Alltag" (Hahn 2015, S. 17). Doch wie in der Archäologie sollten wir uns dessen bewusst sein, „dass zum Beispiel die […] zwischen den Resten eines Hauses gefundene Keramikscherbe in der Periode ihres ersten Gebrauchs möglicherweise nicht von besonderer Bedeutung war" (ebd., S. 15). Der mit vielen „alltäglichen Dingen verbundene Status des Halbvergessenen, Ignorierten und Beiläufigen" (ebd., S. 18) darf durch die Analyse nicht ausgelöscht werden. Somit kann sich Hahn auch nicht den Ansätzen anschießen, die – im Anschluss an Latour etwa – von der ‚Macht der Dinge‘ ausgehen. Um ihrer Eigenart gerecht zu werden, spricht Hahn eher von einer „subtilen Gegenwart" oder vom „Eigensinn", d. h., „dass die Dinge gerade nicht über ‚Macht‘ verfügen, aber dennoch durch ihre Gegenwart, ihre Ko-Präsenz und durch die wahrgenommenen Assemblagen einen fundamentalen Einfluss auf jedes Individuum in seiner Lebenswelt haben" (Hahn 2015, S. 34).

Zu Situiertheit, Beiläufigkeit und Eigensinn kommt schließlich noch der bereits o. g. Aspekt der Polysemie bzw. der Vieldeutigkeit der gegenständlichen Welt hinzu; wiederum mit Konsequenzen für die wissenschaftliche Perspektive: „Jeder Versuch, Dinge auf Bedeutungen und Funktionen zu reduzieren, muss an der Komplexität unterschiedlicher Wahrnehmungen scheitern. Nur ganz wenige Dinge sind ‚dienlich‘ oder ‚repräsentieren‘, die meisten Gegenstände in unserer Gegenwart haben jedoch keine solche Funktion, oder sie haben diese Funktion nur zu ganz bestimmten Zeitpunkten" (Hahn 2015, S. 45).

Ein weiteres Problem im Umgang mit der „anmutenden Welt" (Meyer-Drawe 1999, S. 334) ist dabei überdies unsere eigene kulturelle Prägung, den Akzent auf die visuelle Wahrnehmbarkeit zu setzen. So gibt Meyer-Drawe zu bedenken: „Gestaltpsychologische und phänomenologische Analysen unterliegen oft einer nicht eigens bedachten Bevorzugung des Sehens, das unserem Denken so ähnlich ist. Vom Sehen ausgehend ist es schwierig, die Berührung durch die Dinge zu verstehen. Beim Tasten ist der Kontakt evident. Tasttäuschungen sind ganz anderer Art als optische Irrtümer. Aber auch das Hören belehrt uns über die Verwicklung mit den Dingen. ‚Für das Zustandekommen einer Hörempfindung ist der Vernehmende völlig davon abhängig, daß etwas außerhalb seiner Kontrolle geschieht, und im Hören ist er der Wirkung dieses Geschehens ausgesetzt. Das Einzige, was er zur Situation beitragen kann, ist ein Zustand aufmerksamer Bereitschaft für das etwaige Empfangen von Lauten (außer wenn er sie selbst hervorbringt).‘ (Jonas 1973, S. 202) Vom Hören ausgehend gelangen wir nicht an eine beharrliche, sondern an eine kontingente Welt, die sich unserer bemächtigen kann. Wir werden hier an die Grenzen unserer Initiativen erinnert. Ein Bildungsbegriff, der vom Hören ausginge, reichte nicht an ein stolzes Subjekt heran, weil seine Signatur geprägt wäre von der Auslieferung an eine Welt, die sich melden muß" (Meyer-Drawe 1999, S. 333 f.).

Im Hinblick auf das Hören und in Bezug auf weitere Sinneseindrücke oder komplexere Wahrnehmungskonstellationen wird es für die Forschung jedoch nicht leichter – zumal uns diese Seiten der Objekte zum Teil an die Grenzen des Dokumentierbaren führen (vgl. Kraus et al. 2017; siehe auch Kapitel 3.2). Dennoch liegen zahlreiche Arbeiten vor, die sich – auf ganz unterschiedliche Weise – diesen besonderen Herausforderungen stellen (vgl. allgemein u. a. Samida, Eggert und Hahn 2014; und speziell zu Tönen, Geräuschen, Musik Paul und Schock 2013; Oberhaus und Stange 2017; zum Schweigen Geiss und Magyar-Haas 2015; zu Gerüchen Raab 2001; zum Synästhetischen Howes 2006; zu Mode bzw. Kleidung Barthes 1985; Miklautz 1996; zu Nahrung Farquhar 2006; Althans, Schmidt und Wulf 2014).

Insgesamt sollten wir uns also von den ‚Tücken der Texte‘, der ‚Brisanz der Bilder‘ oder den ‚Fallen der Feldmaterialien‘ nicht abhalten lassen, vielmehr ihren Eigensinn – soweit möglich – im Blick behalten und uns gerade auf ihre Eigenwilligkeit einlassen. Es wäre schade bzw. auch kaum möglich, eine bildungs- oder sozialwissenschaftliche Forschung allein auf die soziale Interaktion zwischen forschenden und beforschten Subjekten zu beschränken. Texte, Bilder bzw. die vielen ‚Dinge‘ aller Art nur als nachrangige kontextuelle Rahmenbedingungen zu sehen, würde ihrer Bedeutung kaum gerecht – weder erkenntnistheoretisch im Hinblick auf die Anmutungen und Anrufungen der ‚Welt als Ganzes‘ noch in Bezug auf ihre wissenschaftliche Relevanz. Ob nun als ‚Spuren, Quellen oder Medien‘, ob neben oder in Verbindung mit anderen Forschungsmethoden, ob als ‚Gegenstände‘ oder ‚Akteure‘, ob als ‚Zeichen‘ oder ‚Symbole‘, ob als ‚Artefakte‘ oder ‚Praktiken‘ – wir können die Potenziale von Dokumenten auch in der bildungs- und sozialwissenschaftlichen Forschung nutzen, müssen uns dabei aber – theoretisch wie methodisch – auf ihre Eigenarten in besonderer Weise einstellen.

4 Pfade, Stationen, Schleifen …

Zu Aufbau und Ablauf von Dokumentenanalysen in der Bildungs- und Sozialforschung

„Pfade, Stationen, Schleifen", Begriffe wie diese legen eine Vorstellung von Forschung nahe, die Bilder eines Wegs, einer Reise, einer Wanderung oder auch eines Parcours wachruft. Auf der variantenreichen Stecke gibt es ordnende Wegmarken, doch können auch Ab- oder Umwege dazugehören.

Nun ist das ‚Reisen' nur eine von vielen Metaphern, auf die wir bei den Be- und Umschreibungen von Wissenschaft stoßen (vgl. u. a. Hoffmann 2003). Wir treffen auf verschiedene Rollenbilder, u. a. auf faustisch strebende Gelehrte, auf fliegenbein-zählende Empiriker_innen, auf Schreibtisch-Täter_innen im Elfenbeinturm, auf im Feld versunkene Spurenleser_innen oder auf Indizien interpretierende Detektiv_innen, oft in Anlehnung an Sherlock Holmes (vgl. hierzu etwa Rosenthal 2015, S. 65). Doch reicht eine Facette meist nicht aus, um die Komplexität zu fassen; Einstein zufolge muss der Forschende „dem systematischen Erkenntnistheoretiker als *eine Art skrupelloser Opportunist* erscheinen: Er erscheint als *Realist* insofern, als er eine von den Akten der Wahrnehmung unabhängige Welt darzustellen sucht; als *Idealist* insofern, als er die Begriffe und Theorien als freie Erfindungen menschlichen Geistes ansieht […]; als *Positivist* insofern, als er seine Begriffe und Theorien nur insoweit für begründet ansieht, als sie eine logische Darstellung von Beziehungen zwischen sinnlichen Erlebnissen liefern" (zit. nach Krohn/Küppers 1987, S. 7, Hervorh. d. d. Verf.). Für eine weitergehende Differenzierung des Bildes spricht sich Knorr-Cetina aus. Es sei – mit Blick auf den Prozess – eine „doppelte Produktionsweise" (1984, S. 239) zu konstatieren: „Die Fabrikation von Erkenntnis" ist zunächst stark indexikalisch, ein „konstruktives Tüfteln", vom situativen Rahmen der jeweiligen Institution geprägt – erst die spätere Veröffentlichung der Ergebnisse unterliegt dann der ordnenden Strukturierung im Sinne der jeweiligen wissenschaftlichen Standards (Knorr-Cetina 1984, S. 158 ff.; vgl. auch Fleck 1935/ 1980).

Schreibtisch-Täter_innen, Spurenleser_innen, Detektiv_innen, Opportunist_innen, Tüftler_innen etc. – sie alle finden sich auch in der Praxis der Dokumentenanalyse. Denn, wie wir gesehen haben, bezieht sich der Terminus ‚Dokumentenanalyse‘ nicht auf ein bestimmtes Verfahren, vielmehr dient er der „Umschreibung einer spezifischen *Zugangsweise*" (Wolff 2009, S. 504, Hervorh. i. Orig.). Angesichts dieser *formalen* Vielfalt in der methodologischen Verortung und zudem aufgrund der *materialen* Diversität „der Mannigfaltigkeit möglicher Dokumente und der Vielzahl denkbarer Fragestellungen und Auswertungsmethoden ist es kaum möglich, einen idealtypischen oder paradigmatischen Ablauf einer Dokumentenanalyse darzustellen" (Ballstaedt 1982, S. 169).

Es gibt variierende Reiserouten; es führen viele Wege nach Rom …

Insofern wird in Kapitel 4.1 zunächst der Blick auf ‚Stationen‘ im Sinne von allgemeinen oder grundlegenden Konstruktionselementen des Reisens bzw. auf Aspekte des *Aufbaus* von Forschungsarbeiten gerichtet, um in Kapitel 4.2 anschließend – anhand von Fallbeispielen – exemplarisch verschiedene ‚Pfade‘ mit ihren ‚Schleifen‘ im *Ablauf* zu skizzieren. Hierbei wird ebenfalls auf ‚Bilder‘ zurückgegriffen, wobei insbesondere das Rollenbild oder Selbstverständnis der Forschenden akzentuiert wird, um – auf dem Weg der Verfremdung in der Metapher – eine Reflexion über den jeweils spezifischen Charakter des eigenen forscherischen Zugangs anzustoßen. In der vorhandenen Methodenliteratur finden wir dazu immer wieder Angebote, wenn etwa bereits auf dem Cover eines Werks zur ethnografischen Feldforschung ein ‚Rucksack‘ und ‚Wanderstiefel‘ abgebildet werden (vgl. Breidenstein et al. 2013), wenn, wie bei Bohnsack (2011), das Verhältnis zum Gegenstand oft im Sinne der Optik als spezifischer ‚Blick‘, als Form des ‚Sehens‘, auch als ‚mikroskopische Betrachtung‘ figuriert wird – oder wenn die durchgängige Verwendung von ‚Flussdiagrammen‘ uns etwa bei Mayring (2015) nahe legt, dass es sich bei der inhaltsanalytischen Forschung um einen streng gestuften Prozess mit einer Art kybernetischer Logik handle.

4.1 Strukturelemente von Forschungsarbeiten

Bei der Lektüre von Titeln akademischer Veröffentlichungen kommt zuweilen die Frage auf, warum diese oft so lang und damit nicht immer leicht verständlich formuliert sind. *Ein* Grund dafür kann in dem Versuch der Autor_innen gesehen werden, möglichst präzise über die vorgelegte Studie Auskunft zu geben – und dies erfordert eben nicht nur die Nennung des Themas. Zu Forschungsarbeiten gehört noch viel mehr …

Betrachten wir ein Beispiel: „*Privates wie Politisches, Intimes und Irritierendes, Bedeutsames und Banales‘. Blogging als Beispiel einer dezentralen Formation von*

Diskursstrukturen im Internet" lautet etwa einer solcher Titel (Hoffmann 2006). Wir erfahren, dass es wohl um Internet-Blogs geht, die aus einer diskursanalytischen Sicht exemplarisch betrachtet werden. Dabei steht die Frage nach der Entstehung von Ordnungselementen in einem medialen Zusammenhang im Vordergrund, der nicht von einer zentralen Stelle aus gesteuert wird – verbunden mit dem Ziel, v. a. Ambivalenzen (vgl. ‚Privates wie Politisches, Intimes und Irritierendes, Bedeutsames und Banales') herauszuarbeiten. Im Titel werden demnach das Thema, die analysierten Dokumente, die theoretische Verortung in der Diskursanalyse, die Absicht bzw. das Ergebnis angesprochen.

Es werden also Aspekte angeführt, die das spezifische Profil der Studie sichtbar machen sollen – strukturierende Elemente dieser Art können als ‚Bausteine' oder als die passend zur Art der Reise zusammenzustellenden ‚Gepäckstücke' für die jeweiligen ‚Etappen' betrachtet werden, die jedoch nicht erst am Ende des Trips beim Verfassen des Endberichts, sondern bereits bei der ersten ‚Routenplanung' für ein Forschungsvorhaben in den Blick zu nehmen sind. *„Entwirf deinen Reiseplan im großen – und laß dich im einzelnen von der bunten Stunde treiben"*, mag hier in Anlehnung an Tucholsky (1929, S. 12) eine passende Maxime sein.

Abstrahiert von den vielen möglichen konkreten Varianten können generell die folgenden sechs Strukturelemente für diesen „Reiseplan im großen" unterschieden werden: Es gibt einen *Gegenstand,* der zu einem *Ziel bzw. Erkenntnisinteresse* in einem spezifischen *Feld* mit einem *methodischen Zugang* aus einer ausgewählten *theoretischen Perspektive* betrachtet bzw. untersucht wird. Diese Einzelaspekte werden in der *Forschungsfrage* miteinander kombiniert und stehen so zueinander in einer wechselseitigen Beziehung.

Der Gegenstand steht dabei im Zentrum und ist mit der Wahl des Kontexts, in dem er studiert werden soll, auch zugeschnitten (er könnte ja auch in anderen Feldern vorkommen). Die jeweilige eher anwendungs- oder eher grundlagenorientierte Zielsetzung bildet hingegen den großen Rahmen, der den somit gewählten Ausschnitt der ‚Welt' umreißt und prägt. Mit der Entscheidung für einen bestimmten theoretischen Blickwinkel positioniert sich die Forschung innerhalb der wissenschaftlichen bzw. fachdisziplinären Diskurse – und ermöglicht uns gleichzeitig, auf eine spezifische Weise den Gegenstand in seinem Feld zu thematisieren bzw. zu problematisieren[72]. Dies erfordert überdies den Einsatz einer passenden Forschungsmethodik, die die Forschungsfrage handhabbar macht, also operationalisiert, und die zugleich geeignet ist, den konkreten Gegenstand in seinem Feld so zu erfassen, dass seine Erscheinung – auf welche

---

72 In vielen universitären Prüfungsordnungen ist im Hinblick auf Qualifikationsarbeiten explizit von der Aufgabe die Rede, ein bestimmtes „Problem" zu bearbeiten.

Weise auch immer – erfasst, ausgewertet und im Licht der Theorie interpretiert werden kann. Damit soll der Gegenstand über ein Feld erschlossen und – im Erfolgsfall – die Forschungsfrage beantwortet werden können.

Eine solcherart formale Anlage von Forschungsprojekten ergibt ein Gesamtbild, das die folgende Graphik nochmals im Zusammenhang veranschaulichen soll (vgl. Abb. 10).

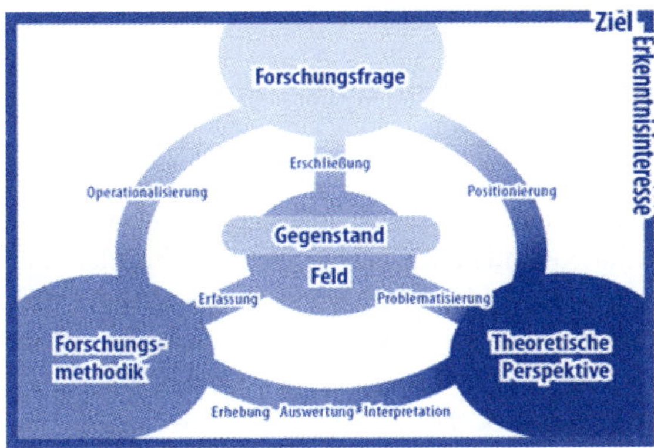

Abb. 10 Abstrahierte Grundstruktur von Forschungsdesigns (eigene Darstellung)

Das Anliegen ist hier v. a. das einer grundsätzlichen Heuristik, wobei die konkrete Benennung der Elemente und ihrer Relation im Rahmen der verschiedenen Forschungsrichtungen freilich variieren kann. So sprechen manche z. B. von ‚Daten‘, die zu ‚erheben‘ sind, andere von ‚Texten‘, die zu ‚analysieren‘ sind, von ‚Sinneinheiten‘, die zu ‚verstehen‘ sind, oder von ‚Medien‘, die zu ‚entschlüsseln‘ sind, etc.

Auch geht es hier um einen Strukturzusammenhang, d. h. nicht um einen Ablaufplan. Meiner Erfahrung nach kann der Startpunkt zur Konzeption einer Studie ‚in jeder Ecke‘ liegen, d. h., jedes Element kann als Ausgangspunkt dienen: Vielleicht haben wir praktische Erfahrungen in einem *Feld* gemacht und wollen daran anknüpfen; u. U. ist uns ein bestimmtes *Thema* aufgefallen und wir wollen dies zum Gegenstand machen; eventuell möchten wir eine *Methode* einsetzen und suchen von dort aus nach geeignetem Material; denkbar ist ebenso die Nähe zu einer uns interessant scheinenden *theoretischen Position*, von der aus das Vorhaben entwickelt wird; möglichweise gibt es eine vorgegebene *Zielsetzung*, wenn wir etwa mit externen Auftraggeber_innen zusammenarbeiten.

Nach der ersten Entscheidung ist dann bei der Ergänzung der jeweils noch fehlenden Aspekte v. a. das wechselseitige Passungsverhältnis der Elemente zueinander zu beachten: So kann nicht mit jeder Methode jeder Gegenstand erfasst werden; es eignet sich nicht jede Theorie für die Kombination mit jeglicher Methodik (vgl. eher induktive oder eher deduktive Ausrichtungen); auch muss das Design auf das Ziel oder Erkenntnisinteresse abgestimmt werden etc.

Soweit das Allgemeine. Um nun mögliche „Pfade, Stationen, Schleifen" im Verlauf, d. h. den Prozess der Forschung genauer in den Blick zu nehmen, werden im folgenden Teilkapitel 4.2 fünf konkrete Beispiele skizziert. Im Sinne von Szenarien möglicher Designs von Dokumentenanalysen machen diese dabei jeweils ein anderes der o. g. Elemente zum Ausgangspunkt der ‚Reise' bzw. ihrer ‚Planung'.

4.2 Wege und Rollen im Verlauf von dokumentenanalytischen Forschungsprozessen

Hinweise und Vorschläge zur forscherischen ‚Routenplanung' im Kontext der Bildungs- und Sozialwissenschaften finden wir in den zahlreichen Handbüchern und Kompilationen zu wissenschaftlichen Vorgehensweisen im Überblick oder auch in den diversen Einzeldarstellungen zum Methodeneinsatz im Zusammenhang mit speziellen Forschungsrichtungen (vgl. Kapitel 2 bzw. 6.3).

König und Bentler eröffnen ihren „Leitfaden" dabei mit dem Verweis auf zwei konzeptuelle Grundideen, die der Forschung zugrunde liegen können: Sie unterscheiden zwischen „Landkarten- versus Beobachter-Modell" (1997, S. 88). „Ähnlich wie bei der Entdeckung fremder Kontinente durch neue Forschungsreisen weiße Flecken auf der Landkarte zunehmend beseitigt wurden, die Karten zunehmend genauer aber auch umfassender wurden, stellt man sich nach diesem Modell offenbar Wissenschaft vor. Es gibt bereits erforschte Gebiete, aber es gibt auch ‚weiße Flecken', die bislang noch nicht erforscht sind" (ebd.), d. h., „daß es die ‚Wirklichkeit' an sich gibt, die es im Rahmen wissenschaftlicher Forschung genauer zu entdecken und zu erklären gälte" (ebd.). Im anderen Fall wird stärker die Aktivität der Forschenden in den Blick genommen bzw. „die Bedeutung des Beobachters für den Erkenntnisprozeß betont" (König und Bentler 1997, S. 89). „Konkret: Ich kann z. B. eine empirische Untersuchung über Auswirkungen eines autokratischen oder eines sozial-integrativen Erziehungsstils erst dann durchführen, wenn ich zuvor definiert habe, was ich unter autokratischem und sozial-integrativem Erziehungsstil verstehe. Diese Definition, d. h. die Unterscheidung zwischen verschiedenen Erziehungsstilen, ergibt sich aber nicht aus dem Untersuchungsgegenstand selbst, sondern ist [...] durch Entscheidungen des Beobachters immer mit bestimmt" (ebd.). Zwar waren bzw. sind sich so manche Kartograph_innen durchaus der Selektivität und Konstruiertheit ihrer Abbild-Werke bewusst, umgekehrt setzen wohl viele Beobachter_innen gerade die Existenz ihres Beobachtungsgegenstands voraus, doch zeigt dies nur, wie verschieden bzw. fließend Metaphern für die Forschung gedeutet werden können. Wichtiger ist an dieser Stelle der Hinweis darauf, sich immer wieder die eigenen erkenntnis- und wissenschaftstheoretischen Vorannahmen bewusst zu machen, d. h., sich der Frage zu stellen, welches Modell von ‚Reise‘ bzw. welches Verhältnis zu meinem ‚Reiseland‘ ich meinem Vorhaben zugrunde lege.

Für die konkrete Reisepraxis stoßen wir dann auf unterschiedliche Schrittabfolgen für den weiteren Prozess. Nur zwei Beispiele dazu …

Zum einen könnte die Route in Anlehnung an Denz (vgl. 1989, 29 f.) folgende Schrittfolge umfassen:

1. Theoriegeleitete Ausrichtung der Forschungsfrage auf einen geeigneten Fundus an Materialien
2. Angemessene, repräsentative Auswahl des Materials, der Stichprobe bzw. des Medienformats
3. Festlegung von Mess-Dimensionen bzw. Kategorien und möglicher Merkmalsausprägungen unter Bezug auf zu bearbeitende Hypothesen
4. Feinere Bestimmung geeigneter Untersuchungseinheiten innerhalb des Materials
5. Zuordnung der Untersuchungseinheiten zu den definierten Mess-Dimensionen zu Verdichtung, Bündelung oder Gruppierung
6. Deskriptive und/oder schließende statistische Auswertung mit einem für Fragestellung und Datensatz geeigneten Verfahren
7. Interpretation der Ergebnisse bzw. der Hypothesen im Lichte der Forschungsfrage

Eine andere Variante finden wir z. B. bei König und Bentler (vgl. 1997, S. 90):

1. Entwicklung einer präzisen Fragestellung
2. Übersicht über den Forschungsstand
3. Festlegung des theoretischen Begriffsrahmens
4. Festlegung der Forschungsmethodik und Durchführung der Untersuchung
5. Darstellung und Interpretation der Ergebnisse
6. Formulierung von Konsequenzen

Auch ‚Reisewarnungen‘ werden ausgesprochen; so empfiehlt etwa Oswald (2010) bei der Methodenwahl den Blick vorab auf Angemessenheit und Machbarkeit zu richten. Für die Feldforschung etwa gibt er zu bedenken: „Die Erfahrungen in der Feldarbeit sind oft aufregend und abenteuerlich, sie fordern die ganze Person und sind damit auf eine befriedigende Weise anstrengend. Dies bedeutet aber auch, dass qualitative Forschung sehr arbeitsaufwändig ist. Sie dauert lange und die Dauer ist vorweg oft schwer kalkulierbar“ (2010, S. 183). Allerdings sind Anstrengung, Arbeitsaufwand oder Ungewissheit an sich keine Alleinstellungsmerkmale qualitativer Forschung; im Bereich von quantitativ ausgerichteten Vorgehensweisen zeigen sie nur ein anderes Gesicht (vgl. u. a.

Kromrey 2002; Diekmann 2014). Zumal heute die strenge Trennung zwischen qualitativen und quantitativen Verfahren weniger in den Vordergrund gerückt wird. Vielmehr wird davon ausgegangen, dass es sich um Pole handelt, zwischen denen sich ein breites Kontinuum mit diversen Wechselbezügen erstreckt (vgl. u. a. Oswald 2010; Baur und Blasius 2014).

Teilkapitel	Ausgangspunkt im jeweils folgenden Fallbeispiel	Art der dabei analysierten Dokumente
4.2.1 Szenario A: Ausgehend von einem Gegenstand…	Beobachtete Stereotype im Kinderspielzeug	Menschliche Spiel-Figuren einer Spielwarenfirma
4.2.2 Szenario B: Ausgehend von einem Feld…	Ratschläge auf dem Buchmarkt	Auswahl von ‚Lern‘-Ratgebern
4.2.3 Szenario C: Ausgehend von einer theoretischen Perspektive…	Theorie-Debatte bzw. Ansatz der ‚Intersektionalität‘	Biografische Texte über Leben und Werk einer historischen Person
4.2.4 Szenario D: Ausgehend von einer Methode…	Ethnografische Feldforschung	Informations- oder Werbematerialien in Bildungs- oder Beratungsstellen
4.2.5 Szenario E: Ausgehend von einem Interesse…	Auftrag zur Entwicklung eines koordinierenden Konzepts	Dokumentierte Erfahrungen zur Einführung von ‚Konzepten‘

Abb. 11 Übersicht zu den folgenden Fallbeispielen bzw. Szenarien

Je nachdem, ob wir also z. B. eine Trecking-Tour, eine Kreuzfahrt, einen Strandurlaub oder einen Städtetrip planen, stets ist die Kombination der Grundelemente, sind die Schrittfolgen an den Charakter der eigenen Forschung anzupassen.

Betrachten wir dazu nun prototypisch einige Beispiele aus dem Feld der Dokumentenanalyse, wobei jeweils ein anderes der in Kapitel 4.1 eingeführten ‚Strukturelemente‘ den Ausgangspunkt der Forschungsreise darstellt und zudem jeweils variierende Dokumentformen berücksichtigt werden (vgl. zur Übersicht Abb. 11).

4.2.1 Szenario A: Ausgehend von einem Gegenstand …

Vielleicht suchen Sie ein Geburtstagsgeschenk für den Nachwuchs einer Freundin; Ihnen fällt beim Weihnachtseinkauf auf, dass die Schaufenster von Kaufhäusern und Spielwarengeschäften eigentümlich separat gestaltete Bereiche in den Farben Rosa und Hellblau haben; eventuell haben Sie selbst kleine Kinder bzw. treffen andernorts auf solche, die sich ganz bestimmte Produkte explizit für Mädchen oder Jungen wünschen …

Es gibt viele Anlässe auf ein mögliches ‚Thema' zu stoßen; manchmal entsteht sogar der Eindruck, dass nicht wir den ‚Gegenstand' finden, sondern er uns. Irgendetwas fällt ins Auge, das uns überraschend, nicht selbstverständlich, fraglich, irritierend oder erklärungsbedürftig erscheint. In diesem Fallbeispiel ist dies die starke Präsenz von Geschlechter-Stereotypen oder Rollenzuschreibungen in der Welt von Kindern, die sich noch vor der Pubertät befinden. Warum ist hier schon die Trennung der Welt in rosa und blau zu finden? Muss das so sein? Gibt es einen biologisch bedingten Hang dazu? Woher stammt diese Zweiteilung der Kinderwelten? Ist sie sozial vermittelt? Was bedeutet sie in unserer Kultur? Wie ist sie zu bewerten? Was bedeutet sie für Kinder und Familien, für Erziehungs- und Bildungsinstitutionen?

Bei der ersten Sondierung eines Themas stellen sich zu Beginn viele mögliche Fragen, die wiederum – auch je nach disziplinärer Verortung (hier etwa in Soziologie, Psychologie, Pädagogik, Anthropologie, Geschichte, Kulturwissenschaft etc.) – in der methodischen Bearbeitung verschiedene Optionen eröffnen. Da unser Ausgangpunkt hier auf Beobachtungen im Alltag beruht, ist es nicht unplausibel, dem Weg der beobachteten bereits vorfindlichen Objekte nachzugehen, d. h., sich für eine Dokumentenanalyse zu entscheiden.

Dabei gilt es dann, die verschiedenen Arten potenziell aussagekräftiger Dokumente zu identifizieren und sich für eine Gruppe (oder den Vergleich mehrerer) zu entscheiden. Bei diesem Thema kämen z. B. in Frage:

- geschlechtsdifferenzierende Waren- bzw. Werbekataloge von Spielzeugfirmen oder Verkaufseinrichtungen von Kinderkleidung oder Kinderzimmereinrichtungen,
- Internet-Portale, die Spiele oder Produkte für Kinder anbieten und dabei meist mit einer Zweiteilung arbeiten,
- Blogs, Newsgroups o. Ä., auf denen darüber diskutiert wird,
- einzelne Objektgruppen, wie im Handel erhältliche geschlechtsspezifisch ausgewiesene Kleidungsstücke und Gebrauchsgegenstände (z. B. die Schnuller „Drama-Queen" und „Bad Boy"), Lebensmittel (z. B. geschlechtsspezifische ‚Überraschungs-Eier' oder Fertiggerichte, wie die sog. „Feuerwehrsuppe" in blau und die sog. „Prinzessinnensuppe" in rosa) oder Spielfiguren (z. B. Lego-Modelle, Barbie, Ken, Monster High etc.),
- Werbespots oder Fernsehfilme bzw. Kinderserien, in denen Mädchen- und Jungenwelten eine entsprechende Rolle spielen,
- andere Unterhaltungs-, Lehr- bzw. Lernmedien, wie Kinderbücher, Comics, Schulmaterialien oder etwa ein Globus, den es in der Variante für Jungen wie für Mädchen gibt, u. v. m.

Je nach Wahl der Dokument-Form wird auch eine Entscheidung für ein bestimmtes Feld und damit für einen konkreteren Zuschnitt des Gegenstands getroffen. Wenn wir also etwa dem Pfad des Kinderspielzeugs, insbesondere der menschlichen Spielfiguren und ihrer Rollen, folgen, dann bewegen wir uns im Feld der Spielzeugindustrie – und können hier weiter spezifizieren: Wir könnten den Fokus auf geschlechtsbezogene Botschaften setzen, die von Spielfiguren ausgehen. Wenn wir dabei aber nicht gleich die bereits rosa oder blau markierten Bereiche betrachten wollen, so könnten auf den ersten Blick neutralere Welten in Frage kommen, z. B. das Zusammenleben in einer Stadt, wie es etwa exemplarisch in der Reihe ‚Lego-City‘ mit Gebäuden, Situationen und Personen zum spielerischen Nachvollzug inszeniert wird.

Mit der Auswahl eines Dokumenten-Materials ist zudem die Frage nach der passenden Forschungsmethode en détail verbunden, d. h., wie sich genau dieses Material gegenstands- und feld-adäquat erfassen bzw. auswerten lässt. Wiederum gibt es hier verschiedene Möglichkeiten. Im vorliegenden Fall könnte mit Blick auf ein ausgewähltes Set von Lego-City-Figuren eine Variante der „Dinghermeneutik“ (vgl. Rittelmeyer und Parmentier 2001) zum Einsatz kommen; mit Fokus auf den Wandel der Darstellung der Spielmöglichkeiten in den Lego-Werbe- bzw. Warenkatalogen verschiedener Jahre wäre eine „Inhaltsanalyse“ mit quantitativen wie qualitativen Aspekten denkbar (etwa nach Merten 1983 oder Mayring 2015); im Kontext einer „Artefaktanalyse“ (z. B. im Anschluss an Froschauer 2009) ließen sich beide Dokumentformen erschließen (vgl. auch Kapitel 2.1 oder 2.2).

Spätestens an dieser Stelle ist dann der Blick auf den vorliegenden Forschungsstand zu unserem Gegenstand und unserem Feld hilfreich, um zu sehen, was davon bereits im Lichte welcher theoretischen Perspektive wie beleuchtet wurde. Wollen wir ggf. daran anschließen? Gibt es Lücken, die wir füllen wollen? Liegen Designs vor, die zu unserer Idee passen und die wir für unser Feld adaptieren können? So lesen wir z. B. in Bezug auf den heute dominanten Farb-Code, dass es sich hierbei um sozio-kulturelle Zuschreibungen handelt: Bis zu Beginn des 20. Jahrhunderts war es in unserem Kulturkreis eher üblich, das Weibliche mit der Farbe Blau, der Farbe der Jungfrau Maria, zu assoziieren, während die Farbe Rot als die des Blutes und des Krieges galt. Rot waren die früheren Soldatenuniformen; Rosa, also das ‚kleine Rot‘, fand sich eher bei den Jungen. Erst in den 1920er Jahren kam es zu einer deutlichen Umorientierung (vgl. Heller 2004). Vor diesem Hintergrund liegt es nahe, einen theoretischen Ansatz für die Analyse zu wählen, der auf die soziale Konstruktion von Geschlecht ausgerichtet ist (etwa de Beauvoir 1951; Duby und Perrot 1993–1995; Eckes 1997; Butler 1990; Fine 2012, um nur einige aus verschiedenen Disziplinen zu nennen). Für das hier gewählte Material der Lego-Spielfiguren, die sich durch ihre Attribute bestimmten Rollen zuordnen lassen, wäre etwa die Analyse nach vorfindlichen ‚Geschlechterstereotypen‘ denkbar. So finden wir 2013 im Lego-City-Angebot 18 männliche Figuren in Funktionen wie Feuerwehrmann, Busfahrer, Rennfahrer, Rettungsschwimmer, Polizist, Dieb, Pilot etc., während als weiblich erkennbare Rollen nur fünfmal präsent sind; als Teil eines Paars in einer Pizzeria, Katzenmutter, Rettungsopfer, Reisende/Passantin und Polizistin.

Aus all diesen Elementen, dem Gegenstand, dem Feld, der Methode und einer theoretischen Position, ließe sich dann eine Zielsetzung bzw. ein Erkenntnisinteresse und damit schließlich auch eine Gesamtfragestellung der Studie formulieren: Wenn wir etwa das Ziel verfolgen, die jüngere Entwicklung von geschlechtsspezifisch zugeschriebenen Rollen bei Spielfiguren für Kinder mit dem gesellschaftlichen Diskussionsstand abzugleichen, dann könnte eine mögliche, die Elemente integrierende Forschungsfrage z. B. lauten: Inwiefern spiegelt sich der jüngere gesellschaftliche Wandel geschlechtstypischer Rollenzuschreibungen in Spielwarenangeboten – am Beispiel von Veränderungen in den letzten fünf Jahren im Set der menschlichen Figuren aus der Serie Lego-City?

Somit verlief in diesem Beispielfall die Reiseplanung von der ersten Idee eines möglichen thematischen Gegenstands, über die Wahl der Forschungsmethodik unter Spezifizierung des Gegenstands in einem bestimmten Feld, in darauffolgendem Abgleich mit möglichen theoretischen Perspektiven, bis hin zur Fokussierung der Zielsetzung. Abschließend kann so die Fragestellung präzisiert werden.

Wenn wir ein Design wählen, entscheiden wir uns – v. a. mit Methode und theoretischem Blickwinkel – auch immer für bestimmte *Rollen als Forschende*. Wie aber ‚All-Inclusive-Pauschalreisen‘ oder individuelles ‚Back-Packing‘ nicht für alle gleichermaßen in Frage kommen, gilt es ebenso in der Forschung die passende Form zu finden. Dem gerade skizzierten Szenario, das (mit der Beobachtung von Geschlechterstereotypen im Spielzeug) den Ausgangspunkt beim Forschungsgegenstand wählte, könnte nun im Hinblick auf die Rolle, die wir als Wissenschaftler_innen einnehmen, z. B. die Vorstellung zugrunde liegen, dass sich die Forschenden zunächst wie ‚Diagnostiker_innen‘ durch die Welt bewegen, dass sie im Sinne des Wortes die Welt ‚durchforsten‘, wobei ihnen ein ‚Symptom‘, ein Sachverhalt auffällt, der sich vom Erwarteten unterscheidet, dessen Einordnung uneindeutig erscheint. Nach diesem Impuls zur Findung des Gegenstands könnte das Selbstverständnis als das von ‚Analyst_innen‘ beschrieben werden; es soll der Sache faktenbasiert und kontextbezogen auf den Grund gegangen werden. Wie im Fall von ‚Finanz-Analyst_innen‘ werden ‚Informationen‘ über die ‚Produkte‘ oder ‚Objekte‘ systematisch ausgewertet. Wenn dann schließlich – bei der Interpretation – noch die Facette der Wertung der Befunde hinzukommt, könnte vielleicht auch vermutet werden, dass dies in der Position von ‚Aufklärer_innen‘ geschieht, die nicht nur die Sache an sich klären oder selbst verstehen, sondern auch auf ein mögliches Problem aufmerksam machen wollen.[73]

4.2.2 Szenario B: Ausgehend von einem Feld …

Anders als in der ersten Variante wird hier nun der – meiner Erfahrung nach – nicht seltene Fall aufgegriffen, dass wir die Konzeption einer Studie über das Element des ‚Felds‘ beginnen. Wenn wir etwa via Praktikum, berufsbedingt, im Ehrenamt, durch ein Hobby o. Ä. bereits Kontakt zu einer bestimmten Gruppe, einem Handlungsbereich, einem Milieu, einer Szene oder einer Institution haben, liegt es nahe, den vorhandenen Feldbezug ggf. auch für eine wissenschaftliche Arbeit zu nutzen. Mit diesem Ausgangspunkt der Überlegungen stellt sich dann meist zunächst die Frage, welcher Gegenstand oder welches Thema denn in dem jeweiligen Gebiet aufgegriffen werden könnte.

Wenn Sie etwa in einer Beratungseinrichtung arbeiten, stoßen Sie vermutlich immer wieder auf Ratsuchende, deren Problemsicht deutlich von anderen Quellen (wie Internet, TV, Büchern oder Zeitschriften) geprägt ist. Wenn Sie z. B. in einer Buchhandlung oder Bibliothek arbeiten, so treffen Sie u. U. auf einen regelmäßig in Erscheinung tretenden Kundenkreis, der sich über die neuesten Trends auf dem Ratgebermarkt informiert. Wenn Sie Pädagogik, Psychologie oder Soziologie mit dem Ziel ‚Beratung‘ studieren, fragen Sie sich eventuell, ob das überhaupt noch ein Berufsfeld ist, wenn doch anscheinend alle Fragen auch über eine Info-Plattform, eine Do-it-yourself-Handreichung oder ein Hilfebuch zu bearbeiten sind. Wenn Sie selbst im Gespräch mit einem Freud etwa darüber geklagt haben, dass Ihnen das Lernen schwerfalle, bekommen Sie möglicherweise ein Buch mit dem Titel ‚Lernen leicht gemacht‘ geschenkt.

Wenn wir hier also exemplarisch den Fokus auf das Feld von ‚Ratgeber-Medien‘[74] legen, dann zeigen die gerade genannten Beispiele, wie unterschiedlich ein Feldzugang ausfallen kann. Ebenso bringt der jeweilige Kontakt meist spezifische Problemstellungen, d. h. auch mögliche Forschungsgegenstände, mit sich. So könnten wir im ersten Fall die vorab ‚ratgebenden‘ Lektüren der Klient_innen zum Thema machen; in der zweiten Variante würde sich der Blick u. U. stärker auf ausgewählte Entwicklungen auf dem Buchmarkt selbst richten;

---

73 Wie einleitend erwähnt, handelt es sich bei den genannten Rollenbildern von Forschenden primär um Vorschläge oder Angebote, die in jedem Fall auch anders ausgestaltet werden können. Wichtig ist v. a. der Aspekt, die Reflexion über die Art des forscherischen Tuns, über die eigene Haltung und über die Beweggründe zu unterstützen. Der Weg über die Metaphern kann dabei durch den Wechsel der Perspektive eine Hilfe sein.

74 (vgl. Hoffmann 2010, 2011, 2013 oder 2014)

im Sinne der dritten Situation wäre vielleicht nach dem besonderen Leistungsvermögen von Ratgebern bzw. nach ihren Grenzen in der Situation der persönlichen Lektüre zu fahnden – und schließlich könnten Ihre eigenen Versuche, eine passende Lektüre für Ihr Problem zu finden, dazu führen, das Medium systematischer unter die Lupe nehmen zu wollen.

In diesem Szenario soll nun aus den vielen Möglichkeiten die Spielart der ‚Lern-Ratgeber‘ in Buchform mit der Zielgruppe im Erwachsenenalter herausgegriffen werden. Bei der ersten Sondierung des Materials begegnen uns schon im Bereich der Titel sehr verschiedene Ausrichtungen. Da ist u. a. die Rede von *„So lernt man leichter!"* (Zielke 1972), *„Rationeller Lernen lernen"* (Schräder-Naef 2001), *„Stroh im Kopf? Vom Gehirn-Besitzer zum Gehirn-Benutzer"* (Birkenbihl 2002) oder *„Lernen wie ein Weltmeister. Zahlen, Fakten, Vokabeln schneller und effektiver lernen"* (Karsten 2007). So ist bei näherer Betrachtung dann zu konstatieren, dass das jeweils zugrunde liegende Lern-Verständnis, sein Zuschnitt oder auch die disziplinäre Verortung stark variieren. Im Hinblick auf eine Präzisierung des Gegenstands stehen demnach noch zahlreiche Pfade offen.

Sind Feld und Gegenstand nun zunächst einmal grob umrissen, dann könnte die Reise verstärkt in Richtung Forschungsstand und Wahl einer adäquaten theoretischen Analyse-Position gehen. Möglicherweise stoßen wir dabei auf eine interessante historische Studie zum Wandel von ‚Eltern‘- oder ‚Erziehungsratgebern‘, deren Anlage uns überzeugt und die wir nun auf die Veränderungen im Gebiet der Lern-Ratgeber übertragen wollen. Die Recherchen könnten sich alternativ auch auf vorliegende wissenschaftliche Theorien und Konzepte des Lernens ausrichten – und wir nehmen diese zum Anlass, die in unseren Ratgeber-Dokumenten präsentierten Erkenntnisse mit den wissenschaftlichen Ansätzen zu vergleichen bzw. Rezeption und Transformation von akademischen Begriffen und Vorstellungen in den Ratgebern nachzuzeichnen. Wir könnten ebenso an Publikationen zu den sog. ‚Technologien des Selbst‘ hängen bleiben, d. h. gesellschaftlichen Steuerungsentwürfen adäquaten Handelns, deren diskurs- oder gouvernementalitätstheoretische Perspektive uns geeignet scheint, um den Ansprüchen nachzuspüren, die die Lern-Ratgeber-Programmatiken an das Individuum formulieren.

Im Lichte dieser – wie auch immer – gefällten Entscheidung für eine theoretische Position könnte anschließend die passende Forschungsmethode für das konkrete Vorgehen bei der Dokumentenanalyse von ‚Lern-Ratgebern‘ gesucht werden. Im Fall einer diskursanalytischen Perspektive etwa finden wir dazu in den zugehörigen Handbüchern und Überblickdarstellungen ein breites Inventar einschlägiger methodischer Varianten (vgl. auch Kapitel 2.4). Diese gilt es zu sichten und auf mögliche Passung zu prüfen, um damit dann auch die genaue Auswahl zu analysierender Ratgeberwerke festzulegen. Ein Weg des methodischen Vorgehens wäre dabei z. B. der Anschluss an die Systematik, die Diaz-

Bone (2002) für seine Analyse von Dokumenten der Populärkultur einer bestimmten Szene entwickelt hat.

Mit der Wahl einer diskurs- oder gouvernementalitätstheoretischen Programmatik wird auch der Korridor möglicher Ziele umrissen. Konkret könnten wir in diesem Fallbeispiel etwa die Absicht verfolgen, uns mit den ‚Lebensentwürfen‘ und ihren normativen Implikationen auseinanderzusetzen, die ausgewählte ‚Lern-Ratgeber‘ an ihre potenziellen Nutzer_innen herantragen.

Zusammenfassend liegt uns in diesem Szenario eine Route vor, die von einem ersten Feldkontakt über den Gegenstand zur Theorie und damit weiter zu Methode sowie Zielsetzung führte. Wiederum ist dies hier nur exemplarisch gemeint; an jeder Wegmarke sind Entscheidungen zu treffen, die jeweils andere Pfade eröffnen bzw. verschließen.

Im Hinblick auf die *Rollen*, die Forschende in dem skizzierten Prozess einnehmen können, wäre vielleicht zunächst an eine Art sachliche ‚Inventur‘ zu denken, die bilanzierend das Feld und seine thematischen Möglichkeiten aufarbeitet. Danach könnte die Position von ‚Profiler_innen‘ eingenommen werden, wie sie uns etwa in zahlreichen Krimi-Serien begegnen. Das heißt, die Daten werden nach vorhandenen Mustern durchforstet oder auf sich ergebende zusammenhängende Profile hin ausgewertet. Im Lichte der Interpretation der Ergebnisse könnte sich abschließend u. U. die Rolle als ‚Kritiker_in‘ ergeben, da bestimmte Risiken von ‚Lern-Ratgebern‘, ein primär auf Machbarkeit und Optimierung ausgerichtetes Menschenbild etwa, problematisiert werden.

4.2.3 Szenario C: Ausgehend von einer theoretischen Perspektive …

Eine dritte Variante des möglichen Routenverlaufs von Dokumentenanalysen setzt beim Strukturelement der ‚theoretischen Perspektive‘ ein, von der aus wir unseren Gegenstand problematisieren. So sind wir im Studium oder bei Recherchen vielleicht auf einen bestimmten Ansatz gestoßen, der uns in besonderer Weise interessant erscheint, um durch diese ‚Brille‘ hindurch einen Ausschnitt der ‚Welt‘ anhand von Dokumenten zu betrachten. Dabei können etwa ein Buch bzw. ein Theorie-Werk oder eine Debatte um ein Konzept, einen gedanklichen Ausgangspunkt bilden, den wir für unser Vorhaben fruchtbar machen wollen. Wie immer gibt es viele Möglichkeiten …

In diesem Teilkapitel wird daraus der Ansatz der ‚Intersektionalität‘ herausgegriffen, der uns vielleicht in einem Seminar oder auf einer Fachtagung begegnet ist. Dabei handelt es sich um einen schillernden Begriff, der seit den 1980er Jahren – auch und gerade in den Bildungs- und Sozialwissenschaften – facettenreich diskutiert wird. Die Grundidee bezieht sich auf eine alte Frage: Wenn wir soziale Ungleichheit oder Diskriminierungen erfassen bzw. verstehen wollen, reicht eine Dimension nicht aus. Diese Phänomene lassen sich nicht ausschließlich jeweils nur durch Hautfarbe, Geschlecht, Klassenzuordnung, Bildungsstand, Herkunft, Religionszugehörigkeit, Alter, Behinderung, Migrationsstatus etc. erklären. So wählt Crenshaw, eine der Nestor_innen dieser Debatte, das Bild der ‚intersection‘, d. h. der Straßenkreuzung, um das Zusammenspiel der Faktoren sowie v. a. auch die Implikationen einseitiger Betrachtungsweisen zu verdeutlichen: „Intersectionality is what occurs when a woman from a minority group tries to navigate the main crossing in the city […], the main highway is ‘racism road’. One cross street can be Colonialism, then Patriarchy Street. She has to deal not only with one form of oppression but with all forms, which link together to make a double, a triple, multiple, a many layered blanket of oppression“ (Crenshaw zit. nach Yuval-Davis 2006, S. 196; vgl. auch Crenshaw 1989).

Wollen wir also Crenshaws Konzept der sich überlagernden Dimensionen sozialer Diskriminierung weiter verfolgen, dann stellen wir mit Blick auf die vorliegenden Diskussion z. B. fest, dass bereits zahlreiche Studien vorliegen, die das ursprüngliche Ausgangsdreieck der Debatte (‚class – race – gender‘) um weitere Aspekte ergänzen. Doch wird der Frage nach dem tatsächlichen Zusammenspiel der Einflussfaktoren, ihrer Relation zueinander vergleichsweise wenig Aufmerksamkeit gewidmet. Insofern könnte es von Interesse sein, im eigenen Vorhaben nun genauer unterschiedliche Arten oder Formen der Überlappung zum Gegenstand zu machen – mit dem Ziel, durch eine differenzierende Typologie von beobachtbaren ‚Kreuzungsvarianten‘ einen Beitrag zur konzeptuellen Weiterentwicklung dieser theoretischen Position zu leisten.

Dies könnte konkret im Hinblick auf eine aktuelle Diskriminierungsproblematik geschehen, etwa anhand von Dokumenten aus der jüngeren Zuwanderungsdebatte oder aus der „Me-Too-Kampagne“ zum Problem sexueller Übergriffe. Falls uns dies – bedingt durch die Spezifik dieser Felder – zu eng erscheint, wäre es ebenfalls denkbar, ein individuelleres, aber facettenreicheres Beispiel durch die Geschichte hindurch zu verfolgen. So könnten wir zum Beispiel vorliegende Portraits zu Leben und Werk einer Person aufgreifen, deren als ungewöhnlich erachteter Lebenslauf dazu führt, dass in den Texten über sie auch der Aspekt sozialer Ungleichheit mit bearbeitet wird. Wie erklären z. B. Biograf_innen, dass eine Person mit anscheinend unpassenden sozialen Voraussetzungen bzw. unter widrigen gesellschaftlichen Bedingungen sich in einem Bereich erfolgreich etablieren konnte oder zum Scheitern verurteilt war? Welche Dimensionen werden in den Lebensbeschreibungen als prägend in Betracht gezogen? Wie werden dabei die Faktoren der Ungleichheit zueinander in (Wirk-)Beziehung gesetzt? In Frage kämen hierfür etwa, um nur zwei Beispiele zu nennen, der anglo-irische Schriftsteller und Satiriker Jonathan Swift (vgl. u. a. Dege 1934; Passmann 1987; Fox 2003) oder die überaus zahlreichen Dokumente über den Fall der Amalie Dietrich (vgl. u. a. Sumner 1993; Vine 2017). Dietrich hat es im 19. Jahrhundert als Frau aus bildungsfernen Kreisen einer kleinen sächsischen Gemeinde geschafft, u. a.

mit einem zehnjährigen Sammlungs-Aufenthalt in Australien als Naturkundlerin wissenschaftlich anerkannt zu werden; heute wird ihre Arbeit jedoch auch als typisch für die Schattenseiten europäischer Kolonialisierung diskutiert. Anhand der Materialien zur Aufarbeitung des Lebens von Amalie Dietrich könnten also verschiedene Dimensionen (Geschlecht, Bildungshintergrund, Herkunft, Professionszugehörigkeit, Kolonialisierung etc.) und dabei v. a. die jeweiligen Konstruktionen ihres Zusammenwirkens in Augenschein genommen werden.

Auf Basis dieser Wahlen zu Theorie, Gegenstand, Feld und Zielsetzung wären schließlich methodisch verschiedene Verfahren denkbar, u. a. zum Beispiel eine argumentationsanalytische Anlage (vgl. auch Kapitel 2.1) oder Ansätze der Typenbildung zur Rekonstruktion der in den Texten konzipierten ‚Kreuzungs‘-Varianten (vgl. etwa Ecarius und Schäffer 2009; Kelle und Kluge 2010; Schmidt-Hertha und Tippelt 2011). Dabei würden wir etwa konstatieren, dass in den meisten Werken über Amalie Dietrich *eine* Straße, *ein* Strang als besonders dominant erachtet wird: So lernen wir den Fall Dietrich in der sozialistischen Rezeption primär als Ausdruck des Klassenschicksals kennen, in der Lesart der feministischen Wissenschaftsforschung steht hingegen ihr Geschlecht im Vordergrund, im Fall der Kolonialismus-Studien wird sie v. a. als Repräsentantin des europäischen Systems portraitiert – andere Faktoren werden dabei keineswegs außer Acht gelassen, doch werden sie wie Nebenstraßen oder Umwege dem Hauptfaktor konzeptionell untergeordnet.

Haben wir es somit in diesem Szenario erneut mit einer anderen Reiseroute zu tun, so können ebenso die jeweiligen *Rollenvorstellungen* variieren, die wir in den Phasen des Prozesses einnehmen. Metaphorisch gerahmt könnte zu Beginn das Interesse am ‚Gedankenspiel‘ gestanden haben – im Sinne des Versuchs, die Welt durch die Augen des ausgesuchten Ansatzes zu betrachten. Die gewählte theoretische Perspektive könnte dann als eine Art ‚Notenblatt‘ oder ‚Partitur‘ erachtet werden, die uns als ‚Interpret_innen des Musikstücks‘ vor die Aufgabe der Umsetzung in einer konkreten ‚Aufführung‘ stellt. Im Fall des Gelingens der Gesamtanlage und der entsprechenden Publikation könnten wir uns schließlich in der Rolle als ‚Entwickler_innen‘ gefallen, die einen Beitrag zur weiteren Entfaltung dieser wissenschaftlichen Debatte leisten.

4.2.4 Szenario D: Ausgehend von einer Methode …

Das vierte Szenario geht von der Prämisse aus, dass wir die Reiseplanung beim Strukturelement der ‚methodischen Anlage‘ starten. Vielleicht sind wir auf eine Studie gestoßen, deren Vorgehen uns fasziniert hat, oder uns begegnet ein Portrait eines interessant erscheinenden Forschungsverfahrens in einem Handbuch, eventuell war ein bestimmter Forschungsansatz auch Gegenstand einer

Veranstaltung im Studium … Jedenfalls beginnen wir die Planung mit dem Vorsatz, diese ‚Methode' nun in einem eigenen Projekt auszuprobieren.

Als Beispiel soll hier die Neugier auf den Einsatz ‚ethnografischer Feldforschung' dienen, die sich in den letzten Jahrzehnten auch in der sozial- und bildungswissenschaftlichen Forschung des deutschsprachigen Raums etablieren konnte (vgl. u. a. Berg und Fuchs 1993; Zinnecker 1995; Hirschauer und Amann 1997; Girtler 2001; Seitter 2002; Lüders 2006; Hünersdorf, Maeder und Müller 2008; Pabst und Zeuner 2011; Egloff 2012a; Friebertshäuser et al. 2012; Hoffmann 2015). „Die besondere Leistung der Ethnografie besteht […] in einer analytischen Beschreibung fremder (oder eigener) kultureller Praktiken, mit dem Ziel, diese so zu repräsentieren, dass die Leserschaft ein Bild von diesen Praktiken oder kulturellen Lebensformen gewinnen kann. Konstitutiv […] sind das grundlegende Interesse an den diskursiven und stummen Wissens- und Praxisformen ganz unterschiedlicher Felder, eine sozialwissenschaftliche Haltung der Neugier, die davon ausgeht, dass soziale Wirklichkeiten Überraschendes und Verwunderliches bereithalten, sowie die Bereitschaft, sich der Dynamik und Logik eines Feldes auszusetzen" (Breidenstein et al. 2013, S. 7).

Im Rahmen der Feldforschung können vielerlei Einzel-Verfahren genutzt werden, u. a. Beobachtung, Gespräch, Foto- oder Film-Dokumentation. Da der Feldbegriff jedoch „im Gegensatz zu künstlichen Arrangements, die extra für Forschungszwecke geschaffen wurden" (Breidenstein et al. 2013, S. 33), konzipiert wird, kommt dabei – vermutlich in einem Mix mit weiteren Methoden – auch der Analyse vor Ort vorliegender Dokumente potenziell Bedeutung zu (vgl. auch Kapitel 2.3).

Insofern gilt es in unserem Beispiel, ein passendes Einsatz-Feld dafür zu finden. Vielleicht wählen wir dabei ein vermeintlich vertrautes Terrain, etwa die öffentlich zugänglichen Bereiche von Bildungsstätten oder Beratungsstellen. Hier fällt uns u. U. die oft eindrucksvolle Menge von Informations- oder Werbematerialien auf, wie sie auf Tischen, in Regalen oder entsprechenden Aufstellern zur Mitnahme oder Ansicht ausliegen. Relativ fokussiert (vgl. Oester 2008) könnten wir uns dabei – im Sinne eines möglichen Forschungsgegenstands – beispielsweise fragen, welche Botschaften von solchen Materialien ausgehen, was die jeweils konkrete Auswahl bzw. Zusammenstellung von Inhalten sowie die Art ihrer Präsentation bedeuten oder in welcher Relation diese Medien zum Kernauftrag der Einrichtungen stehen.

Je nach Zielsetzung unserer Forschung kommen dabei wiederum verschiedene theoretische Perspektiven in Frage, von deren Standort aus das Dokumentensetting interpretiert werden könnte. Es folgen einige Beispiele:

- Im Sinne eines anwendungsorientierten Anliegens, das sich auf den Aspekt der Vermittlung einer spezifischen Außendarstellung der Einrichtung über solche Medien bezieht, könnten wir auf Ansätze aus Marketing bzw. Public

Relations oder Corporate Design zurückgreifen (vgl. für die Erwachsenenbildung u. a. Nuissl und von Rein 1995; Lutzer und Reiter 2009; Möller 2011); z. B.: Welchen Eindruck machen Zusammenstellung und Arrangement der ausgestellten Printmedien in Relation zum gewünschten Image von Einrichtungen?
- Im Hinblick auf Erreichung bzw. Erreichbarkeit bestimmter Zielgruppen in der Weiterbildung könnte die Passung der vor Ort zur Verfügung gestellten Print-Medien zu den sozialen Milieus des Besucherkreises der Einrichtung betrachtet werden (vgl. etwa Barz und Tippelt 2004); konkret könnte dies heißen: Inwiefern entsprechen Inhalte, Stil und Aufmachung der Einrichtungsmedien den Lese- bzw. Rezeptionsgewohnheiten des Adressatenkreises?
- Eher mit Blick auf die Analyse von beruflichen Praxisaspekten könnte (z. B. im Anschluss an Giesecke 2015) das Verhältnis von Beraten, Informieren und Arrangieren in unterschiedlichen Formen anhand verschiedener Handlungsfelder vergleichend sondiert werden: Wie verhalten sich etwa das face-to-face-Beratungsangebot und die ausliegenden Informationsmedien in ausgewählten Beratungsstellen zueinander?

In der Rückschau haben wir in diesem Szenario zur Planung des Vorhabens eine Route absolviert, die uns über den Start mit einer bestimmten Forschungsmethode zu einem Feld, einem Gegenstand bis hin zu Zielsetzung und theoretischer Position führte. Im Fall der Ethnografie werden wir jedoch nicht ein Design einmal komplett vorab planen; im Gegenteil lebt diese Art der Forschung (zumindest bis zu einem gewissen Punkt) von dem steten Wechsel zwischen direktem Feldkontakt und Schreibtischarbeit, zwischen Nähe und Distanzierung, zwischen Offenheit und notwendigen Festlegungen bei der Planung und Umsetzung.

Wiederum schließt das Teilkapitel mit einer Sondierung möglicher *Rollen* der Forschenden. Mit der Wahl ethnografischer Feldforschung haben wir uns dabei mit ‚Rucksack‘ und ‚Wanderstiefeln‘ (vgl. das Cover von Breidenstein et al. 2013) in ‚unbekanntes Terrain‘ aufgemacht oder mit ‚fremdem Blick‘ versucht, Vertrautes neu zu entdecken. Im Feld selbst bewegen wir uns „mit leichtem Gepäck […] zu Fuß, mit den verschiedensten Transportmitteln, mitunter auf abenteuerlichen Wegen, aber vor allem ohne schwere Forschungstechnologie" (ebd., S. 7; vgl. auch Nuissl 2002). Orientieren könnten wir uns dabei an der „souveränen Absichtslosigkeit", wie sie dem ‚Flanieren‘ innewohnt: „Der Flaneur ist die Verkörperung einer Kultur des *laissez faire*, des freien Spiels der Eindrücke. Er beherrscht die Artistik, dem Einfall zu folgen, der Assoziation Raum zu gewähren, Gedankenketten zu bilden und mit dem Sprunghaften zu spielen. Er verleugnet seine Vorlieben nicht, ohne sich von ihnen zu sehr leiten zu lassen. Was dazwischen kommt, ist ihm willkommen" (Goldstein 2017, S. 9,

Hervorh. i. Orig.). Vor Ort gilt es also, ,Eindrücke' zu sammeln – oder auch, vorfindliche ,Spuren' auszumachen und ,zu lesen', um diese – dann vielleicht in einem ,detektivischen Selbstverständnis' – in Bezug auf die Fragestellung zu entschlüsseln. Wer noch stärkere Bilder bevorzugt, wird für die Ethnografie bei Girtler fündig: „Ich glaube, die echten Feldforscher und die echten Feldforscherinnen [...] sind mehr Abenteurer als großartige Experimentierer oder ausufernde Theoretiker, sie haben etwas von Eroberern und Konquistadoren im positiven Sinn an sich, die fremde Lebenswelten kennenlernen wollen und sie so erobern" (2001, S. 11).

4.2.5 Szenario E: Ausgehend von einem Interesse …

Dem letzten Szenario ist es nun vorbehalten, das fünfte der in 4.1 genannten Strukturelemente aufzugreifen: Wir setzen bei einem bestimmten ,Interesse' an, das sich sowohl auf eine mögliche wissenschaftliche Erkenntnis an sich als auch auf ein eher anwendungsorientiertes Anliegen aus einem nicht-wissenschaftlichen Handlungsfeld beziehen kann. Letzteres begegnet uns häufig, wenn Studien explizite Auftraggeber_innen haben, sei es im Sinne von extern finanzierten Projekten oder bei Qualifikationsarbeiten in Zusammenarbeit mit Praxiseinrichtungen.

Das folgende Fallbeispiel geht dabei von dem – keineswegs seltenen – Auftrag aus, an der Entwicklung und Etablierung eines Konzepts mitzuwirken bzw. diese wissenschaftlich zu begleiten. Formal ist dabei ein Zuschnitt auf Dachverbände, Gesamtorganisationen oder einzelne Abteilungen ebenso denkbar wie im Hinblick auf verschiedene administrative Ebenen, sei es kommunal, landesbzw. bundesweit oder transnational. Inhaltlich kann ein derartiges Format auf alle Themen ausgerichtet sein, die auf der Basis von ,Konzepten' bearbeitet werden soll.

Konkret soll es hier nun um das Ziel gehen, auf kommunaler Ebene die Zusammenarbeit der zahlreichen Institutionen des Grundbildungs- und Alphabetisierungsbereichs strategisch auszurichten bzw. zu koordinieren. Dabei handelt es sich freilich um einen größeren Projektzusammenhang, der von Seiten der wissenschaftlichen Begleitung mehrere Bausteine umfasst; einer davon könnte als Dokumentenanalyse konzipiert werden.

Vor dem Hintergrund des Interesses an einer Verbesserung der Kooperation eines breiten Akteurspektrums mithilfe eines die Abstimmung optimierenden kommunalen Konzepts könnte dabei der Blick zunächst auf bereits vorliegende Erfahrungen aus der Arbeit mit übergreifenden Konzepten, insbesondere sog. Mainstreaming-Strategien, gerichtet werden. Im ,Feld' der Verwaltung könnten wir dazu etwa Dokumente zum ,Gegenstand' machen, die bereits erprobte Modelle der komplexeren Einführung und Umsetzung von Konzepten aufarbeiten, d. h. Berichte, Studien, Programme, Evaluationen etc. etwa zur Implementierung von Strategien in Bereichen wie Inklusion, Migration, Gender und Diversity oder integrierter Stadt- und Regionalentwicklung allgemein. Dabei soll eine Vielzahl variierender Perspektiven auf den Gegenstand erschlossen und anschließend abstrahierend zusammenführt werden. Methodisch könnte etwa das Konzept der ‚grounded theory‘ zur Orientierung dienen (vgl. u. a. Glaser und Strauss 1967; Strauss und Corbin 1996; zu weiteren Optionen siehe auch Kapitel 2.1).

Somit würden sich folgende Schritte für die Dokumentenanalyse ergeben:

- Ausgangspunkt für die Auswahl potenziell relevanter Dokumente wäre etwa die Leitfrage, welche Faktoren bisher identifiziert und systematisch dokumentiert wurden, die den (Miss-)Erfolg bei der strategischen Umsetzung bzw. Implementation von Mainstreaming-Anliegen im kommunalen Kontext beeinflussen.

- Es schließt sich eine entsprechende Recherche zur Erstellung eines möglichst breiten Fundus‘ an – etwa mit der Suche anhand von einzelnen Schlüsselbegriffen bzw. deren Verknüpfung und Trunkierung in entsprechenden Literaturdatenbanken, Fachinformationssystemen oder flankierend auch in allgemeinen Suchmaschinen.

- Aus diesem Fundus kann nun eine ‚Basisliste‘ zusammengestellt werden. Anhand von Inhaltsverzeichnissen oder Abstracts der Fundus-Dokumente stehen dabei weitere, spezifischere Auswahlkriterien im Vordergrund, wie ein expliziter Bezug auf Umsetzungs- oder Implementations-Faktoren, auf ein Mainstreaming-Anliegen und auf einen kommunalen oder Verwaltungskontext.

- Durch eine Analyse der vollständigen Texte der Basisliste in Bezug auf die o. g. Auswahlkriterien unter Prüfung der tatsächlichen Eignung des jeweiligen Dokuments für den Projektkontext kann nun ggf. eine weitere präzisierende Einschränkung auf ein ‚Kernkorpus‘ vorgenommen werden.

- Dann folgt eine systematische Sichtung jedes einzelnen Dokuments des identifizierten Kernkorpus‘ mit verschiedenen Schritten der Kodierung (Verschlagwortung) relevanter Passagen, die zuletzt anhand eines Schemas tabellarisch aufbereitet werden. Dabei könnten Aspekte wie Feld bzw. Gegenstand des Textes, Texttyp und Sprecherposition, die genannten unterstützenden wie hemmenden Faktoren der Implementation sowie zugrunde gelegte Modellvorstellungen zum Zusammenhang der Faktoren Berücksichtigung finden.

Final sollte dann – idealerweise – ein Set implementationsrelevanter Faktoren verbunden mit einer oder mehreren Modellierungsvariante/n zu einer gelingenden Praxis der Entwicklung und Umsetzung von Konzepten vorliegen. Die

Ergebnisse können nun kontrastierend bzw. ergänzend mit anderen wissenschaftlichen Steuerungskonzepten oder Akteurstheorien abgeglichen werden. Die so ermittelte dokumentenanalytische Befundlage könnte schließlich von Seiten der wissenschaftlichen Begleitforschung als Diskussionsgrundlage für die weitere Ausgestaltung der Konzept-Strategie in das Gesamtprojekt eingebracht werden.

Der Rückblick auf den Verlauf der Reise zeigt uns in diesem Szenario somit eine mögliche Planungsroute, die – inspiriert von der externen Zielsetzung im Rahmen eines Projektauftrags – zunächst Feld und Gegenstand entsprechend konkretisiert und von der Methodenwahl zu einer eher als Referenz ausgelegten theoretischen Position führt.

In einem Projekt solcher Art erfährt das potenzielle Selbstverständnis der Forschenden erneut eine andere Prägung. So mag die Situation der Beauftragung zu einem Bild führen, das sich eher mit der *Rolle* von extern ermächtigten ‚Architekt_innen‘ vergleichen ließe, die gleichzeitig die Aufgaben und die Verantwortung als ‚Bauherr_innen‘ für einen Teil des geplanten Vorhabens übernehmen. Hier sind in der Umsetzung der Forschung ‚Design-Qualitäten‘ gefragt, die sowohl die Vorstellungen der Kund_innen für eine spätere Nutzung als auch die faktische Machbarkeit nicht aus den Augen verlieren dürfen.

4.3   Zwischenfazit zur forscherischen Reiseplanung

Wenn wir uns die geschilderten Szenarien zu möglichen Spielarten der Anlage bzw. Planung von dokumentenanalytischen Forschungsprozessen vor Augen führen, gilt es, hier nochmals daran zu erinnern, dass sie im Sinne einer fundierenden Reiserouten-Planung gedacht sind. Die tatsächlichen Reisen und ihre Ergebnisse schließen sich hier erst an, können jedoch so unterschiedlich ausfallen, dass sie den Rahmen dieser Einführung sprengen würden. Auch liegen aus der Perspektive der Rückschau bereits zahllose ‚Reiseberichte‘ vor, in denen Näheres dazu nachgelesen werden kann (vgl. Kapitel 2 und 6.3). All die Vorschläge und Lektüren vorab mögen helfen, doch im Einzelfall trifft die Überlegung Goethes[75] zu: „Über den eigentlichen Zustand eines aufmerksam Reisenden habe ich eigne Erfahrungen gemacht und eingesehen, worin sehr oft der Fehler der Reisebeschreibungen liegt. Man mag sich stellen wie man will, so sieht man auf der Reise die Sache nur von einer Seite, und übereilt sich im Urteil; dagegen sieht man aber auch die Sache von dieser Seite lebhaft und das Urteil ist im gewissen Sinne richtig.“

---

75 (von Goethe 1797/1990, Kapitel 1, o. S.)

Doch an welcher ‚Reisebeschreibung' orientiere ich mich nun; folge ich diesem Ansatz; nutze ich jenes Konzept? Die eigene Planungsphase ist durch besondere Freiheiten gekennzeichnet, durch ihren Reichtum an Optionen. Sie bedarf indes ebenso vieler Entscheidungen – und diese fallen nicht immer leicht, wenn etwa mehrere Gegenstände, Dokument-Gruppen, Methoden oder Theorien vielversprechend erscheinen, aber nur jeweils eine davon ausgewählt werden kann. Dies gilt dann auch für die weitere Umsetzung. Hierbei wird sich das Bild jeweils weiter konkretisieren; wir werden feststellen, inwieweit das Ausgangsdesign (z. B. im Hinblick auf den Zugang zu den gewünschten Dokumenten, in Bezug auf zeitliche und materielle Ressourcen und die Passung der gewählten Elemente zueinander) noch weiter zu entwickeln und anzupassen ist.

Faktisch empfiehlt es sich zudem, immer auch einen ‚Plan B' in petto zu haben, falls sich etwa der Zugang zu den Dokumenten oder zum Feld nicht wie erwartet realisieren lässt.

Diese erste konzeptionelle Arbeit ist bereits ein grundlegender Bestandteil der Forschung selbst – auch wenn die tatsächliche Durchführung und Interpretation noch ausstehen mögen. Bei den ersten eigenen Forschungsvorhaben wird dieser Teil allerdings oft in seinen inhaltlichen wie zeitlichen Anforderungen unterschätzt. Allerdings zahlen sich die präzisierenden Vorarbeiten im späteren Verlauf aus.

Um hier nochmals eine Metapher zu bemühen: Wenn wir eine aufwändigere Torte backen wollen, dann ist es hilfreich, vorab die nötigen Zutaten und Utensilien bereitzustellen, um nicht mittendrin festzustellen, dass nicht genügend Eier im Kühlschrank sind oder dass sich der Schneebesen versteckt hat. Auch backen wir nicht je ein einzelnes Tortenstück nach dem anderen – sprich: schreiben wir nicht ein ‚fertiges' Kapitel nach dem anderen. Vielmehr herrscht zu Beginn u. U. ein eindrucksvolles Chaos in der Küche bzw. auf unserem Schreibtisch und in unseren Dateien, aus dem auch potenzielle Zuschauer_innen nicht unbedingt ersehen können, was da gerade entsteht. Das – hoffentlich gelungene – Gesamtergebnis sehen wir faktisch erst zum Schluss, wenn der ganze Kuchen aus dem Ofen kommt bzw. die Ergebnisse der Auswertung und der Interpretation vorliegen. Dann gilt es noch, das Werk mit Guss und Verzierungen bzw. mit passender Argumentation und korrekter Zitation ansprechend zu gestalten.

Insgesamt zeigt die nochmalige Zusammenstellung der in Kapitel 4.2 vorgestellten Beispiele (vgl. Abb. 12) nur einen kleinen Ausschnitt, der exemplarisch auf den Variantenreichtum potenzieller Ausgangspunkte und Wege bzw. auf die Vielzahl einsetzbarer Materialien verweisen soll. Wie bei der ‚Patisserie' liegt der Charme der Dokumentenanalyse in der Fülle möglicher Ingredienzien und Zubereitungsformen – wie eintönig wäre es, beim Backen immer nur auf ein ‚Rezept' zu setzen oder beim Reisen jedes Mal nur einem ‚Guide' zu vertrauen.

Teilkapitel	Ausgangspunkt der o. g. Fallbeispiele	Art der dabei analysierten Dokumente	Mögliche Rollenbilder der Forschenden
4.2.1 Szenario A: Ausgehend von einem Gegenstand…	Beobachtete Stereotype im Kinderspielzeug	Menschliche Spiel-Figuren einer Spielwarenfirma	Diagnostiker_in Analyst_in Aufklärer_in
4.2.2 Szenario B: Ausgehend von einem Feld…	Ratschläge auf dem Buchmarkt	Auswahl von ‚Lern‘-Ratgebern	Inventur-Expert_in Profiler_in Kritiker_in
4.2.3 Szenario C: Ausgehend von einer theoretischen Perspektive…	Theorie-Debatte bzw. Ansatz der ‚Intersektionalität‘	Biografische Texte über Leben und Werk einer historischen Person	Gedankenspieler_in Musik-Interpret_in Entwickler_in
4.2.4 Szenario D: Ausgehend von einer Methode…	Ethnografische Feldforschung	Informations- oder Werbematerialien in Bildungs- oder Beratungsstellen	Flaneur_in Spurenleser_in Abenteurer_in
4.2.5 Szenario E: Ausgehend von einem Interesse…	Auftrag zur Entwicklung eines koordinierenden Konzepts	Dokumentierte Erfahrungen zur Einführung von ‚Konzepten‘	Architekt_in Bauherr_in Designer_in

Abb. 12 Übersicht zu den in den vorausgegangenen Teilkapiteln vorgestellten Fallbeispielen

Doch soll nicht der Eindruck der Willkürlichkeit entstehen. Die Tabelle ist keine Abart des ‚morphologischen Kastens‘, in dem die Elemente beliebig miteinander kombiniert werden können. Bei aller Freiheit in den ersten Schritten bedeutet die Auswahl eines Elements doch immer gleichzeitig eine Engführung für die folgende Station, ohne diese jedoch vollständig zu determinieren. Wenn wir uns etwa für einen Forschungsgegenstand in einem bestimmten Feld entschieden haben, dann kann dieser nicht mit jeder Methode erschlossen und ebenso wenig aus einer jeglichen theoretischen Perspektive interpretiert werden. Dennoch kommen noch immer mehrere Methoden oder Theorien in Frage.

Ein wenig anders verhält es sich bei den genannten Rollen, die wir im Rahmen unserer Forschung einnehmen können (vgl. die letzte Spalte der Abb. 12). Auch hier passt zwar nicht jedes ‚Bild‘ zu allen anderen Elementen, doch sind die Metaphern im vorliegenden Kontext eher als Impulse gedacht, über das eigene Selbstverständnis bzw. die eigene Haltung nachzudenken. Diese Liste lässt sich ebenfalls weiter ergänzen, muss jedoch für jeden Teilschritt personalisiert werden. Vielleicht sehen Sie sich eher als Regisseur_in, Komponist_in,

Dirigent_in, Jongleur_in, Logistiker_in, Kartograph_in, Archivar_in, Programmierer_in, Sammler_in etc.?

Bevor wir uns im folgenden 5. Kapitel – im Sinne einer allgemeineren Bilanz – mit den ‚Chancen, Risiken und Nebenwirkungen‘ dokumentenanalytischer Forschungsvorhaben befassen, sei in diesem Zwischenfazit noch ein letzter forschungspraktischer Hinweis erlaubt, der die Frage nach dem angemessenen ‚Reise-Tempo‘ aufgreift. Auch dieser fällt allerdings ambivalent aus: ‚*Schildkröten können dir mehr über den Weg erzählen als Hasen*‘, heißt es in einer chinesischen Weisheit, während ein Aphorismus aus dem arabischen Raum konstatiert: ‚*Wenn du jedes Mal stehen bleibst, wenn ein Hund bellt, wirst du deine Reise nie beenden*‘. Je nach Zielsetzung und gewählter Methode gilt es, sich manchmal auf die langsamen ‚Schildkröten‘ einzulassen oder zuweilen das viele ‚Gebell der Hunde‘ zu überhören.

5 Chancen, Risiken, Nebenwirkungen …

Ein resümierender Blick auf Potenziale und Grenzen der Dokumentenanalyse in der Bildungs- und Sozialforschung

Da uns die üblicherweise zu Chancen bzw. v. a. zu Risiken und Nebenwirkungen zu konsultierenden Instanzen, wie Ärzteschaft oder Apotheken, im Fall der Dokumentenanalyse wohl nicht weiterhelfen können, greift dieses Kapitel Potenziale und Grenzen des Einsatzes von Dokumentenanalysen im Lichte des bisher Gesagten auf. In Verbindung damit werden einige Instanzen zu Rate gezogen, die uns zu der Frage Auskunft geben, was ‚gute Forschung‘ im Kontext der Bildungs- und Sozialwissenschaften allgemein ausmacht, da dieses ‚Rad‘ für die Dokumentenanalyse nicht ‚neu erfunden‘ werden muss. Die Debattenlage zum Verständnis ‚guter Forschung‘ ist allerdings selbst vielschichtig, kennt verschiedene Leitbegriffe und akzentuiert in den Fachdisziplinen unterschiedliche Schwerpunkte. Im Folgenden werden daraus Aspekte der Forschungsethik bzw. formulierte Standards im Hinblick auf die Phasen des Gesamtprozesses von Forschung herangezogen. Diese ‚Ethik-Kodizes‘ oder ‚Kriterien-Sets‘ sind für Planung und Einsatz von Dokumentenanalysen jedoch z. T. erst zu übersetzen bzw. zu konkretisieren; ihre Erwähnung soll hier v. a. als möglicher Reflexionsimpuls für das jeweilige eigene Vorhaben dienen.

5.1 Erträge aus den bisherigen Kapiteln

Im Sinne eines Fazits können wir zunächst im Anschluss an Kapitel 2 zu „Varianten, Gesichtern, Lesarten" festhalten, dass sich die Dokumentenanalyse im methodischen Inventar der Bildungs- und Sozialforschung zwar etabliert hat, doch an verschiedenen ‚Orten‘ in Erscheinung tritt. Sie firmiert unter diversen

Etiketten und wird in höchst unterschiedliche methodische wie methodologische Rahmungen eingebunden. Wir begegnen ihr u. a. als quantitativer und/oder qualitativer Inhalts-, Programm-, Argumentations-, Gattungs-, Prozess-, Metaphern-, Ordnungsmittel- oder Artefaktanalyse, auch als Ikonologie, Evaluation oder Bibliometrie. Sie taucht dabei u. a. auf in Kontexten geistes- wie sozialwissenschaftlich geprägter Hermeneutik, ethnografischer Feldforschung, Phänomenologie, dokumentarischer Methode, Diskurs- und Dispositivanalyse oder in neueren sozio-materiellen Ansätzen sowie in Sozialdokumentation und ‚action research‘.

Auch der Zuschnitt ist sehr variabel, so unterscheidet etwa Ballstaedt vier Grundformen der Dokumentenanalyse, die in der Forschungspraxis allerdings selten in Reinform auftreten:

- die Analyse eines einzigen Dokuments im Sinne einer Einzelfallstudie;
- die Analyse einer Kollektion verschiedener Dokumente, die variierende Perspektiven auf einen Fall erschließen können;
- die Analyse einer Klasse von gleichartigen Dokumenten (etwa Wahlreden oder Krankenberichte);
- die ‚case survey aggregation analysis‘, bei der umfangreichere Korpora mit unterschiedlichen Dokumentklassen – ggf. auch als statistische Einheiten – analysiert werden (vgl. 1982, S. 169 ff.).

Somit liegt ein Potenzial der Dokumentenanalyse in der *Vielfalt ihrer Einsatzmöglichkeiten* – wenngleich verbunden mit dem Nachteil der Unschärfe des Begriffs bzw., bei unreflektierter Verwendung, mit dem Risiko der Vernachlässigung der wissenschaftstheoretischen Prämissen, die mit den genannten Ansätzen jeweils einhergehen.

Wie wir an den jeweils in Kapitel 2 vorgestellten Studien gesehen haben, liegt ein weiterer Vorteil im *Variantenreichtum des potenziell erschließbaren Materials*. In den skizzierten Beispielen stoßen wir u. a. auf so heterogene Dokumente wie TV-Zeitschriften, Tages- und Wochenzeitungen, Akten, Gesetze, Protokolle, Briefwechsel, Leitbilder, Raumpläne, Werbeanzeigen, Selbstportraits, Schließ-Systeme, Spielfilme, Homepages oder Twitter-Tweets.

Damit zeichnen sich dokumentenanalytische Verfahrensweisen durch *spezifische Reichweiten bzw. Zugangsmöglichkeiten* aus. So können u. U. Themen oder Personen in den Blick genommen werden, die ansonsten „aus unterschiedlichen Gründen nicht erreichbar“ wären (Ballstaedt 1982, S. 166). Unbestritten ist die Relevanz der Dokumentenanalyse im Bereich der historischen Forschung, d. h. insbesondere dann, wenn ein direkter Zugang durch Befragung oder Beobachtung nicht mehr möglich ist (vgl. u. a. Seitter 1996). Dies gilt aber auch aktuell für eine Forschung zu „Personen, Gruppen oder Institutionen“, die „einer Untersuchung ablehnend bis feindlich gegenüberstehen“ oder

„sich den üblichen Prozeduren der Sozialforschung nicht unterwerfen wollen", dürfen oder können (Ballstaedt 1982, S. 166 f.). Ein eindrucksvolles Beispiel hierzu ist eine Studie, die Radikalisierungsprozesse einer salafistischen Jugendszene in Deutschland in interdisziplinärer Perspektive rekonstruiert – und zwar anhand der Chronologie von 5.700 Postings aus einer Chatgruppe (vgl. Kiefer et al. 2017). „Das Chat-Protokoll wurde nicht gelöscht und den Forschern von Journalisten des Bayerischen Rundfunks überlassen, die über diesen Fall berichteten. Für Kiefer und seine Kollegen ein Glücksfall" (Rashid 2017, o. S.). In einem Radio-Interview befragt, ist aus den Worten Kiefers die Faszination angesichts der empirischen Ausgangslage zu spüren: „Ein solches Dokument haben wir bisher in der Forschung noch nie gehabt, also ein Dokument, was unmittelbar unverfälschte Einblicke in die Kommunikation einer dschihadistischen Jugendgruppe gewährt" (Kiefer, zit. in Rashid 2017, o. S.).

Als ein weiteres Plus der Dokumentenanalyse wird die Tatsache erachtet, dass meist aufwändige, u. U. sogar mit forschungsinduzierten Fehlerquellen behaftete *Primär-Erhebungen entfallen* – und insofern häufig *in relativer Unabhängigkeit von zeitlichen und räumlichen Vorgaben des Feldes* gearbeitet werden kann, da keine Absprachen oder Termine mit Interview-Partner_innen oder Abstimmungen mit Institutionen, wie etwa bei Beobachtungen, von Nöten sind. Allerdings sind dennoch zahlreiche methodische Fragen des – nicht immer gegebenen – Feldzugangs, der Autorisierung und der Authentizität der Dokumente oder des Bezugs des Materialkorpus' auf die Fragestellung zu beantworten. Vorbehaltlich dieser Einschränkungen bzw. Klärungsbedarfe hat die wissenschaftliche Beschäftigung mit Dokumenten den großen *Vorteil ihrer Verfügbarkeit*. So können etwa viele Bücher oder Zeitschriften einfach ausgeliehen, Akten eingesehen, Broschüren eingesammelt, Bildmaterialien am eigenen Schreibtisch bearbeitet oder Internetmedien noch nachts um zwei Uhr im Netz abgerufen werden.

Zahlreiche Anwendungsoptionen ergeben sich für die Dokumentenanalyse im Prozess der gesellschaftlichen Modernisierung insbesondere durch verstärkte Abstimmungs-, Dokumentations- oder Evaluationsnotwendigkeiten und die damit verbundene umfangreiche Textproduktion (z. B. im Bereich des Qualitätsmanagements oder bei politischen Verständigungs- oder Koordinationsprozessen). Zudem kann mit Blick auf die sog. neuen Medien (vgl. Stichworte wie Social Media, Wissensmanagement, Big Data, Internet der Dinge, ‚social scoring‘ etc.) auf einen umfangreichen Fundus zurückgegriffen werden, der etwa Zugänge zu Praktiken und Strukturen einer „Wissensgesellschaft" (vgl. u. a. Nolda 1996) oder einer „Google-Gesellschaft" (vgl. Lehmann und Schetsche 2005) eröffnet. Überdies kann das Potenzial der sich methodisch wie methodologisch differenzierenden bildungs- wie sozialwissenschaftlichen Bild- und Filmanalyse fruchtbar gemacht werden. Ein über ‚Textlichkeit‘ hinausgehender Dokumenten-Begriff eröffnet außerdem Perspektiven für die Analyse räumlicher bzw. baulicher Anordnungen sowie für die zugehörigen Aneignungspraktiken.

In welchem Format auch immer … Unsere Welt ist voll bzw. geprägt von ‚Objekten‘, die wir wissenschaftlich als Dokumente betrachten können – und es wäre verkürzend, wenn sich die Bildungs- und Sozialforschung ausschließlich auf Zugänge im Sinne von Fragebogen, Interview, Experiment und Co. ausrichten würden. Auch die „gängige Praxis, Dokumente sozusagen als zweite Front hinter den Beobachtungs- und verbalen Daten zu verwenden, sollte vermieden werden" (Wolff 2009, S. 511). Umgekehrt darf die notwendige Integration der gegenständlichen Seiten des Lebens zugleich nicht dazu führen, diese zu überhöhen und wiederum die sozialen Zusammenhänge auszublenden.

In diesem Sinne wurde in Kapitel 3 „Spuren, Quellen, Medien" auf grundsätzliche Problematiken eingegangen und für den Kontext der funktionalen Verwendung von ‚Dokumenten‘ in der Bildungs- und Sozialforschung eine formale, sehr allgemein gehaltene Arbeitsdefinition entwickelt: *Dokumente können als unabhängig von der jeweils eigenen Forschung bereits vorfindliche Objektivationen menschlicher Praxis verstanden werden, deren wissenschaftliche Stellung auf ihrer regelgeleiteten Erfassbarkeit wie Bearbeitbarkeit als Bedeutungsträger beruht, wobei sie in wechselseitiger Verbindung zwischen ihrer historisch-kulturellen Situiertheit und ihrer prozesshaften Eigendynamik sowie dem spezifischen Forschungsinteresse systematisch interpretiert werden.*

Vielfalt und Verfügbarkeit von Materialien, die bereits vorliegen, bergen dabei jedoch ihre Risiken. Als ‚Dokumente‘ in einem Forschungszusammenhang betrachtet handelt es sich um sehr verschiedene ‚Dinge‘ mit ihrer eigenen Logik. Einerseits ist es gerade ihre Eingebundenheit in die gesellschaftlich-historischen Zusammenhänge des menschlichen Zusammenlebens, die sie zu interessanten ‚Zeugen‘ werden lässt. Andererseits kann bei der Interpretation nicht von offensichtlichen Botschaften, selbstverständlichen Evidenzen oder eindeutigen Lesarten ausgegangen werden. So bedeutet etwa das Foto einer Person etwas anderes, wenn es auf einem Ausweis erscheint, in der Geldbörse oder auf dem Smartphone an die Lieben erinnert, auf einem Fahndungsplakat zu sehen ist oder in einer Bewerbungsmappe den Lebenslauf eröffnet. Im Sinne ihres *Eigensinns* müssen wir uns den potenziellen „Tücken der Texte", der „Brisanz der Bilder" oder den „Fallen der Feldmaterialien" stellen.

Im Sinne der Umsetzung wurden in Kapitel 4 „Pfade, Stationen, Schleifen" Varianten der Planung von möglichen *Reiserouten der Forschung* vorgestellt. Dabei wurden zunächst *zentrale Strukturelemente* des Designs von Vorhaben unterschieden: Wir wählen einen Gegenstand, der zu einem Ziel bzw. Erkenntnisinteresse in einem spezifischen Feld mit einem methodischen Zugang aus einer ausgewählten theoretischen Perspektive gedeutet bzw. untersucht wird. Diese Einzelaspekte stehen zueinander in einer wechselseitigen Beziehung und werden in der Forschungsfrage miteinander kombiniert. Dies wurde in den

Teilkapiteln anhand von Beispielen vertieft, wobei jeweils eines der Strukturelemente als Ausgangspunkt diente. Hier sahen wir erneut die Vielfalt möglicher Dokumente, wir trafen auf Spiel-Figuren, Ratgeber-Literatur, Texte über Leben und Werk einer historischen Person, Informations- bzw. Werbematerialien sowie auf Praxisberichte zu einer Thematik. Verbunden mit unterschiedlichen methodischen Zugängen wurde dabei überdies deutlich, dass uns Dokumentenanalysen ein *breites Spektrum von Rollen des Selbstverständnisses* eröffnen, die wir als Forschende innerhalb des Prozesses einnehmen können; hier metaphorisch gefasst mal als Analyst_in oder Profiler_in, mal als Aufklärer_in oder Kritiker_in, mal als Flaneur_in oder Detektiv_in, mal als Architekt_in oder Bauherr_in. Jede Rolle impliziert eine andere Relation zu den Dokumenten – und damit auch eine unterschiedliche Lagerung der Verantwortung als Forschende gegenüber den ‚Dingen‘ wie den ‚Menschen‘, auf die sich unsere Forschung bezieht. Die besonderen Freiheitsgrade angesichts der Fülle möglicher ‚Ingredienzien und Zubereitungsformen‘ geht somit mit spezifischen ethischen Entscheidungsnotwendigkeiten und auch Unsicherheiten einher. Letztere sind jedoch nicht nur speziell für die Dokumentenanalyse zu konstatieren, sondern sind z. T. sehr viel grundsätzlicher in der Frage verankert, was ‚gute Forschung‘ generell ausmacht.

5.2 Zu ethischen Dimensionen ‚guter Forschung‘

Angesichts der aktuellen Diskussionen um Messfehler, Plagiate, Fälschungen oder ‚alternative Fakten‘, aber auch im Hinblick auf Datenschutz und Persönlichkeitsrechte sind die Debatten zu Qualität und Ethik in der Wissenschaft keineswegs verstaubt oder moralinsauer. In vielen wissenschaftlichen Dach- wie Fachgesellschaften wurden in den letzten Jahren z. B. Ethik-Kommissionen eingesetzt, die im Lichte dieser Herausforderungen Positionspapiere oder Kodizes formuliert haben bzw. diese weiter überarbeiten[76]. Manche sprechen sogar von einem „Ethik-Boom", der sich in der Wissenschaft allgemein abzeichnet (vgl. Zala 2005).

Doch ist das Thema keineswegs neu. Insbesondere die Geistes- und Sozialwissenschaften beschäftigten sich immer wieder mit der Frage, wie normativ Forschung ist bzw. sein darf, ob sie ‚neutral‘ oder ‚objektiv‘ sein kann – oder genauer, welchen Stellenwert *‚Werte‘ im Kontext von ‚Fakten‘* haben. Kühberger und Sedmak bilanzieren dazu: „Ethische Fragen können nicht geleugnet werden. Sie treten unweigerlich im wissenschaftlichen Alltag auf. Wir können uns

---

76 (für die Wissenschaft ganz allgemein vgl. etwa Deutsche Forschungsgemeinschaft (1998/ 2013): Sicherung guter wissenschaftlicher Praxis)

keinen Wissenschaftsalltag denken, der in einem moralischen Vakuum, frei von ethischen Fragestellungen, vor sich gehen würde" (2008, S. 33). Opp identifiziert für die Sozialwissenschaften vier Bereiche, in denen „Werte oder Werturteile bei der Tätigkeit des Wissenschaftlers in verschiedener Weise wirksam sind: als Wertbasis, als Gegenstand wissenschaftlicher Aussagen, als Regeln bei der Prüfung von Aussagen und als Wirkungen wissenschaftlicher Aussagen" (2014, S. 242). Im Zusammenhang mit dem (v. a. mit Max Weber assoziierten) ‚Werturteilsstreit' bzw. dem Postulat der ‚Wertfreiheit' weist Opp grundsätzlich darauf hin, dass es nicht darum gehe, „dass die Wissenschaft von Werten in jeder Hinsicht völlig freigehalten werden soll" (ebd., S. 248). Vielmehr bezieht sich der Kern der Forderung auf Kenntlichmachung und Reflexion normativer Aspekte: „Ein Wissenschaftler soll deutlich machen, welche seiner Äußerungen Wertungen und welche seiner Äußerungen objektsprachliche, d.h. Sachaussagen, sind" (ebd., S. 242).

Allerdings setzen die Fachdisziplinen in ihren aktuellen Positionierungen zur Forschungsethik unterschiedliche inhaltliche Schwerpunkte. Systematisch lassen sich Stellungnahmen zu den drei Aspekten des Entstehungs-, des Begründungs- und des Verwendungskontextes ausmachen. So heißt es z. B. im Ethik-Kodex der Deutschen Gesellschaft für Soziologie (2017, Präambel): „Die Erarbeitung und Verbreitung soziologischen Wissens sind soziale Prozesse, die in jedem Stadium ethische Erwägungen und Entscheidungen erfordern. Der ethischen Implikationen soziologischer Wissensproduktion, -verwendung und -weitergabe sollten sich Soziologinnen und Soziologen stets bewusst sein".

Verantwortung ist in den Kodizes eine zentrale Dimension, die stets angesprochen, aber unterschiedlich ausgelegt wird. Die Deutsche Gesellschaft für Erziehungswissenschaft (DGfE) konstatiert in ihrem Kodex unter § 1 Forschung: „1. DGfE-Mitglieder streben in der Ausübung ihrer wissenschaftlichen Tätigkeit und ihres Berufes nach Wahrheit und Integrität. Sie verpflichten sich auf die höchstmöglichen Standards in Forschung, Lehre und beruflicher Praxis. 2. DGfE-Mitglieder achten den Grundsatz der inhaltlichen und methodischen Transparenz ihrer Arbeit und benennen bei Forschungen ihre Finanzierungsquellen. Einzelheiten der Theorien, Methoden und des Forschungsdesigns, die für die Beurteilung der Forschungsergebnisse und der Grenzen ihrer Gültigkeit wichtig sind, werden nach bestem Wissen mitgeteilt. [...] 5. In ihrer Rolle als Forschende, Lehrende und in der Praxis Tätige tragen DGfE-Mitglieder eine besondere soziale Verantwortung. Ihre Empfehlungen, Entscheidungen und Aussagen können das Leben ihrer Mitmenschen beeinflussen. Sie sind sich der Gefahren und Zwänge bewusst, die zu einem Missbrauch ihres Einflusses führen können, und bemühen sich, dass ein solcher Missbrauch und nachteilige Auswirkungen auf andere Menschen vermieden werden" (1999, o. S.). Während in der „Erklärung des Vorstands der Deutschen Gesellschaft für Psychologie zur Einhaltung wissenschaftlicher Grundsätze" die Liste der Kriterien so ausfällt: „Die Deutsche Gesellschaft für Psychologie (DGPs) bekennt sich zu den wissenschaftlichen Grundsätzen (1) der Exzellenz, (2) der Relevanz, (3) der Evidenzbasierung, (4) der gesellschaftlichen bzw. ethischen Verantwortung, (5) der Korrigierbarkeit, (6) der Transparenz und (7) der Offenheit in der psychologischen Forschung“ (2015, o. S.).

Speziell zum Entstehungskontext der Forschung

In diesen Fachgesellschaften bzw. Disziplinen wird dabei intensiv diskutiert, wie „jene ethischen Prinzipien und Regeln“ aussehen können, „in denen mehr oder minder verbindlich und mehr oder minder konsensuell bestimmt wird, in welcher Weise die Beziehungen zwischen den Forschenden auf der einen Seite und den in sozialwissenschaftlichen Untersuchungen einbezogenen Personen auf der anderen Seite zu gestalten sind“ (Hopf 2009, S. 589 f.). Der sog. ‚informed consent‘, d. h. die informierte bzw. aufgeklärte und freiwillige Einwilligung zur Teilnahme an einer Studie, sowie das *Prinzip der Nicht-Schädigung bzw. Schadensabwehr in Bezug auf die Persönlichkeitsrechte der Untersuchten* stehen dabei im Vordergrund (vgl. ebd.; auch Friedichs 2014). Im Ethik-Kodex der Deutschen Gesellschaft für Soziologie finden wir dazu die Forderungen (2017, § 2 Rechte der Probandinnen und Probanden, o. S.): „Generell gilt für die Beteiligung an sozialwissenschaftlichen Untersuchungen, dass diese freiwillig ist und auf der Grundlage einer möglichst ausführlichen Information über Ziele und Methoden des entsprechenden Forschungsvorhabens erfolgt. Nicht immer kann das Prinzip der informierten Einwilligung in die Praxis umgesetzt werden, z. B. wenn durch eine umfassende Vorabinformation die Forschungsergebnisse in nicht vertretbarer Weise verzerrt würden. In solchen Fällen muss versucht werden, andere Möglichkeiten der informierten Einwilligung zu nutzen. […] Personen, die in Untersuchungen als Beobachtete oder Befragte oder in anderer Weise, z. B. im Zusammenhang mit der Auswertung persönlicher Dokumente, einbezogen werden, dürfen durch die Forschung keinen Nachteilen oder Gefahren ausgesetzt werden. Die Betroffenen sind über alle Risiken aufzuklären, die das Maß dessen überschreiten, was im Alltag üblich ist. Die Anonymität der befragten oder untersuchten Personen ist zu wahren“ (vgl. u. a. zu Risiken: Kämper 2016; zur Spezifik im Bereich qualitativer Daten: Schweizerische Akademie der Geistes- und Sozialwissenschaften 2010; von Unger, Narimani und M'Bayo 2014; Deutsche Gesellschaft für Erziehungswissenschaft 2017; zu Anonymisierungsmöglichkeiten von Audio- und Bilddaten: Pätzold 2005; Bohnsack 2011).

Allerdings orientieren sich diese ethischen Überlegungen zu weiten Teilen am Modell der Erhebung von Daten durch Befragung oder Experiment. Doch was bedeutet ‚informed consent‘ im Feld der Dokumentenanalyse? Müssten wir die Zustimmung der Models, der Agentur oder der Herausgeber_innen einholen, bevor wir Werbeanzeigen aus Zeitschriften analysieren? Wie ist es um Datenschutz und informationelle Selbstbestimmung bei Online-Tagebüchern, Blogs, Karikaturen oder Informationsbroschüren bestellt? Fragen wie diese fanden innerhalb der Sozialwissenschaften bislang wenig bzw. nur sehr punktuelle Aufmerksamkeit (vgl. u. a. Unger, Narimani und M'Bayo 2014; Gebel et al. 2015). Freilich haben wir es bei Dokumentenanalyse im o. g. Sinn auch mit Menschen zu tun; doch ändert sich die Sachlage insofern, als es um bereits bestehendes Material bzw. um über die Dokumente als ‚Objektivationen' vermittelte Zugänge geht. Nun ist die Dokumentenanalyse damit nicht allein; auch für Netzwerkanalysen oder ethnographische Feldforschungen bedarf es anderer Ausrichtungen[77]. So schlägt die „Frankfurter Erklärung zur Ethik in der Ethnologie" der Deutschen Gesellschaft für Völkerkunde einen eher problematisierenden und fragenden Ton an (2009, o. S.): „Eingedenk der für jede ethnographische Tätigkeit konstitutiven Rahmenbedingungen, sollten die folgenden Themenfelder mit besonderer Sensibilität bedacht werden. Sie sind als eine Anregung zur differenzierten Auseinandersetzung mit ethischen Dilemmata der ethnographischen Tätigkeit zu verstehen und werden deshalb bewusst als Fragen formuliert:

1. Wird der dokumentierten Kultur und Gesellschaft durch die Themen, Methoden und die Form der Dokumentation ein hinreichender Respekt entgegengebracht?
2. Sind das Schutzbedürfnis und die Interessen der Informanten und anderer Personen, die als Partner am Prozeß der Dokumentation und Interpretation beteiligt waren, ausreichend berücksichtigt?
3. Ermöglicht die als Resultat der ethnographischen Arbeit vorgelegte Dokumentation eine ausreichende Transparenz, um den Prozeß ihrer Entstehung erkennen zu lassen? Wurde dabei auch die Option eines Feedbacks hinreichend berücksichtigt?
4. In welcher Form wurde die notwendige Reziprozität zwischen den Beteiligten an der ethnographischen Arbeit hergestellt?
5. Wurde den wissenschaftlichen Prinzipien des Holismus, der Vermeidung von unbewußten Vorannahmen (‚Bias') und der gebotenen Genauigkeit ausreichend Rechnung getragen?
6. In welchem Maße sind die mit der Dokumentation verfügbaren Einsichten dazu geeignet, gegenüber der Öffentlichkeit Stellung zu beziehen? Verpflichten möglicherweise bestimmte Zusammenhänge dazu, die Öffentlichkeit darüber zu informieren?"

---

77 (vgl. etwa die „10 Gebote der Feldforschung" nach Girtler 2001, S. 185)

Daneben können v. a. die Diskussionen der Geschichtswissenschaft zu Fragen der Ethik, der Quellenkunde bzw. der inneren wie äußeren Quellenkritik für den Einsatz von Dokumentenanalysen fruchtbar gemacht werden (vgl. u. a. Olbrich 2001; Kühberger und Sedmak 2008; Glaser 2010). Hier stehen, auch in den Ethik-Kodizes, die mit ‚Dokumenten‘ gekoppelten Problemlagen und gesonderten Werte im Vordergrund, wie Integrität und Sachlichkeit oder Wahrung von Unversehrtheit und Authentizität der Quellen. So heißt es etwa im Ethik-Kodex der Schweizerischen Gesellschaft für Geschichte (2004, S. 2): „5. Historikerinnen und Historiker streben in Ausübung ihres Berufes nach wissenschaftlicher Integrität und Sachlichkeit. Sie sind den bestmöglichen Standards in Forschung, Lehre und sonstiger beruflicher Praxis verpflichtet. 6. Grundlage aller wissenschaftlichen Berufspraxis ist das Prinzip der Forschungsfreiheit. Historikerinnen und Historiker sind dabei insbesondere auf die umfassende und sorgfältige Sicherung von Quellen sowie auf einen freien und unentgeltlichen Quellenzugang in öffentlichen und privaten Archiven angewiesen. 7. Beteiligen sich Historikerinnen und Historiker, auch Studierende, an einem gemeinsamen Projekt, so werden zu Beginn des Vorhabens unter anderem arbeits- und urheberrechtliche Aspekte der Mitarbeit geregelt, von allen Beteiligten akzeptiert und falls nötig im Fortgang des Projekts aufgrund veränderter Bedingungen einvernehmlich korrigiert. 8. Historikerinnen und Historiker wahren bei der Konsultation archivalischer Unterlagen und weiterer Quellen deren Unversehrtheit und Authentizität und interpretieren sie nach den wissenschaftlich anerkannten Regeln der Quellenkritik. Sie halten sich an die Verpflichtung, die Einsicht in vertrauliche und besonders schützenswerte Informationen nicht zu missbrauchen und dementsprechend eine Güterabwägung zwischen Forschungsinteresse und betroffenen Interessen Dritter vorzunehmen.“

Was in den Ethik-Kodizes sehr allgemein postuliert wird, führt in der Forschungspraxis zu jeder Menge Klärungsbedarf im Detail. Im Hinblick auf Zugang und Nutzungsrechte von Dokumenten kann zunächst die Unterscheidung von ‚öffentlich‘ versus ‚nicht-öffentlich verfügbar‘ hilfreich sein. Doch gibt es dazwischen erhebliche Grauzonen bzw. Differenzierungen (etwa in Bezug auf verschiedene Lizensierungsvarianten) – und auch der vermeintlich öffentliche Bereich ist kein ‚Selbstbedienungsladen‘. Persönlichkeitsschutz- und Urheberrechte sind in jedem Fall vorab zu prüfen; u. U. sind entsprechende Einverständniserklärungen einzuholen. Dabei variiert die Rechtslage von Land zu Land sowie zwischen verschiedenen Gruppen (etwa Dokumente von lebenden Personen, von Personen der Zeitgeschichte, von Personen des öffentlichen Rechts oder von Verstorbenen oder ihren Nachkommen). Zudem liegen wiederum andere Anonymisierungspflichten und Schutzfristen im Fall von organisationsbezogenen Materialien vor, v. a. in Bezug auf Geschäfts-, Bank- oder Berufsgeheimnisse sowie in Bezug auf die Zusammenarbeit mit Archiven und Museen (vgl. etwa Schweizerische Gesellschaft für Geschichte 2004; Zala 2005).

Speziell zum Begründungskontext der Forschung

Ein weiterer Schwerpunkt der Debatten um ‚gute Forschung' ist im engeren Sinn innerhalb des Begründungszusammenhangs des methodischen Designs auszumachen. Dabei ist in den Sozialwissenschaften v. a. von ‚*Güte*' und auch von ‚*Geltung*' die Rede, wobei auch hier zunächst Befragungen bzw. primär quantitativ auszuwertende Daten im Fokus standen (vgl. u. a. Krebs und Menold 2014; Flick 2014).

„Für alle Schritte der Datenerhebung und -auswertung in der quantitativen Sozialforschung [...] gibt es Gütekriterien, die es zu beachten gilt, damit die Daten möglichst fehlerfrei erhoben und die erzielten Resultate angemessen interpretiert werden können. Dabei wird zwischen *Gütekriterien für Messinstrumente* (deren *Zuverlässigkeit* und *Gültigkeit*) und *Gütekriterien für das gesamte Forschungsdesign* (die *Generalisierbarkeit* und *Eindeutigkeit der Ergebnisse*) unterschieden" (Krebs und Menold 2014, S. 425, Hervorh. i. Orig.). In fortschreitender Differenzierung konnte sich im Bereich der quantitativen Ansätze im Laufe der Jahre ein Konsens zu einem Set zentraler Faktoren ‚guter Forschung' etablieren. Im Zentrum stehen dabei Objektivität, „bestehend aus dem Dreiklang von Durchführungs-, Auswertungs- und Interpretationsobjektivität", Reliabilität, externe und interne sowie statistische Validität und praktische Bedeutsamkeit (vgl. Krebs und Menold 2014, S. 426; siehe auch Quaiser-Pohl und Rindermann 2010; Schnell, Hill und Esser 2013).

Für den Bereich der qualitativen Sozialforschung konstatiert Flick hingegen, dass es „keine einheitliche Diskussion über einen allgemein akzeptierten Kriteriensatz gibt" (2014, S. 411). Zu diesem Schluss kommt auch Steinke; sie schlägt zur Systematisierung der Debatten die Unterscheidung von drei Grundpositionen vor (vgl. Steinke 2009, S. 319 ff.): a) Ein Teil der Community orientiert sich an den Kriterien der quantitativen Forschung, wobei Objektivität, Reliabilität und Validität entsprechend für die Belange qualitativer Daten zu reformulieren sind. b) In der zweiten Position wird die Möglichkeit der Übertragung von Kriterien aus wissenschaftstheoretischen wie methodologischen Gründen bezweifelt; hier wird versucht, eigenständige Ansätze der Qualitätssicherung zu konzipieren. Dazu gehören u. a. Verfahren der Triangulation[78] durch „den Einsatz

---

78 Wenn Dokumentenanalysen in Kombination mit anderen Erhebungs- und Auswertungsverfahren eingesetzt werden, finden sich leider noch immer viele Beispiele, in denen die Ergebnisse aus der Dokumentenanalyse zwar als ‚flankierend', ‚komplementär' oder

komplementärer Methoden, Theorien, Daten oder Forscher", Techniken der kommunikativen Validierung bzw. des ,member checks' oder gezielte Überlegungen zur Authentizität im Forschungsprozess. c) Die dritte von Steinke identifizierte Richtung tendiert zu einer generellen Ablehnung der Anwendung von Kriterien, da eine Standardisierung den Besonderheiten des Qualitativen bzw. des Einzelfalls nicht gerecht werden kann. Steinke gibt dann zu Bedenken, dass eine *„abschließende* Kriteriendiskussion" für jedes konkrete Einzelvorhaben „nur unter Berücksichtigung der jeweiligen Fragestellung, Methode, der Spezifik des Forschungsfelds und des Untersuchungsgegenstands" möglich ist (2009, S. 323, Hervorh. i. Orig.). Vor diesem Hintergrund plädiert sie für ein „zweistufiges Vorgehen", das zum einen die „Formulierung zentraler, breit angelegter *Kernkriterien*" und „Prozeduren zu ihrer Prüfung" umfasst, zum anderen eine untersuchungsspezifische Konkretisierung bzw. ggf. auch Ergänzung der Kriterien folgen lässt (Steinke 2009, S. 323 f., Hervorh. i. Orig.). Zu den Kernkriterien gehören intersubjektive Nachvollziehbarkeit, Indikation bzw. Begründung der Entscheidungen im gesamten Forschungsprozess, empirische Verankerung, Limitation im Sinne der Auslotung der Geltungsgrenzen, Kohärenz bzw. Widerspruchsfreiheit, Relevanz und reflektierte Subjektivität (vgl. ebd.).

Erneut ist auch hier jedoch die Übertragbarkeit der quantitativen wie der qualitativen Argumentationen auf die Dokumentenanalyse nur zum Teil gegeben. Ballstaedt etwa führt für Dokumente das Kriterium einer besonderen „ökologischen Validität" ins Feld, da das Material „in natürlichen privaten oder institutionellen Handlungskontexten" entsteht und nicht „im Labor oder anderen künstlichen Erhebungssituationen hervorgebracht wird" (Ballstaedt 1982, S. 167; zur Problematik vgl. u. a. Bungard und Lück 1995).

Eine andere Orientierung finden wir mit Blick auf die Frage, wie wir ,Dokumenten' ,wissenschaftlich gerecht' werden, in einem diesbezüglichen Diskussionsstrang aus der Geschichtswissenschaft. Hier lautet die Frage dann, wie wir ,Quellen' ,historisch gerecht' werden. Kühberger und Sedmak sprechen in diesem Zusammenhang von ,epistemisch gerechten Urteilen': „Fehler können in der Geschichtswissenschaft durch ein Streben nach epistemischer Gerechtigkeit vermieden werden" (2008, S. 154). „Wohl erwogene Urteile berücksichtigen nach Möglichkeit alle relevanten Tatsachen [...], versuchen das Gleichgewicht herzustellen zwischen Prinzipien und Urteilen. Prinzipien sind die Grundsätze,

---

,ergänzend' zu Interviews oder Beobachtungen beschrieben werden, ohne dies jedoch weiter methodenpraktisch zu konkretisieren oder methodologisch zu problematisieren (zur Triangulation vgl. u. a. Flick 2009 und 2014). Dann besteht das Risiko, Dokumente nur als inhaltliche Informationscontainer und nicht als *eigenständige methodische und situativ eingebettete Leistungen* zu verstehen und sie eben nicht *als solche* zum Gegenstand der Untersuchung zu machen" (Wolff 2009, S. 504; Hervorh. im Original).

die das Urteilen anleiten, während sich die konkreten Urteile auf Einzelfälle beziehen [...]. Wohl erwogene Urteile stellen ein Gleichgewicht zwischen dem Allgemeinen und dem Besonderen her. Die Einschätzung vom Kaiserkult im antiken Rom wird sich von der Einschätzung vom Präsidentenkult im Afrika des 20. Jahrhunderts unterscheiden müssen. Wohl erwogene Urteile bemühen sich schließlich um ein Gleichgewicht zwischen alternativen Perspektiven und Faktoren. [...] Eine bestimmte Perspektive liefert nur eine eingeschränkte Interpretation einer Situation, d.h. eine Interpretation, die nur einen eingeschränkten Geltungsanspruch erheben darf" (ebd., S. 154).

Jenseits expliziter Kriterien formuliert Prior in ihrem Ansatz zur qualitativen Dokumentenanalyse drei zentrale Forderungen zur Sicherung angemessener Analysen (vgl. Prior 2009, S. 5 ff.):

1. Konkrete, feldbezogene Entstehungs- und Nutzungskontexte eines Dokuments sind detailliert in den Blick zu nehmen.
2. Das Verhältnis von Autor_innen und (imaginiertem, potenziellem und/ oder faktischem) Publikum ist als dynamische Beziehung innerhalb eines soziokulturell bestimmten Felds zu betrachten.
3. Bei der Frage der Erschließung der Inhalte eines Dokuments ist das jeweilige Verfahren nicht nur auf die Fragestellung, sondern auch auf die medial wie inhaltlich komplexe Struktur der zu analysierenden Dokumente abzustimmen.

Dem Entstehungs- und dem Begründungszusammenhang folgen schließlich Fragen zur weiteren Nutzung der Ergebnisse wie der Dokumente bzw. Daten selbst.

Speziell zum Verwendungskontext der Forschung

Gerade in den letzten Jahren hat sich die Diskussion zu Verwertungs- und Archivierungskontexten intensiviert, wovon etwa diverse diesbezügliche Arbeitsgruppen und Stellungnahmen der wissenschaftlichen Fachgesellschaften Zeugnis ablegen.

Dabei greifen die o. g. Ethik-Kodizes meist speziell das Thema ‚Publikation‘ auf. Bei der Deutschen Gesellschaft für Erziehungswissenschaft (1999, § 2 Publikationen) lesen wir dazu: „DGfE-Mitglieder machen ihre Forschungsergebnisse in geeigneter Weise öffentlich zugänglich. Das gilt nicht in Fällen, in denen dies nicht zu verantworten ist oder das Recht auf den Schutz vertraulicher Aufzeichnungen verletzt werden würde. In Fällen, in denen die Pflicht zur Amtsverschwiegenheit oder Vereinbarungen mit den Auftraggebern das Recht zur Veröffentlichung eingrenzen, bemühen sich DGfE-Mitglieder darum, den Anspruch auf Veröffentlichung möglichst weitgehend aufrechtzuerhalten." Im Ethik-Kodex der Schweizerischen Gesellschaft für Geschichte heißt es (2004, S. 2): „Historikerinnen und Historiker sind sich ihrer bedeutenden Rolle für die Gesellschaft bewusst und machen ihre Forschungsergebnisse wenn immer möglich der Öffentlichkeit zugänglich. […] Die Freiheit der wissenschaftlichen Forschung und Lehre ist ein Grundrecht. Die Wahrnehmung der gesellschaftlichen und menschenrechtlichen Verantwortung ist damit jedem einzelnen Historiker und jeder einzelnen Historikerin überantwortet. Sie nehmen diese Verantwortung wahr. Das formal unbegrenzte Grundrecht der Wissenschaftsfreiheit erfährt seine tatsächliche Beschränkung in der Rückbindung an die Unverletzlichkeit anderer Grundrechte."

Doch ist die Frage der angemessenen Veröffentlichung der Ergebnisse nur ein Teil dessen, dem sich ein Forschungsprojekt am Ende zu stellen hat. Daneben gilt es zu überlegen, was mit dem angesammelten Datenkorpus selbst geschieht.

Eine grundsätzliche Orientierung bieten dazu die Empfehlungen der Kommission „Selbstkontrolle in der Wissenschaft" der Deutschen Forschungsgemeinschaft (1998/2013). Dort heißt es u. a.: „Primärdaten als Grundlagen für Veröffentlichungen sollen auf haltbaren und gesicherten Trägern in der Institution, wo sie entstanden sind, zehn Jahre lang aufbewahrt werden" (Deutsche Forschungsgemeinschaft 1998/2013, S. 21). Vor allem aus Gründen der Nachvollziehbarkeit „hat jedes Forschungsinstitut, in dem lege artis gearbeitet wird, klare Regeln über die Aufzeichnungen, die zu führen sind, und über die Aufbewahrung sowie den Zugang zu den Originaldaten und Datenträgern, auch wenn dies nicht ohnehin vorgeschrieben ist" (ebd., S. 22).

Darüber hinaus gibt es verschiedene Bemühungen, vorliegende Daten weiter zugänglich zu machen. Eine umfangreiche Bestandsaufnahme zur Langzeitarchivierung von Forschungsdaten wurde 2012 von Neuroth et al. vorgelegt. Hierin wird, jeweils in gesonderten Kapiteln, u. a. der Status quo in den Sozialwissenschaften, in Pädagogik und Erziehungswissenschaft sowie in den Geisteswissenschaften gewürdigt (vgl. auch Büttner, Hobohm und Müller 2011). Überdies wurden zahlreiche Forschungsdatenzentren zu Zwecken der Archivierung und ggf. auch weiteren Nutzung gegründet (vgl. auch Kapitel 6.1). Um dabei nicht nur separat operierende Sammlungen entstehen zu lassen, gibt es dabei inzwischen vermehrt Verbundprojekte (vgl. für die empirische Bildungsforschung etwa Meyermann et al. 2017).

In den Diskussionen dazu werden jedoch nicht nur technische Aspekte thematisiert, es geht ebenso um forschungsethische Fragen, die sich v. a. im Zusammenhang mit qualitativen Daten und Dokumenten stellen. So lesen wir in der „Stellungnahme der DGfE zur Archivierung, Bereitstellung und Nachnutzung qualitativer Forschungsdaten in der Erziehungswissenschaft" (Deutsche Gesellschaft für Erziehungswissenschaft 2017, S. 2): „Aufgrund der Verwendung nichtstandardisierter Erhebungsverfahren sind qualitative Forschungsdaten in besonderer Weise an ihren Kontext gebunden. Das Verständnis qualitativer Daten ist folglich auf den Zugang zu Metadaten angewiesen, welche die Informationen über den Erhebungskontext der ‚Objektdaten‘ enthalten. Qualitative Daten werden auf unterschiedliche Weise erhoben und liegen als Rohdaten unter anderem in Form von Beobachtungsprotokollen, Skizzen (z. B. von Sitzordnungen), Fotografien, Video- oder Audioaufzeichnungen vor. Rohdaten werden jedoch nicht nur im Feld erzeugt, sondern können bereits im Feld vorhanden sein, beispielsweise als Dokumente, Tagebücher oder Schreibproben. [...] Die Archivierung, Bereitstellung und Nachnutzung qualitativer Forschungsdaten ist aufgrund der Diversität der Gegenstände, Fragestellungen, Erhebungsmethoden und Auswertungs- und Interpretationsverfahren mit sehr unterschiedlichen Problemen des Datenschutzes, des Urheberrechts, der Forschungsmethodik, Forschungsethik und nicht zuletzt der Forschungsökonomie konfrontiert. Die Komplexität der damit verbundenen Probleme und Fragen verlangt seitens der Primärforschenden, welche die Daten erheben, seitens der Institutionen, die die Daten archivieren und bereitstellen, seitens der Sekundärforschenden, welche die Daten nachnutzen, und nicht zuletzt seitens der Forschungspolitik sowie der Organisationen der Forschungsförderung einen hohen Grad an Sensibilität und Expertise."

Zahlreiche Überlegungen dazu finden sich insbesondere in den Medienwissenschaften; so schreibt Bergmann: „Auch in der qualitativen Sozialforschung dient der Einsatz von audiovisuellen Aufzeichnungen dazu, die Stabilität, Translokalität und Visibilität eines sozialen Objekts sicherzustellen und die Objektivität der wissenschaftlichen Interpretation zu gewährleisten" (2011, S. 493). „Gerade dadurch, dass die digitalen Repräsentationstechniken für eine Belebung und Authentisierung des Untersuchungsgegenstands sorgen, können sie jedoch hinterrücks zur Steigerung eines Problems führen, das in der qualitativen Sozialforschung punktuell thematisiert und insbesondere im Hinblick auf die Naturwissenschaften in der neueren Wissenschaftssoziologie und Wissenschaftsgeschichte diskutiert wird. Bilder haben eine verführerische intuitive Zugänglichkeit, was dazu führt, dass dort, wo sie als Nachweis oder Beleg eingesetzt werden, der mediale Konstruktionscharakter dessen, was sie abbilden, tendenziell verschwindet" (ebd., S. 501).

Im Anschluss an Gebel et al. können in diesen keineswegs abgeschlossenen Debatten drei Schwerpunkte ausgemacht werden, die auch und insbesondere für die Zukunft der Dokumentenanalyse von Relevanz sind: „1. Aufbauend auf den erarbeitenden Hinweisen für den Umgang mit qualitativen Interviewdaten sind auch entsprechende rechtlich gesicherte Instrumente und Routinen für visuelle Daten, konkret für Video- und Bilddaten zu entwickeln. 2. Für historische qualitative Datenarten, bei denen keine Einwilligungserklärungen der betroffenen Personen vorliegen und eine nachträgliche Einwilligung auch nicht mehr möglich ist, ist ebenfalls eine Klärung der rechtlichen Situation und des Umgangs in Forschungsdatenzentren anzustreben. 3. Eine bislang noch weitgehend ungeklärte Frage ist, wem die qualitativen Daten nach Abschluss eines Forschungsprojektes gehören. Daraus ergibt sich, wer die Rechte an den Daten und damit für die Übermittlung der Daten die Entscheidungsbefugnis hat. Damit wird das Urheberrecht an den Daten eine zentrale Frage für den Datenschutz" (2015, Abs. 38).

Phasenübergreifende Transformation

Bei Prior (2009), auch bei Ballstaedt (1982) oder Wolff (2009), finden wir überdies eine weitere Dimension qualitätsrelevanter Besonderheiten im Fall der Analyse von Dokumenten (vgl. auch Kapitel 3.3). In allen Schritten der Entstehung, Begründung wie Verwendung müssen wir uns der forscherischen Transformationsleistung bewusst sein, die aus ‚Dingen‘ oder ‚Materialien‘ in ihren spezifischen Feldern Schritt für Schritt wissenschaftlich erschlossene ‚Dokumente‘ macht. Auch dies ist kein Alleinstellungsmerkmal: Die kontextsensitiv begründete Auswahl, der adäquate Zuschnitt des Datenkorpus und die angemessene Auswertung von Dokumenten hat durchaus Parallelen zu reaktiven Verfahren der Verbalisation, wie dem Interview. Wolff zufolge sei es „vernünftig anzunehmen, dass die methodischen Praktiken, die bei der Produktion und Interpretation von Texten eine Rolle spielen, jenen entsprechen bzw. von jenen abgeleitet sind, die bei der Produktion und Interpretation sprachlicher Interaktion eingesetzt werden" (2009, S. 507). Doch sind Aufwand und Reflexionsbedarf bei der Erschließung des möglicherweise relevanten Materials bis hin zum ‚aktivierten Dokument‘ nicht zu unterschätzen. Denn Dokumente dienen der Forschung zwar als *institutionalisierte Spuren* (Wolff 2009, S. 503; Hervorh. i. Orig.), aber – um in der Metaphorik des Fährtenlesens zu bleiben – im Schnee gefundene Fußabdrücke können nicht mit der Person gleichgesetzt werden, auch wenn sie ein wichtiger Hinweis auf ihre Existenz oder den von ihr eingeschlagenen Weg sein können (vgl. auch Hoffmann 2012). Es folgen weitere Stationen vom Fund der Spur bis hin zu ihrer angemessenen Interpretation. Wie kann der besagte Fußabdruck, also die potenzielle Quelle, zunächst so erfasst und konserviert werden, dass sie zu Zwecken der Analyse bzw. zur späteren Nachvollziehbarkeit verfügbar bleibt? Je nach Fragestellung könnte in diesem Beispiel etwa eine Skizze ausreichen, ein Foto mit einem hinzugefügten Streichholz würde die Größenverhältnisse festhalten, weitere Bilder oder Beobachtungsnotizen könnten das Umfeld und die Kontextbedingungen dokumentieren, ein Abguss würde die Mehrdimensionalität erhalten etc. Im Rahmen der Analyse würde dann vermutlich eine Digitalisierung dieser Aufbereitungen erfolgen, was wiederum, mit u. U. mehrfach wechselnder Software, Veränderungen im Verhältnis zum Originalfund bedeutet. Schließlich sind im Rahmen der Veröffentlichung der Ergebnisse vielleicht nur noch Text-Bezüge auf die Ausgangsspur oder dem Publikationsmedium angepasste Visualisierungen übrig. Wie auch immer, wir transformieren den Ursprungszustand notwendigerweise von Phase zu Phase – und dies ist methodologisch zu reflektieren.

Wachsendes Bewusstsein für Fragen der Transformation zeichnet sich – nicht zuletzt in Folge des ‚material turns‘[79] – in verschiedenen Fachdisziplinen ab. Beispielsweise widmet sich aktuell eine Tagung dem Thema, die im Rahmen des DFG-finanzierten Graduiertenkollegs „Dokument – Text – Edition. Bedingungen und Formen ihrer Transformation und Modellierung in transdisziplinärer Perspektive" veranstaltet wird. Unter dem Titel: „(un)documented – Was bleibt vom Dokument in der Edition?" heißt es im Call for Papers (Bergische Universität Wuppertal 2017, o. S.): „Tontafel, Handschrift, Druck, Typoskript – Eine Vielzahl unterschiedlicher Überlieferungsträger dient Editionen als Gegenstand und Arbeitsgrundlage. Auch wenn nicht in allen Disziplinen das ‚Dokument‘ als Fachterminus in Gebrauch ist, kann dieser Begriff durchaus als Sammelbezeichnung für verschiedenstes zu edierendes Überlieferungsmaterial verwendet werden. Lange Zeit wurden Dokumente jedoch lediglich als reine Textträger wahrgenommen, deren eigenständige Gestalt, Entstehung, Kompilation und Layout über eine meist kurze Beschreibung hinaus wenig Beachtung erfuhr. Beispielsweise besteht ja durchaus die Vorstellung, dass der Vorgang des Edierens aus einer Ablösung der Texte von den Textträgern bestehe und daher mit dem Zurücklassen des Dokuments als solchem im Prozess der Edition verbunden sei. In den letzten Jahren hat sich die Bewertung des Dokuments insbesondere im Zuge der Diskussion um ihre Materialität vornehmlich in der philologischen und kulturwissenschaftlichen Forschung grundlegend geändert. [...] Folgende Fragen konkretisieren beispielhaft die Schwerpunktsetzung der Veranstaltung:

- Welche Bedeutung schreiben die einzelnen Fachdisziplinen einem Dokument/Dokumenten zu?
- Wie wirkt sich der Dokumentbegriff auf die editorische Praxis aus?
- Welche Elemente können aus den Konkreta der Überlieferung transportiert werden? Was fällt notwendigerweise, diskreterweise, sinnvollerweise weg?
- Sollten und können materiale Befunde in die Edition aufgenommen werden?
- Welche Rolle spielt die Dokumentation in (digitalen) Editionen? Welche Aspekte des Dokuments berücksichtigt sie, welche nicht?"

---

79 (vgl. u. a. Reckwitz 2003; Köhler, Metzler und Wagner-Egelhaaf 2004; Bennett und Joyce 2010; Schubert 2010; Barad 2012; Samida, Eggert und Hahn 2014)

Ähnlich gelagerte Diskussionen, die die forschungsethische Dimension tangieren, finden wir zudem im Kontext von Museums- und Archivwissenschaften – insbesondere im Hinblick auf die Aufarbeitung der NS-Vergangenheit oder des Kolonialismus' (vgl. u. a. Frühwald 2002; Kühberger und Sedmak 2008). So muss sich etwa die Provenienzforschung der Verantwortung stellen, die Sammlungen gegenüber ursprünglichen Eigentümer_innen oder Herkunftsgesellschaften ihrer ‚Objekte' haben. Eindrucksvoll zeigt sich dies in der sog. ‚Human Remains'-Debatte (vgl. u. a. Stoecker, Schnalke und Winkelmann 2013). Diese greift das Phänomen auf, dass sich in zahlreichen (europäischen) Museen Hunderte von Gebeinen oder ganze Skelette von damals sog. ‚Eingeborenen' aus unterschiedlichen Kontinenten finden, die in der Kolonialzeit auf mehr oder minder legalen Wegen dorthin gelangt sind, um vermessen, verglichen oder als Kuriosa ausgestellt zu werden. Aus der Perspektive der Herkunft, aus Sicht afrikanischer oder australischer Volksgruppen handelt es sich dabei jedoch nicht einfach um ‚Knochen', die beliebig wissenschaftlich verwertet werden können, sondern um die Überreste verstorbener Vorfahren, um die eigenen Ahnen, deren Begräbnisstätten entweiht, Riten verletzt und Gedenkorte geschändet wurden. Sie sehen sich damit z. T. noch heute um Möglichkeiten der kulturellen Selbstversicherung gebracht.

Ein drastisches Beispiel wie dieses verweist uns darauf, dass wir gerade bei der Betrachtung von vorfindlichen ‚Dokumenten' klären müssen, was sie im jeweiligen Feld bedeuten, d. h., unter welchen Bedingungen sie ‚entnommen' oder ‚gesammelt' und für unsere wissenschaftlichen Zwecke genutzt werden können. In Anlehnung an den Begriff der ‚Menschen-Würde' kann – unter forschungsethischer Perspektive – auch von einer besonderen „Dignität der Objekte" gesprochen werden (Biegel nach Heinze und Matthes 2007, o. S.). Diese kann wiederum verschiedene Facetten haben: Sei es im Sinne der Provenienz ethnologischer Stücke aus anderen Bedeutungswelten, sei es mit Blick auf den Seltenheitswert historischer Zeugnisse, sei es in Bezug auf den Entstehungskontext von Dokumenten, die etwa aus NS-Konzentrationslagern oder Gulags überliefert sind, sei es in Relation zu kulturellen Praktiken bestimmter zeitgenössischer Szenen, sei es im Hinblick auf Objekte und Gebrauchsspuren in Industrie- und Wegwerfgesellschaften etc., stets ist die Lagerung der Verantwortung den Dokumenten gegenüber zu prüfen. Gerade die Archäologie lehrt uns dabei, dass auch die Sickergruben oder der Müll vergangener Zeiten aus heutiger Sicht kostbare Quellen darstellen können, um dem damaligen Alltag näher zu kommen. So gilt es, die jeweilige Dignität von Fall zu Fall spezifisch zu realisieren, anzuerkennen und bei aller Legitimität wissenschaftlicher Interessen zu wahren. Dabei endet die ‚Würde' der Dokumente nicht mit ihrer Auswertung durch uns.

5.3 Langer Rede kurzer Sinn …

Dokumentenanalysen haben Charme und Kraft – doch wir müssen uns auf den ‚Eigensinn' der Dokumente sowie auf die Spezifik des jeweiligen Designs einstellen, das die wechselseitig passende Zusammenstellung von Gegenstand, Feld, Methode und Theorie umfasst. Bei allen zu klärenden Aspekten ist insgesamt festzuhalten, dass dokumentenanalytische Zugänge in der Bildungs- und Sozialforschung über facettenreiche Einsatzoptionen und reichhaltiges Potenzial verfügen. Gleichzeitig besteht angesichts verschiedener Risiken ein hoher methodologischer wie methodenpraktischer Entwicklungs- und Reflexionsbedarf. Über die bereits bestehende Forschungspraxis hinaus können – in Anlehnung an Sen und Nussbaum (1993) – noch zahlreiche ‚Capabilities', d. h. zu entfaltende Freiheiten, zu entwickelnde Spielräume oder zu realisierende Chancen im Feld der Dokumentenanalyse ausgemacht werden. Doch es geht auch weniger euphorisch: So sei zu guter Letzt die bereits mehrfach herangezogene Metapher des Reisens erneut bemüht. In Analogie zu Adolph Knigges Ausführungen (1788/1977, S. 268) kann für dokumentenanalytische Forschungsrouten ebenfalls festgehalten werden: „Zum Reisen gehört Geduld, Mut, guter Humor, Vergessenheit aller häuslichen Sorgen, und daß man sich durch kleine widrige Zufälle, Schwierigkeiten, böses Wetter, schlechte Kost und dergleichen nicht niederschlagen lasse."

6 Inspiration, Service, Support …

Materialzugänge, Software und Lektüren

In diesem Kapitel stehen schließlich ergänzende forschungspraktische Aspekte im Vordergrund, wobei es vor allem darum geht, auf bereits bestehende Service- und Supportmöglichkeiten aufmerksam zu machen, die dabei helfen können, ‚das Rad der Dokumentenanalyse nicht immer wieder neu zu erfinden‘. Die Zusammenstellung der im Folgenden angesprochenen Ressourcen erhebt dabei keinerlei Anspruch auf Vollständigkeit oder systematische Abdeckung aller Felder der Bildungs- und Sozialforschung, vielmehr wurde die Auswahl danach getroffen, was möglicherweise als Inspiration für ein eigenes Vorhaben dienen könnte.

Nun gehört es ja zu den Kennzeichen der Dokumentenanalyse, dass ihr ‚Material‘ bereits vorliegt; es muss nicht erst ‚produziert‘ werden, es muss vielmehr ‚gefunden‘ werden – und zahlreiche Organisationen haben dies erfreulicherweise bereits für uns getan … Es stehen umfangreiche quantitative wie qualitative Dokumentenbestände aufbereitet zur Verfügung, beispielsweise zu Reformpädagogik, Unterrichtsprozessen, Jugend-Kulturen, Weiterbildungsprogrammen oder auch Liebesbriefen. So stellt das erste Teilkapitel exemplarische Datenbanken, Sammlungen und Archive vor, die bei der Suche nach potenziellen Analysemedien oder -daten unterstützen. Das zweite Teilkapitel greift dann v.a. die Phase der Auswertung auf. Hier wird anhand von orientierenden Überblicksseiten auf (kostenpflichtige wie freie) Softwareangebote verwiesen, die verschiedene methodische Vorgehensweisen technisch erleichtern können (z. B. im Hinblick auf den Umgang mit großen Datenmengen oder in Bezug auf mehrschrittige Verfahren der Codierung von Texten). Das dritte Teilkapitel bietet schließlich reichen ‚Lesestoff‘ zur Dokumentenanalyse und ihrem Umfeld – einschließlich der in Kapitel 1 bis 5 angeführten Quellen und Referenzen.

6.1 Auf der Suche nach Dokumenten?
Exemplarische Datenbanken, Sammlungen und Archive

Die Anzahl potenziell nutzbarer Datenbanken, Sammlungen oder Archive ist inzwischen schier unüberschaubar, insofern werden im Folgenden nur einige Beispiele genannt, die die Breite des Feldes verdeutlichen sollen. Zunächst werden dabei *allgemeine Datenzugänge bzw. Verbünde* vorgestellt, die primär für Forschungszwecke gedacht sind; in einem nächsten Schritt werden verschiedene *thematisch ausgerichtete Bestände aus Archiven, Sammlungen und auch Museen* aufgeführt, die nicht allein in der Forschung, sondern auch in den Feldern Kultur, Bildung oder Kunst angesiedelt sind.

Allgemeine Datenzugänge für den Bereich der Forschung

In den letzten Jahren haben sich viele der Einrichtungen, die einen Zugang zu vorliegendem Datenmaterial bieten, zu Verbünden oder unter Dachorganisationen zusammengeschlossen, was Orientierung und Recherche deutlich erleichtert.

Eine zentrale Institution ist in Deutschland dabei der *Rat für Sozial- und Wirtschaftsdaten* (RatSWD), der 2004 vom Bundesministerium für Bildung und Forschung eingerichtet wurde. Auf dessen Homepage[80] heißt es: „Der RatSWD hat sich als institutionalisiertes Forum des Austauschs und der Vermittlung zwischen den Interessen der Wissenschaft und Datenproduzenten etabliert und erfüllt dabei eine wichtige Rolle als Kommunikations- und Koordinations-Plattform. Das Gremium nimmt in den Sozial-, Verhaltens und Wirtschaftswissenschaften in Bezug auf die Standardsetzung und Qualitätssicherung sowie die weitere Entwicklung der Forschungsdatenzentren und Datenservicezentren eine beratende und initiierende Funktion wahr".

Um den unterschiedlichen Anliegen des Datenschutzes, der Datenanbietenden und der Wissenschaft gemeinsam gerecht zu werden, wurde das Modell sog. dezentraler Forschungsdatenzentren (FDZ) konzipiert und weiterentwickelt. 31 solcher Zentren sind inzwischen vom RatSWD nach einheitlichen und transparenten Kriterien akkreditiert. Dazu gehören u. a.[81]:

- Die *Forschungsdatenzentren der Statistischen Ämter des Bundes und der Länder* stellen ein gemeinsames Informationsangebot zu ausgewählten

---

80 vgl. www.ratswd.de [Abruf vom 21.11.2017]
81 vgl. für die folgenden Zitate: www.ratswd.de/forschungsdaten/fdz
    [Abruf vom 21.11.2017]

Mikrodaten der amtlichen Statistik bereit. „Das grundlegende Ziel der Forschungsdatenzentren der Statistischen Ämter des Bundes und der Länder besteht darin, den Zugang zu den Mikrodaten der amtlichen Statistik und deren Nutzungsmöglichkeiten durch die Einrichtung unterschiedlicher Datennutzungswege zu verbessern. Eine wesentliche Voraussetzung für das Erreichen dieses Ziels besteht in der grundsätzlichen Verbesserung der Dateninfrastruktur durch deren Regionalisierung sowie durch den Aufbau einer fachlich zentralisierten Datenhaltung für ausgewählte Statistiken.“

- Das *Forschungsdatenzentrum PsychData* des Leibniz-Zentrums für Psychologische Information und Dokumentation (ZPID) „betreibt eine speziell auf die psychologische Forschung ausgerichtete Plattform für Datenarchivierung, -dokumentation und -austausch. PsychData unterstützt Psychologinnen und Psychologen dabei, ihre Forschungsdaten nachhaltig zu bewahren und der Scientific Community geregelt zur Verfügung zu stellen“.

- Das *Forschungsdatenzentrum Bildung* (FDZ Bildung) am Deutschen Institut für Internationale Pädagogische Forschung (DIPF) „ist eine zentrale Anlaufstelle für Wissenschaftler/-innen der empirischen Bildungsforschung in Bezug auf die Archivierung und Bereitstellung von qualitativen Forschungsdaten (AV-Daten) und den daraus abgeleiteten textuellen und numerischen Materialien (Transkripte, Kodierungen, Ratings, Beschreibungen u. ä.) einerseits sowie von Erhebungsinstrumenten der quantitativen Forschung (Fragebogen und Skalen) andererseits“.

- Das *Forschungsdatenzentrum im Bundesinstitut für Berufsbildung* (BIBB-FDZ) „bietet auf der Grundlage der BIBB-Mikrodatenbestände bedarfsorientierte Serviceleistungen für die (Berufs-)Bildungsforschung an“.

- Das *Forschungsdatenzentrum Betriebs- und Organisationsdaten* (FDZ-BO) „an der Universität Bielefeld ist ein zentrales Archiv für quantitative und qualitative Betriebs- und Organisationsdaten. Es archiviert diese, informiert über deren Bestand und stellt Datensätze für sekundäranalytische Zwecke zur Verfügung. Über die Archivierung von Studien und Datensätzen wird eine langfristige Sicherung und nachhaltige Verfügbarkeit der Daten gewährleistet“.

Einen umfassenden Ansatz zur Dokumentation der Geschichte Deutschlands verfolgt das *Bundesarchiv*. Es „hat den gesetzlichen Auftrag, das Archivgut des Bundes auf Dauer zu sichern und nutzbar zu machen. Dabei handelt es sich um Unterlagen (unter anderem Akten, Karten, Bilder, Plakate, Filme und Tonaufzeichnungen in analoger und digitaler Form), die bei zentralen Stellen des Heiligen Römischen Reiches (1495-1806), des Deutschen Bundes (1815-1866), des Deutschen Reiches (1867/71-1945), der Besatzungszonen (1945-1949), der Deutschen Demokratischen Republik (1949-1990) und der Bundesrepublik Deutschland (seit 1949) entstanden sind. […] Das Bundesarchiv sammelt auch schriftliche Nachlässe von bedeutenden Personen, Unterlagen von Parteien, Verbänden und Vereinen mit überregionaler Bedeutung sowie publizistische Quellen. Das Bundesarchiv gewährleistet den Zugang zum Archivgut des Bundes unter Wahrung des Schutzes privater oder öffentlicher Belange. Grundsätzlich hat jede Person das Recht, auf Antrag Archivgut des Bundes zu nutzen. Informationen über das Archivgut stellt das Bundesarchiv auf mehreren Rechercheplattformen bereit. Ein geringer, aber stetig wachsender Teil der Bestände steht über diese Rechercheplattformen auch in digitaler Form zur Online-Nutzung bereit."[82]

Eine weitere zentrale Adresse stellt für den vorliegenden Kontext das *Leibniz-Institut für Sozialwissenschaften GESIS* zusammen mit seinen Netzwerkpartnern dar[83]. Dort ist in der Selbstbeschreibung zu lesen: „Mit über 300 Mitarbeiterinnen und Mitarbeitern an zwei Standorten – Mannheim und Köln – erbringt GESIS grundlegende, überregional und international bedeutsame forschungsbasierte Dienstleistungen für die Sozialwissenschaften. Als die größte europäische Infrastruktureinrichtung für die Sozialwissenschaften stehen wir Wissenschaftlerinnen und Wissenschaftlern auf allen Ebenen ihres Forschungsprojekts mit Expertise und Dienstleistungen beratend zur Seite. Mit dieser Unterstützung lassen sich gesellschaftlich relevante Fragen auf der Basis neuester wissenschaftlicher Methoden, qualitativ hochwertiger Daten und Forschungsinformationen beantworten"[84]. Zu den Angeboten gehört u. a. eine Sammlung historischer Zeitreihen zur deutschen Wirtschafts- und Sozialgeschichte (histat), über das Mikrodaten Informationssystem MISSY sind Metadaten zu den Scientific Use Files der deutschen Mikrozensen sowie zu amtlichen Daten Europas (etwa zum Adult Education Survey AES, zum European Union Labour Force Survey EU-LFS und zu den European Union Statistics on Income and Living Conditions EU-SILC) zu finden, das sozialwissenschaftliche Fachportal SOWIPORT enthält ca. 7 Millionen Nachweise zu Publikationen und Projekten aus 18 Datenbanken der Fachgebiete Soziologie, Psychologie, Pädagogik, Gesundheits- und Sozialwesen, Sport-, Politik-, Wirtschafts- und Verwaltungswissenschaften.

GESIS ist auch Mitglied in einem weiteren für die Dokumentenanalyse relevanten europäischen Verbund, der sich hinter dem Akronym *CESSDA ERIC*[85] verbirgt. „CESSDA stands for Consortium of European Social Science Data Archives and ERIC stands for European Research Infrastructure Consortium. CESSDA provides large-scale, integrated and sustainable data services to the

---

82 vgl. www.bundesarchiv.de/DE/Navigation/Meta/Ueber-uns/Aufgaben/aufgaben.html [Abruf vom 21.11.2017]
83 vgl. www.gesis.org [Abruf vom 21.11.2017]
84 vgl. www.gesis.org/institut [Abruf vom 21.11.2017]
85 vgl. www.cessda.eu [Abruf vom 21.11.2017]

social sciences. It brings together social science data archives across Europe, with the aim of promoting the results of social science research and supporting national and international research and cooperation"[86].

Eines der jüngsten Mitglieder von CESSDA ERIC stellt dabei das österreichische Archiv für sozialwissenschaftliche Daten bzw. deren Datenplattform AUSSDA, *Austrian Social Science Data Archive*, dar[87].

In explizit geisteswissenschaftlicher Ausrichtung ist überdies die Arbeit des *Data Center for the Humanities* (DCH) bzw. des Kölner Datenzentrums für die Geisteswissenschaften[88] angelegt. Hier finden wir beispielsweise ein Projekt des Stadtarchivs Leuven, Itinera Nova, in welchem ca. 950.000 Seiten aus Schöffenakten aus den Jahren 1362 bis 1795 verfügbar gemacht werden.

Neben den Forschungsdatenzentren ist auch darauf hinzuweisen, dass inzwischen einige *Einführungen und Handbücher* aus den Bereichen der Geschichts-, Medien- und Gesellschaftswissenschaften vorliegen, die auf Zugänge via Internet verweisen oder im Sinne eines Serviceteils kommentierte (Link-) Listen aufführen (vgl. u. a. Flick, von Kardorff und Steinke 2009; Gantert 2011; Brocks 2012; Möhring und Schlütz 2013; Averbeck-Lietz und Meyen 2015; Rohr 2015; Kuckartz 2016).

Thematisch ausgerichtete Archive, Sammlungen und Museen

Bei allen Potenzialen, die die digitale Welt uns bietet, sei auch darauf hingewiesen, dass die Zusammenstellung von Dokumenten – etwa in der Form der Quellensammlung – zu den klassischen wissenschaftlichen Buchformaten gehört. Exemplarisch kann etwa das mehrbändige „Handbuch der deutschen Bildungsgeschichte" (Berg et al. 1987-2005) genannt werden oder auch die Reihe „Quellensammlung zur Kulturgeschichte" (vgl. u. a. Treue und Manegold 1979) sowie speziellere Zuschnitte, wie Quellen zur Geschichte der Krankenpflege (Panke-Kochinke 2017), zu Handschriften im Mittelalter (Steinmann 2013) oder zum Friedhofs- und Bestattungsrecht (Gaedke 2015).

Daneben gibt es zahllose Institutionen, die sich bestimmten Themen widmen und ihre Materialien auf unterschiedlichen Wegen zugänglich machen. Aus der Fülle seien hier exemplarisch einige größere und kleinere, bekanntere und unbekanntere Einrichtungen genannt und wiederum im Lichte ihrer Online-Selbstbeschreibungen vorgestellt:

---

86 vgl. www.cessda.eu/About (Hervorh. d. d. Verf.) [Abruf vom 21.11.2017]
87 vgl. aussda.at [Abruf vom 21.11.2017]
88 vgl. dch.phil-fak.uni-koeln.de [Abruf vom 21.11.2017]

- „Im Interdisziplinären Zentrum für Bildungsforschung (IZfB) wird derzeit ein *Datenarchiv ‚Kindheit und Jugend im urbanen Wandel'* aufgebaut, das Recherche und Nutzung von Datenmaterial aus qualitativen Studien der Kindheit und Jugendforschung ermöglicht, das seit den 1970er Jahren erhoben wurde. Damit wird die im Methodenzentrum Qualitative Bildungsforschung (MzQB) begonnene Arbeit fortgesetzt. In der Aufbauphase wird bei der Datenaufbereitung die Aufmerksamkeit auf Standorte in Nordrhein-Westfalen gerichtet, die sich durch Projekte in der Kindheits- und Jugendforschung verdient gemacht und damit eine qualitative Bildungsforschung begründet haben. Ziel des Projekts ist die Sicherung der seit den 1970er Jahren erhobenen Daten. Damit verhindert es einen Materialverlust, der durch den gegenwärtigen Generationswechsel in den Geistes- und Gesellschaftswissenschaften entstehen könnte. Auch beugt es dem Verlust von Daten vor, die auf alten Datenträgern gespeichert sind."[89]

- Das *Archiv der deutschen Jugendbewegung* auf der Burg Ludwigstein in Witzenhausen „sammelt und bewahrt Dokumente der deutschen Jugendbewegung sowie von Jugendverbänden und Jugendkulturen seit etwa 1890 bis heute. Viele Aufbruch- und Reformbewegungen des 20. Jahrhunderts sind mit der Jugendbewegung eng verbunden. Als gemeinsame Einrichtung des Hessischen Staatsarchivs Marburg und der ‚Stiftung Jugendburg Ludwigstein und Archiv der deutschen Jugendbewegung' fördert das Archiv die wissenschaftliche Erforschung dieser Themen und beteiligt sich daran mit Tagungen und Veröffentlichungen."[90] Die Bestände sind zu weiten Teilen in einer Online-Datenbank erfasst, wobei für den Bildbestand eine eigene Recherchemaske bzw. für manche Medien Findbücher und Kataloge zur Verfügung stehen.

- Das *Archiv der Jugendkulturen* in Berlin „ist ein Informations- und Kompetenzzentrum für Jugendkulturen. Es sammelt, erforscht und vermittelt seit 1998 Kenntnisse zu Jugendkulturen und deren Lebenswelten. Dabei verfolgt es den Anspruch, eine von Werturteilen freie, dennoch kritische und differenzierte Auseinandersetzung mit Jugendkulturen und Szenen zu ermöglichen."[91] „Es gibt wenige Orte, an denen Mods neben Rockern, Hippies neben Skinheads oder Emos neben Punks stehen können, ohne eine abfällige Bemerkung, das Klappen eines Messers oder dem Spucken vor die Füße. Aber diese so unterschiedlichen und oft in Kämpfe verstrickten Jugendkulturen, zu denen auch Raver, Psychobillies, New Romantics, Graffitisprüher, Gothics und viele andere gehören, haben im Archiv der Jugendkulturen ei-

---

89   vgl. www.uni-due.de/izfb/datenarchiv_kindheit_und_jugend.php [Abruf vom 03.12.2017]

90   vgl. www.archiv-jugendbewegung.de [Abruf vom 03.12.2017]

91   vgl. www.jugendkulturen.de/selbstbild.html [Abruf vom 03.12.2017]

nen Ort der Harmonie gefunden, dem sie sich im wahren Leben entziehen würden. Sie leben hier weiter, für immer jung und stylisch, politisch und kreativ, in einer Bibliothek, welche die letzten 70 Jahre der Jugendkulturen vereint. Es finden sich Raritäten wie israelische Punk-Fanzines, die erste Bravo oder amerikanische Schülerzeitungen aus den 40er Jahren. Das Material reicht von Büchern über Videos, Kassetten, Poster, Flyern bis zu T-Shirts und Festivalbändchen. Es kann für wissenschaftliche Recherchen, Journalisten und Filmemacher von Bedeutung sein. Als öffentliche Bibliothek ohne Gebühren stehen wir allen offen."[92]

- Die Stiftung *Archiv der deutschen Frauenbewegung*, mit Sitz in Kassel, beschäftigt sich mit Frauenbewegung und -geschichte, wobei ein großer Teil der Bestände elektronisch erschlossen und über einen Katalog recherchierbar ist. „Die Stiftung sammelt, forscht und publiziert zur Geschichte von Frauen und Frauenbewegungen in der Zeit von 1800 bis in die 1960er Jahre. Die Verbreitung des Wissens über die Frauenbewegung und ihre Protagonistinnen in der Öffentlichkeit durch Vorträge, Lesungen, Konzerte und Ausstellungen ist uns ein großes Anliegen."[93] Zu den Archivbeständen gehören: Nachlässe von Frauen; Aktenbestände von Verbänden, Vereinen oder Gruppen; archivarische Sammlungen; ein Fotoarchiv und Pressedokumentation sowie die Sondersammlung ‚Autonome Kasseler FrauenLesbenbewegung 1974 bis heute'[94].

- Auf der Suche nach Dokumenten zur Weiterbildungslandschaft der Länder Berlin und Brandenburg kann das *Weiterbildungsprogramm-Archiv* genutzt werden: „Seit 1995 werden an der Humboldt-Universität zu Berlin in der Abteilung Erwachsenenbildung/Weiterbildung Weiterbildungsprogramme der Regionen Berlin und Brandenburg gesammelt. Das Archiv ist im deutschsprachigen Raum einzigartig, da es nicht nur von einer Institutionenart Weiterbildungsprogramme sammelt, sondern das gesamte heterogene Spektrum der Weiterbildungslandschaft exemplarisch für diese Regionen abbildet."[95]

- Für Verfahren der Programmanalyse speziell im Bereich der Volkshochschulen bieten die *Programmplanarchive des Deutschen Instituts für Erwachsenenbildung* – Leibniz-Zentrum für Lebenslanges Lernen (DIE) in Bonn einen entsprechenden Fundus: „Das DIE verfügt über ein umfangreiches Archiv der Volkshochschul-Programme aus kontinuierlicher und flächendeckender Sammlung seit 1957. Programme aus den Nachkriegsjahren gibt

---

92 vgl. www.jugendkulturen.de/Intro.html [Abruf vom 03.12.2017]
93 vgl. www.addf-kassel.de/archivderdeutschenfrauenbewegung [Abruf vom 03.12.2017]
94 vgl. www.addf-kassel.de/bestaende/archiv [Abruf vom 03.12.2017]
95 vgl. www.erziehungswissenschaften.hu-berlin.de/de/ebwb/weiterbildungsprogramm
    archiv/jubilaeumsfeier [Abruf vom 03.12.2017]

es vorwiegend für die alte Bundesrepublik. Vereinzelt reichen die Bestände sogar bis in die 1930er Jahre zurück. Insgesamt umfasst das Print-Archiv etwa 60.000 Programme. Die flächendeckende Archivierung der gedruckten Programmpläne wurde mit dem Arbeitsjahr 2003/2004 eingestellt und durch das Online-Archiv ersetzt. [...] Aus den in 2004 bestehenden 967 Volkshochschul-Hauptstellen wurde 2008 ein Sample von fünfzig Einrichtungen zusammengestellt, das ein breites Spektrum der Volkshochschularbeit in Deutschland abbildet. Kleine und große, Gemeinde- und Kreis-VHS sowie Zweckverbände, lokal und regional arbeitende Volkshochschulen fanden Eingang in das Archiv."[96]

- Das *Österreichische Volkshochschularchiv* widmet sich dem Erbe der österreichischen Volkshochschulen. „Historische Dokumente, wie zum Beispiel Korrespondenzen, Mitteilungsblätter, Plakate, Programme, Protokolle und Fotografien, sind Quellen zur Geschichte der österreichischen Volkshochschulen und Volksbildungseinrichtungen."[97]

- Auf ein besonderes Alltagsformat konzentriert sich das Projekt *Liebesbriefarchiv*[98] an der Universität Koblenz-Landau, Campus Koblenz. In der Presse hieß es dazu: „Echte Liebe in all ihren Facetten, mal romantisch, mal betrügend, mal aussichtslos: Ihre Spur versteckt sich in unscheinbaren, grauen Schränken in der Bibliothek der Universität Koblenz. Etwa 10.000 Liebesbriefe aus verschiedenen Epochen hat die Professorin Eva Lia Wyss in ihrem Archiv bereits gesammelt – es ist nach Universitätsangaben das einzige seiner Art in Deutschland."[99]

- Das *Alice Salomon Archiv* (ASA) der gleichnamigen Hochschule in Berlin wurde 2001 eröffnet und bildet zusammen mit dem *Archiv des Pestalozzi-Fröbel-Hauses* (PFH) in Berlin-Schöneberg ein Dokumentationszentrum für soziale und pädagogische Frauenarbeit. „Das ASA verfügt über Archivalien aus dem Zeitraum von 1893 bis 1971. Sie beziehen sich auf die Geschichte der Ausbildung in der Sozialen Arbeit und der Sozialen Frauenschule in Schöneberg, der Deutschen Akademie für soziale und pädagogische Frauenarbeit und weiterer Vorgängereinrichtungen der ASH, die Akteur_innen der (bürgerlichen) Frauenbewegung und andere Personen mit Verbindungen zur Sozialen Frauenschule, ehemalige Dozent_innen und Schüler_innen der Ausbildungsstätte, die Mädchen- und Frauengruppen für soziale Hilfsarbeit, Person und Werk Alice Salomons und ihre Betätigung in nationalen

---

96 vgl. www.die-bonn.de/weiterbildung/archive/programmplanarchive/default.aspx [Abruf vom 03.12.2017]
97 vgl. www.vhs.at/vhsarchiv-home.html [Abruf vom 03.12.2017]
98 vgl. liebesbriefarchiv.wordpress.com [Abruf vom 03.12.2017]
99 vgl. www.tz.de/welt/koblenz-liebesbrief-zr-4948064.html [Abruf vom 03.12.2017]

und internationalen Netzwerken."[100] Der Schwerpunkt der Sammlungen des PFH liegt bei „Materialien zur Geschichte des Hauses", d. h. „Vereinsunterlagen und -zeitungen, Festschriften Schul- und Verwaltungsakten, Schüler/innenunterlagen und -arbeiten, Schriften der Gründerinnen und weiterer Mitarbeiterinnen des Hauses, Darstellungen aus den Wohlfahrtseinrichtungen, ein Fotoarchiv mit ca. 700 Fotografien, Fotoalben u. ä."[101]

- Auf der Suche nach biografisch ausgerichtetem Wissen kann die *Neue Deutsche Biographie* ein hilfreicher Startpunkt sein: „Die von der Historischen Kommission bei der Bayerischen Akademie der Wissenschaften herausgegebene Neue Deutsche Biographie (NDB) informiert in knappen, wissenschaftlich fundierten Lexikonartikeln über verstorbene Persönlichkeiten, die durch ihre Leistungen politische, ökonomische, soziale, wissenschaftliche, technische oder künstlerische Entwicklungen wesentlich beeinflußt haben. […] Die Deutsche Biographie ist ein gemeinsames Angebot der Historischen Kommission und der Bayerischen Staatsbibliothek (BSB). Es bietet, finanziert durch eine Sachbeihilfe der Deutschen Forschungsgemeinschaft (DFG), seit Februar 2010 strukturiertes lexikalisches Expertenwissen mit Informationen zu mehr als 130.000 Persönlichkeiten des deutschsprachigen Kulturraums. Zur Zeit umfasst es digitale Volltexte von mehr als 48.000 historisch-biographischen Artikeln der Allgemeinen Deutschen Biographie […] sowie der Neuen Deutschen Biographie […] und erschließt durch Verlinkungen auf zertifizierte Angebote zu diesen Personen Normdaten, Artikel aus weiteren biographischen Lexika, Quellen, Literatur […] sowie Objekte, Werke und Portraits bzw. deren Nachweise."[102] Zu manchen historischen Personen haben sich daneben auch spezielle, auf diese jeweils ausgerichtete Angebote etabliert; z. B. erschließen mehrere große Dokumentationseinrichtungen einen wahren Kosmos zu Leben, Werk und Rezeption Alexander von Humboldts. Einen Einstieg bietet u. a. die Seite edition humboldt digital[103] der Berlin-Brandenburgischen Akademie der Wissenschaften.

- Wer sich für Aspekte der öffentlichen Mediengeschichte interessiert, kann u. a. beim *Deutschen Rundfunkarchiv* (DRA) fündig werden: Es „ist eine gemeinnützige Stiftung bürgerlichen Rechts. Stifter sind die in der ARD zusammengeschlossenen öffentlich-rechtlichen Rundfunkanstalten Deutschlands. Das DRA wurde 1952 als ‚Lautarchiv des Deutschen Rundfunks' mit Sitz beim Hessischen Rundfunk in Frankfurt am Main gegründet und ist damit die erste und älteste Gemeinschaftseinrichtung der ARD. Mit der

---

100 vgl. www.alice-salomon-archiv.de/recherche [Abruf vom 03.12.2017]
101 vgl. www.pfh-berlin.de/pestalozzi-froebel-haus/archiv [Abruf vom 03.12.2017]
102 vgl. www.deutsche-biographie.de/ueber [Abruf vom 03.12.2017]
103 vgl. edition-humboldt.de [Abruf vom 03.12.2017]

Übernahme des Programmvermögens von Hörfunk und Fernsehen der ehemaligen DDR erhielt das DRA einen zweiten Standort, seit Dezember 2000 angesiedelt auf dem Gelände des RBB, in Potsdam-Babelsberg."[104] Zur Zielsetzung heißt es: „Aufgabe und Zweck der Stiftung ist die Erfassung von Ton- und Bildträgern aller Art, deren geschichtlicher, künstlerischer oder wissenschaftlicher Wert ihre Aufbewahrung und Nutzbarmachung für Zwecke der Kunst, Wissenschaft, Forschung, Erziehung oder des Unterrichts rechtfertigt."[105]

- Die *Deutsche Fotothek* hält ein breites Angebot an verschiedenen Bilddokumenten bereit: „Mit rund 4,7 Millionen Bilddokumenten ist die Deutsche Fotothek in der ‚Sächsischen Landesbibliothek – Staats- und Universitätsbibliothek' Dresden ein Universalarchiv der Fotografie-, Kunst- und Technikgeschichte. In unserer Bilddatenbank sind derzeit etwa 1,8 Mio. Aufnahmen aus unseren Sammlungen sowie aus den Sammlungen unserer Partnerinstitutionen online und frei zugänglich recherchierbar — mit umfassendem Service für wissenschaftliche und redaktionelle Nutzung."[106] Zu den Schwerpunkten gehören u. a. Arbeiterfotografie, Architektur- und Ingenieurzeichnungen, Kartenforum, Luftbilder und Technikgeschichte.

- Auch gibt es diverse Archive für Film-Medien; z. B. das *Filmarchiv des Deutschen Filminstituts*: „Zentrale Aufgabe des Filmarchivs ist die Sammlung, der Erhalt und die Restaurierung von Filmen. Film als mediales Gedächtnis und Bestandteil unseres kulturellen Erbes wird dabei nicht nur archiviert, sondern durch den Verleih der Öffentlichkeit in seiner originären Materialität und Präsentationsform auch zugänglich gemacht. Unter den rund 20.000 Filmwerken des Archivs finden sich Spiel-, Kurz- und Dokumentarfilme, aber auch Amateur- und Experimentalfilme. Zur Sammlung gehören Filme des Frühen Kinos, der deutsche Avantgardefilm der 1920er und 30er Jahre, Klassiker des Kinos der Weimarer Republik, des Neuen Deutschen Films und des europäischen Autorenkinos. […] Einen besonderen Schwerpunkt bilden der Werbe- und der Industriefilm"[107]. Erwähnenswert für den englischen Sprachraum ist u. a. das *Moving Image Archive* der Schottischen Nationalbibliothek: „The Moving Image Archive is Scotland's national collection of moving image and is held at the National Library. You can watch over 2,000 clips and full-length films from the collection on the Moving Image Archive catalogue."[108]

---

104 vgl. www.dra.de/dra/index.html [Abruf vom 03.12.2017]
105 vgl. www.dra.de/dra/aufgabenziele/index.html [Abruf vom 03.12.2017]
106 vgl. www.deutschefotothek.de/cms/df.xml [Abruf vom 03.12.2017]
107 vgl. deutsches-filminstitut.de/archive-bibliothek/filmarchiv [Abruf vom 03.12.2017]
108 vgl. www.nls.uk/collections/moving-image-archive [Abruf vom 03.12.2017]

Eine besondere Gruppe unter den Archiven bilden jene Sammlungen, welche sich der Kasuistik bzw. der Dokumentation von Fallmaterialien aus verschiedenen didaktischen Kontexten unter Nutzung diverser Medien verschrieben haben. Wiederum einige Beispiele:

- *Archiv für pädagogische Kasuistik* der Goethe-Universität in Frankfurt am Main: „Mit dieser Archivdatenbank bieten wir der empirischen Pädagogik eine stetig wachsende Datenbasis für die Erforschung pädagogischer Situationen und Institutionen und die Rekonstruktion von Lehr-Lern-Prozessen und unterrichtlichen Settings. Dabei ist die Datenbank für jede Form von Fallmaterial offen und enthält neben Unterrichtstranskripten eben auch deren analytische Entschlüsselung."[109]

- *Fallarchiv Schulpädagogik* der Universität Kassel: „Mit diesem Fallarchiv wenden wir uns an: Lehramtsstudierende, Lehrerinnen und Lehrer, Lehrerbildner und Lehrerbildnerinnen, Mentoren und Mentorinnen, Schul- und UnterrichtsforscherInnen und alle weiteren an Schule und Unterricht interessierten Personen. Ihnen möchten wir Materialien und Anregungen für die fallbasierte Auseinandersetzung mit Schule und Unterricht anbieten. Die hier gesammelten Fallstudien sind Beispiele für das Arbeitsfeld der qualitativen Bildungsforschung. Diese richtet den Blick auf faktisches Handeln und konkrete Phänomene im Alltag von Schule und Unterricht oder auf schulische Biographien."[110]

- *Fallarchiv HILDEonline* am Centrum für Lehrerbildung und Bildungsforschung der Universität Hildesheim: „Das Online-Archiv bietet registrierten Nutzer_innen aus Wissenschaft und Praxis die Möglichkeit, Transkriptionen und weitere Materialien von Unterrichtsaufzeichnungen einzusehen und herunterzuladen. Die Grundlage für dieses Datenmaterial bieten Videoaufnahmen von Unterrichtsstunden, die im Rahmen eines Projekts der Universität Hildesheim entstanden und vor Ort zur Ausleihe zur Verfügung stehen."[111]

- Das Projekt *Realistische Fachdidaktik Deutsch – Göttinger Fallarchiv* des Seminars für Deutsche Philologie an der dortigen Universität „dient der deutschdidaktischen Professions- und Unterrichtsforschung und zugleich der Professionalisierung angehender Lehrkräfte. Im Rahmen dieses Vorhabens werden zunächst einhundert Stunden Deutschunterricht aufgenommen und in Form von anonymisierten Transkripten für Forschung und

---

109 vgl. archiv.apaek.uni-frankfurt.de [Abruf vom 03.12.2017]
110 vgl. www.fallarchiv.uni-kassel.de [Abruf vom 03.12.2017]
111 vgl. www.uni-hildesheim.de/celeb/forschung-und-wiss-nachwuchs/fallarchive/
   hildeonline [Abruf vom 03.12.2017]

Lehre archiviert. Insbesondere sollen Verfahren forschenden Lernens ermöglicht werden."[112] U. a. „werden für Forschungszwecke aktuelle Protokolle von Deutschunterricht erstellt, um eine deutschdidaktische Grundlagenforschung zu entwickeln. Die Theoriebildung ist in der Deutschdidaktik als Theorie für die Praxis weitgehend abgekoppelt von der alltäglichen Praxis. Daher soll mit Hilfe der sorgfältig zu analysierenden Transkripte eine Theorie der Praxis weiterentwickelt werden. Dazu werden strukturlogisch die typischen Praktiken im Deutschunterricht sequenzanalytisch sichtbar gemacht."[113]

- *Online-Fall-Laboratorium* der Arbeitsgruppe Videofallarbeit an der Universität Tübingen: „Das Fall-Laboratorium stellt eine Plattform mit Videofällen für die Kompetenzentwicklung im Bildungsbereich dar. [...] Das Fall-Laboratorium wendet sich an Lehrende, Dozenten, Trainer und Berater, denen wir eine Plattform zur Betrachtung und interaktiven Bearbeitung von authentischen pädagogischen Fallsituationen unterschiedlichster Themen, didaktisch-methodischer Settings und Kontexte der Erwachsenenbildung/ Weiterbildung, Hochschule und Schule zur Verfügung stellen möchten. [...] Das Fall-Laboratorium kann in der Fortbildung und Forschung zur Kompetenzentwicklung zum Einsatz kommen."[114]

An einer Schnittstelle von Forschung mit den Feldern Kultur, Bildung und Kunst operieren schließlich zahlreiche Sammlungen und Museen, die z. T. nicht nur Ausstellungen bestücken, sondern ihre Bestände ebenfalls zu wissenschaftlichen Recherchezwecken zur Verfügung stellen. Erneut können nur einige Beispiele genannt werden, um die Vielfalt der Möglichkeiten anzudeuten.

- *Deutsches Auswandererhaus Bremerhaven*: „Mit seiner Sammlung und Präsentation von 300 Jahren deutscher Auswanderungs- und Einwanderungsgeschichte stellt das im Jahr 2005 eröffnete Deutsche Auswandererhaus das einzige Migrationsmuseum in Deutschland dar. [...] Die Migrationsgeschichte Deutschlands ist von Aus- und Einwanderung geprägt. Daraus ergeben sich für unser Museum zwei Sammlungsgebiete: die deutsche Emigration nach Übersee, die internationale Immigration nach und nationale Binnenmigration innerhalb von Deutschland".[115]

---

112 vgl. www.uni-goettingen.de/de/559027.html [Abruf vom 03.12.2017]
113 vgl. www.uni-goettingen.de/de/559027.html [Abruf vom 03.12.2017]
114 vgl. www.videofallarbeit.de [Abruf vom 03.12.2017]
115 vgl. dah-bremerhaven.de/sammlung [Abruf vom 03.12.2017]

- *Stiftung Haus der Geschichte der Bundesrepublik Deutschland* mit vier Einrichtungen: „das Haus der Geschichte in Bonn, das Zeitgeschichtliche Forum in Leipzig, der Tränenpalast und das Museum in der Kulturbrauerei in Berlin. Aufgabe der Stiftung ist die Vermittlung deutscher Zeitgeschichte nach 1945 sowie eine umfassende Sammlungstätigkeit zu diesem Zeitraum. Wir laden Sie ein, unsere Ausstellungen, Veranstaltungen und Online-Angebote zu besuchen oder sich in unsere Bücher und Magazine zu vertiefen."[116] Zum Haus der Geschichte Bonn lesen wir etwa: „Mit Ausstellungen, Veranstaltungen, Online-Angeboten und Publikationen präsentieren wir deutsche Geschichte vom Ende des Zweiten Weltkriegs bis in die Gegenwart. Damit ist das Haus der Geschichte eines der vier Museen, die zur Stiftung Haus der Geschichte der Bundesrepublik Deutschland gehören. In der Dauerausstellung ‚Unsere Geschichte' zeigen wir mit mehr als 7.000 Objekten deutsche Zeitgeschichte von 1945 bis in die Gegenwart. Bis zu vier Wechselausstellungen pro Jahr beleuchten zusätzlich aktuelle, zeithistorische Themen. Unsere Bildungsangebote erschließen diese Ausstellungen durch Begleitungen, Workshops oder Materialien zum selbständigen Erkunden. […] Auch Sammeln und Bewahren sind zentrale Bestandteile unserer Arbeit. Unsere Sammlung zur deutschen Zeitgeschichte umfasst insgesamt knapp 900.000 Objekte, von der Briefmarke bis zum Panzer."[117]
- *Stiftung Preußischer Kulturbesitz* mit Sitz in Berlin: „Unter dem Dach der Stiftung sind fünf Einrichtungen vereint: die Staatlichen Museen zu Berlin, die Staatsbibliothek zu Berlin, das Geheime Staatsarchiv Preußischer Kulturbesitz, das Ibero-Amerikanische Institut und das Staatliche Institut für Musikforschung. Alle Sparten der kulturellen Überlieferung sind damit in der Stiftung vertreten."[118] „Zur Stiftung gehören Museen, wissenschaftliche Bibliotheken, Archive sowie Forschungsinstitute. Die von ihr bewahrten Sammlungen wurden oftmals zu Forschungszwecken angelegt. Sie sind ein einzigartiger Wissensspeicher und die zentrale Basis für wissenschaftliche Tätigkeit in der Stiftung. Die starke Orientierung an Objekten und Beständen hebt die Stiftung unter anderen universitären und außeruniversitären Forschungseinrichtungen hervor. Aufgrund der breiten inhaltlichen Ausrichtung der Sammlungen umfasst die Forschung nahezu das gesamte Spektrum der Geistes- und Sozialwissenschaften. Sie schließt auch die Naturwissenschaften mit ein."[119]

---

116 vgl. www.hdg.de/stiftung [Abruf vom 03.12.2017]

117 vgl. www.hdg.de/haus-der-geschichte/organisation [Abruf vom 03.12.2017]

118 vgl. www.preussischer-kulturbesitz.de/ueber-uns/profil-der-spk.html
[Abruf vom 03.12.2017]

119 vgl. www.preussischer-kulturbesitz.de/schwerpunkte/wissenschaft-und-forschung.html
[Abruf vom 03.12.2017]

- *Deutsches Hygiene-Museum* in Dresden: Es „ist mehr als ein Museum im herkömmlichen Sinne. 1912 gegründet, versteht es sich heute als ein Ort, der die kulturellen, sozialen und wissenschaftlichen Umwälzungen unserer Gegenwart zur Diskussion stellt. [...] Die populärwissenschaftliche Dauerausstellung ist dem ‚Abenteuer Mensch‘ gewidmet, das mit klassischen Exponaten, Medieninstallationen und vielen interaktiven Stationen auf einem abwechslungsreichen Parcours in Szene gesetzt ist. Das erlebnisorientierte Kinder-Museum ‚Unsere fünf Sinne‘ ergänzt diesen zentralen Bereich des Museums. Die Dauerausstellung präsentiert zahlreiche Objekte aus der umfangreichen Sammlung des Museums, wie z.B. den ‚Gläsernen Menschen‘, wertvolle Wachsmoulagen, anatomische Modelle und Präparate, internationale AIDS-Plakat-Kunst oder körper- und kulturhistorische Exponate aus den verschiedenen Spezialsammlungsbereichen.“[120]
- *Germanisches Nationalmuseum* in Nürnberg: „Als kulturhistorisches Museum des deutschen Sprachraums sammeln und bewahren wir Zeugnisse der Kultur, Kunst und Geschichte von den Anfängen bis zur Gegenwart. Als Forschungs- und Bildungseinrichtung von internationalem Rang stellen wir durch unsere Sammlungen, Ausstellungen und Publikationen Kulturgeschichte in fächerübergreifender Breite dar. Im Interesse unserer Besucher vermitteln wir diese Inhalte allgemeinverständlich und lebendig.“[121] „Der Objektkatalog des Germanischen Nationalmuseums ermöglicht den Online-Zugriff auf über 70.000 Objektdokumentationen. Die Informationen zu den Objekten werden nach wissenschaftlichen Maßstäben im internen Dokumentenmanagementsystem GNM-DMS erfasst und sind in reduzierter Feldauswahl über den Objektkatalog im Internet recherchierbar. Über 30.000 Bilder veranschaulichen die verfügbaren Objekte.“[122]
- *Jüdisches Museum Berlin*: „‚Geschichten erzählen mit Objekten‘ ist ein Leitgedanke unserer Sammeltätigkeit auf allen Gebieten. Dies kann durch herausragende Einzelstücke geschehen ebenso wie durch Ensembles aus unterschiedlichen Objekten, Bildern, Kunstwerken und Dokumenten. So zeigen wir das Leben der deutschen Jüd*innen und der Jüd*innen in Deutschland. Zurzeit umfassen unsere Sammlungen etwa 9.500 Kunstwerke, 1.000 Objekte der Angewandten Kunst, 1.500 des religiösen Gebrauchs sowie 4.500 Objekte der Alltagskultur, 24.000 Fotografien und über 1.700 Konvolute des Archivs sowie die historischen Bestände der Bibliothek mit circa 11.000 Bänden.“[123]

---

120 vgl. www.dhmd.de/ueber-uns/das-museum/kurzportraet [Abruf vom 03.12.2017]
121 vgl. www.gnm.de [Abruf vom 03.12.2017]
122 vgl. objektkatalog.gnm.de/informationen [Abruf vom 03.12.2017]
123 vgl. www.jmberlin.de/sammlung [Abruf vom 03.12.2017]

- *Schulmuseum – Werkstatt für Schulgeschichte Leipzig*: „Die Sammlungen umfassen etwa 25.000 Objekte zur einzigartigen Leipziger Schul- und Bildungsgeschichte. So finden sich neben klassischem Schulinventar wie Lehrmittel und Möbel auch viele persönliche Zeugen des Schulalltags vergangener Zeiten wie Schulhefte, Zeugnisse, Chroniken, Tagebücher, Film- und Tondokumente, Fotos, Urkunden, Pokale und Abzeichen, aber auch Lehrpläne und Nachlässe von Lehrern. Die Sammlungsobjekte werden unter museologischen Kriterien inhaltlich erschlossen und in einer Datenbank dokumentiert. […] In unserer Objektdatenbank im Internet können mehr als 2.500 Objekte, zum Beispiel Schulwandbilder oder Lehrpläne, recherchiert werden. Diese Datenbank befindet sich im Aufbau und wird ständig weiter entwickelt.“[124]
- *Cartoonmuseum Basel*: „Die Sammlung […] umfasst ca. 10'000 Originalwerke und ca. 2000 Leihgaben. Zusammen bilden sie eine repräsentative und qualitätsvolle Auswahl an Zeichnungen, Cartoons und Karikaturen in unterschiedlichster Technik. Die Sammlung enthält Werke von etwa 700 Künstlerinnen und Künstlern des 20. und 21. Jahrhunderts aus rund 40 Ländern. […] Die Sammlung umfasst Cartoons mit und ohne Text, Parodien und Pastiches über Kunstwerke und Künstler, Karikaturen sowie Darstellungen zu Themen aus Gesellschaft, Politik, Kultur und Alltag. Alle Werke sind vollständig digital inventarisiert und werden nach wissenschaftlichen Kriterien bewirtschaftet.“[125]

Um ganz generell auf der Suche nach Dokumenten zu sondieren, welche Einrichtungen möglicherweise über passende Materialien verfügen könnten, empfiehlt sich ggf. auch eine Recherche über das *Archivportal-D*[126]. Das ‚Archivportal Deutschland‘ ist ein Service der ‚Deutschen Digitalen Bibliothek‘ und bietet spartenspezifische Recherchemöglichkeiten. „Im Archivportal-D finden Sie Informationen über Archiveinrichtungen aus ganz Deutschland. Zudem werden archivische Erschließungsleistungen sowie digitalisiertes und digitales Archivgut für die Nutzung bereitgestellt. Das inhaltliche Angebot wird durch die Gewinnung neuer Datenlieferanten sukzessive ausgebaut. Wissenschaftlerinnen und Wissenschaftler sowie alle Nutzer von Archiven können im Archivportal-D übergreifend in allen Findmitteln der teilnehmenden Archiveinrichtungen recherchieren und sich Suchergebnisse und ggf. digitalisierte Archivalien aus Archiven unterschiedlichster Träger anzeigen lassen. Eine deutsch-

---

124 vgl. schulmuseum.leipzig.de/sammlungen-und-bibliothek/sammlungen [Abruf vom 03.12.2017]
125 vgl. cartoonmuseum.ch/sammlung [Abruf vom 03.12.2017]
126 vgl. www.archivportal-d.de [Abruf vom 03.12.2017]

landweite archivübergreifende Recherche wird dadurch fachgerecht ermöglicht.“[127]

Selbst wenn unter den angegebenen Optionen nicht das Passende für die eigene Fragestellung dabei gewesen sein mag, so sollen die Beispiele mit ihrer Vielzahl an verschiedenen Angeboten und Themenfeldern doch dazu ermutigen, sich selbst vorab auf die u. U. lohnende Suche nach Quellen bereits aufbereiteter Dokumente zu machen.

6.2 Digitale Unterstützung? Zu Software-Angeboten

Seit der Etablierung des Internets wurden in den letzten Jahrzehnten auch zahlreiche digitale Instrumente und Hilfen für den Wissenschafts- bzw. Forschungsbereich entwickelt.

In einigen Handbüchern und Überblickswerken zu sozial- und bildungswissenschaftlichen Forschungsmethoden gibt es entsprechende Kapitel zu diesem Sektor (vgl. u. a. Flick, von Kardorff und Steinke 2009; Kuckartz und Rädiker 2010; Ayas und Bergmann 2011); zudem liegen gezieltere Einzel- wie Sammeldarstellungen zu computergestützten Analyseoptionen vor (vgl. etwa Lewins und Silver 2007; Schönhuth et al. 2013; Paulus und Bennett 2015; Kuckartz 2016).

Daneben ist freilich auch so Einiges im Netz selbst zu finden … Möglichen Anregungen dazu ist dieses Teilkapitel gewidmet, wobei zunächst eine Auswahl eher orientierender Überblicksangebote für die Belange bildungs- und sozialwissenschaftlicher Arbeits- und Forschungsmethoden und danach einige exemplarische Einzelprodukte zur Analyse sowie eine Variante des Produktvergleichs vorgestellt werden.

Grundsätzlich sollte vor der Entscheidung für den Einsatz einer Software sichergestellt werden, dass die gewählte Option tatsächlich für die nach der jeweils gewählten Forschungsmethode angestrebten Ziele, Dokumenten-Formate wie -Mengen und die vorgesehenen Auswertungsschritte geeignet ist. Einige Programme bieten zahlreiche Wege und Tools, die verschiedene Vorgehensweisen zulassen, andere haben eine spezialisiertere Ausrichtung. Da das Portfolio der unterschiedlichen Anbieter_innen in den Bereichen Support, Schulungen, Anwenderkonferenzen, Handreichungen, Updates bzw. Aktualisierungen etc. recht unterschiedlich ausfällt, ist zudem zu prüfen, wie wichtig uns diese Funktionen im jeweiligen Fall sind.

---

127 vgl. www.archivportal-d.de/info/about [Abruf vom 03.12.2017]

Für diejenigen, die sich online einen Überblick über das Spektrum an Software-Optionen verschaffen möchten, sei exemplarisch auf die folgenden Seiten hingewiesen.

Eine überaus umfassende Zusammenstellung hält *Social Science Software* (SoSciSo) bzw. *Software in den Sozialwissenschaften*[128] vor: Der Selbstbeschreibung zufolge richtet sich SoSciSo „an alle, die in irgendeiner Form im Bereich der Sozialwissenschaften forschend tätig sind und dabei auf die Hilfe von Software angewiesen sind. […] Diese Webseite soll helfen, diesen Technikeinsatz zu strukturieren und zu erklären.“[129] Im Kern geht es bei SoSciSo um einen Katalog potenziell relevanter (kommerzieller und frei erhältlicher) Softwareangebote in der Form einer Art von Meta-Datenbank. Um aus der Fülle der Möglichkeiten die passende Lösung zu finden, ist die Seite über mehrere Ebenen hinweg strukturiert: Es gibt a) einen Gesamtüberblick, dann b) tabellarische Übersichten zu Teilbereichen und schließlich c) Details zu den einzelnen Produkten.

a. Der Gesamtüberblick von SoSciSo sortiert nach Phasen bzw. Bereichen des Forschungsprozesses im Anschluss an Schnell, Hill und Esser (2008); unterschieden werden dabei: Ideenfindung (etwa Mindmapping), Recherche bzw. Literaturarbeit, Datenerhebung (wie Fragebogenerstellung oder Interviewdurchführung), Datenumwandlung (vgl. Spracherkennung und Transkription), qualitative und quantitative Datenanalyse (Netzwerkanalyse, Inhaltsanalyse etc.), Publikation (Themen wie Abbildungen, Venn-Diagramme, wissenschaftliches Schreiben) und Projektmanagement.

b. In den Übersichten zu den genannten Phasen oder ihren Teilaspekten stoßen wir in der nächsten Ebene auf Tabellen, die nach dem Namen der Software, ihrer funktionalen Zuordnung (z. B. zur Erstellung von Mindmaps), der/den notwendige(n) Plattform(en) (etwa Linux, Mac oder Windows) und der Art der Verfügbarkeit (wie kommerziell, frei, open source) strukturiert sind.

c. Über ‚Details‘ kann von der Übersicht aus das einzelne Produkt angesteuert werden. Auf dieser Ebene finden wir dann nochmals den Titel des Programms und seine kategoriale Zuordnung (z.B. zu qualitativer Datenanalyse), die Plattform(en), die Art(en) verfügbarer Lizenz(en), aber zudem ggf. den Typ, verfügbare Sprachen, Namen der Anbieter_innen, ggf. den Preis und auch einen Link zur Website der Software. Unter Umständen sind auch

---

128 vgl. www.sosciso.de [Abruf vom 13.12.2017]
129 vgl. www.sosciso.de/de/uber-sosciso [Abruf vom 04.12.2017]

weiterführende Links und exemplarische Screenshots aufgeführt sowie Blog-Einträge gelistet, in denen die Software Erwähnung findet.

Daneben widmet sich das *Tool-Portal des ‚Zentrums für multimediales Lehren und Lernen‘* der Martin-Luther-Universität Halle-Wittenberg im Rahmen eines Wikis der „Umsetzung didaktischer E-Learning-Szenarien in der Hochschullehre und zur Arbeit mit den Lernplattformen".[130] Auch hier erleichtert eine tabellarisch angelegte Übersicht mit Angaben zu Funktion bzw. Einsatzbereichen der digitalen Tools die Suche.

Bei der Vorbereitung bzw. Auswahl (unabhängig von den Selbstaussagen der Anbieter_innen) können die *„Getting Started Guides & Documents"* der *Stanford University* helfen: „This page contains links to our support documents for some of the most popular quantitative, qualitative, and data conversion software at Stanford. We have included guides for getting started with software packages in different operating systems, resources for learning more about the software, tips for data entry, and other useful documents."[131]

Ebenso bemühen sich zahlreiche Autor_innen von Blogs um Übersichten. Ein Beispiel hierzu stellt die Seite *„Content-analysis.de. Resources related to content analysis and text analysis"*[132] von Matthias Romppel aus Bielefeld dar, auf der u. a. im Menü-Punkt „Software" 28 Programme zu quantitativen sowie 22 für qualitative Vorgehensweise gelistet bzw. knapp portraitiert sind.

Zu den Seiten des Statistik-Dienstleisters STATCON gehört u. a. eine Übersicht zum quantitativen Arbeiten über *„Freie wissenschaftliche Software. List of free statistical software"* (Open Source & Public Domain Packages with Source Code)[133].

Über 20 Jahre hinweg hat sich die Seite *„QualPage. Examining the world through qualitative inquiry"*[134] entwickelt, die heute von Kathy Roulston betrieben wird, einer Professorin einer Einheit qualitativer Forschung an der Universität von Georgia. Dort gibt es eine Link-Sammlung, die unter der Rubrik „Research Approaches" etwa auf Seiten zur Grounded Theory oder zu Ethnomethodolgie und Konversationsanalyse verweist; unter „Digital Tools" finden sich u. a. Verbindungen zu Ressourcen der qualitativen Datenanalyse und Transkription.

---

130 vgl. wiki.llz.uni-halle.de/Portal:Tools [Abruf vom 09.12.2017]

131 vgl. ssds.stanford.edu/software-resources/getting-started-guides-documents [Abruf vom 09.12.2017]

132 vgl. www.content-analysis.de [Abruf vom 09.12.2017]

133 vgl. statistiksoftware.com/free_software.html [Abruf vom 09.12.2017]

134 vgl. qualpage.com [Abruf vom 09.12.2017]

Einzelne Produktbeispiele

Für den Kontext der Dokumentenanalyse werden im Folgenden nun neun konkrete Produkte – speziell zum Thema qualitativer wie quantitativer Datenanalyse für unterschiedliche Medien-Formate – wiederum im Spiegel ihrer Selbstbeschreibungen aufgeführt. Dabei handelt es sich, wie bereits in Kapitel 6.1, nur um eine kleine Auswahl bekannterer und unbekannterer, kommerzieller und freier Offerten, die primär Spannbreite und Variantenreichtum der Angebote andeuten soll.

Beispiel 1: ATLAS.ti. Bei ATLAS.ti[135] handelt es sich um eine kommerziell vertriebene Software zur qualitativen Datenanalyse, die sich selbst enthusiastisch beschreibt als „a powerful workbench for the qualitative analysis of large bodies of textual, graphical, audio and video data. Sophisticated tools help you to arrange, reassemble, and manage your material in creative, yet systematic ways. ATLAS.ti keeps you focused on the material itself. Whether your field is anthropology, economics, criminology, or medicine: ATLAS.ti will meet your qualitative analysis needs!"[136] ATLAS.ti ist – wie viele andere Angebote dieses Bereichs – ursprünglich als Prototyp im Rahmen eines Forschungsprojektes (in diesem Fall an der TU Berlin) entstanden. „1993 veröffentlichte Entwickler und Firmengründer Thomas Muhr die erste kommerzielle Version von ATLAS.ti. Daraus entstand Scientific Software Development, die jetzige ATLAS.ti GmbH."[137] Zum Zeitpunkt des Verfassens dieses Buchs werden kostenpflichtige Lizenzen für ATLAS.ti 8 angeboten – in Versionen für Windows, Mac, Mobile iPad und Mobile Android. Auch eine kostenlose Trial-Version zum Ausprobieren ist vorhanden. Dazu gibt es einen umfassenden Support-Bereich, der u. a. Ansprechpartner_innen, Handbücher und eine Quicktour sowie verschiedene Trainingsniveaus umfasst.

Beispiel 2: MAXQDA. Ähnlich breit ist inzwischen die Anlage von MAXQDA, eine Anwendung, die heute kommerziell über die VERBI GmbH vertrieben wird, deren Vorläufer Ende der 1980er Jahre an der Freien Universität Berlin unter dem Titel winMAX verortet war. „MAXQDA ist ein Computerprogramm zur Unterstützung und Durchführung von qualitativen, quantitativen und Mixed-Methods-Forschungsprojekten. Es ermöglicht das Einlesen, Organisieren, Analysieren, Visualisieren und Publizieren aller Daten, die elektronisch erfassbar sind – etwa Interviews, Umfragen, (PDF-)Dokumente, Tabellen (Excel/

---

135 vgl. atlasti.com/de [Abruf vom 09.12.2017]
136 vgl. atlasti.com/product/what-is-atlas-ti [Abruf vom 08.12.2017]
137 vgl. atlasti.com/de/ueber-atlasti [Abruf vom 08.12.2017]

SPSS), bibliographische Daten, Bilder, Videos, Webseiten oder auch Tweets. Durch die umfassende Funktionalität von der Transkription bis zur inferenzstatistischen Analyse stellt MAXQDA eine „all in one"-Software für Forschung und Lehre in zahlreichen Disziplinen dar."[138] Auch hier liegen ein umfangreicher Support sowie differenzierte Versionen vor, einschließlich einer kostenlosen Test-Version sowie preiswerteren Lizenzen mit kürzeren Laufzeiten für Studierende und Promovierende.

Beispiel 3: NVivo. Ein ähnlich umfangreiches Profil wie die beiden Erstgenannten halten auch die Seiten des ebenfalls kostenpflichtigen Produkts NVivo[139] vor. Hier lesen wir: „You might be working with qualitative data to evaluate social policy, review patient feedback, research youth culture, or undertake postgraduate research. The challenge with this sort of research is that once you've collected your information, what do you do with it? How do you quickly find the valuable answers that respondents are giving you from the collection of data you have across numerous sources? That's where NVivo comes in. NVivo is software that supports qualitative and mixed methods research. It's designed to help you organize, analyze and find insights in unstructured, or qualitative data like: interviews, open-ended survey responses, articles, social media and web content."[140]

Beispiel 4: EXMARaLDA. Die kostenfrei nutzbaren Applikationen, die unter dem Titel EXMARaLDA firmieren, wurden „ursprünglich im Teilprojekt ‚Computergestützte Erfassungs- und Analysemethoden multilingualer Daten' des Sonderforschungsbereichs ‚Mehrsprachigkeit' (SFB 538) der Universität Hamburg entwickelt. Seit Juli 2011 wird die Entwicklung im Hamburger Zentrum für Sprachkorpora, seit November 2011 in Zusammenarbeit mit dem Archiv für Gesprochenes Deutsch am IDS Mannheim, weitergeführt."[141] „EXMARaLDA ist ein System für das computergestützte Arbeiten mit (vor allem) mündlichen Korpora. Es besteht aus einem Transkriptions- und Annotationseditor (Partitur-Editor), einem Tool zum Verwalten von Korpora (Corpus-Manager) und einem Such- und Analysewerkzeug (EXAKT). Vorteile des EXMARaLDA-Systems umfassen zum Beispiel: zeitalignierte Transkription von Audio- oder Videodaten; flexible Annotation nach frei wählbaren Analysekategorien; systematische Dokumentation eines Korpus durch Metadaten; flexible Ausgabe von Transkriptdaten in verschiedenen Formen und Formaten (Nota-

---

138 vgl. www.maxqda.de/was-ist-maxqda [Abruf vom 08.12.2017]
139 vgl. www.qsrinternational.com/nvivo/home [Abruf vom 09.12.2017]
140 vgl. www.qsrinternational.com/nvivo/what-is-nvivo [Abruf vom 08.12.2017]
141 vgl. exmaralda.org/de/ueber-exmaralda [Abruf vom 09.12.2017]

tion, Dokument); computergestützte Recherche in Transkriptions-, Annotations- und Metadaten [...].“[142]

Beispiel 5: QCAmap. QCA steht in erster Linie für ‚Qualitative Content Analysis‘ mit einem weit gefassten Dokument-Begriff, wobei jedoch auch quantitative Aspekte Berücksichtigung finden können. Hierbei handelt es sich um eine frei zugängliche Software zur systematischen Textanalyse im Anschluss an den Ansatz Mayrings zur qualitativen Inhaltsanalyse (vgl. Mayring 2015), die an der Alpen-Adria Universität Klagenfurt angesiedelt ist. „QCAmap can be used within research projects in e.g. Psychology, Sociology, Education, Economics, Linguistic Sciences, to analyze small and large amounts of any text material and images coming from interviews, group discussions, observation protocols, documents, open-ended questionnaire items and others. Qualitative Content Analysis is a strictly rule-guided procedure containing qualitative steps (assignment of categories to text passages and images) and quantitative steps (analysis of category frequencies).“[143]

Beispiel 6: Tosmana. Die Entwicklung dieses Instruments reicht in das Jahr 2000 zurück – und liegt in den Händen des Politikwissenschaftlers Lasse Cronqvist von der Universität Trier. Die kostenfrei zu nutzende Tosmana[144] gehört zum Bereich der Qualitative Comparative Analysis (QCA), d. h.: „a new analytic technique that uses Boolean algebra to implement principles of comparison used by scholars engaged in the qualitative study of macro social phenomena. Typically, qualitatively oriented scholars examine only a few cases at a time, but their analyses are both intensive – addressing many aspects of cases – and integrative – examining how the different parts of a case fit together, both contextually and historically. By formalizing the logic of qualitative analysis, QCA makes it possible to bring the logic and empirical intensity of qualitative approaches to studies that embrace more than a handful of cases“.[145]

Beispiel 7: trAVis. trAVis steht für „transkriptionAudioVisuell“, ist kostenlos zugänglich und entstand im Rahmen des Projekts „Bild-Text-Ton-Analysen am Beispiel der Gattung Videoclip“ unter der Leitung von Prof. Dr. Klaus Neumann-Braun am Seminar für Medienwissenschaft der Universität Basel. „Die Web-Applikation trAVis ist ein musikzentriertes Transkriptionsprogramm für audiovisuelle Medienprodukte, das bildbezogene und textherme-

---

142 vgl. exmaralda.org/de/ueber-exmaralda [Abruf vom 09.12.2017]
143 vgl. www.qcamap.org [Abruf vom 09.12.2017]
144 vgl. www.tosmana.net [Abruf vom 09.12.2017]
145 vgl. www.u.arizona.edu/~cragin/fsQCA [Abruf vom 09.12.2017]

neutische Ansätze mit musikwissenschaftlichen Zugängen verbindet. Mit trA-Vis kann das komplexe Zusammenspiel von Bild, Text und Ton/Musik interdisziplinär transkribiert, analysiert und interpretiert werden."[146] „Die Besonderheit liegt dabei in der Berücksichtigung von musikimmanenten Strukturen wie auch von musikalischen Kontexten. Grundsätzlich ermöglicht trAVis die Darstellung der unterschiedlichen Materialebenen (Bild, Text, Ton) in ihrer jeweils besonderen Beschaffenheit in Form einer sinnvoll vorstrukturierten Transkription. trAVis versteht sich daher als Weiterentwicklung und Integration materialspezifischer Anwendungen wie z.B. reiner Musikanalyseprogramme."[147]

Beispiel 8: VennMaker. Unter Bezug auf den britischen Mathematiker John Venn bzw. auf die von ihm inspirierten Venn-Diagramme wurde dieses frei verfügbare Softwaretool von einer transdisziplinären Forschungsgruppe an der Universität in Trier entwickelt, um formal Relationen zwischen Mengen zu visualisieren bzw. – so die Homepage – „egozentrierte Netzwerkbeziehungen interaktiv zu erheben und durch eine intuitiv bedienbare, grafische Benutzeroberfläche vergleichbar und quantitativ auswertbar zu machen. VennMaker kombiniert visuelle Erhebungs- und Fragebogentechniken, die es dem Probanden ermöglichen Netzwerke zu visualisieren, qualitativ zu bewerten und gemeinsam mit dem Forscher retrospektiv oder auf gewünschte Änderungen hin zu reflektieren. Gleichzeitig werden Entstehungsprozess und Ergebnisse digital dokumentiert und können damit weiter verarbeitet und validiert werden. Damit ist der VennMaker sowohl für Forschungs- als auch für Beratungszwecke einsetzbar. Mit seinen komplexen triangulativen Funktionen bietet das Softwaretool die Möglichkeit, den bisher fehlenden Link zwischen quantitativer und der erst kürzlich etablierten qualitativen Netzwerkanalyse zu schließen."[148]

Beispiel 9: nodegoat. Hierbei handelt es sich um eine relativ neue netzbasierte Anwendung, die von der Firma LAB1100 ebenfalls zu Zwecken der Netzwerkanalyse vorgehalten wird: „nodegoat is a data management tool first, an analysis and visualisation tool second."[149] „nodegoat allows scholars to build datasets based on their own data model and offers relational modes of analysis with spatial and chronological forms of contextualisation. By combining these elements within one environment, scholars are able to instantly process, analyse and visualise complex datasets relationally, diachronically and spatially; trail-

---

146 vgl. travis-analysis.org [Abruf vom 09.12.2017]
147 vgl. travis-analysis.org/travis/info [Abruf vom 09.12.2017]
148 vgl. www.vennmaker.com/funktionen_und_anwendungen [Abruf vom 20.12.2017]
149 vgl. nodegoat.net/faq [Abruf am 09.12.2017]

blazing. nodegoat follows an object-oriented approach throughout its core functionalities. Borrowing from actor-network theory this means that people, events, artefacts, and sources are treated as equal: objects, and hierarchy depends solely on the composition of the network: relations. This object-oriented approach advocates the self-identification of individual objects and maps the correlation of objects within the collective."[150]

Software im Vergleich

Soweit der Ausschnitt der Einzeldarstellungen – wer schließlich eher vergleichende Angaben zu digitalen Forschungsoptionen sucht, wird u. a. auf der Site von „Predictive Analytics Today"[151] fündig. Hier liegen Zusammenstellungen und Bewertungen beispielsweise zu den „Top 16" Programmen zur qualitativen Datenanalyse[152] oder zu den „Top 33" zum Thema Data-Mining[153] vor.

---

150 vgl. nodegoat.net/about [Abruf am 09.12.2017]
151 vgl. www.predictiveanalyticstoday.com [Abruf am 09.12.2017]
152 vgl. www.predictiveanalyticstoday.com/top-qualitative-data-analysis-software [Abruf am 09.12.2017]
153 vgl. www.predictiveanalyticstoday.com/top-data-mining-software [Abruf am 09.12.2017]

6.3 Lesestoff?
Literaturquellen zur Dokumentenanalyse und ihrem Umfeld

Adler, Robert/Ewing, John/Taylor, Peter (2008): Citation Statistics. A report from the International Mathematical Union (IMU) in cooperation with the International Council of Industrial and Applied Mathematics (ICIAM) and the Institute of Mathematical Statistics (IMS). Corrected version vom 06.12.2008. Online: www.mathunion.org/fileadmin/IMU/Report/CitationStatistics.pdf [Abruf vom 03.12.2017].

Aich, Prodosh (Hrsg.) (1973): Da weitere Verwahrlosung droht … Fürsorgeerziehung und Verwaltung. Zehn Sozialbiographien aus Behördenakten. Reinbek bei Hamburg: Rowohlt.

Allmann, Silke (2015): Demokratische Konstitution von Organisation: Kindliche Bildung bei Janusz Korczak. In: Pätzold, Henning/Hoffmann, Nicole/Schrapper, Christian (Hrsg.): Organisation bildet. Organisationsforschung in pädagogischen Kontexten. Weinheim und Basel: Beltz Juventa. S. 160–177.

Althans, Birgit/Schmidt, Friederike/Wulf, Christoph (Hrsg.) (2014): Nahrung als Bildung. Interdisziplinäre Perspektiven auf einen anthropologischen Zusammenhang. Weinheim und Basel: Beltz Juventa.

Angermüller, Johannes (2014): Diskursanalyse. In: Wrana, Daniel/Ziem, Alexander/Reisigl, Martin/Nonhoff, Martin/Angermuller, Johannes (Hrsg.): DiskursNetz. Wörterbuch der interdisziplinären Diskursforschung. Berlin: Suhrkamp. S. 84–85.

Angermüller, Johannes/Nonhoff, Martin/Herschinger, Eva/Macgilchrist, Felicitas/Reisigl, Martin/Wedl, Juliette/Wrana, Daniel/Ziem, Alexander (Hrsg.) (2014): Diskursforschung. Ein interdisziplinäres Handbuch. Band I: Theorien, Methodologien und Kontroversen. Band II: Methoden und Analysepraxis. Perspektiven auf Hochschulreformdiskurse. Bielefeld: transcript.

Appadurai, Arjun (Hrsg.) (1986): The Social Life of Things. Commodities in cultural perspective. Cambridge: Cambridge University Press.

Asbrand, Barbara/Martens, Matthias/Petersen, Dorthe (2013): Die Rolle der Dinge in schulischen Lehr-Lernprozessen. In: Zeitschrift für Erziehungswissenschaft. Nr. 2. S. 171–188.

Averbeck-Lietz, Stefanie/Meyen, Michael (Hrsg.) (2015): Handbuch nicht standardisierte Methoden in der Kommunikationswissenschaft. Wiesbaden: Springer/VS.

Ayas, Ruth/Bergmann Jörg R. (Hrsg.) (2011): Qualitative Methoden der Medienforschung. Mannheim: Verlag für Gesprächsforschung.

Bachmann, Ronald/Kemper, Guido/Gerzer, Thomas (2014): Big Data – Fluch oder Segen? Unternehmen im Spiegel gesellschaftlichen Wandels. Heidelberg et al.: Hüthig Jehle Rehm.

Bakewell, Sarah (2016): Das Café der Existenzialisten. Freiheit, Sein und Aprikosencocktails. München: C. H. Beck.

Balke, Friedrich/Muhle, Maria/von Schöning, Antonia (Hrsg.) (2012): Die Wiederkehr der Dinge. Berlin: Kadmos.

Ballstaedt, Steffen-Peter (1982): Dokumentenanalyse. In: Huber, Günter L./Mandl, Heinz (Hrsg.): Verbale Daten. Eine Einführung in die Grundlagen und Methoden der Erhebung und Auswertung. Weinheim und Basel: Beltz. S. 165–176.

Barad, Karen (2012): Agentieller Realismus. Über die Bedeutung materiell-diskursiver Praktiken. Berlin: Suhrkamp.

Barlösius, Eva (2005): Die Macht der Repräsentation. Common Sense über soziale Ungleichheiten. Wiesbaden: VS.

Bartels, Andreas/Stöckler, Manfred (Hrsg.) (2007): Wissenschaftstheorie. Ein Studienbuch. Paderborn: mentis.

Barthes, Roland (1972): Die Augenmetapher. In: Gallas, Helga (Hrsg.): Strukturalismus als interpretatives Verfahren. Darmstadt und Neuwied: Luchterhand. S. 25–34.

Barthes, Roland (1985): Die Sprache der Mode. Frankfurt am Main: Suhrkamp.

Barz, Heiner/Tippelt, Rudolf (Hrsg.) (2004): Weiterbildung und soziale Milieus in Deutschland. Bielefeld: Bertelsmann.

Baur, Nina/Blasius, Jörg (Hrsg.) (2014): Handbuch Methoden der empirischen Sozialforschung. Wiesbaden: Springer/VS.

Bauriedl, Sybille (2007): Räume lesen lernen: Methoden zur Raumanalyse in der Diskursforschung. In: Forum Qualitative Sozialforschung. Nr. 2. Art. 13. Online: www.qualitative-research. net/index.php/fqs/article/download/236/524 [Abruf vom 27.12.2017].

Beck, Friedrich/Henning, Eckart (2003): Die archivalischen Quellen. Mit einer Einführung in die Historischen Hilfswissenschaften. Köln et al.: Böhlau.

Belliger, Andréa/Krieger, David (Hrsg.) (2006): ANThology. Ein einführendes Handbuch zur Akteur-Netzwerk-Theorie. Bielefeld: transcript.

Belting, Hans (2011, 4. Auflage): Bild-Anthropologie. Entwürfe für eine Bildwissenschaft. München: Wilhelm Fink.

Bennett, Tony/Joyce, Patrick (Hrsg.) (2010): Material powers: cultural studies, history and the material turn. London et al.: Routledge.

Berg, Christa/Buck, August/Führ, Christoph/Furck, Carl-Ludwig/Hammerstein, Notker/ Herrmann, Ulrich/Jäger, Georg/Jeismann, Karl-Ernst/Langewiesche, Dieter/Lundgreen, Peter/Müller, Detlev K./Stratmann, Karlwilhelm/Tenorth, Heinz-Elmar/Vierhaus, Rudolf (Hrsg.) (1987 bis 2005): Handbuch der deutschen Bildungsgeschichte. 6 Bände. München: C.H.Beck.

Berg, Eberhard/Fuchs, Martin (Hrsg.) (1993): Kultur, soziale Praxis, Text. Die Krise der ethnographischen Repräsentation. Frankfurt am Main: Suhrkamp.

Bergische Universität Wuppertal (2017): (un)documented – Was bleibt vom Dokument in der Edition? 18.10.2018 bis 19.10.2018 in Wuppertal. Call for Papers. In: H-Soz-Kult. Online: www.hsozkult.de/event/id/termine-35833 [Abruf vom 18.12.2017].

Bergmann, Jörg R. (2009): Konversationsanalyse. In: Flick, Uwe/Kardorff, Ernst von/Steinke, Ines (Hrsg.): Qualitative Forschung. Reinbek bei Hamburg: Rowohlt. S. 524–537.

Bergmann, Jörg R. (2011): Mediale Repräsentation in der qualitativen Sozialforschung. In: Ayas, Ruth/Bergmann, Jörg R. (Hrsg.): Qualitative Methoden der Medienforschung. Mannheim: Verlag für Gesprächsforschung. S. 489–506.

Beutelspacher, Albrecht (2017): Eine kurze Geschichte der Kryptografie. In: Aus Politik und Zeitgeschichte. Zeitschrift der Bundeszentrale für politische Bildung. Nr. 46–47. S. 35–40.

Bilandzic, Helena/Koschel, Friederike/Scheufele, Bertram (2001): Theoretisch-heuristische Segmentierung im Prozeß der empiriegeleiteten Kategorienbildung. In: Wirth, Werner/Lauf, Edmund (Hrsg.): Inhaltsanalyse: Perspektiven, Probleme, Potentiale. Köln: Herbert von Halem. S. 98–116.

Birkenbihl, Vera F. (2002, 40. Auflage): Stroh im Kopf? Vom Gehirn-Besitzer zum Gehirn-Benutzer. Landsberg und München: mvg.

Black, Max (1962): Models and Metaphors. Studies in Language and Philosophy. Ithaca/New York: Cornell University Press.

Black, Max (1977): Wie stellen Bilder dar? In: Gombrich, Ernst H./Hochberg, Julian/Black, Max: Kunst, Wahrnehmung, Wirklichkeit. Frankfurt am Main: Suhrkamp. S. 115–154.

Blumenberg, Hans (1971): Beobachtungen an Metaphern. In: Archiv für Begriffsgeschichte. Bd. 15. Bonn: Bouvier. S. 160–214.

Böhm, Jan/Wiesner, Gisela (2010): Vergleich ausgewählter Bilanzierungsverfahren für non-formal und informell erworbene Kompetenzen von Weiterbildnerinnen und Weiterbildnern. In: Hof, Christiane/Ludwig, Joachim/Schäffer, Burkhard (Hrsg.): Professionalität zwischen Praxis, Politik und Disziplin. Baltmannsweiler: Schneider Hohengehren. S. 220–229.

Bohnsack, Ralf (1989): Generation, Milieu und Geschlecht. Ergebnisse aus Gruppendiskussionen mit Jugendlichen. Opladen: Leske und Budrich.

Bohnsack, Ralf (1997): Dokumentarische Methode. In: Hitzler, Ronald/Honer, Anne (Hrsg.): Sozialwissenschaftliche Hermeneutik. Opladen: Leske und Budrich. S. 191–211.

Bohnsack, Ralf (2003): Dokumentarische Methode und sozialwissenschaftliche Hermeneutik. In: Zeitschrift für Erziehungswissenschaft. Nr. 4. S. 550–570.

Bohnsack, Ralf (2006): Mannheims Wissenssoziologie als Methode. In: Tänzler, Dirk/Knoblauch, Hubert/Soeffner, Georg (Hrsg.): Neue Perspektiven der Wissenssoziologie. Konstanz: UVK. S. 271–291.

Bohnsack, Ralf (2007): Dokumentarische Methode und praxeologische Wissenssoziologie. In: Schützeichel, Rainer (Hrsg.): Handbuch Wissenssoziologie und Wissensforschung. Konstanz: UVK Verlagsgesellschaft. S. 180–190.

Bohnsack, Ralf (2010a, 8. Auflage): Rekonstruktive Sozialforschung. Einführung in qualitative Methoden. Opladen und Farmington Hills: Barbara Budrich/UTB.

Bohnsack, Ralf (2010b): Zugänge zur Eigenlogik des Visuellen und die dokumentarische Methode der Videointerpretation. In: Corsten, Michael/Krug, Melanie/Moritz, Christine (Hrsg.): Videographie praktizieren. Herangehensweisen, Möglichkeiten und Grenzen. Wiesbaden: VS. S. 271–294.

Bohnsack, Ralf (2011, 2. Auflage): Qualitative Bild- und Videointerpretation. Opladen und Farmington Hills: Barbara Budrich/UTB.

Bohnsack, Ralf/Nentwig-Gesemann, Iris (Hrsg.) (2010): Dokumentarische Evaluationsforschung. Theoretische Grundlagen und Beispiele aus der Praxis. Opladen und Farmington Hills: Barbara Budrich.

Bohnsack, Ralf/Nentwig-Gesemann, Iris/Nohl, Arnd-Michael (Hrsg.) (2001 bzw. 2007, 2. Auflage: Wiesbaden: VS Verlag): Die dokumentarische Methode und ihre Forschungspraxis. Grundlagen qualitativer Forschung. Opladen: Leske und Budrich.

Bohnsack, Ralf/Nohl, Arnd-Michael (2010): Komparative Analyse und Typenbildung in der dokumentarischen Methode. In: Cappai, Gabriele/Shimada, Shingo/Straub, Jürgen (Hrsg.): Interpretative Sozialforschung und Kulturanalyse. Hermeneutik und die komparative Analyse kulturellen Handelns. Bielefeld: transcript. S. 101–128.

Bollig, Sabine/Kelle, Helga (2008): Hybride Praktiken. Methodologische Überlegungen zu einer erziehungswissenschaftlichen Ethnographie kindermedizinischer Vorsorgeuntersuchungen. In: Hünersdorf, Bettina/Maeder, Christoph/Müller, Burkhard (Hrsg.): Ethnographie und Erziehungswissenschaft. Weinheim: Juventa. S. 121–130.

Bollig, Sabine/Kelle, Helga/Seehaus, Rhea (2012): (Erziehungs-)Objekte beim Kinderarzt. Zur Materialität von Erziehung in Kindervorsorgeuntersuchungen. In: Priem, Karin/König, Gudrun M./Casale, Rita (Hrsg.): Die Materialität der Erziehung. Kulturelle und soziale Aspekte pädagogischer Objekte. Weinheim: Beltz. S. 218–237.

Borck, Cornelius/Schäfer, Armin (Hrsg.) (2015): Das psychiatrische Aufschreibesystem. Paderborn: Wilhelm Fink.

Botte, Alexander/Sondergeld, Ute/Rittberger, Marc (Hrsg.) (2015): Monitoring Bildungsforschung. Befunde aus dem Forschungsprojekt „Entwicklung und Veränderungsdynamik eines heterogenen sozialwissenschaftlichen Feldes am Beispiel der Bildungsforschung". Bad Heilbrunn: Klinkhardt.

Bourdieu, Pierre (1979): Entwurf einer Theorie der Praxis (auf der ethnologischen Grundlage der kabylischen Gesellschaft). Frankfurt am Main: Suhrkamp.

Bourdieu, Pierre (1982): Die feinen Unterschiede. Kritik der gesellschaftlichen Urteilskraft. Frankfurt am Main: Suhrkamp.

Bredekamp, Horst (2007): Bild – Akt – Geschichte (Schlussvortrag). In: Geschichtsbilder. 46. Deutscher Historikertag vom 19.–22. September 2006 in Konstanz. Berichtsband. Konstanz. S. 289–309.

Bredekamp, Horst (2010): Theorie des Bildakts. Berlin: Suhrkamp.

Breidenstein, Georg/Hirschauer, Stefan/Kalthoff, Herbert/Nieswand, Boris (2013): Ethnografie. Die Praxis der Feldforschung. Konstanz und München: UVK.

Brocks, Christine (2012): Bildquellen der Neuzeit. Paderborn: Schöningh.

Brötz, Rainer/Schapfel-Kaiser, Franz (2010): Gemeinsamkeiten in kaufmännischen Ausbildungsberufen ermitteln. Zwischenergebnisse einer computergestützten Dokumentenanalyse. In: BWP – Berufsbildung in Wissenschaft und Praxis. Nr. 4. S. 26–30.

Buchmann, Wolf (1999): „Woher kommt das Photo?" Zur Authentizität und Interpretation von historischen Photoaufnahmen in Archiven. In: Der Archivar. Nr. 4. Ohne Seitenangaben. Online: www.archive.nrw.de/archivar/hefte/1999/Archivar_1999-4.pdf [Abruf vom 21.12.2017].

Bührmann, Andrea D./Schneider, Werner (2008): Vom Diskurs zum Dispositiv. Eine Einführung in die Dispositivanalyse. Bielefeld: transcript.

Bullion, Michaela von (2004): Galileo, Quarks & Co. Wissenschaft im Fernsehen. In: Conein, Stephanie/Schrader, Josef/Stadler, Matthias (Hrsg.): Erwachsenenbildung und die Popularisierung von Wissenschaft. Bielefeld: Bertelsmann. S. 90–114.

Bungard, Walter/Lück, Helmut E. (1995): Nichtreaktive Verfahren. In: Flick, Uwe/Kardorff, Ernst von/Keupp, Heiner/Rosenstiel, Lutz von/Wolff, Stephan (Hrsg.): Handbuch Qualitative Sozialforschung. Grundlagen, Konzepte, Methoden und Anwendungen. Weinheim: Psychologie VerlagsUnion. S. 198–202.

Burkart, Günter/Meyer, Nikolaus (Hrsg.) (2016): „Die Welt anhalten": Von Bildern, Fotografie und Wissenschaft. Weinheim und Basel: Beltz/Juventa.

Butler, Judith (1990): Gender Trouble. Feminism and the Subversion of Identity. New York et al.: Routledge.

Büttner, Stephan/Hobohm, Hans-Christoph/Müller, Lars (Hrsg.) (2011): Handbuch Forschungsdatenmanagement. Bad Honnef: Bock + Herchen.

Carrier, Martin (2011): Wissenschaftstheorie zur Einführung. Hamburg: Junius.

Cavell, Stanley (2002): Die Unheimlichkeit des Gewöhnlichen und andere philosophische Essays. Frankfurt am Main: Fischer.

Ceulemans, Carlijne/Simons, Maarten/Struyf, Elke (2012): Professional standards for teachers: how do they 'work'? An experiment in tracing standardisation in-the-making in teacher education. In: Pedagogy, Culture & Society. Nr. 1. S. 29–47.

Corsten, Michael/Krug, Melanie/Moritz, Christine (Hrsg.) (2010): Videographie praktizieren. Herangehensweisen, Möglichkeiten und Grenzen. Wiesbaden: VS.

Crenshaw, Kimberlé (1989): Demarginalizing the Intersection of Race and Sex: A Black Feminist Critique of Antidiscrimination Doctrine, Feminist Theory and Antiracist Politics. In: University of Chicago Legal Forum. Nr. 140. S. 139–167.

Dangendorf, Sarah (2012): Kleine Mädchen und High Heels. Über die visuelle Sexualisierung frühadoleszenter Mädchen. Bielefeld: transcript.

Danner, Helmut (1979): Methoden geisteswissenschaftlicher Pädagogik. München und Basel: Reinhardt.

Danyel, Jürgen/Paul, Gerhard/Vowinckel, Annette (Hrsg.) (2017): Arbeit am Bild: Visual History als Praxis. Göttingen: Wallstein.

Dax, Patrick (2014): Der große "Smart City"-Schwindel. Online: futurezone.at/digital-life/der-grosse-smart-city-schwindel/70.209.138 [Abruf vom 21.12.2017].

de Beauvoir, Simone (1951): Das andere Geschlecht. Sitte und Sexus der Frau. Hamburg: Rowohlt.

Dege, Charlotte (1934): Utopie und Satire in Swifts Gulliver's Travels. Frankfurt an der Oder: Trowitzsch.

Dellori, Claudia (2016): Die absolute Metapher ‚lebenslanges Lernen'. Eine Argumentationsanalyse. Wiesbaden: Springer/VS.

Denz, Hermann (1989): Einführung in die empirische Sozialforschung. Wien und New York: Springer.

Denzin, Norman K. (2009): Reading Film – Filme und Videos als sozialwissenschaftliches Erfahrungsmaterial. In: Flick, Uwe/Kardorff, Ernst von/Steinke, Ines (Hrsg.): Qualitative Forschung. Reinbek bei Hamburg: Rowohlt. S. 416–428.

Detka, Carsten/Reim, Thomas (2016): Fritz Schütze – Einleitung und bibliographischer Streifzug durch die ausgewählte Literatur. In: Schütze, Fritz: Sozialwissenschaftliche Prozessanalyse. Grundlagen der qualitativen Sozialforschung. Opladen et al.: Barbara Budrich. S. 11–20.

Deutsche Forschungsgemeinschaft (1998/2013): Sicherung guter wissenschaftlicher Praxis. Safeguarding Good Scientific Practice. Denkschrift. Memorandum. Weinheim: WILEY-VCH.

Deutsche Gesellschaft für Erziehungswissenschaft (DGfE) (1999): Ethik-Kodex der DGfE. Online: www.dgfe.de/wir-ueber-uns/ethik-rat-ethikkodex.html [Abruf vom 11.12.2017].

Deutsche Gesellschaft für Erziehungswissenschaft (DGfE) (2017): Stellungnahme der DGfE zur Archivierung, Bereitstellung und Nachnutzung qualitativer Forschungsdaten in der Erziehungswissenschaft. Online: www.dgfe.de/fileadmin/OrdnerRedakteure/Stellungnahmen/2017.09_Archivierung_qual._Daten.pdf [Abruf vom 17.12.2017].

Deutsche Gesellschaft für Psychologie (DGPs) (2016): Stellungnahme des DGPs-Vorstands zur Praxis der automatischen Plausibilitätsüberprüfung wissenschaftlicher Arbeiten mit statcheck. Online: www.dgps.de/index.php?id=143&tx_ttnews%5Btt_news%5D=1741&cHash=5a896cd2dd418dfd3aaec65d96fa6fde [Abruf vom 21.12.2017].

Deutsche Gesellschaft für Soziologie (2017): Ethik-Kodex der Deutschen Gesellschaft für Soziologie (DGS) und des Berufsverbandes Deutscher Soziologinnen und Soziologen (BDS). Online: www.soziologie.de/de/die-dgs/ethik/ethik-kodex.html [Abruf vom 11.12.2017].

Deutsche Gesellschaft für Völkerkunde (2009): Frankfurter Erklärung zur Ethik in der Ethnologie. Online: www.dgv-net.de/dgv/ethik/ [Abruf vom 12.12.2017].

Deutschlandfunk (2016): Mitarbeiter täuscht Kontrollen in Kernkraftwerk nur vor. Meldung vom 13.04.2016. Online: www.deutschlandfunk.de/philippsburg-2-mitarbeiter-taeuscht-kontrollen-in.1818.de.html?dram:article_id=351236 [Abruf vom 14.12.2017].

Diaz-Bone, Rainer (2002): Diskursanalyse und Populärkultur. In: Göttlich, Udo/Albrecht, Clemens/Gebhardt, Winfried (Hrsg.): Populäre Kultur als repräsentative Kultur. Die Herausforderung der Cultural Studies. Köln: Herbert von Halem. S. 125–150.

Diekmann, Andreas (2014, 9. Auflage): Empirische Sozialforschung. Grundlagen, Methoden, Anwendungen. Reinbek bei Hamburg: Rowohlt.

Dilthey, Wilhelm (1900/1982): Die Entstehung der Hermeneutik. In: Ders.: Gesammelte Schriften. Band 5. Göttingen: Vandenhoeck und Ruprecht. S. 317–331.

Dimai, Bettina (2012): Innovation macht Schule. Eine Analyse aus der Perspektive der Akteur-Netzwerk Theorie. Wiesbaden: Springer/VS.

Dinkelaker, Jörg/Herrle, Matthias (2009): Erziehungswissenschaftliche Videographie. Eine Einführung. Wiesbaden: VS.

Dönges, Jan (2015): Psychologische Studien: Die Hälfte ist mängelbehaftet. Online: www.spektrum.de/news/die-haelfte-ist-maengelbehaftet/1373413 [Abruf vom 02.12.2017].

Dörner, Olaf (2009): Bildungswelten im Comic. Zum Verhältnis formeller und informeller Bildung Erwachsener in der Comiczeitschrift „Mosaik". In: Magazin Erwachsenenbildung.at. Nr. 6. S. 04-2–04-13. Online: erwachsenenbildung.at/magazin/09-6/meb09-6_04_doerner.pdf [Abruf vom 21.12.2017].

Dörpinghaus, Andreas/Nießeler, Andreas (Hrsg.) (2012): Dinge in der Welt der Bildung. Bildung in der Welt der Dinge. Würzburg: Königshausen und Neumann.

Dreyfus, Hubert/Rabinow, Paul (1994): Michel Foucault. Jenseits von Strukturalismus und Hermeneutik. Weinheim: Beltz/Athenäum.

Duby, Georges/Perrot, Michelle (Hrsg.) (1993–1995): Geschichte der Frauen. 5 Bände. Frankfurt am Main: Campus.

Durkheim, Emile (1973): Der Selbstmord. Deutsch von Sebastian und Hanne Herkommer. Neuwied und Berlin: Luchterhand.

Ecarius, Jutta (1997): Qualitative Methoden in der historischen Sozialisationsforschung. In: Friebertshäuser, Barbara/Prengel, Annedore (Hrsg.): Handbuch Qualitative Forschungsmethoden in der Erziehungswissenschaft. Weinheim und München: Juventa. S. 309–322.

Ecarius, Jutta/Schäffer, Burkhard (Hrsg.) (2009): Typenbildung und Theoriegenerierung. Methoden und Methodologien qualitativer Biographie- und Bildungsforschung. Opladen und Farmington Hills: Barbara Budrich.

Echterhoff, Wilfried/Heinecke, Michaela (2010): Informationsbroschüre: Das rundum gute Gutachten. Qualität von Sachverständigen-Gutachten und ihr Beitrag zum Rechtsfrieden. Qualitätsmanagement trifft Wissenschaft 2010. Online: ao-forschung.de [Abruf vom 21.12.2017].

Eckes, Thomas (1997): Geschlechterstereotype: Mann und Frau in sozialpsychologischer Sicht. Pfaffenweiler: Centaurus.

Eco, Umberto (1986): Der Name der Rose. Deutsch von Burkhart Kroeber. München: dtv.

Eco, Umberto (2005): Streit der Interpretationen. Hamburg: Philo Verlag (EVA).

Egloff, Birte (2012a): Ethnografie. In: Schäffer, Burkhard/Dörner, Olaf (Hrsg.): Handbuch Qualitative Erwachsenen- und Weiterbildungsforschung. Opladen et al.: Barbara Budrich. S. 265–276.

Egloff, Birte (2012b): Teilnehmende Beobachtung. In: Schäffer, Burkhard/Dörner, Olaf (Hrsg.): Handbuch Qualitative Erwachsenen- und Weiterbildungsforschung. Opladen et al.: Barbara Budrich. S. 419–432.

Ehrenspeck, Yvonne/Schäffer, Burkhard (Hrsg.) (2003): Film- und Fotoanalyse in der Erziehungswissenschaft. Ein Handbuch. Opladen: Leske und Budrich.

Elkins, James (2003): Visual Studies: A Skeptical Introduction. New York und London: Routledge.

Enders, Sonja (2013): Das Jugendamt im Spiegel der Medien. Zerrbild zwischen Verantwortung und Versagen? Weinheim und Basel: Betz/Juventa.

Engelfried-Rave, Ursula (2014): Kampfarena Esstisch – Konfliktstile in familialen Kommunikationssituationen. Hamburg: Dr. Kovac.

Englisch, Felicitas (1991): Bildanalyse in strukturalhermeneutischer Einstellung. Methodische Überlegungen und Analysebeispiele, in: Garz, Detlev/Kraimer, Klaus (Hrsg.): Qualitativ-empirische Sozialforschung. Konzepte, Methoden, Analysen. Wiesbaden: Springer. S. 133–176.

Ester, Martin/Sander, Jörg (2000): Knowledge Discovery in Databases. Techniken und Anwendungen. Berlin: Springer.

Farquhar, Judith (2006): Food, Eating, and the Good Life. In: Tilley, Christopher/Keane, Webb/ Küchler, Susanne/Rowlands, Michael/Spyer; Patricia (Hrsg.): Handbook of Material Culture. London: Sage. S. 145–160.

Faulstich, Peter/Grell, Petra (2005): Widerständig ist nicht unbegründet – Lernwiderstände in der Forschenden Lernwerkstatt. In: Faulstich, Peter/Forneck, Hermann J./Grell, Petra/Häßner, Katrin/Knoll, Jörg/Springer, Angela (Hrsg.): Lernwiderstand – Lernumgebung – Lernberatung. Empirische Fundierungen zum selbstgesteuerten Lernen. Bielefeld: Bertelsmann. S. 18–92.

Fegter, Susann/Kessl, Fabian/Langer, Antje/Ott, Marion/Rothe, Daniela/Wrana, Daniel (Hrsg.) (2015): Erziehungswissenschaftliche Diskursforschung. Empirische Analysen zu Bildungs- und Erziehungsverhältnissen. Wiesbaden: Springer/VS.

Fenwick, Tara/Edwards, Richard (2013): Performative ontologies. Sociomaterial approaches to researching adult education and lifelong learning. In: European Journal for Research on the Education and Learning of Adults. Nr. 1. S. 49–63.

Fenwick, Tara/Edwards, Richard/Sawchuk, Peter (2011): Emerging Approaches to Educational Research. Tracing the Sociomaterial. London und New York: Routledge.

Ferchhoff, Wilfried (2011): Jugend und Jugendkulturen im 21. Jahrhundert: Lebensformen und Lebensstile. Wiesbaden: VS.

Festinger, Leon/Katz, Daniel (1966): Research Methods in the Behavioral Sciences. New York: Holt, Rinehart and Winston.

Fine, Cordelia (2012): Die Geschlechterlüge. Die Macht der Vorurteile über Mann und Frau. Stuttgart: Klett-Cotta.

Fleck, Ludwik (1935/1980): Entstehung und Entwicklung einer wissenschaftlichen Tatsache. Frankfurt am Main: Suhrkamp.

Flick, Uwe (2009): Triangulation in der qualitativen Forschung. In: Flick, Uwe/ Kardorff, Ernst von/ Steinke, Ines (Hrsg.): Qualitative Forschung. Reinbek bei Hamburg: Rowohlt. S. 309–318.

Flick, Uwe (2014): Gütekriterien qualitativer Sozialforschung. In: Baur, Nina/Blasius, Jörg (Hrsg.): Handbuch Methoden der empirischen Sozialforschung. Wiesbaden: Springer/VS. S. 411–423.

Flick, Uwe/Kardorff, Ernst von/Keupp, Heiner/Rosenstiel, Lutz von/Wolff, Stephan (Hrsg.) (1995): Handbuch Qualitative Sozialforschung. Grundlagen, Konzepte, Methoden und Anwendungen. Weinheim: Psychologie VerlagsUnion.

Flick, Uwe/Kardorff, Ernst von/Steinke, Ines (Hrsg.) (2009, 7. Auflage): Qualitative Forschung. Reinbek bei Hamburg: Rowohlt.

Flöck, Yvonne (2018): Transformation des medizinischen Intersexmanagements: Eine Wissenssoziologische Diskursanalyse. Opladen et al.: Budrich UniPress Ltd.

Fölling, Werner/Melzer, Wolfgang (1989): Gelebte Jugendträume. Jugendbewegung und Kibbutz. Witzenhausen: Südmarkverlag.

Foucault, Michel (1994): Nachwort von Michel Foucault. In: Dreyfus, Hubert/Rabinow, Paul: Michel Foucault. Jenseits von Strukturalismus und Hermeneutik. Weinheim: Beltz/Athenäum. S. 243–264.

Foucault, Michel (1995/1973): Archäologie des Wissens. Frankfurt am Main: Suhrkamp.

Foucault, Michel (2001–2005): Dits et ecrits. Schriften in vier Bänden. Frankfurt am Main: Suhrkamp.

Foucault. Michel (1978): Dispositive der Macht. Über Sexualität, Wissen und Wahrheit. Berlin: Merve.

Fox, Christopher (Hrsg.) (2003): The Cambridge Companion to Jonathan Swift. Cambridge: Cambridge University Press.

Freud, Sigmund (1917): Eine Schwierigkeit der Psychoanalyse. In: Imago. Zeitschrift für Anwendung der Psychoanalyse auf die Geisteswissenschaften. Nr. V. S. 1–7.

Fricke, Werner (2010): Aktionsforschung – Wissenschaft und Praxis im Dialog. In: Beiträge zur Arbeitspolitik und Arbeitsforschung. IG Metall. Frankfurt am Main. S. 107–118.

Fricke, Werner/Wagner, Hilde (Hrsg.) (2012): Demokratisierung der Arbeit. Neuansätze für Humanisierung und Wirtschaftsdemokratie. Hamburg: VSA.

Friebertshäuser, Barbara (1997): Feldforschung und teilnehmende Beobachtung. In: Friebertshäuser, Barbara/Prengel, Annedore (Hrsg.): Handbuch Qualitative Forschungsmethoden in der Erziehungswissenschaft. Weinheim und München: Juventa. S. 503–534.

Friebertshäuser, Barbara/Kelle, Helga/Boller, Heike/Bollig, Sabine/Huf, Christina/Langer, Antje/Ott, Marion/Richter, Sophia (Hrsg.) (2012): Feld und Theorie. Herausforderungen erziehungswissenschaftlicher Ethnographie. Opladen et al.: Barbara Budrich.

Friebertshäuser, Barbara/Langer, Antje/Prengel, Annedore (Hrsg.) (2010): Handbuch Qualitative Forschungsmethoden in der Erziehungswissenschaft. Weinheim und München: Juventa.

Friebertshäuser, Barbara/Prengel, Annedore (Hrsg.) (1997): Handbuch Qualitative Forschungsmethoden in der Erziehungswissenschaft. Weinheim und München: Juventa.

Friebertshäuser, Barbara/von Felden, Heide/Schäffer, Burkhard (Hrsg.) (2007): Bild und Text. Methoden und Methodologien visueller Sozialforschung in der Erziehungswissenschaft. Opladen und Farmington Hills: Barbara Budrich.

Friedrichs, Jürgen (2014): Forschungsethik. In: Baur, Nina/Blasius, Jörg (Hrsg.): Handbuch Methoden der empirischen Sozialforschung. Wiesbaden: Springer/VS. S. 81–91.

Fröhlich, Volker/Stenger, Ursula (Hrsg.) (2003): Das Unsichtbare sichtbar machen. Bildungsprozesse und Subjektgenese durch Bilder und Geschichten. Weinheim und München: Juventa.

Froschauer, Ulrike (2009): Artefaktanalyse. In: Kühl, Stefan/Strodtholz, Petra/Taffertshofer, Andreas (Hrsg.): Handbuch Methoden der Organisationsforschung. Quantitative und Qualitative Methoden. Wiesbaden: VS. S. 326–347. Online: link.springer.com/content/pdf/10.1007/978-3-531-91570-8_16.pdf [Abruf vom 27.12.2017].

Früh, Werner (2001): Kategorienexploration bei der Inhaltsanalyse. Basiswissengleitete offene Kategorienfindung (BoK). In: Wirth, Werner/Lauf, Edmund (Hrsg.): Inhaltsanalyse: Perspektiven, Probleme, Potentiale. Köln: Herbert von Halem. S. 117–139.

Frühwald, Wolfgang (2002): Forschungsethik und Museumsethik oder Von guter wissenschaftlicher Praxis. In: Jahrbuch Preußischer Kulturbesitz. Nr. 39. Berlin: Mann. S. 175–186.

Fuchs, Thorsten (2011). Bildung und Biographie. Eine Reformulierung der bildungstheoretisch orientierten Biographieforschung. Bielefeld: transcript.

Gaedke, Jürgen, bearbeitet von Joachim Diefenbach (2015, 11. Auflage): Handbuch des Friedhofs- und Bestattungsrechts. Mit ausführlicher Quellensammlung des geltenden staatlichen und kirchlichen Rechts. Köln: Carl Heymanns.

Gantert, Klaus (2011): Elektronische Informationsressourcen für Historiker. Berlin und Boston: de Gruyter.

Garfinkel, Harold (1967): Studies in Ethnomethodology. Englewood Cliffs: Prentice Hall.

Garz, Detlef/Kraimer, Klaus (Hrsg.) (1994): Die Welt als Text: Theorie, Kritik und Praxis der objektiven Hermeneutik. Frankfurt am Main: Suhrkamp.

Gebel, Tobias/Grenzer, Matthis/Kreusch, Julia/Liebig, Stefan/Schuster, Heidi/Tscherwinka, Ralf/Watteler, Oliver/Witzel, Andreas (2015): Verboten ist, was nicht ausdrücklich erlaubt ist: Datenschutz in qualitativen Interviews. In: Forum Qualitative Sozialforschung. Nr. 16 (2). Art. 27. Online: nbn-resolving.de/urn:nbn:de:0114-fqs1502279 [Abruf vom 12.12.2017].

Gebhardt, Winfried (1996): Der Splitter im Auge des Nachbarn. Historische, systematische und methodologische Überlegungen zum Verhältnis von Soziologie und Geschichtswissenschaft. In: Fößel, Amalie/Kampmann, Christoph (Hrsg.): Wozu Geschichte heute? Beiträge zu einer Standortbestimmung im fachübergreifenden Gespräch. Köln et al.: Böhlau. S. 97–122.

Gebhardt, Winfried (2008): Gemeinschaften ohne Gemeinschaft. Über situative Event-Vergemeinschaftungen. In: Hitzler, Ronald/Honer, Anne/Pfadenhauer, Michaela (Hrsg.): Posttraditionale Gemeinschaften. Theoretische und ethnographische Erkundungen. Wiesbaden: VS. S. 202–213.

Gebhardt, Winfried (2010): Soziotop oder Szene? Die soziale Gestalt der Neuen Musik. In: Neue Zeitschrift für Musik. Nr. 5. S. 20–28.

Geertz, Clifford (1987): Dichte Beschreibung. Beiträge zum Verstehen kultureller Systeme. Frankfurt am Main: Suhrkamp.

Geiss, Michael/Magyar-Haas, Veronika (Hrsg.) (2015): Zum Schweigen. Macht/Ohnmacht in Erziehung und Bildung. Weilerswist: Velbrück.

Giesecke, Hermann (2015, 12. Auflage): Pädagogik als Beruf. Grundformen pädagogischen Handelns. Weinheim und Basel: Beltz/Juventa.

Gieseke, Wiltrud/Opelt, Karin (2005a): Methodisches Vorgehen der Gesamtuntersuchung. In: Gieseke, Wiltrud/Opelt, Karin/Stock, Helga/Börjesson, Inga: Kulturelle Erwachsenenbildung in Deutschland. Münster: Waxmann. S. 39–42.

Gieseke, Wiltrud/Opelt, Karin (2005b): Programmanalyse zur kulturellen Bildung in Berlin/Brandenburg. In: Gieseke, Wiltrud/Opelt, Karin/Stock, Helga/Börjesson, Inga: Kulturelle Erwachsenenbildung in Deutschland. Münster: Waxmann. S. 43–130.

Gieseke, Wiltrud/Opelt, Karin (2005c): Orte und Räume kultureller Bildung. In: Gieseke, Wiltrud/Opelt, Karin/Stock, Helga/Börjesson, Inga: Kulturelle Erwachsenenbildung in Deutschland. Münster: Waxmann. S. 376–382.

Gieseke, Wiltrud/Opelt, Karin/Stock, Helga/Börjesson, Inga (2005): Kulturelle Erwachsenenbildung in Deutschland. Münster: Waxmann.

Girtler, Roland (2001). Methoden der Feldforschung. Wien et al.: Böhlau/UTB.

Glaser, Barney/Strauss, Anselm (1967): The discovery of grounded theory. Chicago: Aldine.

Glaser, Edith (2010): Dokumentenanalyse und Quellenkritik. In: Friebertshäuser, Barbara/Langer, Antje/Prengel, Annedore (Hrsg.): Handbuch Qualitative Forschungsmethoden in der Erziehungswissenschaft. Weinheim und München: Juventa. S. 365–375.

Gläser, Jochen/Laudel, Grit (2010): Experteninterviews und qualitative Inhaltsanalyse als Instrumente rekonstruierende Untersuchungen. Wiesbaden: VS.

Gnahs, Dieter (2006): Qualitätsentwicklung in der Weiterbildung jenseits von ISO und EFQM. Dokument aus der Reihe texte.online des Deutschen Instituts für Erwachsenenbildung. Bonn. Online: www.die-bonn.de/esprid/dokumente/doc-2005/gnahs05_01.pdf [Abruf vom 28.12.2017].

Goethe, Johann Wolfgang von (1797/1990): Aus einer Reise in die Schweiz über Frankfurt, Heidelberg, Stuttgart und Tübingen im Jahre 1797. In ders.: Sämtliche Werke. Münchner Ausgabe. Band 4.2. München: Carl Hanser. Online: gutenberg.spiegel.de/buch/-7156/1 [Abruf vom 12.11.2017].

Göhlich, Michael/Engel, Nicolas/Höhne, Thomas (2012): Szenen und Muster. Zur pädagogischen Ethnographie von Organisationen im Kontext der Grenzüberschreitung. In: Friebertshäuser, Barbara/Kelle, Helga/Boller, Heike/Bollig, Sabine/Huf, Christina/Langer, Antje/Ott, Marion/Richter, Sophia (Hrsg.): Feld und Theorie. Herausforderungen erziehungswissenschaftlicher Ethnographie. Opladen et al.: Barbara Budrich. S. 153–167.

Goldstein, Jürgen (2017): Blau. Eine Wunderkammer seiner Bedeutungen. Berlin: Matthes & Seitz.

Goodman, Nelson (1984): Weisen der Welterzeugung. Frankfurt am Main: Suhrkamp.

Habermas, Jürgen (1978): Theorie und Praxis. Frankfurt am Main: Suhrkamp.

Habermas, Jürgen (1981): Theorie des kommunikativen Handelns. 2 Bände. Frankfurt am Main: Suhrkamp.

Hahn, Hans Peter (2015): Der Eigensinn der Dinge – Einleitung. In: ders. (Hrsg.): Vom Eigensinn der Dinge. Für eine neue Perspektive auf die Welt des Materiellen. Berlin: Neofelis. S. 9–56.

Halbig, Christoph/Suhm, Christian (Hrsg.) (2004): Was ist wirklich. Neuere Beiträge zu Realismusdebatten in der Philosophie. Frankfurt/Main: ontos.

Harper, Douglas (2009): Fotografien als sozialwissenschaftliche Daten. In: Flick, Uwe/Kardorff, Ernst von/Steinke, Ines (Hrsg.): Qualitative Forschung. Reinbek bei Hamburg: Rowohlt. S. 402–416.

Havemann, Frank (2009): Einführung in die Bibliometrie. Berlin: Gesellschaft für Wissenschaftsforschung.

Haverkamp, Anselm (Hrsg.) (1983): Theorie der Metapher. Darmstadt: Wissenschaftliche Buchgesellschaft.

Heidegger, Martin (1927/2006, 19. Auflage): Sein und Zeit. Tübingen: Niemeyer.

Heidenwag, Jari (2015): Metaphern als Konstituens von erziehungswissenschaftlichem Wissen. In: Binder, Ulrich (Hrsg.): Das Wissen der Wissenschaften an Pädagogischen Hochschulen. Beobachtungen der Erzeugungen, Rezeptionen und Distributionen. Baltmannsweiler: Schneider Hohengehren. S. 70–98.

Heim, Tino (Hrsg.) (2017): Pegida als Spiegel und Projektionsfläche: Wechselwirkungen und Abgrenzungen zwischen Pegida, Politik, Medien, Zivilgesellschaft und Sozialwissenschaften. Wiesbaden: Springer.

Heinecke, Michaela/Brückner, Peter F. (2012): Das rundum gute Gutachten: Wie Kohärenz zum Rechtsfrieden beiträgt. In: Praxis der Rechtspsychologie. Nr. 2. S. 500–517.

Heinrich, Martin/Kölzer, Carolin/Streblow, Lilian (Hrsg.) (2017): Forschungspraxen der Bildungsforschung. Münster: Waxmann.

Heinze, Carsten/Matthes, Eva (2007): Tagungsbericht: Der Ort der Bildungsgeschichte. 23.09.2007 bis 26.09.2007 in Braunschweig. In: H-Soz-Kult. Online: www.hsozkult.de/conferencereport/id/tagungsberichte-1788 [Abruf vom 17.12.2017].

Heinze, Carsten/Moebius, Stephan/Reicher, Dieter (2012): Perspektiven der Filmsoziologie. Konstanz: UVK.

Heinzel, Friederike/Thole, Werner/Cloos, Peter/Köngeter, Stefan (Hrsg.) (2010): „Auf unsicherem Terrain". Ethnographische Forschung im Kontext des Bildungs- und Sozialwesens. Wiesbaden: VS.

Hekel, Nicole (2014): „Doing Learning". Eine ethnografische Praxeologie organisierten Lernens in der Personalentwicklung. Diplomarbeit. Unveröffentlichtes Manuskript. Koblenz: Universität Koblenz-Landau.

Heller, Eva (2004, 8. Auflage): Wie Farben wirken: Farbpsychologie. Farbsymbolik. Kreative Farbgestaltung. Reinbek bei Hamburg: Rowohlt.

Herrmann, Ina (2014): Vandalismus an Schulen: Bedeutungsstrukturen maskierender Raumpraktiken. Wiesbaden: Springer/VS.

Heuer, Klaus (2010): Die Einführungsseminare für Erwachsenenbildner der PAS/DVV von 1959–67 – innovative Beiträge zur Professionalitätsentwicklung der Erwachsenenbildung. In: Hof, Christiane/Ludwig, Joachim/Schäffer, Burkhard (Hrsg.): Professionalität zwischen Praxis, Politik und Disziplin. Baltmannsweiler: Schneider Hohengehren. S. 144–157.

Hirschauer, Stefan/Amann, Klaus (Hrsg.) (1997). Die Befremdung der eigenen Kultur. Zur ethnographischen Herausforderung soziologischer Empirie. Frankfurt am Main: Suhrkamp.

Hitzler, Ronald (2008): Brutstätten posttraditionaler Vergemeinschaftung. Über Jugendszenen. In: Hitzler, Ronald/Honer, Anne/Pfadenhauer, Michaela (Hrsg.): Posttraditionale Gemeinschaften. Theoretische und ethnografische Erkundungen. Wiesbaden: VS/GWV. S. 55–72.

Hitzler, Ronald/Eisewicht, Paul (2016): Lebensweltanalytische Ethnographie – im Anschluss an Anne Honer. Weinheim und Basel: Beltz/Juventa.

Hitzler, Ronald/Honer, Anne/Pfadenhauer, Michaela (Hrsg.) (2008): Posttraditionale Gemeinschaften. Theoretische und ethnografische Erkundungen. Wiesbaden: VS/GWV.

Hitzler, Ronald/Niederbacher, Arne (2010): Leben in Szenen: Formen juveniler Vergemeinschaftung heute. Wiesbaden: VS.

Hoffmann, Nicole (2003): Von Menschen- und Wissenschaftsbildern im Kontext interdisziplinärer Zusammenarbeit. In: Hoffmann, Nicole/Keim, Karl-Dieter/Matthiesen, Ulf (Hrsg.): Menschenbilder. Skizzen aus einer multidisziplinären Werkstatt der Sozial- und Planungswissenschaften. Erkner bei Berlin: IRS/regio transfer. S. 203–220.

Hoffmann, Nicole (2006): ‚Privates wie Politisches, Intimes und Irritierendes, Bedeutsames und Banales'. Blogging als Beispiel einer dezentralen Formation von Diskursstrukturen im Internet. In: Forneck, Hermann, J./Wiesner, Gisela/Zeuner, Christine (Hrsg.): Teilhabe an der Erwachsenenbildung und gesellschaftliche Modernisierung. Baltmannsweiler: Schneider Hohengehren. S. 170–185.

Hoffmann, Nicole (2010): Terraingewinn bei Identitätsverlust? Professionalität im Buchmarktsegment der Lernratgeber für Erwachsene. In: Hof, Christiane/Ludwig, Joachim/Schäffer, Burkhard (Hrsg.): Professionalität zwischen Praxis, Politik und Disziplin. Baltmannsweiler: Schneider Hohengehren. S. 6–18.

Hoffmann, Nicole (2011): Ratgeber-Didaktik in Didaktik-Ratgebern. Portrait eines Selbstlernmediums aus erwachsenenpädagogischer Perspektive. In: Der pädagogische Blick. Nr. 1. S. 4–12.

Hoffmann, Nicole (2012): Dokumentenanalyse. In: Schäffer, Burkhard/Dörner, Olaf (Hrsg.): Handbuch Qualitative Erwachsenen- und Weiterbildungsforschung. Opladen et al.: Barbara Budrich. S. 395–406.

Hoffmann, Nicole (2013): Vom „zweckmäßigen Arbeitsraum" zur „positiven Lernatmosphäre" – Lernorte Erwachsener im Spiegel der Lernratgeber-Literatur. In: Hessische Blätter für Volksbildung. Nr. 3. S. 252–259.

Hoffmann, Nicole (2014): Zwischen Können, Wissen und Lernen. Do-It-Yourself in der Ratgeberliteratur. In: DIE Zeitschrift für Erwachsenenbildung. Nr. IV. S. 26–28.

Hoffmann, Nicole (2015): Dimensionen des Räumlichen in der Beratung Erwachsener. Ein ethnografischer Zugang. In: Bernhard, Christian/Kraus, Katrin/Schreiber-Barsch, Silke/Stang, Richard (Hrsg.): Erwachsenenbildung und Raum. Theoretische Perspektiven – professionelles Handeln – Rahmungen des Lernens. Bielefeld: Bertelsmann. S. 155–166.

Holder, Friedemann (2014): Metaphern im Film. Eine Typologie für den Deutschunterricht. In: Der Deutschunterricht. Nr. 5. S. 84–89.

Honig, Michael-Sebastian (Hrsg.) (2009): Ordnungen der Kindheit. Problemstellungen und Perspektiven der Kindheitsforschung. Weinheim: Juventa.

Hopf, Christel (2009): Forschungsethik und qualitative Forschung. In: Flick, Uwe/Kardorff, Ernst von/Steinke, Ines (Hrsg.): Qualitative Forschung. Reinbek bei Hamburg: Rowohlt. S. 589–600.

Hörning, Karl H. (2001): Experten des Alltags. Die Wiederentdeckung des praktischen Wissens. Weilerswist: Velbrück.

Hörning, Karl H. (2015): Was fremde Dinge tun. Sozialtheoretische Herausforderungen. In: Hahn, Hans Peter (Hrsg.): Vom Eigensinn der Dinge. Für eine neue Perspektive auf die Welt des Materiellen. Berlin: Neofelis. S. 163–176.

Howes, David (2006): Scent, Sound and Synaesthesia: Intersensoriality and Material Culture Theory. In: Tilley, Christopher/Keane, Webb/Küchler, Susanne/Rowlands, Michael/Spyer, Patricia (Hrsg.): Handbook of Material Culture. London: Sage. S. 161–172.

Huber, Günter L./Mandl, Heinz (Hrsg.) (1982): Verbale Daten. Eine Einführung in die Grundlagen und Methoden der Erhebung und Auswertung. Weinheim und Basel: Beltz.

Hünersdorf, Bettina/Maeder, Christoph/Müller, Burkhard (Hrsg.) (2008). Ethnographie und Erziehungswissenschaft. Methodologische Reflexionen und empirische Annäherungen. Weinheim: Juventa.

Hurrelmann, Klaus/Bauer, Ullrich/Grundmann, Matthias/Walper, Sabine (Hrsg.) (2015, 8. Auflage): Handbuch Sozialisationsforschung. Weinheim und Basel: Beltz.

Imeri, Sabine/Schrapper, Christian/Ströder, Claudia (2016): Verwaltet und vergessen. Erinnerungen an staatliche Heimerziehung in Rheinland-Pfalz 1945 bis 1975. Berlin: Panama.

Jahoda, Marie/Lazarsfeld, Paul F./Zeisel, Hans (1975/1933): Die Arbeitslosen von Marienthal. Ein soziographischer Versuch über die Wirkungen langandauernder Arbeitslosigkeit. Frankfurt am Main: Suhrkamp.

Jelich, Franz-Josef/Kemnitz, Heidemarie (Hrsg.) (2003): Die pädagogische Gestaltung des Raums. Geschichte und Modernität. Bad Heilbrunn: Klinkhardt.

Jonas, Hans (1973): Der Adel des Sehens. Eine Untersuchung zur Phänomenologie der Sinne. In: ders.: Organismus und Freiheit. Ansätze zu einer philosophischen Biologie. Göttingen: Vandenhoeck & Ruprecht. S. 198–225.

Jüttemann, Gerd/Thomae, Hans (Hrsg.) (1999): Biographische Methoden in den Humanwissenschaften. Weinheim und Basel: Beltz.

Kaczorowski, Willi (2014): Die Smarte Stadt. Den digitalen Wandel intelligent gestalten. Handlungsfelder Herausforderungen Strategien. Stuttgart: Richard Boorberg.

Kämper, Eckard (2016): Risiken sozialwissenschaftlicher Forschung? Forschungsethik, Datenschutz und Schutz von Persönlichkeitsrechten in den Sozial- und Verhaltenswissenschaften. In: RatSWD Working Paper Series. Nr. 255. Berlin: Rat für Sozial- und Wirtschaftsdaten.

Käpplinger, Bernd (2008): Programmanalysen und ihre Bedeutung für pädagogische Forschung. In: Forum Qualitative Sozialforschung. Nr. 1. Online: nbn-resolving.de/urn:nbn:de:0114-fqs0801 379 [Abruf vom 21.12.2017].

Karsten, Gunther (2007, 4. Auflage): Lernen wie ein Weltmeister. Zahlen, Fakten, Vokabeln schneller und effektiver lernen. München: Goldmann.

Keck, Rudolf W./Kirk, Sabine/Schröder, Hartmut (Hrsg.) (2004): Bildung im Bild. Bilderwelten als Quellen zur Kultur- und Bildungsgeschichte. Bad Heilbrunn: Klinkhardt.

Kelle, Helga (Hrsg.) (2010): Kinder unter Beobachtung. Kulturanalytische Studien zur pädiatrischen Entwicklungsdiagnostik. Opladen et al.: Budrich.

Kelle, Helga/Bollig, Sabine (2012): Vergleichen und Kontrastieren. Zur analytischen Konstruktion von Feldern und Vergleichsobjekten in der ethnographischen Forschung. In: Friebertshäuser, Barbara/Kelle, Helga/Boller, Heike/Bollig, Sabine/Huf, Chistina/Langer, Antje/Ott, Marion/Richter, Sophia (Hrsg.): Feld und Theorie. Herausforderungen erziehungswissenschaftlicher Ethnographie. Opladen et al.: Budrich. S. 205–215.

Kelle, Helga/Tervooren, Anja (Hrsg.) (2008): Ganz normale Kinder. Heterogenität und Standardisierung der kindlichen Entwicklung. Weinheim: Juventa.

Kelle, Udo/Kluge, Susann (2010, 2. Auflage): Vom Einzelfall zum Typus. Fallvergleich und Fallkontrastierung in der qualitativen Sozialforschung. Wiesbaden: VS.

Keller, Reiner (2005). Wissenssoziologische Diskursanalyse. Grundlegung eines Programms. Wiesbaden: VS.

Keller, Reiner (2011, 4. Auflage): Diskursforschung. Eine Einführung für SozialwissenschaftlerInnen. Wiesbaden: VS.

Keller, Reiner/Hirseland, Andreas/Schneider, Werner/Viehöver, Willy (Hrsg.) (2001): Handbuch Sozialwissenschaftliche Diskursanalyse. Band 1: Theorien und Methoden. Opladen: Leske und Budrich.

Keller, Reiner/Hirseland, Andreas/Schneider, Werner/Viehöver, Willy (Hrsg.) (2011): Handbuch Sozialwissenschaftliche Diskursanalyse. Band 1: Theorien und Methoden (3. Auflage); Band 2: Forschungspraxis (4. Auflage). Wiesbaden: VS.

Kiefer, Michael/Hüttermann, Jörg/Dziri, Bacem/Ceylan, Rauf/Roth, Viktoria/Srowig, Fabian/Zick, Andreas (2017): „Lasset uns in scha'a Allah ein Plan machen". Fallgestützte Analyse der Radikalisierung einer WhatsApp-Gruppe. Wiesbaden: Springer/VS.

Klika, Dorle (2002): Pädagogisches Handeln in Briefform. Theoretisch-methodologische Überlegungen zur Analyse von Korrespondenzmaterial. In: Wigger, Lothar (Hrsg.): Forschungsfelder der Allgemeinen Erziehungswissenschaft. Zeitschrift für Erziehungswissenschaft. Beiheft 1. Opladen: Leske und Budrich. S. 147–162.

Klingovsky, Ulla (2009): Schöne Neue Lernkultur. Transformationen der Macht in der Weiterbildung. Eine gouvernementalitätstheoretische Analyse. Bielefeld: transcript.

Kluge, Friedrich (2002, 24. Auflage): Etymologisches Wörterbuch der deutschen Sprache. Berlin und New York: de Gruyter.

Knigge, Adolph, Freiherr von (1788/1977): Über den Umgang mit Menschen. Frankfurt am Main: Insel.

Knoblauch, Hubert/Luckmann, Thomas (2009): Gattungsanalyse. In: Flick, Uwe/Kardorff, Ernst von/Steinke, Ines (Hrsg.): Qualitative Forschung. Reinbek bei Hamburg: Rowohlt. S. 538–546.

Knorr-Cetina, Karin (1984): Die Fabrikation von Erkenntnis. Zur Anthropologie der Naturwissenschaft. Frankfurt am Main: Suhrkamp.

Knorr-Cetina, Karin (1999): Epistemic Culture. How the sciences make knowledge. Chicago: Chicago University Press.

Köhler, Sigrid G./Metzler, Jan Christian/Wagner-Egelhaaf, Martina (Hrsg.) (2004): Prima Materia. Beiträge zur transdisziplinären Materialitätsdebatte. Königsstein/Taunus: Helmer.

König, Eckard/Bentler, Annette (1997): Arbeitsschritte im qualitativen Forschungsprozeß – ein Leitfaden. In: Friebertshäuser, Barbara/Prengel, Annedore (Hrsg.): Handbuch Qualitative Forschungsmethoden in der Erziehungswissenschaft. Weinheim und München: Juventa. S. 88–96.

Kopperschmidt, Josef (1989): Methodik der Argumentationsanalyse. Stuttgart und Bad Cannstatt: Frommann-Holzboog.

Kraus, Anja/ Budde, Jürgen/ Hietzge, Maud/ Wulf, Christoph (Hrsg.) (2017): Schweigendes Wissen: Erziehung, Bildung, Sozialisation und Lernen. Weinheim und Basel: Beltz/Juventa.

Kraus, Katrin (2001): Lebenslanges Lernen – Karriere einer Leitidee. Bielefeld: Bertelsmann.

Krebs, Dagmar/Menold, Natalja (2014): Gütekriterien quantitativer Sozialforschung. In: Baur, Nina/Blasius, Jörg (Hrsg.): Handbuch Methoden der empirischen Sozialforschung. Wiesbaden: Springer/VS. S. 425–438.

Krohn, Wolfgang/Küppers, Günter (1987): Die Selbstorganisation der Wissenschaft. Wissenschaftsforschung. Report 33. Science Studies. Universität Bielefeld.

Kromrey, Helmut (2002, 10. Auflage): Empirische Sozialforschung. Opladen: Leske und Budrich.

Krüger, Heinz-Hermann/Marotzki, Winfried (Hrsg.) (2006, 2. Auflage): Handbuch Erziehungswissenschaftliche Biographieforschung. Wiesbaden: VS.

Kruse, Jan/Biesel, Kay/Schmieder Christian (2011): Metaphernanalyse: Ein rekonstruktiver Ansatz. Wiesbaden: Springer/VS.

Kuckartz, Udo (2016, 3. Auflage): Qualitative Inhaltsanalyse. Methoden, Praxis, Computerunterstützung. Weinheim und Basel: Beltz/Juventa.

Kuckartz, Udo/Rädiker, Stefan (2010). Computergestützte Analyse (CAQDAS). In: Mey, Günter/Mruck, Katja (Hrsg.): Handbuch Qualitative Forschung in der Psychologie. Wiesbaden: VS. S. 734–750.

Kühberger, Christoph/Sedmak, Clemens (2008): Ethik der Geschichtswissenschaft. Zur Einführung. Wien: Turia + Kant.

Kühl, Stefan/Strodtholz, Petra/Taffertshofer, Andreas (Hrsg.) (2009): Handbuch Methoden der Organisationsforschung. Quantitative und Qualitative Methoden. Wiesbaden: VS/GWV.

Lakoff, George/Johnson, Mark (1980): Metaphors We Live By. Chicago und London: The University of Chicago Press.

Lamnek, Siegfried (1995, 3. Auflage): Qualitative Sozialforschung. Band 2: Methoden und Techniken. Weinheim: Psychologie VerlagsUnion.

Landeshauptstadt Dresden (2010): Abschlussbericht der Dresdner Historikerkommission. Online: www.dresden.de/media/pdf/infoblaetter/Historikerkommission_Dresden1945_Abschlussbericht_V1_14a.pdf [Abruf vom 30.12.2017].

Langer, Antje/Wrana, Daniel (2010, 3. Auflage): Diskursanalyse und Diskursforschung. In: Friebertshäuser, Barbara/Langer, Antje/Prengel, Annedore (Hrsg.): Handbuch qualitative Forschungsmethoden in der Erziehungswissenschaft. Weinheim und München: Juventa. S. 335–349.

Latour, Bruno (1996): Der Berliner Schlüssel. Erkundungen eines Liebhabers der Wissenschaften. Aus dem Französischen von Gustav Roßler. Berlin: Akademie-Verlag.

Latour, Bruno (2000): Die Hoffnung der Pandora. Untersuchungen zur Wirklichkeit der Wissenschaft. Frankfurt am Main: Suhrkamp.

Latour, Bruno (2001): Eine Soziologie ohne Objekt? Anmerkungen zur Interobjektivität. In: Berliner Journal für Soziologie. Nr. 2. S. 237–252.

Latour, Bruno (2005): Reassembling the Social – An Introduction to Actor-Network-Theory. Oxford: Oxford University Press.

Latour, Bruno (2010): Eine neue Soziologie für eine neue Gesellschaft. Einführung in die Akteur-Netzwerk-Theorie. Frankfurt am Main: Suhrkamp.

Lauth, Bernhard/Sareiter, Jamel (2005): Wissenschaftliche Erkenntnis: Eine ideengeschichtliche Einführung in die Wissenschaftstheorie. Paderborn: Mentis.

Lee, Yew-Jin (2004): Documents in Action: How to Follow Scientists of Society. Review Essay: Lindsay Prior (2003): Using Documents in Social Research. In: Forum Qualitative Sozialforschung. Nr. 5/1. Art. 15. Online: www.qualitative-research.net/index.php/fqs/article/view/633 [Abruf vom 18.12.2017].

Lehmann, Kai/Schetsche, Michael (Hrsg.) (2005): Die Google-Gesellschaft. Vom digitalen Wandel des Wissens. Bielefeld: transcript.

Lembeck, Karl-Heinz (2005): Einführung in die phänomenologische Philosophie. Darmstadt: Wissenschaftliche Buchgesellschaft.

Lethen, Helmut (2014): Der Schatten des Fotografen. Bilder und ihre Wirklichkeit. Berlin: Rowohlt.

Lewin, Kurt (1948): Aktionsforschung und Minderheitenprobleme. In: ders. (Hrsg.): Die Lösung sozialer Konflikte. Bad-Neuheim: Christian. S. 278–298.

Lewins, Ann/Silver, Christina (2007). Using Software in Qualitative Research: A Step-By-Step Guide. London: Sage.

Lindemann, Gesa (2008): „Allons enfants et faits de la patrie …" Über Latours Sozial- und Gesellschaftstheorie sowie seinen Beitrag zur Rettung der Welt. In: Kneer, Georg/Schroer, Markus/Schüttpelz, Erhard (Hrsg.): Bruno Latours Kollektive. Kontroversen zur Entgrenzung des Sozialen. Frankfurt am Main: Suhrkamp. S. 339–360.

Link, Jürgen (1983): Was ist und was bringt Diskurstaktik? In: kultuRRevolution. Nr. 2. S. 60–66.

Lüders, Christian (2006): Pädagogische Ethnographie und Biographieforschung. In: Krüger, Heinz-Hermann/Marotzki, Winfried (Hrsg.): Handbuch erziehungswissenschaftliche Biographieforschung. Wiesbaden: VS. S. 137–148.

Lueger, Manfred (2010): Interpretative Sozialforschung: Die Methoden. Wien: Facultas.

Lutzer, Birgit/Reiter, Hanspeter (2009): Handbuch Marketing für Weiterbildner. Weinheim: Beltz.

MacGregor, Neil (2012): A History of the World in 100 Objects. New York: Penguin.

Mader, Andrea (1998): Multimedia als Angebot. Programmanalyse ausgewählter Einrichtungen. In: Nispel, Andrea/Stang, Richard/Hagedorn, Friedrich (Hrsg.): Pädagogische Innovation mit Multimedia 1. Analysen und Lernorte. Frankfurt am Main: Deutsches Institut für Erwachsenenbildung. S. 51–75.

Mai, Manfred/Winter, Rainer (Hrsg.) (2006): Das Kino der Gesellschaft – die Gesellschaft des Kinos. Interdisziplinäre Positionen, Analysen und Zugänge. Köln: Herbert von Halem.

Manguel, Alberto (2000): Eine Geschichte des Lesens. Reinbek bei Hamburg: Rowohlt.

Mannheim, Karl (1964): Beiträge zur Theorie der Weltanschauungs-Interpretation. In: ders: Wissenssoziologie. 1921–22. Neuwied: Luchterhand. S. 91–154.

Marotzki, Winfried/Niesyto, Horst (Hrsg.) (2006): Bildinterpretation und Bildverstehen. Methodische Ansätze aus sozialwissenschaftlicher, kunst- und medienpädagogischer Perspektive. Wiesbaden: VS.

Maurer, Michael (Hrsg.) (2002): Aufriß der Historischen Wissenschaften. Band 4: Quellen. Stuttgart: Philipp Reclam jun.

Mayring, Philipp (2002): Qualitative Sozialforschung. Weinheim und Basel: Beltz.

Mayring, Philipp (2015, 12. Auflage): Qualitative Inhaltsanalyse. Weinheim und Basel: Beltz.

Merten, Klaus (1983): Inhaltsanalyse. Einführung in Theorie, Methode und Praxis. Opladen: Westdeutscher Verlag.

Meyer-Drawe, Käte (1996): Menschen im Spiegel ihrer Maschinen. München: Wilhelm Fink.

Meyer-Drawe, Käte (1999): Herausforderung durch die Dinge. Das Andere im Bildungsprozeß. In: Zeitschrift für Pädagogik. Nr. 3. S. 329–342.

Meyer-Drawe, Käte (2009): Parteinahme für die Dinge. In: Gethmann-Siefert, Annemarie/Weisser-Lohmann, Elisabeth (Hrsg.): Wege zur Wahrheit. Festschrift für Otto Pöggeler zum 80. Geburtstag. München und Paderborn: Fink. S. 73–84.

Meyermann, Alexia/Bambey, Doris/Jansen, Malte/Mauer, Reiner/Ebel, Thomas/Eisentraut, Marcus/Harzenetter, Karoline/Kuhl, Poldi/Neuendorf, Claudia/Pegelow, Lisa/Porzelt, Maike/ Rittberger, Marc/Schwager, Thomas/Stanat, Petra/Trixa, Jessica (2017): Der Verbund Forschungsdaten Bildung – Eine Forschungsdateninfrastruktur für die empirische Bildungsforschung. In: RatSWD Working Paper Series. Nr. 266. Berlin: Rat für Sozial- und Wirtschaftsdaten.

Mietz, Christine (1990): Analyse pädagogischer Argumentationen frühkindlicher Erziehung unter dem Aspekt der kognitiven Frühförderung. Universität Bielefeld. Dissertationsschrift.

Mietz, Christine (1992): Pro und Contra „kognitiver Frühförderung" – Beispiel einer argumentativen Topik. In: Paschen, Harm/Wigger, Lothar (Hrsg.): Pädagogisches Argumentieren. Weinheim: Deutscher Studien Verlag, S. 253–274.

Miklautz, Elfie (1996): Kristallisierter Sinn. Ein Beitrag zur soziologischen Theorie des Artefakts. München und Wien: Profil.

Mikos, Lothar (2008, 2. Auflage): Film- und Fernsehanalyse. Konstanz: UVK.

Mikos, Lothar/Wegener, Claudia (2005): Qualitative Medienforschung. Ein Handbuch. Konstanz: UVK/UTB.

Miller, Daniel (Hrsg.) (1998): Material Cultures. Why some things matter. London: UCL Press.

Möhring, Wiebke/ Schlütz, Daniela (Hrsg.) (2013): Handbuch standardisierte Erhebungsverfahren in der Kommunikationswissenschaft. Wiesbaden: Springer/VS.

Mollenhauer, Klaus (1998): Die Dinge und die Bildung. In: Mitteilungen & Materialien. Nr. 49. S. 8–20.

Mollenhauer, Klaus (2008, 7. Auflage; 1. Auflage: 1983): Vergessene Zusammenhänge. Über Kultur und Erziehung. Weinheim und München: Juventa.

Möller, Svenja (2011): Marketing in der Erwachsenenbildung. Bielefeld: Bertelsmann.

Moser, Heinz (1978): Einige Aspekte der Aktionsforschung im internationalen Vergleich. In: Moser, Heinz/Ornauer, Helmut (Hrsg.): Internationale Aspekte der Aktionsforschung. München: Kösel. S. 173–189.

Muller, Charles (1972): Einführung in die Sprachstatistik. Berlin: Akademie-Verlag.

Müller, Michael R./Raab, Jürgen/Soeffner, Hans-Georg (Hrsg.) (2014): Grenzen der Bildinterpretation. Wiesbaden: Springer.

Müller-Doohm, Stefan (1993): Visuelles Verstehen. Konzepte kultursoziologischer Bildhermeneutik. In: Jung, Thomas/Müller-Doohm, Stefan (Hrsg.): „Wirklichkeit" im Deutungsprozess. Verstehen und Methoden in den Kultur- und Sozialwissenschaften. Frankfurt am Main: Suhrkamp. S. 438–457.

Müller-Doohm, Stefan (1997): Bildinterpretation als struktural-hermeneutische Symbolanalyse. In: Hitzler, Ronald/Honer, Anne (Hrsg.): Sozialwissenschaftliche Hermeneutik. Eine Einführung. Opladen: Leske und Budrich. S. 81–108.

Münch, Richard (2007): Die akademische Elite. Zur sozialen Konstruktion wissenschaftlicher Exzellenz. Frankfurt am Main: Suhrkamp.

Munko, Matthias (2015): Das bedingungslose Grundeinkommen. Pädagogische Vermittlung eines neuen Paradigmas. Vorgelegt als Dissertationsschrift an der Fakultät für Erziehungswissenschaft an der Universität Bielefeld. Online: pub.uni-bielefeld.de/download/2716797/2716798 [Abruf vom 20.12.2017].

Netzwerk Bildphilosophie (Hrsg.) (2014): Bild und Methode. Theoretische Hintergründe und methodische Verfahren in der Bildwissenschaft. Köln: Herbert von Halem.

Neuroth, Heike/Strathmann, Stefan/Oßwald, Achim/Scheffel, Regine/Klump, Jens/Ludwig, Jens (Hrsg.) (2012): Langzeitarchivierung von Forschungsdaten. Eine Bestandsaufnahme. Boizenburg: Werner Hülsbusch. In Kooperation mit dem Universitätsverlag Göttingen. Online: nestor.sub.uni-goettingen.de/bestandsaufnahme/nestor_lza_forschungsdaten_bestandsaufnahme. pdf [Abruf vom 27.12.2017].

Nicodemus, Katja (2017): Vor 60 Jahren: Der Film „Berlin – Ecke Schönhauser" wird uraufgeführt. Deutschlandfunk. Kalenderblatt. Sendung vom 30.08.2017. Online: www.deutschlandfunk.de/kalenderblatt.870.de.html [Abruf vom 30.10.2017].

Nittel, Dieter/Seitter, Wolfgang (2005): Biografieanalysen in der Erwachsenenbildungsforschung. Orte der Verschränkung von Theorie und Empirie. In: Zeitschrift für Pädagogik. Nr. 4. S. 513–527.

Nohl, Arnd-Michael (2011): Pädagogik der Dinge. Bad Heilbrunn: Klinkhardt.

Nolda, Sigrid (1998): Programme der Erwachsenenbildung als Gegenstand qualitativer Forschung. In: Nolda, Sigrid/Pehl, Klaus/Tietgens, Hans: Programmanalysen. Programme der Erwachsenenbildung als Forschungsobjekte. Frankfurt am Main: Deutsches Institut für Erwachsenenbildung. S. 139–235.

Nolda, Sigrid (2003). Paradoxa von Programmanalysen. In: Gieseke, Wiltrud (Hrsg.): Institutionelle Innensichten der Weiterbildung. Bielefeld: Bertelsmann. S. 212–227.

Nolda, Sigrid (2009): Eine Frage der Macht. Populäre Medien und Erwachsenenbildung. In: Magazin Erwachsenenbildung.at. Nr. 6. S. 02-1–02-9. Online: https://erwachsenenbildung.at/magazin/09-6/meb09-6.pdf [Abruf vom 31.12.2017].

Nolda, Sigrid (2011a): Ansätze bildwissenschaftlicher Erwachsenenbildungsforschung – Anwendungsgebiete und Methoden. In: REPORT. Zeitschrift für Weiterbildungsforschung. Nr. 1. S. 13–22. Online: www.die-bonn.de/doks/report/2011-weiterbildungsforschung-01.pdf [Abruf vom 19.12.2017].

Nolda, Sigrid (2011b): Bildelemente in Programmen der Erwachsenenbildung. Zur Analyse bildlicher Darstellung von Institutionen, Adressatenkonstruktionen und Wissens(-vermittlungs-) formen in Programmen der Erwachsenenbildung. In: Bildungsforschung. Nr. 1. S. 97–123. Online: https://open-journals4.uni-tuebingen.de/ojs/index.php/bildungsforschung/article/view/ 123/pdf [Abruf vom 19.12.2017].

Nolda, Sigrid (Hrsg.) (1996): Erwachsenenbildung in der Wissensgesellschaft. Bad Heilbrunn: Klinkhardt.

Nolda, Sigrid/Pehl, Klaus/Tietgens, Hans (1998): Programmanalysen. Programme der Erwachsenenbildung als Forschungsobjekte. Frankfurt am Main: Deutsches Institut für Erwachsenenbildung.

Nuijten, Michèle/Hartgerink, Chris/van Assen, Marcel/Epskamp, Sacha/Wicherts, Jelte (2016): Response to Statement by the Executive Board of the German Psychological Society on the Use of statcheck. (datiert: 25.11.2016) Online: www.dgps.de/uploads/media/Statcheck___reply_DGPs.pdf [Abruf vom 02.12.2017].

Nuissl, Ekkehard (2013): Evaluation in der Erwachsenenbildung. Bielefeld: Bertelsmann.

Nuissl, Ekkehard/von Rein, Antje (1995): Corporate Identity. Frankfurt am Main: Deutsches Institut für Erwachsenenbildung.

Nuissl, Henning (2002): Die Er-Fahrung der Ränder der Hauptstadt – Felderkundungen mit dem Fahrrad. In: Matthiesen, Ulf (Hrsg.): An den Rändern der deutschen Hauptstadt: Suburbanisierungsprozesse, Milieubildungen und biographische Muster in der Metropolregion Berlin-Brandenburg. Leverkusen und Opladen: Leske und Budrich. S. 47–59.

Oberhaus, Lars/Stange, Christoph (Hrsg.) (2017): Musik und Körper. Interdisziplinäre Dialoge zum körperlichen Erleben und Verstehen von Musik. Bielefeld: transcript.

Oester, Kathrin (2008): ‚Fokussierte Ethnographie'. Überlegungen zu den Kernansprüchen der Teilnehmenden Beobachtung. In: Hünersdorf, Bettina/Maeder, Christoph/Müller, Burkhard

(Hrsg.): Ethnographie und Erziehungswissenschaft. Methodologische Reflexionen und empirische Annäherungen. Weinheim und München: Juventa. S. 233–243.

Oevermann, Heike/Mieg, Harald A. (2015): Planungsprozesse in der Stadt: die synchrone Diskursanalyse: Forschungsinstrument und Werkzeug für die planerische Praxis. Zürich: vdf Hochschulverlag.

Oevermann, Ulrich/Altert, Tilmann/Konau, Elisabeth/Krambeck, Jürgen (1979): Die Methodologie einer „objektiven Hermeneutik" und ihre allgemeine forschungslogische Bedeutung in den Sozialwissenschaften. In: Soeffner, Hans-Georg (Hrsg.): Interpretative Verfahren in den Sozial- und Textwissenschaften. Stuttgart: Metzler. S. 352–434.

Olbrich, Josef (2001): Geschichte der Erwachsenenbildung in Deutschland. Bonn: Bundeszentrale für politische Bildung.

Opp, Karl-Dieter (2014, 7. Auflage): Methodologie der Sozialwissenschaften. Einführung in Probleme ihrer Theorienbildung und praktischen Anwendung. Wiesbaden: Springer/VS.

Osterloh, Margit/Kieser, Alfred (2015). Double-Blind Peer Review: How to Slaughter a Sacred Cow. In: Welpe, Isabell M./Wollersheim, Jutta/Ringelhan, Stefanie/Osterloh, Margit (Hrsg.): Incentives and Performance – Governance of Research Organization. Heidelberg: Springer. S. 307–324.

Oswald, Hans (2010): Was heißt qualitativ forschen? Warnungen, Fehlerquellen, Möglichkeiten. In: Friebertshäuser, Barbara/Langer, Antje/Prengel, Annedore (Hrsg.): Handbuch Qualitative Forschungsmethoden in der Erziehungswissenschaft. Weinheim und München: Juventa. S. 183–201.

Pabst, Antje/Zeuner, Christine (2011): „Lesen und Schreiben eröffnen eine neue Welt!" Literalität als soziale Praxis – Eine ethnographische Studie. Bielefeld: Bertelsmann.

Panke-Kochinke, Birgit (2017, 4. Auflage): Die Geschichte der Krankenpflege (1679–2000). Ein Quellenbuch. Frankfurt am Main: Mabuse.

Parmentier, Michael (2001): Der Bildungswert der Dinge. In: Zeitschrift für Erziehungswissenschaft. Nr. 1. S. 39–50.

Paschen, Harm (1992): Aufgaben und Instrumente einer argumentativ disziplinierten Erziehungswissenschaft. In: Paschen, Harm/Wigger, Lothar (Hrsg.): Pädagogisches Argumentieren. Weinheim: Deutscher Studien Verlag. S. 141–153.

Paschen, Harm/Wigger, Lothar (Hrsg.) (1992): Pädagogisches Argumentieren. Weinheim: Deutscher Studien Verlag.

Passmann, Dirk F. (1987): Full of improbable lies: Gulliver's travels und die Reiseliteratur vor 1726. Frankfurt am Main et al.: Peter Lang.

Pätzold, Henning (2005): Sekundäranalyse von Audiodaten. Technische Verfahren zur faktischen Anonymisierung und Verfremdung. In: Forum Qualitative Sozialforschung. Nr. 6 (1). Art. 24. Online: nbn-resolving.de/urn:nbn:de:0114-fqs0501249 [Abruf vom 12.12.2017].

Pätzold, Henning (2006): Silent Teaching, Silent Learning – The Lack Of Sound In Contemporary Mobile Learning. In: Isaiàs, Pedro/Kommers, Piet/Arnedillo Sánches, Immaculada (Hrsg.): Proceedings of the IADIS International Conference on Mobile Learning. S. 350–353. Online: www.iadisportal.org/mobile-learning-2006-proceedings [Abruf vom 18.11.2017].

Pätzold, Henning (2013): Bilder der Schule – Bilder der Organisation. Zur bildhaften Gestaltung schulischer Organisationen. In: ROSE – Research on Steiner Education. Nr. 3. S. 99–110.

Pätzold, Henning (2015): Bewegte Bilder der Organisation. In: Pätzold, Henning/Hoffmann, Nicole/Schrapper, Christian (Hrsg.): Organisation bildet. Organisationsforschung in pädagogischen Kontexten. Weinheim und Basel: Beltz/Juventa. S. 14–22.

Pätzold, Henning (2016a): Akteur-Netzwerk-Theorie als Theorie und/oder Methode in der Organisationspädagogik. In: Schröer, Andreas/Göhlich, Michael/Weber, Susanne M./Pätzold, Henning (Hrsg.): Organisation und Theorie. Wiesbaden: Springer/VS. S. 295–304.

Pätzold, Henning (2016b): Akteur-Netzwerk-theoretische Grundlagen der Organisationspädagogik. In: Göhlich, Michael/Schröer, Andreas/Weber, Susanne M. (Hrsg.): Handbuch Organisationspädagogik. Wiesbaden: Springer/VS. E-Book-Version. S. 1–11.

Paul, Gerhard (2006): Von der Historischen Bildkunde zur Visual History. In: ders. (Hrsg.): Visual History. Ein Studienbuch. Göttingen: Vandenhoeck & Ruprecht. S. 7–36.

Paul, Gerhard (2014): Visual History. Version: 3.0. In: Docupedia-Zeitgeschichte. Begriffe, Methoden und Debatten der zeithistorischen Forschung. Online: docupedia.de/zg/Visual_History_Version_3.0_Gerhard_Paul?oldid=125445 [Abruf vom 20.12.2017].

Paul, Gerhard/Schock, Ralph (Hrsg.) (2013): Sound des Jahrhunderts. Geräusche, Töne, Stimmen 1889 bis heute. Bonn: Bundeszentrale für politische Bildung.

Paulus, Trena M./Bennett, Ann M. (2015): 'I have a love–hate relationship with ATLAS. ti™': integrating qualitative data analysis software into a graduate research methods course. In: International Journal of Research & Method in Education. S. 1–17. Online: www.ethnographicaconsulting.com/uploads/5/3/1/8/5318732/paulus_and_bennett._2017._i_have_a_love-hate_relationship_with_atlas.ti.pdf [Abruf vom 07.12.2017].

Pehl, Klaus (2004). Ein wertvoller Schatz – Die Volkshochschul-Programme als historisches Archiv. In: dis.kurs. Nr. 2. S. 4–6.

Pilarczyk, Ulrike/Mietzner, Ulrike (2005): Das reflektierte Bild. Die seriell-ikonografische Fotoanalyse in den Erziehungs- und Sozialwissenschaften. Bad Heilbrunn: Klinkhardt.

Pöggeler, Franz (1993): Bild und Bildung: Beiträge zur Grundlegung einer pädagogischen Ikonologie und Ikonographie. Frankfurt am Main: Lang.

Posner, Roland (Hrsg.) (1990): Warnungen an die ferne Zukunft – Atommüll als Kommunikationsproblem. München: Raben.

Prior, Lindsay (2009, 2. Auflage): Using Documents in Social Research. London: Sage.

Przyborski, Aglaja/Wohlrab-Sahr, Monika (2009, 2. Auflage und 2013, 4. Auflage): Qualitative Sozialforschung. Ein Arbeitsbuch. München: Oldenbourg.

Quaiser-Pohl, Claudia/Rindermann, Heiner (2010): Entwicklungsdiagnostik. München und Basel: Ernst Reinhardt.

Raab, Jürgen (2001): Soziologie des Geruchs. Über die soziale Konstruktion olfaktorischer Wahrnehmung. Konstanz: UVK.

Raab, Jürgen (2008): Visuelle Wissenssoziologie. Theoretische Konzeption und materiale Analysen. Konstanz: UVK.

Rashid, Abdul-Ahmad (2017): Gefährliches Halbwissen. Beitrag zur Deutschlandfunk-Sendung „Tag für Tag" vom 22.08.2017. Online: www.deutschlandfunk.de/kommunikation-jugendlicher-dschihadisten-gefaehrliches.886.de.html?dram:article_id=393967 [Abruf vom 11.12.2017].

Reckwitz, Andreas (2003): Grundelemente einer Theorie sozialer Praktiken: Eine sozialtheoretische Perspektive. In: Zeitschrift für Soziologie. Nr. 4. S. 282–301.

Reichert, Ramón (Hrsg.) (2014): Big Data: Analysen zum digitalen Wandel von Wissen, Macht und Ökonomie. Bielefeld: transcript.

Reichertz, Jo (1992): Der Morgen danach. Hermeneutische Auslegung einer Werbefotographie in zwölf Einstellungen. In: Hartmann, Hans A./Haubl, Rolf (Hrsg.): Bilderflut und Sprachmagie. Fallstudien zur Kultur der Werbung. Opladen: Westdeutscher Verlag. S. 141–163.

Rheinberger, Hansjörg (1997): Toward a History of Epistemic Things. Stanford: Stanford University Press.

Ricoeur, Paul (1974): Die Interpretation. Ein Versuch über Freud. Frankfurt am Main: Suhrkamp.

Ricoeur, Paul (1988): Die lebendige Metapher. München: Fink.

Rimmele, Marius/Sachs-Hombach, Klaus/Stiegler, Bernd (Hrsg.) (2014): Bildwissenschaft und Visual Culture. Bielefeld: transcript.

Rittelmeyer, Christian/Parmentier, Michael (2001): Einführung in die pädagogische Hermeneutik. Darmstadt: Wissenschaftliche Buchgesellschaft.

Rohr, Christian (2015): Historische Hilfswissenschaften. Eine Einführung. Wien et al.: Böhlau.

Rose, Gillian (2007, 2. Auflage): Visual Methodologies. An Introduction to the Interpretation of Visual Materials. London: Sage.

Rosenberg, Hannah (2015): Erwachsenenbildung als Diskurs: Eine wissenssoziologische Rekonstruktion. Bielefeld: transcript.

Rosenthal, Gabriele (2015, 5. Auflage): Interpretative Sozialforschung. Eine Einführung. Weinheim und Basel: Beltz/Juventa.

Rösler, Winfried (2012): Spiegelverkehrte Bildungswelten: Zu Adalbert Stifters Nachsommer und Thomas Manns Zauberberg. Würzburg: Königshausen und Neumann.

Rynkiewicz, Kazimierz (2012): Der Umgang mit Wissen heute: Zur Erkenntnistheorie im 21. Jahrhundert. Eine Einführung. Frankfurt am Main: Ontos.

Sachs-Hombach, Klaus (Hrsg.) (2009): Bildtheorien. Anthropologische und kulturelle Grundlagen des Visualistic Turn. Frankfurt am Main: Suhrkamp.

Salheiser, Axel (2014): Natürliche Daten: Dokumente. In: Baur, Nina/Blasius, Jörg (Hrsg.): Handbuch Methoden der empirischen Sozialforschung. Wiesbaden: Springer/VS. S. 813–827.

Samida, Stefanie/Eggert, Manfred K. H./Hahn, Hans Peter (Hrsg.) (2014): Handbuch Materielle Kultur. Bedeutungen, Konzepte, Disziplinen. Stuttgart und Weimar: J. B. Metzler.

Sandkühler, Hans Jörg (2003): Repräsentation – Die Fragwürdigkeit unserer Bilder von der Welt der Dinge. In: Freudenberger, Silja/Sandkühler, Hans Jörg (Hrsg.): Repräsentation, Krise der Repräsentation, Paradigmenwechsel. Ein Forschungsprogramm in Philosophie und Wissenschaften. Frankfurt am Main: Lang. S. 47–70.

Schäfer, Gerd/Wulf, Christoph (Hrsg.) (1999): Bild – Bilder – Bildung. Weinheim: Deutscher Studien Verlag.

Schäfer, Hermann (2015): Deutsche Geschichte in 100 Objekten. München und Berlin: Piper.

Schäfer, Hilmar (2016): Praxistheorie: Ein soziologisches Forschungsprogramm. Bielefeld: transcript.

Schäfer, Horst/Wegener, Claudia (Hrsg.) (2009): Kindheit und Film. Geschichte, Themen und Perspektiven des Kinderfilms in Deutschland. Konstanz: UVK.

Schäffer, Burkhard (1998): Generation, Mediennutzungskultur und (Weiter)Bildung. Zur empirischen Rekonstruktion medial vermittelter Generationenverhältnisse. In: Bohnsack, Ralf/Marotzki, Winfried (Hrsg.): Biographieforschung und Kulturanalyse. Transdisziplinäre Zugänge qualitativer Forschung. Opladen: Leske und Budrich. S. 21–50.

Schäffer, Burkhard (2009): Bilder lebenslangen Lernens. Anmerkungen zu einem eigentümlichen Diskurs. In: Hof, Christiane/Ludwig, Joachim/Zeuner, Christine (Hrsg.): Strukturen Lebenslangen Lernens. Dokumentation der Jahrestagung der Sektion Erwachsenenbildung der Deutschen Gesellschaft für Erziehungswissenschaft vom 27.–29. September 2007 an der Universität Bremen. Baltmannsweiler: Schneider Hohengehren. S. 94–111.

Schäffer, Burkhard/Dörner, Olaf (Hrsg.) (2012): Handbuch Qualitative Erwachsenen- und Weiterbildungsforschung. Opladen et al.: Barbara Budrich.

Scharfe, Martin (1996): Rehabilitation der Dinge. In: Bayrische Blätter für Volkskunde. Nr. 23. S. 129–141.

Schiefner-Rohs, Mandy (2014): Metaphern und Bilder als Denkräume zur Gestaltung medialer Bildungsräume – erste Sondierungen. In: Rummler, Klaus (Hrsg.): Lernräume gestalten – Bildungskontexte vielfältig denken. Münster et al.: Waxmann. S. 68–78.

Schivelbusch, Wolfgang (2015): Das verzehrende Leben der Dinge. Versuch über die Konsumtion. München: Hanser.

Schlaffer, Heinz (1986): Einleitung. In: Goody, Jack/Watt, Ian/Gough, Kathleen: Entstehung und Folgen der Schriftkultur. Frankfurt am Main: Suhrkamp. S. 7–23.

Schmidt-Hertha, Bernhard/Tippelt, Rudolf (2011): Typologien. In: REPORT Zeitschrift für Weiterbildungsforschung. Nr. 1. S. 23–35. Online: www.die-bonn.de/id/9185 [Abruf vom 07.11.2017].

Schmitt, Rudolf (2016): Systematische Metaphernanalyse als Methode der qualitativen Sozialforschung. Wiesbaden: Springer/VS.

Schnädelbach, Herbert (2013, 4. Auflage): Erkenntnistheorie zur Einführung. Hamburg: Junius.

Schnell, Martin W./Schneider, Werner/Kolbe, Harald (Hrsg.) (2014): Sterbewelten. Eine Ethnographie. Wiesbaden: Springer/VS.

Schnell, Rainer/Hill, Paul B./Esser, Elke (2008, 8. Auflage): Methoden der empirischen Sozialforschung. München: Oldenbourg.

Schnell, Rainer/Hill, Paul B./Esser, Elke (2013, 10. Auflage): Methoden der empirischen Sozialforschung. München: Oldenbourg.

Scholz, Ronny/Mattissek, Annika (2014): Zwischen Exzellenz und Bildungsstreik. Lexikometrie als Methodik zur Ermittlung semantischer Makrostrukturen des Hochschulreformdiskurses. In: Angermuller, Johannes/Nonhoff, Martin/Herschinger, Eva/Macgilchrist, Felicitas/Reisigl, Martin/Wedl, Juliette/Wrana, Daniel/Ziem, Alexander (Hrsg.): Diskursforschung. Ein interdisziplinäres Handbuch. Band II. Bielefeld: transcript. S. 86–112.

Scholz, Sylka/Kusche, Michel/Scherber, Nicole/Scherber, Sandra/Stiller, David (2013): Das Potenzial von Filmanalysen für die (Familien-)Soziologie. Eine methodische Betrachtung anhand der Verfilmungen von „Das doppelte Lottchen". In: Forum Qualitative Sozialforschung. Nr. 15 (1). Art. 15. Online: nbn-resolving.de/urn:nbn:de:0114-fqs1401157 [Abruf vom 31.12.2017].

Schomaker, Claudia (2013): Zur Bedeutsamkeit von Dingen in Sachlernprozessen. In: Nohl, Arnd-Michael/Wulf, Christoph (Hrsg.): Mensch und Ding. Die Materialität pädagogischer Prozesse. Wiesbaden: Springer/VS. S. 139–151.

Schönhuth, Michael/Gamper, Markus/Kronenwett, Michael/Stark, Martin (Hrsg.) (2013): Visuelle Netzwerkforschung. Qualitative, quantitative und partizipative Zugänge. Bielefeld: transcript.

Schrader, Josef (2011): Struktur und Wandel der Weiterbildung. Bielefeld: Bertelsmann/DIE.

Schräder-Naef, Regula (2001, 20. Auflage): Rationeller Lernen lernen. Reihe Weiterbildung. Weinheim und Basel: Beltz.

Schratz, Michael/Iby, Manfred/Radnitzky, Edwin (2000): Qualitätsentwicklung. Verfahren, Methoden, Instrumente. Weinheim und Basel: Beltz.

Schroer, Markus (Hrsg.) (2007): Gesellschaft im Film. Konstanz: UVK.

Schroeter, Kirsten/Diemer, Tobias (2004): Selbstevaluation mittels Dokumentenanalyse. Baustein im BLK-Programm „Demokratie lernen & leben". Berlin: BLK. Online: www.pedocs.de/volltexte/2008/253/pdf/SE_DoKana.pdf [Abruf vom 03.12.2017].

Schubert, Martin (Hrsg.) (2010): Materialität in der Editionswissenschaft. Berlin und New York: de Gruyter.

Schulze, Theodor (1997): Interpretation von autobiographischen Texten. In: Friebertshäuser, Barbara/Prengel, Annedore (Hrsg.): Handbuch Qualitative Forschungsmethoden in der Erziehungswissenschaft. Weinheim und München: Juventa. S. 323–340.

Schulze, Theodor (2003): Bild und Biographie. Untersuchungen zur Selbstkonstitution durch Bilder und Geschichten am Beispiel des jungen Marc Chagall. In: Fröhlich, Volker/Stenger, Ursula (Hrsg.): Das Unsichtbare sichtbar machen. Bildungsprozesse und Subjektgenese durch Bilder und Geschichten. Weinheim und München: Juventa. S. 103–123.

Schulz-Schaeffer, Ingo (2000): Akteur-Netzwerk-Theorie. Zur Koevolution von Gesellschaft, Natur und Technik. In: Weyer, Johannes (Hrsg.): Soziale Netzwerke: Konzepte und Methoden der sozialwissenschaftlichen Netzwerkforschung. München und Wien: Oldenbourg. S. 187–211.

Schütze, Fritz (2016): Sozialwissenschaftliche Prozessanalyse. Grundlagen der qualitativen Sozialforschung. Opladen et al.: Barbara Budrich.

Schütze, Fritz/Lützen, Claudia/Schulmeyer-Herbold, Ulrike (2016, Wiederabdruck von 1993): Unterschiede in der Berichterstattung der FR und der FAZ zu studentischen Anliegen 1967/68 und 1989/90. Eine qualitative Auswertung. In: Schütze, Fritz: Sozialwissenschaftliche Prozessanalyse. Grundlagen der qualitativen Sozialforschung. Opladen et al.: Barbara Budrich. S. 181–218.

Schwarb, Ursula/Signer, Sara/Bonfadelli, Heinz (2007): Der Bildungsauftrag im Schweizer Kinderfernsehen. In: MedienPädagogik. Zeitschrift für Theorie und Praxis der Medienbildung. Themenheft Nr. 13: Kinderfernsehen wieder zum Thema machen! Online: www.medienpaed.com/13/#schwarb0707 [Abruf vom 27.12.2017].

Schweizerische Akademie der Geistes- und Sozialwissenschaften (2010): Manifest zur Bedeutung, Qualitätsbeurteilung und Lehre der Methoden qualitativer Sozialforschung. Online: www.sagw.ch/dms/sagw/laufende_projekte/quali-soz-forschung/quali-sozforschung-manifest/Manifest_def_Onlineversion [Abruf vom 17.12.2017].

Schweizerische Gesellschaft für Geschichte (2004): Ethik-Kodex und Grundsätze zur Freiheit wissenschaftlichen historischen Forschung und Lehre. Online: www.sgg-ssh.ch/sites/default/files/files/ethikkodex_grundsaetze_layout_erg.pdf [Abruf vom 17.12.2017].

Seitter, Wolfgang (2002): Erwachsenenpädagogische Ethnographie oder die Annäherung der Erwachsenenbildung an ihre Teilnehmer. In: Zeitschrift für Pädagogik. Nr. 6. S. 918–937.

Seitter, Wolfgang (Hrsg.) (1996): Walter Hofmann und Robert von Erdberg. Bad Heilbrunn: Klinkhardt.

Sen, Amartya/Nussbaum, Martha (Hrsg.) (1993): The Quality of Life. Oxford: Clarendon Press.

Sennet, Richard (2012): The stupefying smart city. Online: lsecities.net/media/objects/articles/the-stupefying-smart-city/en-gb [Abruf vom 11.12.2017].

Smith, Barry (2014): Document Acts. In: Konzelmann Ziv, Anita/Schmid, Hans Bernhard (Hrsg.): Institutions, Emotions, and Group Agents. Contributions to Social Ontology. Dordrecht: Springer. S. 19–31 bzw. Preprint version of the chapter. S. 1–11. Online: ontology.buffalo.edu/smith/articles/document-acts.pdf [Abruf vom 24.12.2017].

Smith, Dorothy E. (1976): K ist geisteskrank. Die Anatomie eines Tatsachenberichts. In: Weingarten, Elmar/Sack, Fritz/Schenkein, Jim (Hrsg.): Ethnomethodologie. Beiträge zur Soziologie des Alltagshandelns. Frankfurt am Main: Suhrkamp. S. 368–415.

Smith, Dorothy E. (1990): The active text. Texts as constituents of social relations. In: dies.: Texts, facts, and feminity. Exploring the relations of ruling. London: Routledge. S. 120–158.

Soeffner, Hans-Georg (2004): Auslegung des Alltags – Der Alltag der Auslegung. Zur wissenssoziologischen Konzeption einer sozialwissenschaftlichen Hermeneutik. Konstanz: UVK/UTB.

Soeffner, Hans-Georg (Hrsg.) (1979): Interpretative Verfahren in den Sozial- und Textwissenschaften. Stuttgart: Metzler.

Stegmüller, Wolfgang (Hrsg.) (1978): Das Universalien-Problem. Darmstadt: WBG.

Steinke, Ines (2009): Gütekriterien qualitativer Forschung. In: Flick, Uwe/Kardorff, Ernst von/Steinke, Ines (Hrsg.): Qualitative Forschung. Reinbek bei Hamburg: Rowohlt. S. 319–331.

Steinmann, Mathias (2013): Handschriften im Mittelalter: Eine Quellensammlung: Basel: Schwabe.

Stoecker, Holger/Schnalke, Thomas/Winkelmann, Andreas (Hrsg.) (2013): Sammeln, Erforschen, Zurückgeben? Menschliche Gebeine aus der Kolonialzeit in akademischen und musealen Sammlungen. Berlin: Links.

Strauss, Anselm/Corbin, Juliet (1996): Grounded Theory: Grundlagen Qualitativer Sozialforschung. Weinheim: Beltz/Psychologie VerlagsUnion.

Sumner, Ray (1993): A woman in the wilderness. The story of Amalie Dietrich in Australia. Sydney: University of New South Wales Press.

Terhart, Ewald (1997): Entwicklung und Situation des qualitativen Forschungsansatzes in der Erziehungswissenschaft. In: Friebertshäuser, Barbara/Prengel, Annedore (Hrsg.): Handbuch Qualitative Forschungsmethoden in der Erziehungswissenschaft. Weinheim und München: Juventa. S. 27–42.

Thomas, William I./Znaniecki, Florian W. (1918–1920): The Polish Peasant in Europe and America. Urbana: University of Illinois Press. [Online-Ausgabe unter: archive.org].

Thompson, Christiane/Casale, Rita/Ricken, Norbert (Hrsg.) (2017): Die Sache(n) der Bildung. Paderborn: Schöningh.

Tippelt, Rudolf/Schmidt, Bernhard (Hrsg.) (2009, 2. Auflage): Handbuch Bildungsforschung. Wiesbaden: VS.

Traue, Boris (2013): Visuelle Diskursanalyse. Ein programmatischer Vorschlag zur Untersuchung von Sicht- und Sagbarkeiten im Medienwandel. In: Zeitschrift für Diskursforschung. Nr. 2. S. 117–136.

Treue, Wilhelm/ Manegold, Karl H. (1979, 2. Auflage): Quellen zur Geschichte der industriellen Revolution. Sudheim: Hansen-Schmidt.

Ullrich, Peter (2008): Diskursanalyse, Diskursforschung, Diskurstheorie. Ein- und Überblick. In: Freikamp, Ulrike/Leanza, Matthias/Mende, Janne/Müller, Stefan/Ullrich, Peter/Voss, Heinz-Jürgen (Hrsg.): Kritik mit Methode? Forschungsmethoden und Gesellschaftskritik. Berlin: Karl Dietz. S. 19–32.

Veltjens, Barbara (2006): Qualitätsmodelle im Überblick. Dokument aus der Reihe „DIE FAKTEN" des Deutschen Instituts für Erwachsenenbildung. Bonn. Online: www.die-bonn.de/esprid/dokumente/doc-2006/veltjens06_01.pdf [Abruf vom 28.12.2017].

Vine, Michelle (2017): The Dietrich Project. Art. Science. History. Online: michellevine.com [Abruf vom 05.12.2017].

Vogl-Bienek, Ludwig (2016): Hautnah am Elend. Live-Inszenierungen sozialdokumentarischer Fotografie in der Projektionskunst um 1900. In: Burkart, Günter/Meyer, Nikolaus (Hrsg.): „Die Welt anhalten". Von Bildern, Fotografie und Wissenschaft. Weinheim und Basel: Beltz Juventa. S. 354–377.

Völter, Bettina/Dausien, Bettina/Lutz, Helma/Rosenthal, Gabriele (Hrsg.) (2009, 2. Auflage): Biographieforschung im Diskurs. Wiesbaden: VS.

von Unger, Hella/Narimani, Petra/M'Bayo, Rosaline (2014) (Hrsg.): Forschungsethik in der qualitativen Forschung. Reflexivität, Perspektiven, Positionen. Wiesbaden: Springer/VS.

Vorberger, Stefanie (2012): Gender-Konstruktionen in Ankündigungstexten in der Erwachsenenbildung. Erwachsenenpädagogischer Report: Band 21. Berlin: Humboldt-Universität zu Berlin.

Vorstand der Deutschen Gesellschaft für Psychologie (2015): Erklärung des Vorstands der Deutschen Gesellschaft für Psychologie zur Einhaltung wissenschaftlicher Grundsätze. Online: www.dgps.de/index.php?id=2000847 [Abruf vom 11.12.2017].

Waldenfels, Bernhard (1992): Einführung in die Phänomenologie. München: Fink.

Weber, Max (1913/1985, 6. Auflage): Über einige Kategorien der verstehenden Soziologie. In: ders.: Gesammelte Aufsätze zur Wissenschaftslehre. Hrsg. von Johannes Winckelmann. Tübingen: Mohr. S. 424–474.

Weber, Max (2010, 3. Auflage): Die protestantische Ethik und der Geist des Kapitalismus. Vollständige Ausgabe. Herausgegeben und eingeleitet von Dirk Kaesler. München: Beck.

Wiedemann, Gregor (2016): Text Mining for Qualitative Data Analysis in the Social Sciences. A Study on Democratic Discourse in Germany. Wiesbaden: Springer.

Wigger, Lothar (2010, 3. Auflage): Argumentationsanalyse als erziehungswissenschaftliche Forschungsmethode. In: Friebertshäuser, Barbara/Langer, Antje/Prengel, Annedore (Hrsg.): Handbuch Qualitative Forschungsmethoden in der Erziehungswissenschaft. Weinheim und München: Juventa. S. 351–363.

Wigger, Lothar (2017): Die Dinge der Welt und die Sachen der Bildung. Einige Überlegungen. In: Pädagogische Rundschau. Nr. 1. S. 51–60.

Wikipedia (2017): Universalienproblem. Online: de.wikipedia.org/wiki/Universalienproblem [Abruf vom 21.12.2017].

Willaschek, Marcus (Hrsg.) (2000): Realismus. Paderborn: Schöningh.

Wiltsche, Harald A. (2013): Einführung in die Wissenschaftstheorie. Göttingen: Vandenhoeck & Ruprecht.

Winograd, Terry/Flores, Fernando (1989): Erkenntnis, Maschinen, Verstehen. Berlin: Rotbuch.

Wirth, Werner/Lauf, Edmund (Hrsg.) (2001): Inhaltsanalyse: Perspektiven, Probleme, Potentiale. Köln: Herbert von Halem.

Wöhler, Hans-Ulrich (Hrsg.) (1992): Texte zum Universalienstreit. Berlin: Akademie-Verlag.

Wöhrer, Renate (2015): „More than mere records". Sozialdokumentarische Bildpraktiken an der Schnittstelle von Kunst und sozialpolitischer Kampagne. In: dies. (Hrsg.): Wie Bilder Dokumente wurden. Zur Genealogie dokumentarischer Darstellungspraktiken. Berlin: Kadmos. S. 315–335.

Wolff, Stephan (2000): Wege ins Feld – Varianten und ihre Folgen für die Beteiligten und die Forschung. In: Flick, Uwe/Kardorff, Ernst von/Steinke, Ines (Hrsg.): Qualitative Forschung. Reinbek bei Hamburg: Rowohlt. S. 334–349.

Wolff, Stephan (2008): Wie kommt die Praxis zu ihrer Theorie? Über einige Merkmale praxissensibler Sozialforschung. In: Kalthoff, Herbert/Hirschauer, Stefan/Lindemann, Gesa (Hrsg.): Theoretische Empirie. Zur Relevanz qualitativer Forschung. Frankfurt am Main: Suhrkamp. S. 234–259.

Wolff, Stephan (2009): Dokumenten- und Aktenanalyse. In: Flick, Uwe/Kardorff, Ernst von/Steinke, Ines (Hrsg.): Qualitative Forschung. Reinbek bei Hamburg: Rowohlt. S. 502–513.

Wolff, Stephan (2011): Textanalyse. In: Ayaß, Ruth/Bergmann, Jörg (Hrsg.): Qualitative Methoden der Medienforschung. Mannheim: Verlag für Gesprächsforschung. S. 245–273.

Wopfner, Gabriele (2008): Zeichnungen als Schlüssel zu kindlichen Vorstellungen von Geschlechterbeziehungen. In: Rendtorff, Barbara/Prengel, Annedore (Hrsg.): Kinder und ihr Geschlecht. Jahrbuch Frauen- und Geschlechterforschung in der Erziehungswissenschaft. Folge 4. Opladen et al.: Budrich. S. 163–176.

Wrana, Daniel (2006): Das Subjekt schreiben. Reflexive Praktiken und Subjektivierung in der Weiterbildung – eine Diskursanalyse. Baltmannsweiler: Schneider Hohengehren.

Wrana, Daniel (2015): Everything at your fingertips. Die Metapher der „Lernumgebung" und das Subjekt des Lernens. In: Die deutsche Schule. Nr. 1. S. 36–48.

Wrana, Daniel/Langer, Antje (2007): An den Rändern der Diskurse. Jenseits der Unterscheidung diskursiver und nicht-diskursiver Praktiken. In: Forum Qualitative Sozialforschung. Nr. 2. Art. 20. Online: nbn-resolving.de/urn:nbn:de:0114-fqs0702206 [Abruf vom 21.12.2017].

Wrana, Daniel/Ziem, Alexander/Reisigl, Martin/Nonhoff, Martin/Angermuller, Johannes (Hrsg.) (2014): DiskursNetz. Wörterbuch der interdisziplinären Diskursforschung. Berlin: Suhrkamp.

Yuval-Davis, Nira (2006): Intersectionality and feminist politics. In: European Journal of Women's Studies. Nr. 3. S. 193–209.

Zala, Sacha (2005): Der Ethik-Kodex der Schweizerischen Gesellschaft für Geschichte: Eine Binnensicht. In: Schweizerische Zeitschrift für Geschichte 55 (4). Online: sgg-ssh.ch/sites/default/files/files/SGG_Geschichte_Ethikkodex.pdf [Abruf vom 17.12.2017].

Zielke, Wolfgang (1972): So lernt man leichter! München: Humboldt-Taschenbuchverlag.

Zierer, Klaus (2011): Kritisch-konstruktive Überlegungen zur Systematik erziehungswissenschaftlicher Methoden. In: Pädagogische Rundschau. Nr. 6. S. 637–654.

Zinnecker, Jürgen (1995): Pädagogische Ethnographie. Ein Plädoyer. In: Behnken, Imbke/Jaumann, Olga (Hrsg.): Kindheit und Schule. Kinderleben im Blick von Grundschulpädagogik und Kindheitsforschung. Weinheim: Beltz. S. 21–38.